BASTEI
LÜBBE

Taschenbücher von W. E. B. GRIFFIN
im BASTEI-LÜBBE-Programm:

DIE SOLDATEN-SAGA

13 173 Buch 1: Lieutenants
13 181 Buch 2: Captains
13 196 Buch 3: Majors
13 203 Buch 4: Colonels
13 209 Buch 5: Green Berets
13 217 Buch 6: Generals
13 289 Buch 7: Die neue Generation
13 325 Buch 8: Die Flieger

W.E.B. GRIFFIN

DAS MARINE-CORPS

SHANGHAI

Ins Deutsche übertragen
von Joachim Honnef

Militärische Beratung
Oberstleutnant Hermann Grünwald

BASTEI LÜBBE

BASTEI-LÜBBE-TASCHENBUCH
Allgemeine Reihe
Band 13 335

Erste Auflage: September 1991

Deutsche Lizenzausgabe 1991
Bastei-Verlag Gustav H. Lübbe GmbH & Co., Bergisch Gladbach
Originaltitel: The Corps 1 Semper FI
Lektorat: Rainer Delfs
Titelillustration: Sebastian Boada / Norma Agency, Barcelona
Umschlaggestaltung: Quadro Grafik, Bensberg
Satz: VID Verlags- und Industriedrucke GmbH & Co. KG,
Villingen-Schwenningen
Druck und Verarbeitung:
Brodard & Taupin, La Flèche, Frankreich
Printed in France
ISBN 3-404-13335-8

USA - Heer und Marine-Corps

Die Dienstgradabzeichen der Unteroffiziere und Mannschaften der Marines sind schwarz auf rotem Grund

USA - Marine

US	Fleet Admiral	Admiral	Vice Admiral	Rear Admiral
D	(Großadmiral)	Admiral	Vizeadmiral	Konteradmiral

US	Commodore	Captain	Commander	Lieutenant Commander
D	Flottillenadmiral	Kapitän zur See	Fregattenkapitän	Korvettenkapitän

US	Lieutenant	Lieutenant Junior Grade	Ensign
D	Kapitänleutnant	Oberleutnant zur See	Leutnant zur See

US	Chief Warrant Officer W-4	Chief Warrant Officer W-3	Chief Warrant Officer W-2	Chief Warrant Officer W-1
D	ähnlich Oberstabsbootsmann, jedoch Offz-Diensttuer	ähnlich Oberstabsbootsmann, jedoch Offz-Diensttuer	ähnlich Oberstabsbootsmann, jedoch Offz-Diensttuer	ähnlich Stabsbootsmann, jedoch Offz-Diensttuer

US	Master Chief Petty Officer	Senior Chief Petty Officer	Chief Petty Officer	Petty Officer First Class	Petty Officer Second Class	Petty Officer Third Class
D	Hauptbootsmann	Hauptbootsmann	Hauptbootsmann	Bootsmann/ Oberbootsmann	Obermaat/Maat	Hauptgefreiter

US	Seaman	Seaman Apprentice	Seaman Recruit
D	Obergefreiter	Gefreiter	Obermatrose

Vorwort

Im Jahre 1900 begann mit Billigung der Kaiserwitwe von China eine chinesische Miliz, die I Ho Chuan (oder ›Gerechte Fäuste‹, also ›Boxer‹) unter dem Motto ›Schützt das Land, vernichtet die Ausländer!‹ sowohl die abendländischen als auch chinesischen Christen zu töten. Der deutsche Botschafter in Peking wurde ermordet wie Tausende chinesische Christen in ganz China, und die Boxer belagerten das Botschaftsviertel in Peking.

Die neunzigtägige Belagerung Pekings wurde am 14. August 1900 durch eine internationale Streitkraft aus russischen, französischen, italienischen, deutschen, englischen und amerikanischen Soldaten beendet.

Der Kaiserliche Hof flüchtete nach Sian. Obwohl kein Krieg

gegen China erklärt worden war, verlangten die ›ausländischen Mächte‹ eine formelle Regelung. Das Protokoll von 1901 sah unter anderem die Bestrafung derjenigen vor, die für den Boxeraufstand verantwortlich waren; die Absicherung des Botschaftsviertels von Peking durch Truppen der ›Mächte‹, und die Aufrechterhaltung der Verbindung zwischen Peking und der See durch ausländische Truppen.

Was die Amerikaner anbetraf, so bedeutete dies ursprünglich die Stationierung von Truppen der U.S. Army und des U.S. Marine-Corps in Schanghai, Peking und an einigen anderen Orten – und die Aufstellung der ›U.S. Navy Jangtze Patrol‹. Die Navy erwarb flache Dampfschiffe, bewaffnete sie, bezeichnete sie als ›Kanonenboote‹ und schickte sie den Jangtsekiang hinauf und hinab.

Die Russen hatten nach ihrer demütigenden Niederlage im Russisch-Japanischen Krieg von 1905 praktisch ihre Interessen in China an Japan abtreten müssen. Außerdem hatte der Versailler Vertrag, der die Friedensbedingungen zwischen den westlichen Alliierten und den Deutschen und Österreich-Ungarn am Ende des Weltkriegs von 1914 bis 1918 regelte, den Japanern Rechte über die Provinz Schantung eingeräumt.

Der wirkliche Sachverhalt in China im Jahre 1941 war der, daß die Kriegsziele der Japaner für den zweiten Weltkrieg bereits abgesteckt waren. Es war kein Geheimnis, daß Japan den Ehrgeiz hatte, soviel von China unter japanischen Einfluß zu bekommen wie möglich. Und es war ebenfalls kein Geheimnis, daß sie die Briten, Franzosen und Amerikaner vertreiben wollten, wenn die Zeit dazu reif war. Und höchstwahrscheinlich wollten sie die Italiener ebenfalls fort haben, obwohl die Japaner mit den Italienern besser auskamen als mit den Franzosen, Engländern oder Amerikanern.

Offiziell hieß es scheinheilig, daß alle noch Verbündete waren, auf die gleiche Weise, wie sie es seit dem Boxeraufstand von 1900 gewesen waren.

Als die internationale Militärstreitkraft zur Befreiung Pekings aufgestellt worden war, hatte man vereinbart, daß kein Krieg gegen China geführt, sondern nur der Boxeraufstand niedergeschlagen werden sollte, um die eigenen Staatsbürger vor der Grausamkeit der Chinesen zu schützen.

So konnten die Japaner 1941 unwidersprochen behaupten, daß ihre Aktionen in China nur eine Fortsetzung dessen waren, was die ›Alliierten‹ im Jahre 1900 begonnen hatten. Die Japaner waren darauf vorbereitet, alle Ausländer vor chinesischer Grausamkeit zu schützen, und sie erwarteten von den Franzosen, Italienern und Amerikanern, daß sie das gleiche taten.

Weil aber die Panzer und die Artillerie der Kaiserlich-japanischen Armee nur ihre eigenen Landsleute und andere Ausländer schützten, konnten die Japaner logischerweise keinen Einwand dagegen erheben, daß die Amerikaner oder andere ihre Landsleute mit demselben Recht militärisch schützten.

Die Japaner hielten sich sorgsam zurück, mit einigen bemerkenswerten Ausnahmnen, und achteten darauf, sich nicht in Zwischenfälle verwickeln zu lassen, die zu Feuergefechten zwischen ihnen und den neutralen Streitkräften führten. Sie legten immer noch Lippenbekenntnisse bei internationalen Konferenzen ab, denn international sah man stillschweigend über ihre Besetzung der Provinz Schantung hinweg. Wenn ein Zwischenfall vor den Völkerbund kam, schweifte man plötzlich vom Thema ab zu Dingen wie dem Verhalten der Kaiserlich-japanischen Armee.

Jeder verstand, daß die Japaner es vorzogen, den Völkerbund nicht öffentlich zur Hölle zu wünschen. Wenn nötig, würden sie sagen, daß er sich zum Teufel scheren konnte. Aber solange sie das vermeiden konnten, hielten sie sich zurück.

Im Januar 1941 bestand die amerikanische Militärpräsenz aus der ›U.S. Navy Jangtze River Patrol‹, der ›U.S. Navy Submarine Force China‹ und dem 4. Regiment des U.S. Marine-Corps (USMC) – beide stationiert in Schanghai – und dem U.S. Marine Detachment (Sonderkommando), Peking.

I

1

›D‹-Kompanie, 4. Marineinfanterieregiment
Schanghai, China

2. Januar 1941

Private First Class Kenneth J. McCoy, U.S. Marine-Corps, stemmte die Hände in die Hüften und starrte auf seinen Spind. Seit einer Weile versuchte er, zu einer Entscheidung zu gelangen. McCoy war einundzwanzig Jahre alt und ein Meter achtzig groß. Er war gutgebaut mit seinen achtundsiebzig Kilo, jedoch eher geschmeidig als muskulös. Er hatte ebenmäßige Gesichtszüge, helle Haut und trug sein hellbraunes Haar im Bürstenschnitt. Seine Augen waren haselnußbraun und glänzend, und wenn er angestrengt nachdachte wie jetzt, dann hob er eine Augenbraue und verzog die Lippen, als amüsiere ihn das Problem, mit dem er es zu tun hatte. Er war einst Meßdiener in der Saint Rose of Lima Church in Norristown, Pennsylvania, gewesen, und Spuren davon waren immer noch in ihm. Jetzt wie damals lauerte unter der unschuldigen Oberfläche ein anderes Ego mit Hörnern, das auf die Möglichkeit wartete, auszubrechen und etwas Verbotenes zu tun.

Es war der Tag nach Neujahr, und McCoy hatte frei. Und es war zwei Tage nach dem Zahltag, und er hatte sein ›neues Spielgeld‹ in der Tasche. So wollte er losziehen und sein Glück versuchen. Aber er konnte sich nicht entscheiden, ob er bewaffnet oder unbewaffnet gehen sollte, und wenn bewaffnet, womit.

Am Heiligen Abend hatte es in einer Tanzhalle namens ›Little Club‹ eine nicht ganz unerwartete Auseinandersetzung zwischen U.S. Marines und Marineinfanteristen gegeben, die der Internationalen Militärstreitmacht in Schanghai von Seiner Majestät, Viktor Emmanuel II, König von Italien, zugeteilt worden waren. Es war nicht das erstemal, daß Amerikaner und Italiener aneinandergerasselt waren, doch diesmal waren die Dinge außer Kontrolle geraten.

McCoy hatte gehört, daß achtzehn Italiener tot waren und acht Marineinfanteristen im Krankenrevier lagen, zwei in äußerst ernster Verfassung. Gerüchte besagten – und McCoy neigte dazu, sie zu glauben –, daß Horden italienischer Marineinfanteristen durch die Stadt streiften und nach U.S. Marines suchten. Die Offiziere zweifelten gewiß nicht daran. Sie hatten den Ledernacken erlaubt, Patronengurte (mit Erster-Hilfe-Taschen) und Bajonette zu tragen. Ein Bajonett in der Scheide war eine ziemlich gute Keule; ein gezogenes Bajonett war sogar noch besser zur persönlichen Verteidigung. Aber die Männer mit Bajonetten in die Stadt zu schicken, in der Scheide oder nicht, war fast so, als würde man sie mit Gewehren losschicken, ob nun geladenen oder ungeladenen.

McCoy war am Heiligen Abend nicht im Little Club gewesen, weil ihm ein Marine, der den Heiligen Abend mit einem Besäufnis feiern wollte, drei Dollar angeboten hatte (McCoy hatte das Angebot auf fünf Dollar hochgehandelt), wenn er seinen Dienst übernehmen würde. Doch selbst ohne das Angebot wäre McCoy nicht am Heiligen Abend in den Little Club gegangen. Er wußte aus Erfahrung, daß es dort entweder höllisch deprimierend sein und/oder einen Kampf zwischen den Marines und den Italienern geben würde. Oder zwischen den Marines und den Seaforth Highlanders. Oder zwischen den Marines und den französischen Fremdenlegionären.

Eine Schlägerei an Heiligabend war nicht McCoys Vorstellung von schönem, sauberem Spaß. Und jetzt in eine Schlägerei verwickelt zu werden, war ohnehin eine üble Vorstellung.

McCoys blauer Uniformrock hatte zwei neue Verzierungen, den einzelnen Winkel eines Private First Class und einen diagonalen Streifen auf der Manschette, der die Vollendung von vier Jahren ehrenvollem Dienst anzeigte. Er war soeben für weitere vier Jahre per Schiff herübergekommen, unter der Voraussetzung, daß er bei seinem Eintreffen zum Private First Class befördert wurde. Mit der Beförderung kam das Recht auf die Prüfung zum Corporal.

Es war ebenfalls – inoffiziell – vorausgesetzt worden, daß er bei der mündlichen Prüfung vor dem Beförderungsausschuß hervorragende Noten bekommen würde. Sie waren bereit, ihm die zu geben, das wußte er, weil ihm keiner eine Chance einräumte, beim schriftlichen Examen eine Punktzahl zu erreichen, die auch nur annähernd an die herankam, die für die Beförderung nötig war.

Nun, da hatten sie sich geirrt. Er wünschte sehr, Corporal zu werden, und er hatte sich auf die Prüfung vorbereitet. Der harte Teil war ›Militärtechnik‹, was hauptsächlich mathematische Fragen bedeutete. Er hatte ein Talent für Mathematik, und er hielt es für wahrscheinlich, daß er keine einzige Frage falsch beantwortet hatte. Aber für McCoy sprach noch mehr. Als der Beförderungsausschuß in Washington tagte, um die Beförderungsliste zum Corporal zu erstellen, widmete er besondere Aufmerksamkeit den sogenannten ›zusätzlichen Qualifikationen‹.

McCoy hatte durch sorgfältige Lektüre der Vorschriften herausgefunden, daß darunter mehr zu verstehen war als diejenigen Fähigkeiten, die man erwarten mochte, wie zum Beispiel gutes Schießen mit der .45er und dem Springfield-Gewehr. Natürlich bekam man dafür Punkte, und er würde sie einheimsen, weil er ein ziemlich guter Schütze war.

Man bekam aber ebenfalls Punkte, wenn man sechzig Worte pro Minute oder mehr mit der Schreibmaschine tippen konnte. Bei der Prüfung hatte er fünfundsiebzig Worte pro Minute geschafft. Diese Fähigkeit hatte er vor der Weiterverpflichtung geheimgehalten, weil er nicht zum Marine-Corps gegangen war, um Schreibstubenbulle zu sein. Aber selbst das war nicht sein wahres Trumpf-As. Das waren seine ›Fremdsprachenkenntnisse‹.

›Fremdsprachenkenntnisse‹, damit würde er Corporal werden, bevor jemand beim 4. Marineinfanterieregiment ihm eine Chance einräumte, davon war er überzeugt. Seine Mutter war Französin, und er hatte schon als Kleinkind ihre Sprache gelernt. Dann hatte er in der Saint Rose of Lima High School Latein genommen, weil er das gemußt, und Französisch, weil er es für leicht gehalten hatte.

Als er nach Schanghai gekommen war, hatte es ihn nicht überrascht, daß er Französisch mit den französischen Fremdenlegionären sprechen konnte, aber es war eine Überraschung für ihn gewesen, daß er sich auch auf Italienisch verständlich machen und italienische Dokumente und sogar Zeitungen lesen konnte. Und das war immer noch nicht alles.

Wie jeder andere Marineinfanterist, der zum 4. Regiment kam, hatte er bald die Hälfte seines Solds für ein kleines Apartment und ein Chinesenmädchen ausgegeben, das mit ihm das Bett teilte, ihm die Wäsche wusch und sich auf andere Weise nützlich machte. Mai Sing konnte sogar lesen und schreiben, was nicht immer der Fall bei den chinesischen Mädchen war. Bevor er sich entschlossen hatte, noch keine Frau zu wollen – auch keine vorübergehende –, und Mai Sing zurückgeschickt hatte, wo immer sie herkommen mochte, und ihr zweihundert Dollar gegeben hatte, damit sie sich einen Mann kaufen konnte, hatte sie ihm nicht nur die Schanghaier Version von Kantonesisch mündlich beigebracht, sondern auch das Lesen und Schreiben einer ansehnlichen Zahl chinesischer Schriftzeichen.

Es gab ein Standard-Sprachexamen der US-Regierung, und McCoy war zum US-Konsulat gegangen und hatte es absolviert. Laut US-Regierung beherrschte er ›völlig fließend‹ Französisch mündlich und schriftlich, was die beste Beurteilung war, die es gab; ›fast fließend‹ mündlich und schriftlich Italienisch, ›fast fließend‹ mündlich Kantonesisch, und er hatte eine 75/55-Note in schriftlichem Kantonesisch, was bedeutete, daß er bei dem Examen 75 Prozent aller Schriftzeichen lesen konnte und über 50 Prozent der Zeichen für Spezialbegriffe beherrschte.

Der Mann im Konsulat war so beeindruckt von McCoys Chinesischkenntnissen gewesen, daß er versucht hatte, ihn zu einem Job bei der Wachabteilung zu überreden. Der Mann sagte, er könne ihn versetzen lassen, und wenn er erst im Konsulat sei, brauche er keine Wache zu schieben. Sie brauchten stets Angestellte, die Chinesisch lesen und schreiben konnten.

McCoy hatte das ebenfalls abgelehnt. Er war nicht zum Marine-Corps gegangen, um Schreibtischarbeiter in einem Konsulat zu werden.

Die Beförderungsliste würde jetzt jeden Tag herauskommen. McCoy war überzeugt, daß sein Name ganz oben stehen würde, und er wollte nichts tun, was das verderben konnte – wie zum Beispiel eine Schlägerei mit einer Horde italienischer Marineinfanteristen.

Man konnte ihn auch nicht zum Corporal machen, wenn er tot war, und das war durchaus möglich bei der Eskalation des Streits, der immer übler wurde.

McCoy sagte sich schließlich, daß zweierlei daran falsch war, mit Patronengurt und Bajonett auszugehen. Zum einen würde er ziemlich albern aussehen, wenn er mit diesem Scheiß ins Cathay Mansions Hotel zu einer Pokerpartie spazierte. Und wenn er auf einige italienische Marineinfanteristen stieß, würden sie das Tragen eines Bajonetts als sicheres Anzeichen darauf werten, daß er auf einen Kampf aus war.

McCoy beugte sich in den Spind und zog sein ›Baby-Fairbairn‹ unter einem Stapel ordentlich gefalteter Diensthemden hervor. Er hatte das ›Baby‹ von einem Schanghaier Stadtpolizisten nach einer Pokerpartie gewonnen. Er hatte hundert Yuan dagegen gesetzt.

Bei der Schanghaier Stadtpolizei gab es einen Beamten namens Bruce Fairbairn, der ein wirklich furchteinflößendes Messer erfunden hatte, eine Art Dolch, und der versuchte, jeden dazu zu bewegen, es zu kaufen. Er hatte gute Verkaufsgespräche mit General Smedley Butler geführt, der alle Marines in China befehligte. Butler, so hieß es, wollte so viele dieser Messer kaufen, um sie an alle Marines auszugeben, doch das Marine-Corps wollte ihm nicht das Geld dafür geben.

McCoys Messer war eine etwas kleinere Ausgabe des Original-Fairbairn-Messers. Es war gerade lang genug, um es im Ärmel zu verstecken, mit der Spitze der Scheide vor der Ellenbeuge, und dem Griff gerade unter der Manschette.

McCoy zog den Uniformrock aus, schnallte das Baby-Fairbairn an seinen linken Arm, zog den Rock wieder an und musterte sich im Spiegel, der die volle Länge der Tür einnahm. Dann verließ er das Quartier.

Die Quartiere waren einst zivile zweigeschossige Backsteinhäuser gewesen. Das 4. Marineinfanterieregiment hatte sie gekauft, als es 1927 nach China gekommen war – Blocks davon, genug Häuser für ein Bataillon. Um diese Blocks waren Zäune errichtet worden. Und die Zäune waren mit Stacheldrahtrollen gekrönt. Am Tor befand sich ein Wachlokal, das mit Sandsäcken geschützt und rund um die Uhr von einer Zwei-Mann-Wache besetzt war.

Als McCoy durch das Tor ging, erzählte ihm der Privat First Class auf Wache, er hätte gehört, die Itaker hätten sich gegen ein paar Marines zusammengerottet und zwei Jungs krankenhausreif geschlagen. Er riet McCoy, zurückzugehen und sein Bajonett zu holen.

»Ich gehe nicht in die Nähe des Little Clubs«, sagte McCoy. »Und ich bin nicht auf einen Kampf aus.«

Der schnellere der beiden Rikschajungen beim Tor eilte herbei und ließ die Stangen sinken.

»Bring mich zum Cathay Mansions Hotel«, sagte McCoy auf Chinesisch und kletterte in die Rikscha.

Der Wachsoldat verstand ›Cathay Mansions Hotel‹.

»Was, zum Geier, machst du denn da, McCoy?« fragte er.

»Dort gibt es einen Tanztee«, erwiderte McCoy, während der Rikschajunge die Stangen aufnahm und lostrabte.

Als sie sich dem Hotel näherten, forderte McCoy den Rikschajungen auf, an der Ecke zu halten. Er bezahlte, und ging dann den Bürgersteig entlang, vorbei am Eingang und in eine Gasse, die zur Hinterseite des Gebäudes führte. Er stieg eine Treppe hinunter zur Stahltür eines Kellergeschosses und klopfte an.

Ein Fensterchen in der Tür wurde geöffnet, und chinesische Augen wurden sichtbar. McCoy wurde gemustert, und dann öffnete der Chinese die Tür. McCoy schritt über einen langen Gang und duckte sich gelegentlich unter Wasserrohren und Abwasserleitungen, bis er zu einer anderen Eisentür gelangte, auf der ›Lagerraum B-6‹ stand. Er klopfte an, und die Tür wurde geöffnet.

U.S. Marines waren nicht willkommen oben in der feinen, mit Teppichen ausgelegten und getäfelten Halle und den Fluren des Cathay Mansions Hotels. Die oft ausgedrückte Dankbarkeit der Europäer in China für den Schutz durch die U.S. Marines sowohl gegen die Japaner als auch gegen Tschiang-Kai-scheks Kuomintang ging nicht so weit, daß man Mannschaften der Marine-Infanteristen als gesellschaftlich gleichwertig betrachtete.

Private First Class Ken McCoy war jedoch willkommen im Lagerraum im Kellergeschoß, der mit der stillschweigenden Erlaubnis von Sir Victor Sassoon, dem Besitzer des Hotels, dem Portier, einem zwei Meter großen Weißrussen, überlassen worden war. Im Lagerraum gab es einen achteckigen, mit grünem Filz bezogenen Tisch und Stühle. Eine verzierte Lampe hing über dem Tisch, so daß er in Licht getaucht war und die Karten deutlich sichtbar waren.

McCoy war willkommen, weil er immer fünfzig US-Dollar an den Tisch mitbrachte – manchmal auch viel mehr –, die er mit einer gewissen Würde und ohne Jammern verlor, wenn er Pech hatte.

In den fast vier Jahren, die er in China gewesen war, hatte McCoy ein Spielsystem entwickelt, das zu einem Guthaben von fast zweitausend Dollar bei der Barclays Bank geführt hatte. Er betrachtete das Geld als zusätzliches Ruhegeld.

Er begann jeden Monat mit fünfzig Dollar zu spielen. Fünfundzwanzig davon stammten von seinem Sold (nach den Abzügen verdiente er jetzt neunundvierzig Dollar) und fünfundzwanzig von dem Ruhegeldkonto bei der Barclays Bank.

Er spielte, bis er entweder pleite war oder das Gefühl hatte, aufhören zu müssen. Wenn er beim Aufhören mehr als seine ursprünglichen fünfzig Dollar hatte, dann legte er genau die Hälfte dieses Überschusses über fünfzig Dollar weg, um es auf sein Konto bei der Barclays Bank einzuzahlen. Der Rest war sein Kapital für das nächste Spiel.

Fast immer ging er irgendwann im Laufe des Monats pleite, und dann spielte er nie wieder bis nach dem nächsten Zahltag. Aber stets hatte er während des Monats viel mehr auf der Barclays Bank eingezahlt, als er nach dem nächsten Zahltag abheben würde. Und manchmal – nicht oft – lief es gut mit den Karten, und nach dem Spielen hatte er sechzig oder auch siebzig Dollar Plus. Einmal hatte er sogar 140,90 Dollar Gewinn eingezahlt.

Als er sich der Gruppe der Spieler näherte, schien bei dem hellen Licht über dem Tisch alles außer den Unterarmen und Händen der Spieler für einen Augenblick in der Dunkelheit zu verschwinden, doch allmählich gewöhnten sich McCoys Augen an die Lichtverhältnisse, und er sah die Gesichter der Spieler.

Der Weißrusse, der behauptete, Kavallerieoberst bei der 7. Petrograder Kavallerie seiner Kaiserlichen Majestät gewesen zu sein, saß am Tisch. Pjotr Petrovich Muller (er hatte einen deutschen Nachnamen, erzählte er einst McCoy, weil er von dem Wiener abstamme, der nach Moskau importiert worden war, um den Kreml zu bauen) war ein sehr großer Mann mit glattrasiertem Gesicht.

Er nickte ernst, als er McCoy sah, und dann forderte er ihn mit einer Geste auf, sich auf einen freien Stuhl zu setzen.

Da waren noch ein anderer Russe, der nach der Revolution eine Anstellung bei der französischen Fremdenlegion gefunden hatte, und ein Sikh, ein uniformierter Wachtmeister der Schanghaier Stadtpolizei. Ebenfalls mit von der Partie war der Kriminalbeamte Lester Chatworth von der Schanghaier Stadtpolizei, der zu McCoy aufblickte und sagte: »Ich dachte, du wärst unterwegs, um Itaker zu verprügeln!«

Abgesehen von dem buschigen, perfekt gestutzten Schnurrbart ähnelte Chatworth ein wenig McCoy, doch er sprach mit dem nasalen Akzent eines Liverpoolers.

»Ich hielt es für besser, hier Ihr Geld zu gewinnen«, erwiderte McCoy.

»Warum nicht? Jeder will gewinnen«, sagte Chatworth grinsend.

Die Männer am Tisch hatten überhaupt nichts gemeinsam, außer daß sie Pjotr Mullers starrem Standard von einem anständigen Pokerspieler entsprachen. Jeder konnte das Spiel gut genug, und jeder hatte dann und wann eine Menge Geld würdevoll verloren. Private First Class McCoy war mindestens ein Jahrzehnt jünger als alle anderen und ein Vierteljahrhundert jünger als Muller. Sie verkehrten nicht miteinander, wenn sie nicht pokerten. Ebensowenig waren sie befreundet mit irgendeinem der vielleicht vierzig anderen mehr oder weniger vorübergehenden Bewohner Schanghais, die an Mullers Tisch im Kellergeschoß des Cathay Mansions Hotels willkommen waren.

Niemand hob die Augenbrauen, als McCoy seinen blauen Uniformrock auszog und das Baby-Fairnbairn-Messer enthüllte, das an seinen Arm geschnallt war. Es war zwar praktisch illegal, aber klug, sich zu bewaffnen, wenn man für eine Nacht in Schanghai ausging.

McCoy hängte den Rock über die Stuhllehne, schnallte die Scheide mit dem Messer ab und steckte sie in eine Rocktasche.

Dann nahm er Platz und legte sein Spielgeld auf den Tisch. Fünfzig amerikanische Dollar, die in diesem Monat umgetauscht etwas über vierhundert Yuan ergeben hatten. Er hatte vier Hundert-Yuan-Banknoten vor sich, die lavendelfarben und weiß in England gedruckt worden waren und die Größe von britischen Fünf-Pfund-Noten hatten. Er hatte ebenfalls etwas Kleingeld, einschließlich eines amerikanischen Dollarscheins.

McCoy machte es sich auf dem Stuhl bequem und beobachtete, wie die laufende Partie beendet wurde. Als das Spiel vorüber war, nickte ihm Muller zu, und McCoy nahm ein neues Kartenspiel, öffnete die Versiegelung, ging das Blatt durch, fand und entfernte den Joker und das Deckblatt. Dann breitete er die Karten vor den anderen aus, damit sie sie untersuchen konnten.

Anschließend sammelte er die Karten zusammen, mischte, kündigte ›Straight Poker‹ an und teilte aus.

Drei Stunden später lagen über zwanzig lavendelfarbene und weiße Hundert-Yuan-Banknoten vor McCoy; der Sikh und der Fremdenlegionär waren pleite, und es spielten nur noch McCoy, Pjotr Petrovich Muller und der Kriminalbeamte Chatworth. Wiederum eine halbe Stunde später schaute sich Muller die beiden Karten an, die er gekauft hatte, warf sein Blatt auf den Tisch und erhob sich.

Blieben nur McCoy und Chatworth übrig.

»Ich spiele nicht zu zweit«, kündigte McCoy an.

»Einverstanden, hören wir auf«, sagte Chatworth. Er warf das gerade erst aufgenommene Blatt in den Papierkorb zu anderen benutzten Kartenspielen.

Steif nach drei Stunden Sitzen, stand McCoy auf und reckte die Arme über den Kopf. Dann schnallte er die Scheide mit dem Baby-Fairbairn an seinen linken Arm, zog seinen Rock an und folgte den anderen aus dem Kellerraum.

Als er auf der Straße war, spielte er mit dem Gedanken an ein Nümmerchen mit einer Profi-Puppe. Er hatte seit einer Woche keinen Sex mehr gehabt, und es war an der Zeit, diesbezüglich etwas zu unternehmen. Aber er entschied sich dagegen. Zum einen hatte er zuviel Geld bei sich. Er hatte es nicht bis auf den letzten Yuan gezählt, aber er hatte allerhand gewonnen –

wenn er zwölf Dollar für eine Yuan-Note rechnete, dann waren es etwas mehr als zweihundertfünfzig Dollar. Das war zuviel Geld in der Tasche, wenn man in einen Puff ging.

Selbst wenn die italienischen Marineinfanteristen nicht auf dem Kriegspfad waren.

Das Vernünftige war, zum Quartier zurückzukehren. Er winkte einen Rikschajungen und nannte ihm das Fahrziel, die Ferry Road.

Drei Blocks vom Kasernengelände entfernt sah er die italienischen Marineinfanteristen, die sich in einer Gasse versteckten. Es waren vier in Uniform. Die Uniformen waren eine Mischung aus Heer und Marine – Hosen vom Heer und Uniformjacken von der Marine.

Ich gehe ihnen aus dem Weg, dachte McCoy. *Ich habe kein Bajonett dabei, und ich war nicht im Little Club, als diese ganze Scheiße anfing. Mit ein bißchen Glück lassen sie mich passieren . . .*

Sie sagten nichts zu ihm, als die Rikscha an der Gasse vorbeizog und es keine Frage mehr gab, daß der Passagier ein Marine war. So glaubte McCoy einen Augenblick lang, sie hätten sich entschieden, auf Marines zu warten, die auf einen Kampf aus waren.

Und dann wurde die Rikscha umgeworfen. Der Rikschajunge begann vor Furcht und Zorn zu brüllen, bevor McCoy zu Boden stürzte und mit dem Ellenbogen seiner Uniformjacke über den Dreck der Straße schrammte.

McCoy setzte sich auf und hielt nach einem Fluchtweg Ausschau. Die italienischen Marineinfanteristen hatten ihre Position jedoch gut gewählt. Es gab keinen Fluchtweg.

Vielleicht kann ich mit ihnen reden, dachte McCoy, *ihnen sagen, daß ich nicht im Little Club dabei war und nichts gegen sie habe.*

Dann sah er den italienischen Marineinfanteristen nahen, der ein Stück Fahrradkette in der Hand schwang. McCoy fühlte sich ein bißchen schwach und hatte plötzlich einen üblen Geschmack im Mund.

»Ich weiß nicht, wen du suchst«, sagte er auf Italienisch. »Aber ich bin das nicht.«

Der italienische Marineinfanterist erwiderte darauf, daß seine

(McCoys) Mutter Schweine ficke, und daß er ihm die Eier einschlagen werde.

Die Fahrradkette verfehlte McCoys Bein, doch bevor sie mit einem furchterregenden Zischen auf das Pflaster knallte, kam sie nahe genug ans Hosenbein, um dort die Abdrücke der Kette zu hinterlassen. McCoy warf sich zur Seite und zog das Baby-Fairbairn aus dem Ärmel, als er auf die Füße sprang.

Der italienische Marineinfanterist erzählte ihm, daß seine (McCoys) Schwester, griechische Pimmel lutsche und daß er ihm das Messer abnehmen und ihm in den Arsch schieben werde.

McCoy spürte mehr, als er es sah, daß sich zwei andere Italiener hinter seinem Rücken näherten.

Sie wollten ihn packen und festhalten, damit der andere ihn mit der Fahrradkette bearbeiten konnte. Folglich kam es darauf an, an dem Typ mit der Fahrradkette vorbeizukommen.

McCoy fintierte mit dem Messer, und der italienische Marineinfanterist wich zurück.

Es sah aus, als könnte es klappen. Und es blieb McCoy nichts sonst übrig.

Er fintierte von neuem, machte einen heftigen Ausfall und brüllte dabei so wild er nur konnte, genau in dem Augenblick, in dem der Italiener vorwärts sprang, auf McCoys Messer zu.

Das Baby-Fairbairn drang dem italienischen Marineinfanteristen in die Brust. McCoy spürte, wie die Klinge über eine Rippe ratschte und dann bis zum Heft eindrang. Das Messer wurde ihm aus der Hand gerissen, als der Italiener seinen Sprung nach vorne fortsetzte.

Der Mann stöhnte, fiel, ließ die Fahrradkette fallen, wälzte sich auf die Seite, setzte sich auf und zog das Baby-Fairbairn aus seinem Leib unter dem Brustkorb. Er riß heftig daran, und die Klinge kam heraus. Einen Augenblick später schoß ein dicker hellroter Blutstrahl aus seinem Mund. Der italienische Marineinfanterist blickte einen Augenblick lang verwundert drein, dann sank er auf die Seite.

Mein Gott, ich hab' ihn getötet! durchfuhr es McCoy.

Einer der drei verbliebenen italienischen Marineinfanteristen bekreuzigte sich und rannte davon. Die anderen beiden näherten sich McCoy, und einer versuchte hastig, eine kleine Automatikpistole zu entsichern.

Ich kann ihnen nicht mehr entkommen! dachte McCoy.

Er nahm das Baby-Fairbairn-Messer auf und stellte sich den beiden italienischen Marineinfanteristen.

Er wandte sich dem Mann mit der Pistole zu und wollte sie ihm abnehmen oder wenigstens aus der Hand schlagen. Der andere kam seinem Freund zu Hilfe. McCoy setzte wieder sein Baby-Fairbairn ein. Die Klinge riß dem Italiener das Gesicht auf, doch das entmutigte ihn nicht. Er schlang die Arme um McCoy und umklammerte ihn in einem Bärengriff.

Der andere entsicherte unterdessen seine kleine Schußwaffe.

McCoy erinnerte sich daran, daß er gehört hatte, eine .22er oder .25er schießt genauso tot wie eine .45er, nur dauert es ein wenig länger – sagen wir eine Woche oder so.

Mit einer Kraft, die ihn überraschte, riß er den rechten Arm frei und drosch ihn rückwärts nach dem Mann, der ihn festhielt. Er spürte, daß er etwas traf, das nicht annähernd so hart wie ein Brustkorb war, aber immerhin etwas. Und das Messer in der Rechten drang tief ein, rutschte jedoch frei, als der Mann zu Boden stürzte.

Dann sprang McCoy den Mann mit der Pistole an. Die Waffe krachte mit scharfem Peitschen, und er spürte etwas über sein Bein schrammen, als hätte ihn ein harter Tritt gestreift. Im nächsten Augenblick schlug er dem italienischen Marineinfanteristen die Pistole aus der Hand, und als sie auf das Kopfsteinpflaster polterte, schnellte er sich darauf zu.

Er packte die Pistole und zielte auf den Italiener. Dann sah er sich um. Als er die Hand mit dem Messer nach hinten gedroschen hatte, war die Klinge dem Italiener in den Unterleib gedrungen. Er preßte beide Hände auf den Leib. Der Griff des Baby-Fairbairn ragte zwischen seinen Fingern hervor. Der Mann wimmerte, und Tränen rannen über sein Gesicht.

Straßenabwärts hörte McCoy das Schrillen der handbetriebenen Sirene auf dem Kasernengelände.

Das versaut meine Beförderung, dachte er. *Diese verdammten Italiener!*

2

Captain Edward J. Banning, USMC, war der S-2, der Offizier für Nachrichtenwesen des 4. Marineinfanterieregiments. Er war sechsunddreißig, groß, dünn und fast kahlköpfig. Banning war Marineinfanterist, seit er die Citadel, die Militärhochschule von South Carolina, absolviert hatte. Er war drei Jahre lang Second Lieutenant gewesen, acht Jahre lang First Lieutenant, und vor vier Jahren hatte er die silbernen ›Eisenbahnschienen‹ eines Captains erhalten.

Es gab vier verantwortliche Offiziere für die Stabsarbeit im Regimentsstab. Der S-1 (Personal) und der S-4 (Nachschub) waren Majors. Der S-3 (Planungen und Ausbildung) war Lieutenant Colonel. Als Captain war Banning der Rangniedrigste der vier. Aber er war Stabsoffizier, und als solcher war er normalerweise von den meisten Pflichten entbunden, die Offiziere hatten, welche nicht solche Positionen hatten.

Er kam natürlich regelmäßig als Offizier vom Dienst dran, aber das war es auch schon. Es wurde zum Beispiel nie dazu eingeteilt, bei der Inventur die Rechnungen des Offiziers- oder Unteroffiziersklubs zu überprüfen, oder er brauchte nicht als Offizier zu ermitteln, wenn es Fehlverhalten von Mannschaften gab, die möglicherweise vors Kriegsgericht kommen würden. Er hatte keine Pflichten dieser Art. Er war der S-2, und der Colonel war sich im klaren darüber, daß er ihn von dieser Pflicht wegholte, um etwas anderes zu tun, was nicht gerade erfreulich war.

Banning war zuerst überrascht gewesen, als er zum Colonel gerufen wurde und erfuhr, daß er als Verteidigungsanwalt im Fall Vereinigte Staaten von Amerika gegen Private First Class Kenneth J. McCoy, USMC, fungieren sollte. Aber er war Offizier des Marine-Corps, und wenn diese einen Auftrag erhielten, dann sagten sie »Aye, aye, Sir«, und machten sich daran, den Befehl zu befolgen.

„Diese Sache kann nicht unter den Tisch gekehrt werden, Banning«, sagte der Colonel. »Dazu ist es zu weit gegangen. Es muß exakt und ganz korrekt ablaufen, und kein i-Tüpfelchen darf ausgelassen werden.«

»Jawohl, Sir.«

»Major DeLaney wird der Vertreter der Anklage sein. Ich habe ihm befohlen, sein Bestes zu tun, um eine Verurteilung sicherzustellen. Ihnen befehle ich jetzt, ihr Bestes zu tun, um einen Freispruch sicherzustellen. Der italienische Generalkonsul hat uns informiert, daß er und Colonnello Maggiani von der italienischen Marineinfanterie beim Kriegsgerichtsprozeß anwesend sein werden. Verstehen Sie?«

»Jawohl, Sir.«

Banning verstand, daß er sich Gott weiß wie viele Stunden auf diesen Kriegsgerichtsprozeß vorbereiten, an dem Prozeß selbst teilnehmen und danach Gott weiß wie viele Stunden in die Berufung gehen mußte.

Die Hälfte all dieser Zeit würde von der Zeit draufgehen, die er normalerweise mit seinem Hobby verbrachte. Sein Hobby war Ludmilla Zhiwkow, die er ›Milla‹ nannte.

Milla war siebenundzwanzig und eine schwarzhaarige, langbeinige Weißrussin. Und er hatte vor kurzem die Möglichkeit erwogen, daß er sich in sie verliebt hatte.

Banning war Offizier des Marine-Corps – schlimmer noch, ein Nachrichtenoffizier des Marine-Corps –, und Nachrichtenoffiziere sollten eigentlich keine gefühlsmäßigen Verwicklungen mit weißrussischen Frauen haben. Es war auch nicht seine Absicht gewesen, sich gefühlsmäßig mit ihr einzulassen. Er hatte sie mehr oder weniger im Dienst kennengelernt. Es hatte eine Anzeige in der *Shanghai Post* gegeben. ›Russische Dame bietet Unterricht in russischer Konversation‹. Es war zufällig mit einem unerwarteten Bonus in seinen bewilligten Geldern zusammengefallen: zweihundert Dollar für Fremdsprachenausbildung.

Man sprach davon, daß es fünfzehntausend weißrussische Flüchtlingsfrauen in Schanghai gäbe. Sie verdienten sich ihren Lebensunterhalt, so gut sie konnten, einige erfolgreich und andere gezwungenermaßen auf dem Rücken liegend. Er hatte ein wenig zynisch angenommen, daß die russische Lady die russische Konversation nur anbot, weil sie zu alt oder zu häßlich war, um ihr Geld auf dem Rücken liegend zu verdienen.

Milla hatte ihn überrascht. Sie war eine wahre Schönheit und die erste Weißrussin, die er kennengelernt hatte, die nicht mindestens eine Herzogin war. Sie war auch streng religiös, was bedeutete, daß sie keine Nutte werden würde, solange es nicht sein mußte. Milla erzählte ihm, ihr Vater habe unter anderem den ›Victor-Phonograph‹-Laden in St. Petersburg betrieben. Sie waren 1921 mit ein paar amerikanischen Dollars aus Rußland nach Schanghai gekommen, und die Jobs, die ihr Vater hatte finden können, waren ausreichend gewesen, um sie über Wasser zu halten, während sie darauf warteten, daß ihr Name auf der Einwanderer-Warteliste der Vereinigten Staaten nach oben wanderte.

Und dann war der Vater gestorben, und Ludmilla hatte nicht soviel Geld verdienen können, wie sie erhofft hatte, auch nicht als Aushilfe im Cathay Mansions Hotel und als Russischlehrerin. Als er sie kennenlernte, wohnte sie in nur noch einem Zimmer. Der nächste Schritt war, die Geliebte von jemandem zu werden. Und danach wäre sie zur Hure geworden. Und als Hure hätte man sie nicht in die Vereinigten Staaten einreisen lassen.

Banning hatte ihr als erstes die gesamten zweihundert Dollar gegeben, die ihm für Sprachunterricht zur Verfügung standen. Dann hatte eines zum anderen geführt, und sie hatten miteinander geschlafen. Bald hatte er ihr eine größere Wohnung besorgt.

Aber die Grundregeln zwischen ihnen waren klar: Es war eine freundschaftlich-geschäftliche Beziehung und konnte nie mehr sein. Wenn er heimkehrte, würde es das Ende der Beziehung sein. Milla verstand das. Sie hatte bisher ihren Teil des Handels erfüllt. Und sie würde es weiterhin tun, davon war er überzeugt.

Manchmal sagte er sich, daß ihr starker Charakter einer der Gründe war, weshalb er Angst davor hatte, in sie verliebt zu sein. Und manchmal fragte er sich, ob sie nicht nur mit ihm spielte (sie war die intelligenteste Frau, die er je gekannt hatte) und nobel ihren Teil des Handels einhielt, weil sie erkannt hatte, daß dies die einzige Möglichkeit war, es ihm zu überlassen, gegen die Abmachung zu verstoßen.

Dennoch wußte er mit Gewißheit, daß er seine Karriere beim Marine-Corps vergessen konnte, wenn er Milla heiratete. Und es war ihm klar, daß er sich ein Leben außerhalb des Marine-Corps nicht vorstellen konnte; und daß er sich ein Leben ohne Milla nicht vorstellen konnte.

Zum erstenmal in seinem Leben wußte Ed Banning nicht, was er tun sollte.

Banning ging gemächlich zur Schreibstube der ›D‹-Kompanie des 1. Bataillons und las langsam und sorgfältig PFC Kenneth J. McCoys Personalakte. Er sprach mit McCoys Kompaniechef, seinem Zugführer, dem stellvertretenden Zugführer, dem Gruppenführer und seinem Stubenkameraden.

Das Bild, das sie von McCoy zeichneten, war das, was aus seiner Akte hervorging. McCoy war gleich nach der High School zum Marine-Corps gegangen (genauer gesagt, sogar ein paar Monate vor dem High-School-Abschluß; sein Diplom war ihm übersandt worden, als er in Parris Island gewesen war, und dort war es in der Personalakte eingetragen worden). McCoy hatte drei Monate beim Flottenkommando des Marine-Corps in San Diego gedient und war dann zum 4. Marineinfanterieregiment in Schanghai geschickt worden. Dort hatte man ihn zum Stellvertretenden Schützen eines wassergekühlten Browning-Maschinengewehrs Kaliber .30 gemacht.

Im großen und ganzen hatte McCoy sich seit seiner Ankunft in China aus Schwierigkeiten herausgehalten. Er war gut mit seinem Corporal und Sergeant ausgekommen, und beide beschrieben ihn als ›einen guten Mann‹.

Aber da gab es einige außergewöhnliche Dinge: McCoy hatte zum Beispiel kein chinesisches Mädchen – aber er hatte eines gehabt, folglich gab es keinen Grund, ihn als schwul zu verdächtigen. Er hatte auch keinen Freund, was ungewöhnlich war. Aber einige Männer sind von Natur aus Einzelgänger, er

– Banning – inbegriffen, und dieser McCoy war anscheinend einer. Daran war nichts falsch, es war nur ein wenig ungewöhnlich.

Das Ungewöhnlichste waren jedoch seine Schreibmaschinen- und Fremdsprachenkenntnisse. Banning war ein wenig ärgerlich, als er feststellte, daß die ›Dog‹ (D)-Kompanie einen Linguisten hatte, der fünfundsiebzig Wörter pro Minute tippen konnte und als MG-Schütze eingeteilt war. Wenn er das gewußt hätte, dann wäre Private First Class McCoy der Stabskompanie zugeteilt worden. Gute Schreibkräfte waren rar, aber nicht annähernd so knapp wie Leute, die Französisch, Italienisch und Chinesisch lesen und schreiben konnten.

Banning sagte sich, daß McCoy, höchstwahrscheinlich mit stillschweigendem Einverständnis seiner Vorgesetzten, diese Fähigkeiten geheimgehalten hatte. Gunnery Sergeants waren darauf bedacht, gute Männer an den Maschinengewehren zu haben, und die Personalprobleme der Sesselfurzer im Hauptquartier des Regiments juckten sie wenig. Und McCoy war vielleicht einer dieser Jungs, die keine Schreibtischarbeiter sein wollten.

Als Captain Banning überzeugt war, alles über PFC Kenneth J. McCoy aus seiner Dienstakte und seiner Umgebung erfahren zu haben, ging er zum Krankenrevier, um den Angeklagten von Angesicht zu Angesicht zu sehen.

McCoys Krankenakte zeigte, daß er am 2. Januar 1941 um 23 Uhr 10 ins Krankenrevier eingewiesen worden war, mit Schnittwunden, Hautabschürfungen und einer Streifschußwunde am rechten Oberschenkel, die vermutlich von einem kleinkalibrigen Geschoß stammte.

Bei einem ärztlichen Eingriff am 3. Januar 1941 um 9 Uhr 30 war ein Objekt aus Blei und Messing aus dem Oberschenkel entfernt und vorläufig als Geschoß Kaliber .25 identifiziert worden. Die ärztliche Prognose lautete: völlige Genesung und wieder volle Diensttauglichkeit binnen zehn bis fünfzehn Tagen.

Captain Banning fand PFC McCoy in einem Zwei-Bett-Krankenzimmer. McCoy saß auf einem Stuhl beim Fenster und benutzte das Fensterbrett als Schreibunterlage, während er ein

Kreuzworträtsel in der *Shanghai Post* löste. Ein Stock aus Armeebeständen hing von der Fensterbank.

»Weitermachen!« bellte Banning, als McCoy ihn sah und sich erheben wollte. »Behalten Sie Platz!«

Banning konnte sich nicht erinnern, McCoy schon einmal gesehen zu haben, was nicht ungewöhnlich war. Es gab viele junge Privates und Privates First Class im 4. Marineinfanterieregiment, die PFC McCoy sehr ähnlich sahen.

Captain Banning stellte sich vor und erklärte McCoy, daß er zu seinem Verteidiger ernannt worden war. Dann sorgte er dafür, daß McCoy verstand, in welchem Dilemma er steckte. Er sagte ihm, seiner Ansicht nach bestehe die Möglichkeit, daß McCoy des Mordes ersten Grades für schuldig befunden werden würde, was ernsthafte Elemente wie Vorsatz voraussetzte, daß er aber höchstwahrscheinlich des Totschlags für schuldig befunden werden würde.

Es gab keine Frage, daß zwei italienische Marineinfanteristen tot waren und McCoy sie getötet hatte. Es stand ebenso fest, daß die Italiener mit seinem Messer getötet worden waren. Banning erklärte, daß die Behörden vielleicht – und tatsächlich – über das unerlaubte Tragen von versteckten, tödlichen Waffen hinwegschauten, sofern nichts passierte, daß die Straftat jedoch nicht ignoriert werden konnte, wenn etwas passierte.

Banning führte die Unterschiede zwischen ›Totschlag‹, ›Körperverletzung mit Todesfolge‹, und ›fahrlässiger Tötung‹ auf.

»Ich habe das noch nicht mit Major DeLaney diskutiert, der als Ankläger fungieren wird«, sagte Captain Banning, »weil ich zuerst mit Ihnen sprechen wollte, McCoy. Aber diese Möglichkeit existiert. Wenn Sie aussagen, haben Sie die Wahl, sich eines minderschweren Tatbestandes schuldig zu bekennen. Ich bin mir ziemlich sicher, daß Major DeLaney keinen Einwand hätte, wenn sie sich des Totschlags schuldig bekennen, und vielleicht kann ich ihn überreden, ein Geständnis von fahrlässiger Tötung zu akzeptieren.«

McCoy schwieg dazu.

»Wenn Sie sich zu einer der beiden weniger schwerwiegenden Tatbestände schuldig bekennen, würde das Kriegsgericht dann die Strafe festsetzen«, sagte Banning. »Ganz gleich, welches Urteil gefällt wird, es wird nochmals geprüft, sowohl vom Colonel als auch von General Butler, und beide haben die Befugnis, es zu reduzieren.«

»Sir, es war Notwehr«, sagte McCoy.

»Lassen Sie mich das erklären«, sagte Banning, ohne auf McCoys Einwand einzugehen. »Sie wären besser dran, wenn Sie zwei amerikanische Marines erstochen hätten. Aber sie haben zwei italienische Marine-Infanteristen mit dem Messer getötet, und die Italiener müssen etwas dagegen unternehmen. Der italienische Generalkonsul und der italienische Colonnello der Marineinfanterie werden bei Ihrem Kriegsgerichtsprozeß anwesend sein. Sie wollen berichten können, daß der U.S. Marine-Infanterist, der zwei ihrer Leute getötet hat, schuldig gesprochen wurde und bestraft werden wird. Habe ich mich verständlich gemacht?«

»Sir, es war Notwehr«, wiederholte McCoy stur.

»Sie haben keine Zeugen«, sagte Banning.

»Da waren der Rikschajunge und zwanzig oder sogar dreißig Chinesen, die es sahen.«

»Und wie wollen Sie die finden?« fragte Banning.

McCoy zuckte mit den Schultern. »Herumfragen, nehme ich an.«

Es hat keinen Sinn, mit ihm zu streiten, sagte sich Banning. Der Junge versteht einfach nicht die Lage.

»Lassen Sie mich erklären, was meiner Meinung nach geschehen wird«, sagte Banning. »Ich denke, ich kann Major DeLaney dazu bringen, daß er ein Schuldbekenntnis des Totschlags akzeptiert. Sie werden verurteilt, und die Strafe wird hart sein, darüber müssen sie sich klar sein. Vielleicht zwanzig Jahre bis lebenslänglich.«

»O Gott!« sagte McCoy.

»Das wird die Italiener zufriedenstellen«, fuhr Banning fort. »Sie verstehen, daß dies nötig ist?«

McCoy bedachte ihn mit einem kalten Blick, sagte jedoch nichts.

»Das Urteil wird dann vom Colonel überprüft«, sagte

Banning. »Er wird sich Zeit mit dem Überprüfen lassen, nehme ich an, und so werden sich die Dinge ein wenig abkühlen. Dann wird er entscheiden, daß Sie nicht wirklich des Totschlags schuldig sind, sondern des minderschweren Falls der fahrlässigen Tötung, und er wird die Strafe entsprechend verringern.«

»Zu was?«

»Zu was, *Sir*«, korrigierte Banning.

»Zu was, Sir?« wiederholte McCoy pflichtschuldig.

»Die maximale Strafe für fahrlässige Tötung sind fünf Jahre.«

»Ich habe von Mare Island und Portsmouth gehört«, sagte McCoy mit grimmiger Miene.

Er hatte nicht ›Sir‹ hinzugefügt, wie es die militärische Anredevorschrift gebot, aber Banning wies ihn nicht zurecht. Banning war der persönlichen Meinung, daß die Marinegefängnisse von Mare Island, California, und Portsmouth, New Hampshire, wo die Brutalität der Wärter legendär war, eine Schande für das Marine-Corps waren.

»Der nächste Schritt in der Prozedur«, fuhr Banning fort, »ist die Überprüfung der Strafe durch General Butler. Ich halte es für sehr gut möglich, daß General Butler das Urteil sogar noch weiter reduzieren wird, sagen wir zu einem Jahr Haft. Und dann, wenn Sie in die Staaten kommen, kann das Marineministerium das Urteil noch einmal überprüfen, und ich bin sicher, daß man Ihrem vorherigen Dienst ebenso Aufmerksamkeit schenken wird wie den Empfehlungsbriefen, die Ihr Kompaniechef und Ihr Bataillonskommandeur in Ihrem Interesse schreiben werden, wie sie mir versicherten. Das Urteil könnte dann wiederum verringert werden zu der Zeit, die Sie bereits abgesessen haben.«

»Mit anderen Worten, Sir«, sagte McCoy mit einem ›Sir‹, das er so aussprach, daß es an Gehorsamsverweigerung grenzte, »ich könnte damit rechnen, ein degradierter Marine zu sein, der sich eine neue Heimat sucht?«

»Um Himmels willen, McCoy. Sie haben zwei Leute umgelegt! Sie können nicht erwarten, ungeschoren davonzukommen!«

»Sir«, sagte PFC McCoy, »ich will nicht respektlos sein, aber man gab mir das Kriegsgerichtshandbuch zum Lesen, und darin steht, daß ich einen Verteidiger meiner Wahl haben kann.«

Banning spürte, daß Wut in ihm aufstieg. Dieser Hurensohn war, um das Maß vollzumachen, auch noch ein Klugscheißer!

»Das ist Ihr Recht«, sagte er steif. »Wen möchten Sie als Verteidiger?«

»Meinen Kompaniechef, Sir.«

»Den können Sie nicht haben, weil er Ihr Kompaniechef ist. Ebensowenig können Sie Ihren Zugführer haben.«

»Dann Lieutenant Kaye, Sir, den stellvertretenden Nachschuboffizier.«

Mit gewaltiger Anstrengung brachte Captain Banning seinen Zorn unter Kontrolle.

»McCoy«, sagte er, »ich gebe Ihnen vierundzwanzig Stunden, um das zu überdenken. Ich möchte, daß Sie sorgfältig über Ihre Lage nachdenken.«

»Jawohl, Sir«, sagte PFC McCoy.

3

Auf dem Weg vom Krankenrevier zu seinem Büro wuchs Captain Bannings Zorn. Unter anderem würde er vor dem Colonel wie ein verdammter Dummkopf aussehen, wenn er zu ihm gehen und ihm erklären würde, daß dieser messerschwingende Private First Class seine Dienste als Verteidiger abgelehnt hatte. Es war natürlich das Recht des Jungen, aber Banning konnte sich nicht erinnern, jemals gehört zu haben, daß so etwas passiert war.

Und PFC McCoy tat sich damit nichts Gutes. Wenn er sich beim Prozeß nicht schuldig bekannte, dann grub er sein eigenes Grab. Er würde nicht verurteilt werden, weil er die beiden Italiener erstochen hatte, sondern damit den anderen Marines klar wurde, daß sie nicht herumlaufen und Leute killen konnten.

Wenn er Bannings Vorschlag folgte, würde er in drei Monaten in San Diego oder Quantico ein freier Mann sein, und nur der Verlust eines Winkels würde daran erinnern, daß er zwei Männer erstochen hatte.

Wenn er aber das Kriegsgericht verärgerte, dann würde es höchstwahrscheinlich zu dem Schluß gelangen, daß er eine Lektion brauchte, und man würde ihm eine hohe Strafe aufbrummen. Wenn der Colonel verärgert war, würde er bei der Überprüfung des Urteils nichts Falsches daran finden. Und wenn General Butler den jungen McCoy für einen Unruhestifter hielt, dann würde er ebenfalls nichts an dem Urteil falsch finden.

PFC McCoy hatte große Aussichten, dreißig Jahre bis lebenslänglich im Marinegefängnis Portsmouth eingesperrt zu werden.

Captain Bannings Zorn dauerte bis zum Mittagessen an. Und nach dem Mittagessen betrachtete er die Sache aus McCoys Sicht. Der Junge glaubte tatsächlich – da es die Wahrheit war –, daß er in Notwehr gehandelt hatte. Es war also seine – Bannings – Pflicht, diesen Punkt so weit wie möglich zu verfolgen.

Um Notwehr zu beweisen, brauchte er Zeugen. Die zur Zeit einzigen Zeugen waren die beiden italienischen Marineinfanteristen. Sie waren darauf vorbereitet, auszusagen, daß sie nicht das Geringste im Schilde geführt hatten, als McCoy sie mit dem Messer angegriffen hatte, woraufhin einer von ihnen eine Pistole in Notwehr gezogen hatte.

Als Banning nach dem Mittagessen in sein Büro zurückkehrte, wies er seinen Schreiber an, ihm einen Wagen von der Fahrbereitschaft zu besorgen. Er müsse in die Stadt fahren.

Banning hoffte, Bruce Fairbairn im Präsidium der Schanghaier Stadtpolizei anzutreffen. Er kannte ihn und konnte ihm das Problem erklären. Als Banning im Präsidium eintraf, war Fairborn jedoch nicht erreichbar und ebensowenig Kommissar Thwaite, der einzige andere Schanghaier Polizeibeamte, den er gut genug kannte, um völlig offen mit ihm zu sprechen.

Schließlich verwies man ihn an einen Kriminalbeamten namens Chatworth.

Chatworth saß an einem alten Schreibtisch, der mit Papieren überhäuft war. Als Banning das Zimmer betrat, wühlte Chatworth ärgerlich in dem Papierwust und suchte offenbar etwas, das er verlegt hatte.

Banning stellte sich vor und nannte den Grund seines Besuchs.

Chatworth schaute Banning ungehalten an. Er wirkte überrascht von Bannings Geschichte. »Ihr Yankees wollt immer alles nach den Buchstaben des Gesetzes erledigen«, sagte er nach einer Weile, während er in seiner Tasche kramte und eine halbleere Packung abscheulicher chinesischer Zigaretten hervorholte. »Einen Glimmstengel?« Er hielt Banning die Packung hin.

»Nein, danke«, sagte Banning.

»Ich meine«, fuhr er fort und zündete sich eine Zigarette an, »seid ihr nicht loyal gegenüber euresgleichen? Um Italiener willen laßt ihr eure Leute im Stich? Also ehrlich!« Er inhalierte tief und blies genußvoll den Rauch aus. »Und außerdem kenne ich den Jungen. McCoy ist ein guter Kerl. Schützen Sie ihn. So prima Kerle habt ihr nicht viele.«

»Das mag sein.« Banning zuckte mit den Schultern und versteifte sich. Er konnte Chatworth nicht sonderlich leiden. »Aber italienischer Stolz wurde schlimm verletzt. Sie haben sich an die Jungs vom Auswärtigen Amt im Konsulat gewandt. Eines hat zum anderen geführt. Und das Resultat ist, daß uns nichts anderes übrigbleibt, als PFC McCoy vors Kriegsgericht zu stellen.«

Chatworth schnaufte verächtlich.

»Und um das Maß vollzumachen, ist McCoy ein schwieriger Junge«, fuhr Banning fort. »Er ist davon überzeugt, in Notwehr gehandelt zu haben. Und er weigert sich einfach, zu begreifen, daß er ohne Zeugen nicht mit dieser Behauptung durchkommen kann.«

»Und?« sagte Chatworth, der zu verstehen begann.

»Und so bin ich verzweifelt, Sergeant. Könnten uns Ihre Leute vielleicht helfen und versuchen, einige Chinesen zu ermitteln, die erstens den Kampf sahen, und zweitens bereit wären, zu McCoys Gunsten vor dem Kriegsgericht auszusagen?«

Ziemlich abrupt wandte sich Detective Sergeant Chatworth wieder seinen Papieren zu.

»Ich werde mich darum kümmern«, sagte er, warf die Zigarettenkippe auf den Boden und trat sie mit dem Absatz aus. »Und ich werde mich zu gegebener Zeit mit Ihnen in Verbindung setzen.«

Banning erkannte, daß Chatworth ihn ebensowenig leiden konnte wie er ihn. Und ebenso klar war für Banning, daß Chatworth keine Chance sah, einen Chinesen zu finden, der bereit sein würde, auszusagen, daß er den Kampf zwischen den Langnasen gesehen hatte. Und es würde die Chinesen überhaupt nicht jucken, daß die Langnase von den U.S. Marines eindeutig von den Italienern angegriffen worden war. Chatworth hatte ihn unvermittelt entlassen, weil er ihm die kostbare Zeit stahl.

Banning kehrte nicht ins Büro zurück. Er fuhr zum Apartment. Milla war dort und machte einer Chinesin die Hölle heiß, weil sie einige von Bannings Hemden nicht so gut gebügelt hatte, wie Milla es den Anforderungen des Marine-Corps entsprechend für erforderlich hielt. Milla führte sich wie eine Ehefrau auf, und das regte Banning ebenfalls auf, und er betrank sich.

Und er erzählte Milla von McCoy.

Sie hatte Mitgefühl. Mit *ihm*. Banning. Es tat ihr leid, daß er ein Problem mit McCoy hatte.

Später tröstete sie ihn im Bett, was für gewöhnlich reichte, um ihn höllisch glücklich zu machen. Diesmal jedoch nicht.

Als er zuschaute, während sie sich ankleidete, um zur Arbeit zu gehen, quälte er sich mit Phantasien, daß andere Männer sie nackt sahen, wie sie es jetzt war. Und ihren nackten Körper berührten, wie er es soeben getan hatte . . . was mit Sicherheit passieren würde, wenn er sie nicht heiratete und sich nicht aus dem Marine-Corps schmeißen ließ.

Als Milla ihn verließ, sprach er wieder dem Whisky zu, und es endete mit einigen Ideen, die im Rausch entstanden waren. Er konnte zu dem Prozeß gehen und versuchen, an das Mitleid des Kriegsgerichts zu appellieren, indem er PFC McCoy als Heiligen in Uniform malte, der die unschuldige Partei in diesem ganzen Schlamassel war. Er konnte versuchen, das Kriegsgericht davon zu überzeugen, daß PFC McCoy mit einem Fairbairn-Dolch im Ärmel durch die Gegend lief, um Schmetterlinge zu sammeln. McCoy warf das verdammte Messer nach ihnen und pinnte sie mit den Flügeln fest. Die anderen verdammten Spaghettifresser waren auf einer Bananenschale ausgerutscht und unglücklicherweise in die Messerklinge gefallen, mit denen der liebe McCoy nur Schmetterlinge hatte festpinnen wollen . . .

4

Um viertel nach acht am nächsten Morgen, als Captain Banning seine dritte Cola des Tages trank und vergebens versuchte, das Feuer in seinem Magen zu löschen, kam sein Schreiber ins Büro und brachte den ersten Stapel offizielle Korrespondenz des Tages.

Unter den Schriftstücken, die er abzeichnen mußte, war eine Mitteilung vom Hauptquartier des U.S. Marine-Corps: Ein Beförderungsausschuß war einberufen worden, um über die Beförderung von Kandidaten zum Dienstrang Corporal zu entscheiden. Der Ausschuß hatte entsprechende Entscheidungen getroffen. Es standen dreißig Namen auf der Liste, und es gab zur Zeit im Marine-Corps zwölf freie Stellen für Corporals. Deshalb waren die befehlshabenden Offiziere der ersten zwölf Namensträger auf der Liste hiermit angewiesen, die Beförderungsbefehle für die Betreffenden auszustellen. Wenn es zusätzlich freie Stellen gab, war erlaubt, Personen auf der Liste von Nr. 13 bis 30 zu befördern.

Der zweite Name auf der Liste war der von PFC Kenneth J. McCoy, D-Kompanie, 4. Marineinfanterieregiment.

Die Navy – und damit das Marine-Corps – unterstand dem normalen Gesetz der Vereinigten Staaten, und eine Säule der

Rechtsprechung ist, daß ein Beschuldigter als unschuldig gilt, bis seine Schuld bewiesen ist.

Der Colonel hatte soeben die Anweisung vom Headquarters USMC erhalten, PFC McCoy zum Corporal zu befördern, eine Aktion, die dem befehlshabenden Colonnello der italienischen Marineinfanteristen und dem Generalkonsul des Königs von Italien in Schanghai nur schwer zu erklären sein würde. Es würde aussehen, als wäre die Strafe für das Abstechen zweier Italiener eine Beförderung zum Corporal.

Captain Banning fragte sich, ob es seine Pflicht war, den Colonel persönlich auf dieses Problem aufmerksam zu machen, oder ob es der S-1 als Personaloffizier als einen Teil seiner Pflicht betrachten würde. Höchstwahrscheinlich würde der S-1 das Problem übersehen, sagte sich Banning. Der Colonel würde wütend sein, wenn er das herausfand, und der S-1 ebenfalls.

Banning dachte immer noch über das Problem nach und rechnete fast damit, daß sein Telefon klingelte, weil entweder der S-1 oder der Sergeant Major des Colonels anrief, als sein Schreiber an die Tür klopfte, sie öffnete, den Kopf hereinsteckte und erklärte, daß der Kriminalbeamte Chatworth und zwei Chinesen im Vorzimmer waren.

So unglaublich es klang, hatte Chatworth zwei Augenzeugen aufgetrieben? In so kurzer Zeit?

»Bitten Sie ihn herein«, sagte Banning.

Chatworth kam mit zwei Kulis herein. Bannings Mut sank. Das Kriegsgericht würde das Wort zweier Kulis nicht über das zweier italienischer Marineinfanteristen setzen.

»Guten Morgen, Captain«, sagte Chatworth. »Darf ich Ihnen Constable Hang Chee und Senior Patrolman Kin Tong vorstellen?«

Die beiden Chinesen neigten den Kopf.

»Constable Hang und Patrolman Kin waren glücklicherweise in der Lage, den Zwischenfall mit McCoy von Anfang bis Ende zu beobachten. – Erzählen Sie dem Captain, was Sie beobachtet haben, Hang.«

Constable Hang sprach Englisch sehr weich, aber gut. Er berichtete, daß PFC McCoy gerade seine Rikscha direkt beim Kasernengelände verlassen hatte, als er von den fünf Italienern angegriffen worden war und ihm nichts anderes übriggeblieben war, als sich zu verteidigen.

»Er war *drei Blocks* von dem Kasernengelände entfernt«, sagte Banning, »als *vier* Italiener die Rikscha umkippten.«

»Da Sie es erwähnen«, sagte Constable Hang, »fällt mir ein, daß das stimmt. Es waren vier italienische Marineinfanteristen, und der Angriff fand ein paar Blocks vom Tor des Kasernengeländes entfernt statt.«

Für Banning war klar, daß sie nicht mehr von dem Kampf gesehen hatten als er – also gar nichts.

»Was ist los, Sergeant Chatworth?« fragte Banning.

»Sie wollten Zeugen, und ich habe sie gefunden«, sagte Chatworth. »Wird eine eidesstattliche Erklärung reichen, oder werden diese Beamten vor Gericht aussagen müssen?«

Ich will auch nicht, daß McCoy nach Portsmouth kommt, dachte Banning. *Aber ich bin Offizier und kann nicht einfach die Augen zumachen und vorgeben, daß ich Chatworths Chinesen glaube.*

»Ich kann diese Männer nicht in den Zeugenstand bringen«, sagte Banning, und seine Antipathie gegen Chatworth war größer denn je. »Ich glaube, Sie haben den Zweck meines gestrigen Besuchs mißverstanden.«

»Dann sind Sie ein verdammter Narr, Banning«, sagte Chatworth kalt.

»Guten Tag, Sergeant Chatworth«, sagte Banning.

»Ich werde Ihnen den Bericht dieser Polizeibeamten bezüglich des Zwischenfalls, den sie als Augenzeugen beobachteten, über das britische Konsulat schicken«, sagte Chatworth. »Es wird zwei, drei Tage dauern, bis er hier ist, nehme ich an.«

»Ich sagte schon: So sehr ich es persönlich tun möchte, ich kann diese Männer nicht in den Zeugenstand rufen.«

»Warum nicht?« fragte Chatworth.

»Um ganz offen zu sein, ich glaube Ihren Männern nicht. Verdammt, ich weiß, daß ich ihnen nicht glauben kann.«

»Diese Entscheidung liegt nicht bei Ihnen, oder?« sagte Chatworth. »Und wenn Sie diese Männer nicht aussagen lassen, wäre das nicht ›Unterdrückung von Beweismaterial‹?«

»Warum, zum Teufel, tun Sie das?« fragte Banning.

»Wir tun nur unsere Pflicht, wie wir sie sehen«, erwiderte

Chatworth sarkastisch. »Ich kann nur hoffen, daß Sie keiner der verdammten Narren sind, die nicht wissen, daß sie in Schanghai sind, und die denken, pingelig genau nach den Buchstaben des Gesetzes vorgehen zu können.«

»Wie können Sie es wagen, so mit mir zu reden?« empörte sich Banning.

»Was wollen Sie dagegen machen?« fragte Chatworth ruhig.

»Ich sage Ihnen eines, Chatworth: Ich werde diese Sache mit Captain Fairbairn besprechen.«

»Sonderbar, daß Sie seinen Namen erwähnen«, sagte Chatworth. »Constable Wang und Patrolman Kin sind Mitglieder von Captain Fairbairns Überfallkommando.«

In Banning wallte Zorn auf. Er griff nach dem Telefon und wollte Fairbairn anrufen. Doch die Vernunft siegte. Statt dessen ließ er sich von der Vermittlung mit dem Colonel verbinden.

»Sir«, sagte er. »Da gibt es eine ziemlich überraschende Entwicklung. Als PFC McCoy von den italienischen Marineinfanteristen angegriffen wurde, waren zwei chinesische Polizeibeamte von Captain Fairbairns Überfallkommando zugegen. Sie sind bereit, zu bezeugen, daß es eindeutig ein Fall von Notwehr war.«

»So ist es schon besser«, sagte Chatworth.

II

1

4. Marineinfanterieregiment, Krankenrevier
Schanghai, China

8. Januar 1941

Private First Class Kenneth J. McCoy lag in Standardpyjama und Bademantel auf dem Bett und beschäftigte sich mit einem Kreuzworträtsel in der *Shanghai Post*, als Captain Banning das Zimmer betrat. Banning sah, daß man McCoy das Frühstück auf einem Tablett gebracht hatte und daß McCoy nur wenig davon gegessen hatte.

»Weitermachen«, sagte Banning, als McCoy die Beine vom Bett schwingen wollte.

McCoy schaute ihn mißtrauisch an.

»Ich will eine offene Antwort auf diese Frage, McCoy«, begann Banning. »Wie gut kennen Sie Sergeant Chatworth von der Schanghaier Stadtpolizei?«

McCoy überlegte die Antwort, bevor er sprach, wie Banning ärgerlich bemerkte. »Ich kenne ihn, Sir.«

»Ein guter Freund von Ihnen, nicht wahr?« setzte Banning nach.

»Das würde ich nicht sagen, Sir«, entgegnete McCoy. »Ich kenne ihn.«

»Sergeant Chatworth hat zwei Zeugen aufgetrieben, die Ihre Behauptung untermauern, daß Sie in Notwehr gehandelt haben«, sagte Banning. »Sie sahen, daß die sechs Italiener Sie angriffen, als Sie am Kasernentor aus der Rikscha stiegen.«

McCoys Augenbrauen ruckten hoch, aber er sagte nichts.

Das ist ein ziemlich intelligenter junger Mann, dachte Banning. *Schlau und hart, einer der weiß, wann er am besten den Mund hält.*

»Die beiden Zeugen sind chinesische Polizeibeamte von Captain Fairbairns Überfallkommando«, fuhr Banning fort. »Sie sind vor dem Adjutanten erschienen und haben eidesstattliche Erklärungen abgegeben. Darin ist die Zahl der italienischen Marineinfanteristen auf vier reduziert, und Ihre Rikscha wurde dort umgeworfen, wo Sie sagten.«

McCoy blickte Captain Banning ausdruckslos an.

»Die schriftlichen Aussagen sind natürlich erstunken und erlogen, und das wissen Sie«, sagte Banning.

»Sir, das sind die italienischen Aussagen auch.«

»Zuerst dachte ich, McCoy, daß Sie und Chatworth in irgendeine krumme Sache verwickelt sind und ein Schurke dem anderen hilft. Aber ich komme soeben von Captain Fairbairn, und er sagte mir, daß Chatworth ein guter Mann ist. Im Vertrauen gesagt, er erklärte mir, wenn Chatworth Sie aus dem Schlamassel holt, in dem Sie stecken, spricht das sehr für Sie, denn normalerweise tut er so etwas nicht.«

»Ich weiß nicht, welche Äußerung Sie von mir dazu erwarten, Sir«, sagte McCoy.

»Sie halten mich für einen Armleuchter, wie?«

McCoy hielt mit ausdrucksloser Miene Bannings Blick stand, sagte jedoch nichts.

»Wenn ich an Ihrer Stelle wäre, und der Offizier, der mich gegen eine falsche Beschuldigung verteidigen soll, versucht mir einzureden, mich schuldig zu bekennen, dann würde ich ihn für ein Arschloch halten«, sagte Banning.

»Sie sind Offizier, Sir«, sagte McCoy.

Das klingt glatt, als wären alle Offiziere Arschlöcher, dachte Banning. *Denken alle Unteroffiziere und Mannschaften so oder nur diejenigen, die schlau genug sind wie dieser Junge, um zu wissen, wenn jemand versucht, sie zu verarschen?*

»Und in diesem Fall *war* ich ein Arschloch«, sagte Banning. »Das gebe ich zu, McCoy. Es stimmt. Ich bin nicht gerade stolz darauf, wie ich diese Sache angefaßt habe. Es ist verdammt beschämend für mich, zuzugeben, daß es eines englischen Polizisten bedurfte, um mich daran zu erinnern, daß die erste Pflicht eines Marineoffiziers die Fürsorge für seine Männer ist. Ich möchte mich entschuldigen.«

»Jawohl, Sir«, sagte McCoy.

»Heißt das, Sie akzeptieren meine Entschuldigung? Oder heißt das nur ›jawohl, Sir?‹« fragte Banning. »Es ist wichtig für mich, es zu wissen. Ich möchte eine offene Antwort haben. Von Mann zu Mann.«

»Ich habe nichts anderes erwartet«, sagte McCoy. »Und es hat sich noch nie ein Offizier bei mir entschuldigt.«

»Ich glaube, was ich wirklich frage, ist folgendes«, sagte Banning. »Nehmen Sie meine Entschuldigung an, oder warten Sie nur den rechten Augenblick und die Gelegenheit ab, um es mir heimzuzahlen?«

»Sie meinen, ich bin nachtragend? Nein, Sir, das bin ich nicht.«

»Ich hoffe, daß Sie das ehrlich meinen, McCoy, denn Sie werden in eine Position kommen, in der Sie es mir heimzahlen könnten«, sagte Banning.

»Sir?«

»Als Ihr Freund Chatworth mit Zeugen für Ihre Unschuld aufwartete, entschied der Colonel, daß es keinen Grund gibt, Sie vors Kriegsgericht zu stellen. Es wäre eine Zeit- und Geldverschwendung. Angesichts der neuen Beweise sind alle Anklagen gegen Sie fallengelassen worden. Sobald Sie ärztlich gesundgeschrieben werden, machen Sie wieder Dienst.«

»Aye, aye, Sir«, sagte McCoy. »Danke, Sir.«

»Aber nicht in der ›Dog‹-Kompanie«, sagte Banning. »Der Colonel hat Sie mir zugeteilt. Sie werden zur Stabskompanie versetzt.«

»Ich verstehe nicht . . .«, begann McCoy.

»Der Colonel sagte, ein Mann mit Ihren vielen Talenten, der ausgezeichnet tippen kann und Fremdsprachen spricht – ganz zu schweigen von der Fähigkeit, sich Freunde in der internationalen Gemeinschaft zu machen –, vergeudet seine Zeit und Geld des Marine-Corps mit einem Maschinengewehr. Ein Mann wie Sie, McCoy, sagte der Colonel, sollte irgendwo arbeiten, wo seine Talente besser genutzt werden. Zum Beispiel beim S-2.«

»Ich will nicht am Schreibtisch herumhängen«, sagte McCoy.

»Was Sie wollen, steht nicht zur Debatte, McCoy«, sagte Captain Banning. »Aber zu Ihrer allgemeinen Information, ich habe keine größere Wahl in der Sache als Sie. Ich nehme an, es blieb ungesagt, was der Colonel von mir will: Ich soll dafür sorgen, daß Sie Ihr Messer nicht in sonst jemanden stechen.«

»Aye, aye, Sir.«

»Es kommt noch mehr. Sobald Sie sich fit genug fühlen, werden Sie für eine Weile nach Peking reisen. Für einen Monat oder sechs Wochen.«

»Sie schicken mich aus Schanghai fort?« Es war mehr eine laute Überlegung als eine Frage.

Banning nickte.

»Sie sind ein Problem, McCoy«, sagte er. »Die Italiener wollen, daß Sie bestraft werden. Da wir das nun nicht tun können, wollen wir Sie für eine Weile von der Bildfläche verschwinden lassen.«

»Captain«, sagte McCoy, »der Arzt sagte mir, wenn es eine

Infektion gibt, dann hätte ich sie jetzt schon. Es gibt keinen Grund für mich, noch hier zu sein.«

»Fühlen Sie sich fit genug, um soweit mit einem Lastwagen zu fahren?«

»Ich dachte, wir transportieren Leute auf dem Wasserweg zwischen hier und Tientsin«, sagte McCoy.

»Von Zeit zu Zeit schicken wir einen Lastwagenkonvoi dort hinauf«, sagte Banning. »Einer bricht Donnerstag auf. Haben Sie nichts davon gehört?«

»Es heißt, daß die Konvois in Wirklichkeit bei den Japs spionieren«, sagte McCoy.

»Und das würde Sie stören?«

»Nein, Sir«, erwiderte McCoy. »Das klingt interessant. Ich fragte meinen Gunny (Gunnery Sergeant, Oberfeldwebel), ob ich da mitmischen könnte, und er sagte mir, ich solle mich um meine eigenen Angelegenheiten kümmern.«

»Militärische Aufklärung ist nicht das, was Sie vielleicht denken, wenn Sie Errol Flynn oder Robert Taylor in den Filmen sehen«, sagte Banning.

»Das habe ich auch nicht gedacht«, sagte McCoy gelassen.

»Sind Sie vertraut mit dem Begriff ›Gefechtsgliederung‹?« fragte Banning.

»Nein, Sir.«

»Dabei geht es um die Einsatzplanung für die Streitkräfte«, sagte Banning. »Welche Truppenteile wo und in welchem Zustand der Einsatzbereitschaft bereitgehalten werden. Damit meine ich, wie sie bewaffnet, ausgerüstet, verpflegt sind, ob sie die Sollstärke haben oder nicht, ob es irgendwelche Anzeichen auf bevorstehende Bewegungen gibt oder nicht. Verstehen Sie?«

»Jawohl, Sir.«

»Eine meiner Verantwortlichkeiten besteht darin, über die japanische Gefechtsgliederung auf dem laufenden zu sein«, erklärte Banning. »Eine der Möglichkeiten, wie ich das erreiche, besteht darin, daß ich dem verantwortlichen Offizier für die Tientsin-Peking-Konvois eine Liste mit den Punkten gebe, nach denen er Ausschau halten soll. Das heißt nicht, sollte ich hinzufügen, daß er mitten in der Nacht in japanische

Hauptquartiere einbricht, um Geheimpläne zu stehlen, wie es Errol Flynn in den Filmen macht. Meine Anweisungen an den Offizier lauten, daß es seine erste Pflicht ist, sich nicht beim Schnüffeln erwischen zu lassen.«

»Ich nehme an, die Japaner halten ihn genau im Auge?«

»Selbstverständlich tun sie das«, sagte Banning.

»Einem Private First Class werden sie weniger Aufmerksamkeit schenken«, sagte McCoy. »Sie schätzen unsere PFCs so ein, wie sie ihre eigenen behandeln. Und ihre PFCs können ohne Befehle nicht mal spucken.«

»Die Geringschätzung der Japaner für ihre Mannschaftsdienstgrade hat zwei Seiten«, sagte Banning. »Sie würden einen unserer PFCs, den sie beim Schnüffeln erwischen, auf der Stelle erschießen und ehrlich überrascht sein, wenn wir uns darüber aufregen.«

»Dann kommt es drauf an, daß sich unsere PFCs nicht erwischen lassen«, stellte McCoy fest.

»Haben Sie jemals gehört, daß es klug ist, sich niemals freiwillig für etwas zu melden?« fragte Banning.

»Es gibt immer eine Ausnahme«, sagte McCoy. »Zum Beispiel, wenn man denkt, es könnte einem guttun, sich freiwillig zu melden.«

»Reden Sie weiter«, sagte Banning.

»Ich denke, ich werde auf der Beförderungsliste zum Corporal stehen«, sagte McCoy. »Ebenso denke ich, daß die Sache mit den Italienern vielleicht meine Beförderung verdirbt. Vielleicht könnte ich von der schwarzen Liste runter, wenn ich etwas tue wie zum Beispiel bei den Japsen herumzuschnüffeln.«

»Sie stehen auf der Corporals-Liste«, sagte Banning. »Die Beförderungsbefehle werden heute geschrieben. Übrigens ist es ein separater Befehl, in der Hoffnung, daß die Italiener nichts herausfinden und nicht denken, wir befördern Sie für das Abstechen von italienischen Marineinfanteristen. Sie werden ein sehr junger Corporal sein, McCoy.«

»Wenn ich mich freiwillig für diese Sache melde und sie richtig mache, dann kann ich vielleicht ein sehr junger Sergeant werden«, sagte McCoy.

»Und vielleicht versauen Sie die Sache und bringen den Colonel in Schwulitäten und liefern ihm einen Vorwand, Sie zu degradieren«, sagte Banning. »Ich bezweifle, daß Sie ihn unglücklich machen, wenn Sie degradiert werden.«

»Aber vielleicht werde ich ja nicht degradiert«, sagte McCoy. »Ich werde diese Chance ergreifen.«

»Damit wir uns richtig verstehen, McCoy, im Augenblick sitzen Sie bei dem Konvoi nur neben dem Fahrer. Ich will nicht, daß Sie bei den Japanern herumschnüffeln, bevor ich Ihnen sage, wonach Sie Ausschau halten sollen. Haben Sie mich verstanden?«

»Aye, aye, Sir«, sagte McCoy. »Ich werde nicht wie ein kopfloses Huhn herumlaufen und Sie in Schwierigkeiten bringen, Captain.«

»In diesem Punkt sind wir uns also einig«, sagte Banning.

»Jawohl, Sir.«

»Wenn Sie keine Fragen haben, dann wär's das. Ich will, daß Sie bis Mittwoch hierbleiben. Dann können Sie in Ihr Quartier gehen und für die Reise packen. Sie verlassen das Kasernengelände nicht. Und ich halte es für eine gute Idee, daß Sie Ihre Corporalswinkel erst annähen, wenn Sie Schanghai verlassen haben.«

»Aye, aye, Sir«, sagte McCoy.

»Noch irgendwelche Fragen?«

»Bekomme ich mein Messer zurück?«

»Damit Sie noch sonst jemand aufschlitzen können?« schnaubte Banning.

»Ich suchte keinen Streit mit den Italienern«, sagte McCoy. »Aber als die Schwierigkeiten auf mich zukamen, war es verdammt gut, daß ich das Messer hatte.«

»Sagen Sie mir eines, McCoy, macht es Ihnen überhaupt etwas aus, daß Sie diese beiden Männer getötet haben?« Banning sah McCoy fragend an.

»Eine offene Antwort?«

Banning nickte.

»Ich habe mich schon gefragt, ob irgendwas nicht mit mir stimmt«, sagte McCoy. »Es tut mir leid, daß ich sie töten mußte. Aber man sollte eigentlich völlig mit den Nerven fertig sein, wenn man jemanden getötet hat, aber so fühle ich mich einfach nicht. Ich meine, ich habe keine Alpträume deswegen oder so was, wie ich es von anderen Leuten hörte.«

»›Du sollst nicht töten‹ steht in der Bibel«, bemerkte Banning.

»Und ebenso steht darin: Auge um Auge und Zahn um Zahn«, sagte McCoy. »Und wer vom Schwert lebt, wird durch das Schwert sterben, oder so ähnlich.«

Banning schaute ihn lange an, bevor er sprach.

»Ich bin mir nicht völlig sicher«, sagte er schließlich. »Ihr Messer war ein Beweisstück in einem Kriegsgerichtsprozeß. Aber jetzt gibt es keinen Kriegsgerichtsprozeß, und vielleicht kann ich es für Sie zurückbekommen.«

»Danke«, sagte McCoy, »ich hätte mir ungern ein anderes gekauft.«

2

Auf dem Weg zu seinem Büro fragte sich Captain Banning, warum PFC/Corporal McCoy bei dem Treffen nicht so oft ›Jawohl, Sir‹ gesagt hatte, wie man es von ihm erwartete – die Formulierung wurde beim Militär als eine Art verbale Interpunktion betrachtet.

Und er fragte sich, warum er ihn nicht – mit einer einzigen Ausnahme – deswegen zurechtgewiesen hatte. Schließlich sagte er sich, daß McCoy weder absichtlich unhöflich noch anmaßend war und daß die Unterhaltung einfach die zwischen zwei Männern gewesen war, nicht zwischen Offizier und Private First Class. Mit anderen Worten, der Junge hatte erkannt – entweder aus Instinkt oder durch Gewitztheit –, was der richtige Tonfall ihm gegenüber war.

Je mehr er von McCoy sah und über ihn erfuhr, desto beeindruckter war er von seiner Intelligenz (McCoys Punktzahl bei der schriftlichen Prüfung hätte ihn darauf vorbereiten sollen, hatte es jedoch nicht) und von seiner Härte. Er war ein sehr harter junger Mann. Aber nicht ganz hart. Er hatte den weichen Kern eines Jungen, der wünschte, sich wegzuschleichen und Spion zu spielen – aus reiner Abenteuerlust und Romantik.

Er konnte natürlich nicht erlauben, daß McCoy bei den Japanern herumschnüffelte, weil er dabei geschnappt werden würde (immer eine peinliche Angelegenheit mit den Japanern), und weil es sehr wahrscheinlich war, daß die Japaner ihn ›zufällig‹ töteten – oder den Amerikanern zur Abschreckung seinen Kopf in einer hübschen Schachtel zuschicken würden.

Bevor der Konvoi nach Tientsin und Peking losfuhr, nahm Banning McCoy zur Seite und machte so klar wie er konnte, daß die Spionage Lieutenant John Macklin vorbehalten blieb, dem dafür verantwortlichen Offizier. Er, McCoy, sollte nirgendwohin gehen und nur das tun, was die anderen Mannschaftsdienstgrade des Konvois taten.

McCoy sagte: »Aye, aye, Sir.«

Banning hatte ein wenig Mitleid mit ihm, als er ihn ins Führerhaus eines Studebaker-Lastwagens steigen sah. Es stimmte, daß die Gefahr einer Infektion der Kugelwunde vorüber war, doch ebenso stimmte, daß die kleinkalibrige Kugel Muskeln beschädigt hatte und bei der Operation, bei der die Kugel entfernt worden war, weiterer Schaden entstanden war. Die nicht zerfetzten Muskelfasern waren ernsthaft gequetscht. Es würde eine sehr schmerzvolle Fahrt über eine lange und holprige Straße werden.

Fast auf den Tag genau einen Monat später kam der Konvoi zurück.

Zwei Tage später lieferte Lieutenant Macklin Captain Banning einen sauber getippten Bericht – mit dem Banning äußerst unzufrieden war. Weil Macklin zu vorsichtig gewesen war, hatte er nicht herausgefunden, was Banning ihm aufgetragen hatte. Und trotz all seiner Vorsicht war er von den Japanern beim Schnüffeln erwischt worden.

Sie hatten Macklin nicht in einer Situation erwischt, in der sie ihn glaubwürdig der Spionage bezichtigen konnten, aber sie hatten den verantwortlichen Offizier eines Nachschubkonvois irgendwo gefunden, wo er nicht hätte sein sollen.

Es gab eine Reihe von Abkommen und ungeschriebenen Gesetzen in der Beziehung zwischen der Kaiserlich-japanischen Armee in China und den Militärstreitkräften der Franzosen, Italiener, Engländer und Amerikaner. Captain Banning war über viele davon instruiert worden, als er nach China gekommen war. In seinen Jahren in China hatte er noch viel mehr gelernt. Inzwischen hatte er ein gutes Gespür für die Spielregeln.

Was die Japaner gemacht hatten, als sie Macklin erwischt hatten, war nichts Neues; das hatten sie schon zuvor getan.

Sie hatten ihn als Offizierskameraden höflich in ihr Hauptquartier eingeladen. Dann nahmen sie ihn auf eine erschöpfende Besichtigung des Gebiets mit, mit besonderer Betonung auf die Müllkippe, Schießstände und andere faszinierende Aspekte ihrer Operationsplanung. Anschließend brachten sie ihn ins Kasino, wo einige japanische Offiziere, die sich überschwenglich entschuldigten, ihre Drinks über ihm auskippten, nachdem sie ihn betrunken gemacht hatten. Beim Abendessen schafften sie es, etwas Fettiges, Klebriges aus einem großen Topf auf seinen Schoß zu vergießen, das sich nicht entfernen und nicht reinigen ließ.

Sie wollten, daß er das Gesicht verlor. Und wie üblich hatten sie Erfolg.

Corporal Kenneth J. McCoy kam am Mittag des Tages ins Büro des S-2, an dem Banning Lieutenant Macklins Bericht erhalten hatte. McCoy entschuldigte sich für sein spätes Kommen. Er erklärte, sein Gunnery Sergeant hätte ihn zum S-1 (Personal) geschickt, um sich um den Papierkram zu kümmern, der zu seiner Beförderung zum Corporal gehörte. Das war unerledigt geblieben, als er nach Peking gefahren war.

»Was macht Ihr Bein?« fragte Banning. »Hatten Sie unterwegs Beschwerden?« Es machte ihm anscheinend nichts aus, daß sich McCoy verspätet bei ihm meldete – oder er glaubte nicht, daß der junge Mann irgend etwas von Wert zu berichten hatte.

»Auf dem Hinweg war es hart, Sir«, sagte McCoy.

»Aber jetzt ist alles in Ordnung?«

»Jawohl, Sir.«

»Nun, ob es Ihnen gefällt oder nicht, McCoy«, sagte Banning. »Ich werde Sie als Schreiber einsetzen müssen.«

»Ich dachte mir, daß das vermutlich passieren wird«, erwiderte McCoy.

»Tut mir leid, daß Ihnen das nicht gefällt«, sagte Banning. »Aber es geht nicht anders.«

»Captain, ich habe etwas zu sagen, und ich weiß nicht, wie ich es sagen soll.«

»Spucken Sie's aus«, sagte Banning.

»Das 111. und 113. Regiment der 22. Infanteriedivision werden von Sütschou nach Nantung verlegt, wo sie mobilisiert werden.«

»Mobilisiert?« fragte Banning verwirrt.

»Ich meine, sie bekommen Lastwagen als Ersatz für die Pferde.«

»Sie meinen *motorisiert*«, korrigierte Banning und lachte.

»Ja, motorisiert«, sagte McCoy. »Verzeihung, Sir. Und dann bleibt das 119. Regiment in Sütschou und wird durch ein Regiment von der 4. Division verstärkt, ich weiß nicht welches. Wenn dann das 111. und 113. zurückkommen, geht das 119. nach Nantung und holt seine Lastwagen, und das andere Regiment kehrt zurück, wo es herkam. Wenn die gesamte Division Lastwagen hat, wird sie nach Tsinan verlegt.«

»Sind Sie dessen sicher?« fragte Banning sarkastisch.

»Ein paar Nutten erzählten mir das«, sagte McCoy. »Und ich habe es überprüft.«

»Sagen Sie mal, Corporal McCoy, was glauben Sie, warum Lieutenant Macklin nichts davon in seinem Bericht erwähnt?«

Während dieser Worte hätte sich Banning am liebsten selbst in den Hintern getreten, weil er Macklin verteidigte. Doch er wußte, daß er nicht anders konnte. Macklin war Offizier wie er, und Offiziere geben nicht vor Unteroffizieren und Mannschaften zu, daß irgendein Offizier weniger taugt, als er taugen sollte. Noch wichtiger: Er und Macklin kamen nicht miteinander aus. Banning fühlte sich deswegen schuldig, und das

Schuldgefühl war groß genug, um den Lieutenant zu schützen, wenn er wirklich nicht geschützt werden sollte.

Banning konnte Macklin einfach nicht leiden. Der Lieutenant war ein großer, schwarzhaariger Mann mit markanten Gesichtszügen, den man zu Recht als gutaussehend bezeichnete und der so intelligent wie schön wirkte. Das Dumme war nur, daß er nicht annähernd so intelligent war, wie er aussah – und schon gar nicht so intelligent, wie er sich fühlte. Als Banning ihn zum erstenmal gesehen hatte, war er gleich für ihn der Typ gewesen, der Substanz durch Charme ersetzte, der sehr vorsichtig sprach, niemals Anstoß erregte und sich niemals in eine Lage brachte, aus der er nicht entkommen konnte, indem er behauptete, daß er sich um ein Mißverständnis handelte.

»Ich sagte ja schon, ich weiß nicht, wie ich es sagen soll«, antwortete McCoy auf Bannings Frage, weshalb Lieutenant Macklin nichts davon in seinem Bericht erwähnt hatte. »Ich erklärte ihm, was ich gehört hatte, und er lachte mich aus. Aber er irrte sich. Huren wissen Bescheid.«

Banning war sich darüber im klaren, daß McCoy recht hatte: Huren wissen Bescheid.

»Sie sagten, Sie hätten es überprüft«, sagte Banning.

»Jawohl, Sir.«

»Wie?«

»Ich habe es nachgeprüft«, antwortete McCoy.

»Das sagten Sie schon, und ich fragte, *wie?*«

»Sir, Sie sagten mir, ich solle nicht bei den Japsen herumschnüffeln, und ich befürchte, Sie werden denken, daß ich es trotzdem tat.«

»Warum sollte ich das denken?« fragte Banning.

»Nun«, sagte McCoy unbehaglich. »Ich kam ziemlich nahe an sie heran.« Er legte eine Pause ein und platzte dann heraus: »Ich fuhr nach Nantung, Captain.«

»Sie wollen mir sagen, Sie fuhren nach Nantung? Ohne Befehle?«

»Ein Texaco-Tanklaster fuhr dorthin«, sagte McCoy. »Mit einer Ladung Kerosin. Ich gab dem Fahrer fünfzig Yuan fürs Mitnehmen. Und für die Rückfahrt.«

»Und was taten Sie, Corporal McCoy, als Sie in Nantung waren?« fragte Banning.

Die Frage schien McCoy zu überraschen.

»Ich sagte es doch«, erwiderte er. »Ich ging in ein Bordell. In eines, in dem die japanischen Offiziere verkehren.«

»Und es waren japanische Offiziere in diesem Bordell?«

»Jawohl, Sir.«

»Und was dachten die japanischen Offiziere, als sie einen Corporal vom Marine-Corps in ihrem Puff sahen?« fragte Banning. Bevor McCoy antworten konnte, sprach er weiter. »Die sahen Sie offenbar nicht, sonst wären Sie nicht hier. Kam Ihnen nicht in den Sinn, McCoy, worauf Sie sich da einließen? Daß die Japaner, wenn sie Sie entdeckt hätten, ihnen den Kopf abgeschnitten hätten, und daß ich Ihnen bei Ihrer Rückkehr die Hölle heiß gemacht hätte, wenn Ihr Kopf verschont geblieben wäre?«

»Sie sahen mich«, sagte McCoy. »Sie hielten mich für einen Italiener, der für Texaco arbeitet. Einer von ihnen war in Rom und glaubte, Italienisch zu können.«

»Verdammt noch mal, McCoy«, sagte Banning. »Sie hatten den Befehl, das Schnüffeln Lieutenant Macklin zu überlassen.«

»Sie sagten, ich soll nicht in die Nähe der Japaner gehen«, wandte McCoy ein. »Ich dachte, damit meinen Sie, ich soll nicht in die Nähe des Kasernengeländes. Dahin ging ich auch nicht. Ich ging in ein Freudenhaus. Und aus Ihren Worten schloß ich, daß es wichtig ist, das mit den Lastwagen herauszufinden.«

»Sind Sie sicher, daß die Japaner Sie nicht verdächtigten, ein Marine zu sein?« fragte Banning.

Verdammt blöde Frage, Banning, dachte der Captain. *Wenn sie ihn für einen Marine gehalten hätten, wäre er nicht hier.*

»Sie dachten, ich sei Angelo Salini aus Napoli«, sagte McCoy sachlich und auch ein bißchen selbstgefällig. »Ich war mit einem Jungen, der so hieß, auf der Oberschule.«

»Und sie erzählten Ihnen von den Lastwagen?« fragte Banning.

»Nein, Sir«, sagte McCoy. »Wir hatten nur ein paar Drinks

und alberten mit den Nutten herum. Die *Nutten* erzählten mir von den Trucks.«

Erhebe ich gegen ihn Anklage wegen Nichtbefolgen eines Befehls? überlegte Banning. *Oder empfehle ich ihn wegen seiner Initiative?*

»Und sagten Ihnen die Ladys, um welche Art Trucks es sich handelt?« fragte Banning. »Oder um wie viele?«

»Sie sprachen nur von ›Armeelastwagen‹«, antwortete McCoy. »Und weil ich nicht in die Nähe des Militärgebiets durfte, konnte ich nichts Genaueres herausfinden.«

»Warum sollte ich dieses Nuttengewäsch glauben?« fragte Banning.

»Ich weiß nicht, ob Sie es glauben sollten oder nicht, Captain«, entgegnete McCoy. »Aber das fand ich heraus, und da Lieutenant Macklin es nicht meldete, dachte ich mir, ich sollte es Ihnen sagen.«

Was natürlich bedeutet, daß er es zuerst Macklin sagte, dachte Banning. *Und das wiederum bedeutet, Macklin wußte, daß McCoy etwas tat, das er nicht tun sollte und was Macklin mir hätte melden müssen. Aber wenn Macklin es mir gemeldet hätte, wäre sein eigenes Versagen noch auffälliger gewesen. Hurensohn!*

»Sagten Ihnen Ihre – Freundinnen, wann all dies geschehen wird?« erkundigte sich Banning.

McCoy nickte.

»Wenn der nächste Konvoi durch Sütschou fährt, wird das eine oder andere Regiment vermutlich verschwunden sein«, sagte McCoy. »Auf der Rückfahrt wird eines davon vielleicht wieder zurück sein, und man kann die Trucks zählen.«

»Wenn Sie beim nächsten Konvoi wären, könnten Sie dann diese Zählung vornehmen?« fragte Banning.

»Jawohl, Sir.«

»Ich werde die Frage umformulieren«, sagte Banning. »In voller Kenntnis der Risiken – was bedeutet, daß die Japaner Ihnen höchstwahrscheinlich sämtliche Knochen brechen und Sie anschließend enthaupten, wenn man Sie schnappt –, wären Sie bereit, zu versuchen, einige Fotos von den Trucks zu machen, von dem Fahrzeugpark? Fotografien aus der Nähe, so daß die Kennzeichen auf der Stoßstange zu erkennen sind?«

»Ich habe keine Kamera, Captain.«

»Ich werde Ihnen eine besorgen, McCoy«, sagte Banning.

»Dann ja, Sir.«

Die kaltblütige Entscheidung war, ob es die Sache wert war oder nicht, zu ermitteln, ob die Japaner eine ihrer Divisionen motorisierten. Das war Banning klar. Es würde mehr als peinlich sein, wenn die Japaner seinen Corporal schnappten. Es war nicht übertrieben, was er McCoy für den Fall einer Entdeckung prophezeit hatte.

»Nehmen Sie sich den Rest des Tages frei, McCoy«, sagte Banning. »Ich möchte noch ein Gespräch mit Lieutenant Macklin führen, und ich will über diese Sache nachdenken.«

»Er wird vermutlich sauer sein, weil ich ihn übergangen habe«, sagte McCoy.

»Machen Sie sich deswegen keine Sorgen«, sagte Banning. »Sie sind dem S-2 zugeteilt. Sie arbeiten für mich.«

»Danke, Sir«, sagte McCoy.

Als McCoy sein Büro verließ, dachte Banning über das Gesagte hinaus. Es gab für ihn keinen Zweifel, daß die Japaner seinen Namen kannten und ebenso die Namen aller, die eng mit dem S-2 zusammenarbeiteten. Wenn sie darauf aufmerksam wurden, daß ein Corporal von ihm eine weitere Fahrt auf der Tientsin-Peking-Route machte, dann war ihnen zuzutrauen, daß sie ihn aus Prinzip aus einem Truck herausholten.

Aber sie würden glauben, es mit einem Offizier zu tun zu haben, der sich als Corporal ausgibt. Japanische Unteroffiziere wurden nicht zu Spionagemissionen entsandt, und deshalb konnten sich die Japaner nicht vorstellen, daß es bei den Amerikanern anders möglich war.

Er erkannte, daß er sich bereits entschieden hatte, McCoy mit dem nächsten Konvoi wieder nach Peking zu schicken.

Sehr früh am nächsten Morgen wurde Banning ins Büro des Colonels befohlen. Der Colonel war erzürnt.

»Ist Ihnen bekannt, Banning, daß es gestern nacht eine Party unter dem Motto ›Willkommen daheim, Killer McCoy‹ im Klub gab? Komplett mit einem Transparent mit diesem Text?«

Der Klub hieß ›Millionen-Dollar-Club‹, weil er angeblich

beim Bau vor vierzehn Jahren, bevor die Marines nach China gekommen waren, soviel gekostet hatte. Er befand sich an der Bubbling Well Road, auf dem Weg zu Schanghais elegantester Pferderennbahn.

»Nein, Sir, das war mir nicht bekannt«, sagte Banning.

»Für die Italiener sieht es aus, als hätten wir ihn für das Erstechen von Leuten befördert«, sagte der Colonel. »Wenn die Italiener noch nichts davon gehört haben, werden sie es bald erfahren. Wir werden diesen Jungen wieder aus Schanghai verschwinden lassen müssen, und zwar schnell.«

»Ich hatte geplant, ihn mit dem nächsten Konvoi nach Peking zurückzuschicken, Sir«, sagte Banning.

»Wann geht der?«

»Am Donnerstag, Sir.«

»Gibt es keine Möglichkeit, ihn früher wegzuschicken, sagen wir morgen?«

»Das muß ich mit dem S-4 überprüfen, Sir, um völlig sicher zu sein, aber auf Anhieb sehe ich keinen Grund, weshalb das nicht möglich sein könnte.«

»Überprüfen Sie das mit dem S-4. Wenn es irgendein Problem gibt, lassen Sie mich das wissen.«

»Aye, aye, Sir.«

»Wie war es mit der letzten Tour?« fragte der Colonel. »Irgend etwas Interessantes?«

»Ich habe eine ziemlich zuverlässige Information, Sir, sagen wir eine Sieben auf einer Skala von eins bis zehn, daß die 22. Infanteriedivision bei Sütschou motorisiert wird.«

»Das ist interessant«, sagte der Colonel. »Ich frage mich, was, zum Teufel, das soll. Haben die so viele Lastwagen?«

»Ich werde eine bessere Beurteilung geben können, wenn ich mehr Informationen habe, Sir. Ich versuche, einige Fotos zu bekommen.«

»Schicken Sie auf jeden Fall einen guten Mann«, mahnte der Colonel.

»Aye, aye, Sir«, sagte Banning. »Ich denke, ich habe einen guten.«

»Und schaffen Sie mir hier so schnell wie möglich diesen

verdammten Killer McCoy weg. Ich will ihn nicht vor den Italienern haben wie das rote Tuch vor dem Stier.«

»Aye, aye, Sir.«

3

Headquarters 4. Regiment, USMC Schanghai, China

11. Mai 1941

Als sein Sergeant die Bürotür öffnete und ihm meldete, daß Lieutenant Sessions eingetroffen war, schaute Captain Edward J. Banning, United States Marine Corps, aus dem Fenster zu den Bäumen, die zu erblühen begannen. Er hatte an Milla gedacht. Wenn er nicht auf diesen Typ namens Sessions gewartet hätte, dann hätte er mit ihr zusammen im Apartment sein können. Er hatte das Bild von Milla in Unterwäsche aus seinen Gedanken verbannt, indem er sich daran erinnert hatte, daß der Preis, den sie für die Schönheit des Frühlings zahlen mußten, der Gestank sein würde, der bald aus Schanghais berüchtigten Kloaken kommen würde.

»Bitten Sie ihn herein, Sergeant«, sagte Banning.

Er wandte sich um und setzte sich auf die Fensterbank. Dort saß er so hoch, daß er die Füße baumeln lassen konnte.

Lieutenant Edward Sessions, USMC, marschierte ins Büro. Er trug Zivilkleidung, einen Leinenanzug und einen Strohhut mit steifer Krempe. Banning dachte: Er sieht aus wie ein anderer Macklin, ein weiterer gutaussehender Hurensohn mit vollem Haar und blendend weißen Zähnen.

Lieutenant Sessions war sichtlich überrascht, bei diesem bedeutsamen Anlaß den Nachrichtenoffizier des 4. Regiments des Marine-Corps auf der Fensterbank sitzen zu sehen, wo er wie ein kleiner Junge mit den Füßen baumelte, statt ernst und gewichtig wie ein S-2-Offizier im Regimentsstab hinter einem Schreibtisch zu sitzen.

Sessions kam nicht nur frisch per Schiff aus den Staaten. Er kam auch frisch aus dem Hauptquartier des U.S. Marine-Corps, und er war in geheimer Mission unterwegs. Banning sagte sich, all das hat natürlich dazu geführt, daß er sich mit seiner Rolle in der Planung der Dinge mächtig großartig vorkommt.

Zum Teufel mit ihm!

Captain Banning war weder von Lieutenant Sessions beeindruckt (er erinnerte sich jetzt, daß er ihm vor Jahren in Quantico einmal begegnet war), weder von der Tatsache, daß er frisch aus dem Hauptquartier des Marine-Corps kam, noch von seiner geheimen Mission. Und er war der Ansicht, daß die geheime Mission eigentlich ein wenig beleidigend ihm gegenüber war. Er war nicht nur seit vier Jahren in China und verdiente den Ruf, daß er seine Pflicht getan hatte, wie sie getan werden sollte, sondern darüber hinaus war sein Mann der Grund gewesen, weshalb diese ganze geheime Mission überhaupt zustande gekommen war.

Killer McCoy war nicht nur unentdeckt von seinem zweiten Ausflug mit dem Konvoi aus Peking zurückgekehrt, sondern hatte auch sechs Rollen 35-mm-Film mitgebracht. Die japanische 22. Division war im Begriff gewesen, die von Pferden gezogenen Wagen durch drei Arten von Lastwagen auszutauschen – durch einen Kleintransporter, der noch kleiner war als ein amerikanischer kleiner Truck; durch eine japanische Kopie eines Ford Anderthalbtonner-Pritschenwagens und durch einen größeren Mitsubishi-Zweitonner, der sowohl Feldgeschütze als auch Anhänger mit Munition ziehen konnte.

Banning hatte die Filme entwickeln lassen und die Negative und Abzüge auf schnellstmögliche Weise (via *President Wilson*, dem Schiff der U.S. Linie nach Manila, wo sie an Bord eines Sikorsky-Wasserflugzeugs mit Ziel Hawaii und San Francisco gekommen waren) zum Hauptquartier des U.S. Marine-Corps schicken lassen.

Die erste Antwort darauf war ein verschlüsselter Funkspruch gewesen.

HQ USMC WASHINGTON DC VIA MACKKAY RADIO AN BEFEHLSHABENDEN OFFIZIER 4. MARINES SCHANGHAI FÜR BANNING BETREFF FOTOS. GUT GEMACHT – STOP – JE MEHR DESTO BESSER – STOP – WEITERES FOLGT PER KURIER – STOP – FORREST BRIGADEGENERAL USMC

Brigadegeneral Horace W.T. Forrest, Stellvertretender Stabschef für Nachrichten, Hauptquartier USMC, war nicht nur so erfreut über Killer McCoys Fotos, daß er mehr haben wollte, sondern er schickte zusätzliche Informationen per Kurier, weil er sie nicht per Funk schicken wollte.

Folgende Weisung war neun Tage später eingetroffen:

Es gibt verschiedene Gründe für die Motorisierung japanischer Truppenteile in Divisionsstärke, die auch Ihnen offensichtlich sein sollten. Unter anderem besteht die Möglichkeit, daß angesichts des Straßennetzes von China die Japaner vorhaben, diese Einheiten woanders einzusetzen. Es ist daher von größter Wichtigkeit, daß Sie weiterhin dieses Hauptquartier mit den neuesten verfügbaren Informationen beliefern, die diese tatsächliche oder geplante Motorisierung der japanischen Truppenteile betreffen.

Zusätzlich soll die Nachrichtengewinnung in diesem Gebiet dazu dienen, das japanische industrielle Potential zu ermitteln.

Aus anderen Quellen verlautete, daß Deutschland den Japanern eine unbekannte Anzahl bis jetzt nicht identifizierter Feldartilleriegeschütze liefern wird. Es ist von höchster Wichtigkeit, daß Informationen bezüglich des genauen Typs solcher deutschen Geschütze, ihrer Anzahl, des Munitionsbestandes und der Identität der Truppenteile, die mit solchen Geschützen ausgerüstet werden, so bald wie möglich übermittelt werden.

Lieutenant Edward Sessions ist vom Headquarters USMC abkommandiert worden, um bei dem Sammeln dieser Nachrichten zu assistieren. Er wird nach und in China mit einem Paß reisen, der ihn als Missionar der ›Christian & Missionary Alliance‹ ausweist. Er wird einen Verschlüsselungs-Code mitbringen, den Sie benutzen werden, um die neuesten Nachrichtenergebnisse an dieses Hauptquartier zu übermitteln, die seine Erkenntnisse bezüglich deutscher Artillerie in japanischen Truppenteilen und Ihre Informationen über die Motorisie-

rung von taktischen und logistischen Truppenteilen betreffen. Dieser Verschlüsselungs-Code wird für keinen anderen Zweck benutzt, und Sie werden weiterhin andere Daten, die Sie ermitteln, wie in der Vergangenheit übermitteln.

Sie werden Lieutenant Sessions soviel Unterstützung geben, wie Sie können. Auszahlung aus Geheimfonds ist erlaubt. Obwohl Lieutenant Sessions grundsätzlich diesem Hauptquartier unterstellt bleibt, steht er während seines Aufenthalts in China unter Ihrem Kommando.

Es war interessant, warum man es für notwendig hielt, einen Offizier nach China zu schicken, um zu sehen, ob irgendwelche deutschen Artilleriegeschütze in japanischen Händen waren. Herauszufinden, welche Ausrüstung die Japaner hatten, war etwas, das Banning schon immer gemacht hatte, seit er in China war. Sessions Ankunft bedeutete also eines von beidem: Entweder mochte man nicht die Art und Weise, wie er die Dinge abwickelte, oder Lieutenant Sessions hatte Freunde an hohen Stellen, und eine Geheimmission in China würde sich gut in seiner Dienstakte machen, wenn der nächste Beförderungsausschuß tagte.

Als Lieutenant Sessions das Büro betrat, war Captain Banning nicht überrascht, an Sessions Finger den Ring zu sehen, der anzeigte, daß er die U.S. Marineakademie Annapolis absolviert hatte. Daraus zog Banning den Schluß, daß Sessions tatsächlich gute Beziehungen hatte.

»Lieutenant Sessions, Sir«, sagte Sessions und stand still.

Banning erhob sich von der Fensterbank und reichte dem Lieutenant die Hand.

»Ich glaube, wir lernten uns '35 in Quantico kennen«, sagte er. »Schön, Sie wiederzusehen, Sessions. Hatten Sie eine gute Reise?«

»Jawohl, Sir«, erwiderte Sessions. »Ich erinnere mich, daß ich Sie kennenlernte. Und die Reise war erstklassig, zwar lange, aber mit Essen und Service erster Klasse erträglich.«

»Ich kam auf der *Shaumont* her«, sagte Banning. »Und ich habe allen Grund, anzunehmen, daß sie gerade wieder rechtzeitig hier sein wird, um mich heimzubringen.«

Sessions war überzeugt, daß diese Erklärung mehr enthielt,

als es oberflächlich den Anschein hatte. Es war ein Seitenhieb, daß er mit einem Passagierschiff nach China reisen durfte anstatt mit der *Shaumont*, einem der beiden Transportschiffe der Navy (das andere hieß *Henderson)*, die um die Welt kreuzten und an jeder Marinebasis oder an jedem Hafen anlegten, wo eine genügend große Anzahl Passagiere auf der Strecke von Portsmouth, New Hampshire, nach Schanghai abzuholen war.

Ich an seiner Stelle wäre mehr als ein bißchen sauer, dachte Sessions. *Wenn ich der S-2 wäre, und man würde einen Major als ›Hilfe‹ schicken, damit er erledigt, was ich eigentlich tun sollte, dann wäre das eine Beleidigung. Und ich bin kein Major, sondern nur Lieutenant.*

»Das United States Ship *President Madison* war ein Teil des Plans, Sir«, sagte Sessions, »so daß keine Fragen gestellt werden, wenn ich mich hier plötzlich den Leuten der Christian & Missionary Alliance anschließe.«

»Ich dachte mir schon so etwas«, bemerkte Banning trocken.

»Es gibt sieben Missionen der Christian & Missionary Alliance in China«, erklärte Sessions. »Sechs davon befinden sich zwischen hier und Peking. Sie werden regelmäßig zweimal pro Jahr mit Vorräten und Personal versorgt. Das wird die Tarnung dieser Operation sein. Wir werden unterwegs jede der sechs Missionen besuchen. Wir werden Proviant und Ersatzpersonal absetzen und einige Missionare aufnehmen, denen Urlaub in den Vereinigten Staaten zusteht. Man nimmt an, daß ich mich einfach unter die anderen Missionare mischen kann und keine Aufmerksamkeit bei den Japanern errege.«

»Nun, Sie könnten als Missionar durchgehen, finde ich«, sagte Banning.

»Sir, entdecke ich da ein wenig Sarkasmus?«

Die Leute in Washington, die sich diese Operation einfallen ließen, haben offenbar viele Spionagefilme mit Humphrey Bogart und Robert Taylor gesehen, dachte Banning.

»Die Leute, die sich diese Sache ausgedacht haben«, sagte Banning, »haben einen wichtigen Faktor vergessen.«

»Sir?«

»Mit Ihrem Paß und in Zivilkleidung werden die Japaner

zweifellos glauben, daß Sie ein amerikanischer Missionar sind«, erklärte Banning. »Das Dumme ist nur, daß für die Japaner alle Amerikaner, einschließlich Missionare, Spione sind.«

»Ich weiß nicht, was ich sagen soll, Sir.«

»Nach meiner Einschätzung, Lieutenant Sessions«, fuhr Banning fort, »ist dieser brillante Washingtoner Plan das gleiche, als wenn Sie an beide Seiten der Missionarswagen Schilder mit der Aufschrift hängen: »VORSICHT! SPIONE BEI DER ARBEIT!«

Er gab Sessions einen Augenblick Zeit, damit er das verarbeiten konnte, und fuhr dann fort: »Aber Sie und ich sind Marine-Corps-Offiziere, Lieutenant, und wenn wir einen Befehl erhalten, führen wir ihn aus.«

»Aye, aye, Sir«, sagte Sessions mit sichtlichem Unbehagen.

»Es gibt eine kleine Lücke in der japanischen Einschätzung der Amerikaner, die ich erfolgreich erkundet habe«, erklärte Banning. »Die Japaner glauben – und ich weiß nicht, ob das ihr Kodex von Bushido ist oder ob sie es von den Briten aufgeschnappt haben –, daß Mannschaften aus dem Bauernstand kommen und deshalb zu blöde sind, um irgend etwas mit dem Geheimdienst zu tun zu haben.«

»Ich bin mir nicht sicher, ob ich Ihnen folgen kann, Sir«, sagte Sessions.

»Haben Sie Geduld mit mir«, erwiderte Banning. »Ich werde Major Akkaido, den japanischen Verbindungsoffizier, informieren, daß ich von höherer Stelle die Anweisung erhalten habe, eine Eskorte für den Konvoi der Christian & Missionary Alliance zu stellen. Ich werde sehr hart versuchen, Major Akkaido – von einem Soldaten zum anderen – zu überzeugen, wie lästig und ärgerlich ich das finde, und daß ich die Missionare mit einem unserer regulären Lastwagenkonvois nach Peking schicken werde, ob ihnen das nun paßt oder nicht.«

»Ich glaube, ich beginne zu verstehen«, sagte Sessions.

»Der reguläre Nachschubkonvoi besteht aus vier Studebaker-Trucks und einem GMC-Transporter, den wir als eine Art behelfsmäßigen Abschleppwagen hergerichtet haben. Er kann einen defekten Lastwagen abschleppen, vorausgesetzt, er hat kein Rad verloren und keine Achse gebrochen. Wenn noch ein Studebaker übrig ist, schicken wir den ebenfalls leer mit, damit er die Ladung übernehmen kann, wenn einer der anderen Trucks einen Defekt hat.«

»Es fahren Mechaniker mit?« fragte Sessions.

»Mit jedem Truck fahren zwei Personen«, sagte Banning, »und eine davon ist angeblich ein Mechaniker. Die Wagen werden gut gewartet, bevor sie losfahren. Doch die meisten Schwierigkeiten haben wir mit den Reifen. Man kann nichts gegen einen Platten machen. Wir haben Ersatzreifen und -räder und eine Luftpumpe auf den Wagen und hoffen, daß wir damit alle Probleme beseitigen, die wir unterwegs haben.«

»Sie meinen, die Japaner schenken den Missionarswagen und mir weniger Aufmerksamkeit, wenn wir Teil eines regulären Konvois sind?« fragte Sessions.

»Ich hoffe, den Japanern vorzugaukeln, daß ein regulärer routinemäßiger Nachschubkonvoi eine Handvoll Missionare und ihre Verpflegung mitnimmt«, sagte Banning, »und ich hoffe, daß sie mir das abkaufen.«

»Ich halte das für eine gute Idee«, sagte Sessions.

»Der Konvoi steht unter dem Kommando eines Offiziers. Diese Offiziere lösen wir turnusmäßig ab, erstens, um ihnen eine Möglichkeit zu geben, die Landschaft zwischen hier und Peking kennenzulernen, und zweitens, damit die Japaner nicht mißtrauisch bei irgendeinem bestimmten Mann werden.«

»Ich verstehe«, sagte Sessions. »Und wer auch immer dieser Offizier ist, Sie wollen ihn in den Auftrag einweihen?«

»Nein, das wird wohl nicht nötig sein«, erwiderte Banning. »Aber ich werde ihm sagen, was ich Ihnen jetzt erkläre. Es wird ein Corporal McCoy bei dem Konvoi sein. Man nennt ihn ›Killer‹. Und Killer McCoy arbeitet für mich. Wenn Killer McCoy einen Vorschlag macht, welche Route der Konvoi nehmen soll oder nicht, dann ist dieser Vorschlag als Befehl von mir zu betrachten.«

»›Killer‹ McCoy? Warum nennt man ihn ›Killer‹?«

Banning antwortete in sachlichem Tonfall: »Man nennt ihn ›Killer‹, weil er von vier italienischen Marineinfanteristen angegriffen wurde und er zwei davon mit einem Baby-Fairbairn tötete.«

»Verzeihung, mit einem was?«

»Da gibt es einen ziemlich interessanten Engländer, Captain Bruce Fairbairn von der Schanghaier Stadtpolizei«, erklärte Banning. »Er kennt sich aus im Kampf Mann gegen Mann, in Jiujitsu und anderen Kampfdisziplinen. Da weiß er besser Bescheid als jeder andere. Er erfand ein Messer, eine Art Dolch mit langer, schmaler und rasiermesserscharfer Klinge. Nicht von ungefähr versuchte General Butler, dieses Messer für das Marine-Corps zu kaufen. Jedenfalls gibt es eine kleinere Version dieses Messers, die man leichter verstecken kann. Das große Messer heißt ›Fairbairn‹ und das kleinere ›Baby-Fairbairn‹.«

»Und Ihr Unteroffizier tötete damit zwei Leute?«

»Zwei italienische Marineinfanteristen«, sagte Banning.

»Und es gab keinen Kriegsgerichtsprozeß?« fragte Sessions.

Banning verneinte mit einem Kopfschütteln.«

»Er tötete zwei Leute mit dem Messer, und es gab keinen Prozeß?« Sessions starrte den Captain ungläubig an.

»Es war Notwehr«, sagte Banning. »Es gab zwei Zeugen, zwei zivile chinesische Polizisten. Damit hatte es sich. Die Italiener sind immer noch ziemlich wütend wegen dieser Sache – sie passierte gleich nach Neujahr. Und McCoy ist so was wie eine Berühmtheit bei den Soldaten. Einschließlich bei den Japanern, die so was bewundern. Die Japaner wissen natürlich nicht, daß Killer McCoy für mich arbeitet. Nur ein paar Leute wissen das. Auf dem Papier ist er der Fahrbereitschaft zugeteilt.«

»Ich kann es kaum erwarten, diesen Mann kennenzulernen«, sagte Sessions.

»Ich nehme an, Sie werden Corporal McCoy sehr interessant finden, Leutnant, und vielleicht sogar lehrreich«, sagte Banning. »Er spricht Chinesisch und Japanisch und kann sogar ein wenig davon lesen. Und er macht seit einem halben Jahr diese Fahrt zweimal im Monat. Er ist ein guter Mann. Er deckte die ganze Sache mit der Motorisierung der japanischen Einheit auf, und er machte die Fotos, die Sie vermutlich gesehen haben.«

»Ja, ich habe die Aufnahmen gesehen«, bestätigte Sessions.

»Ich bin ein bißchen besorgt, weil ich nicht weiß, wie die Missionare auf Corporal McCoy reagieren werden«, sagte Banning.

»Wie meinen Sie das?«

»Über den Daumen gepeilt betrachten die meisten Missionare die Marines als Werkzeuge Satans«, erklärte Banning. »Unsere Mannschaften treiben Unzucht mit chinesischen Frauen, und unsere Offiziere unterstützen die sündige Unterdrückung der Einheimischen – meinen die Missionare. Jetzt vergewaltigen die japanischen Mannschaften die chinesischen Frauen, und japanische Offiziere befehlen, Chinesen, die nicht so begeistert von der japanischen Besatzung sind, köpfen zu lassen. Aber das stört die Missionare nicht, denn für sie sind die Japaner Heiden, und diese Dinge erwartet man von ihnen.«

»Reverend Feller paßt nicht ganz in dieses Bild, Captain«, sagte Lieutenant Sessions. »Er haßt die Japaner wirklich.«

»So?«

»Während seines früheren Dienstes hier sah er genug von den Japanern, um zu erkennen, was ihnen zuzutrauen ist. Er war zum Beispiel bei der Plünderung von Nanking anwesend, und er glaubt, daß die Hoffnung auf ein freies China nur realisiert werden kann, wenn die Japaner vertrieben werden. Ihm ist klar, daß das nur mit unserer Hilfe geschehen kann.«

»Ich nehme an, er weiß, daß wir neutral in diesem Krieg sind?« fragte Banning trocken.

»Offenbar glaubt er, daß wir früher oder später mitmischen«, sagte Sessions. »Und in der Zwischenzeit ist er auf Hilfe erpicht, selbst wenn das ein persönliches Opfer bedeutet.«

»Was heißt das?«

»Es wäre weitaus bequemer für ihn gewesen, in den Vereinigten Staaten zu bleiben und einfach Mrs. Feller abholen zu lassen.«

»Ich habe keine Ahnung, wovon Sie sprechen«, sagte Banning.

»Reverend Feller wurde zur Konferenz mit seinen Vorgesetzten heimgerufen. Während er dort war, entschied seine Kirche, daß er nicht nach China zurückkehren würde.«

»Sie meinen, er wurde gefeuert?«

»Nein. Er erhielt einen verantwortungsvolleren Job. Seine Frau blieb in China, als er in die Vereinigten Staaten reiste. Sie hätte ebenfalls in die USA zurückkehren können, was viel bequemer für alle Beteiligten gewesen wäre. Doch er zog es vor, die Reise hierhin zu machen, ›um seinen Nachfolger anzulernen‹, mir bei meiner Mission zu helfen und Mrs. Feller mit zurückzunehmen. Dies alles war unnötig, aber er tat es trotzdem.«

»Ein richtig aufopfernder Patriot, wie?« Banning fragte sich, was das wirkliche Ziel des Reverends war. Es gab Geschichten über Missionare, die Kommoden voller wertvoller chinesischer Antiquitäten sammelten. Es grassierten so viele Storys, daß man sie nicht alle als unwahr abtun konnte. Und welche bessere Möglichkeit gab es denn, wertvolle Antiquitäten aus China herauszubringen als unter dem Schutz des U.S. Marine-Corps?

»Ich halte es für nicht ganz fair, Sir«, sagte Sessions.

Banning wollte keine Diskussion über Antiquitäten von Missionaren anzetteln, und deshalb wechselte er das Thema.

»Ich hoffe, der Reverend und Sie irren sich darin, daß wir in einen Krieg mit den Japsen geraten«, sagte er.

Sessions blickte ihn überrascht an. Das war keine Bemerkung, die er von einem Offizier des Marine-Corps erwartet hätte.

»Lieutenant«, sagte Banning geduldig. »Gewiß können Sie verstehen, welcher logistische Horror der Versuch sein würde, eine Division aus den Staaten hierhin zu schicken. Hier ist nicht Nikaragua. China würde die gesamte amerikanische Streitmacht aus dem ersten Weltkrieg schlucken, ohne auch nur zu rülpsen.«

»Ich habe darüber nachgedacht, Sir«, sagte Sessions.

Banning sah Sessions ärgerlich an. Noch ein Arschkriecher wie Macklin, der immer mit dem vorgesetzten Offizier einer Meinung ist, dachte er. Dann änderte er seine Meinung. Sessions sagte nur, was er wirklich dachte.

»So, haben Sie das?« fragte Banning.

»Vielleicht müssen wir uns diesem logistischen Horror

stellen«, sagte Sessions. »Ich dachte wirklich, wir treten in Aktion, als die Japaner das U.S.S. *Paney* versenkten.« (Das United States Ship *Paney*, ein Kanonenboot der ›Yangtze River Patrol‹, wurde 1937 von der japanischen Luftwaffe angegriffen und versenkt, und viele Amerikaner wurden dabei getötet und verwundet.)

»Erzählen Sie mir mehr über Reverend Feller«, sagte Banning. Es hatte keinen Sinn, mit einem Offizier, der gerade erst per Schiff eingetroffen war, zu diskutieren, ob eine Streitkraft in China eingesetzt wurde, die genügend groß war, um etwas zu erreichen.

»Er ist bereit, uns auf jede ihm mögliche Weise zu helfen«, sagte Sessions. »Natürlich nur, solange es sich mit seinen religiösen Prinzipien vereinbaren läßt.«

Banning sagte es nicht, aber er dachte, daß dann der gute Reverend nur sehr wenig tun konnte. Die Prinzipien der Religion standen anscheinend in krassem Gegensatz zu den Prinzipien und der Praxis des Nachrichtendienstes. Je mehr er darüber nachdachte, desto wahrscheinlicher hielt er es, daß Reverend Fellers Motive für die Rückkehr nach China weniger mit Patriotismus zu tun hatten als mit dem Transport einer Kiste – oder Kisten – voller chinesischer Antiquitäten in die Vereinigten Staaten.

»Was die Praxis anbetrifft, Lieutenant, so mache ich mir mehr Sorgen um Reverend Fellers Reaktion auf Corporal McCoy.«

»Ich glaube, ich kann Ihnen nicht folgen, Sir.«

»Auf dem Weg nach Peking und zurück verbringt McCoy viel Zeit damit, sich zu betrinken, für gewöhnlich in Bordellen. Ich möchte nicht, daß ihn der Reverend oder sonst jemand dabei stört. Oder bei etwas anderem stört, das McCoy tun mag.«

»Ich verstehe, Sir«, sagte Sessions sofort.

Banning sah ihn an und war überrascht zu sehen, daß der Lieutenant tatsächlich verstand, warum McCoy viel Zeit in Bordellen verbrachte.

»Haben die Missionare die Reise gut vorbereitet?« fragte Banning. »Wann können sie startbereit sein?«

»Sie sind im Hotel Metropole. Sie können sofort aufbrechen, wenn ihre Fahrzeuge zur Verfügung stehen.«

»Ich werde McCoy morgen früh zum Hotel schicken«, sagte Banning. »Die Japaner werden natürlich sofort davon erfahren. Aber sie werden sich nichts dabei denken, nachdem ich ihnen gesagt habe, daß Ihre Missionare nach Peking mitgenommen werden. Was McCoy im Hotel macht, wird das sein, was man von ihm erwartet.«

»Und zwar?«

»Die Fahrzeuge der Missionare fahrtüchtig machen. Sagen Sie Reverend Feller, daß er dafür verantwortlich ist, seine Fahrzeuge herzubringen, damit sie überprüft werden und zwei extra Räder und vier Ersatzreifen und Schläuche dafür erhalten. Dinge in dieser Art.«

»Wo bekommt Feller Räder und Reifen?«

»Sie können in Schanghai alles kaufen, was Sie haben wollen«, sagte Banning.

»Wäre es nicht vernünftiger, wenn Corporal McCoy die Räder und Reifen kauft? Ich habe einige Geldmittel . . .«

»Ein Corporal der Marines würde für einen Missionar nur einkaufen, wenn es ihm befohlen wird«, wandte Banning ein. »Und die Japaner würden sich wundern, weshalb die Marines entgegen ihrer sonstigen Art nett zu ein paar Missionaren sind – warum diese Missionare anders sind als die anderen.«

Sessions atmete tief aus. »Ich muß noch allerhand lernen, nicht wahr?«

»Ich bin sicher, daß Corporal McCoy Sie auf die wesentlichen Klippen und Untiefen hinweisen wird«, sagte Banning.

»Die gefährlichsten Klippen werden wohl sein, in einer kompromittierenden Lage geschnappt zu werden«, sagte Sessions. »Was würde passieren, wenn die Japaner mich festnehmen und der Spionage anklagen?«

»Es kommt natürlich darauf an, daß Sie sich nicht festnehmen lassen. Und um das zu erreichen, müssen Sie auf Killer McCoy hören. Wenn er sagt, gehen Sie da und da nicht hin, dann sollten Sie das tunlichst beherzigen.«

III

1

Metropole Hotel
Schanghai, China

12. Mai 1941

Keiner seiner Kameraden war überrascht, als Corporal Kenneth J. ›Killer‹ McCoy, USMC, sofort nach seiner Rückkehr von seiner ersten ›Schafft-ihn-von-der-Bildfläche-Reise‹ nach Peking eine Wohnung außerhalb des Kasernengeländes mietete.

Er war jetzt Corporal, und die meisten Unteroffiziere des 4. Marineinfanterieregiments in Schanghai hatten sowohl ein Quartier als auch ein Apartment, in dem sie tatsächlich wohnten. McCoys Quartier, entsprechend einem Corporal, war die Hälfte eines kleinen Raums (einer Zelle nicht unähnlich) in einem der beiden zweigeschossigen Backsteingebäude, die der Stabskompanie des 1. Bataillons als Unterkunft dienten. Es war eingerichtet mit einer Eisenpritsche (mit Matratze, zwei Decken, zwei Laken, Kissen und Kissenbezug), einem Spind und einer Kommode, die zum Verstauen der Uniformen und der Ausrüstungsgegenstände dienten, die zur Ausstattung eines Corporals der Marines gehörten.

Mit Ausnahme eines Standardspiegels, der an der Tür hing, war das alles. Es gab nicht mal einen Klappstuhl.

McCoy teilte sein Quartier mit einem Staff Sergeant, der in der S-4-Abteilung (Versorgung) des 1. Bataillons eingesetzt war. Die beiden teilten sich die Kosten für einen chinesischen Boy (in Wirklichkeit ein 35jähriger Mann), der täglich den Boden bohnerte, die Fenster putzte, die Decken auf den Feldbetten faltete, Stiefel und Schuhe polierte, dafür sorgte, daß die Uniformen und die Ausrüstung tipptopp waren, und alles sonst in Ordnung hielt.

Vor Appellen, die Corporal McCoy und Staff Sergeant Patrick O'Dell über sich ergehen lassen mußten (mindestens einmal im Monat, am Zahltag), holte Chong Lee, der 35jährige Boy, die Uniformen und die Ausrüstung aus den Spinden und Kommoden, die bei den Marines vorgeschrieben waren, und legte sie genau in der vorgeschriebenen Weise auf den Feldbetten aus.

Zur Vorbereitung auf die monatliche Inspektion mußten Corporal McCoy und Staff Sergeant O'Dell in die Waffenkammer gehen, ihre Springfield-Gewehre Modell 1903 und die Bajonette abholen, dafür sorgen, daß sie sauber waren, und sie mit in ihr Quartier nehmen.

Der Gunnery Sergeant der Stabskompanie des 1. Bataillons des 4. Marineinfanterieregiements war ein griesgrämiger alter Mann, der nicht zuließ, daß irgendein verdammter Chinese Zugang zu den Waffen hatte. Seine Männer sollten ihre Waffen verdammt selbst reinigen.

Staff Sergeant O'Dell und Corporal McCoy waren aus rein praktischen Gründen in das Doppelquartier eingewiesen worden. Sie mochten sich nicht. Manchmal sprachen sie nur, wenn sie sich einmal im Monat zu der geplanten Inspektion trafen. Das einzige, was sie gemein hatten, war die Tatsache, daß keiner von beiden verantwortlich für die Beaufsichtigung von Untergebenen in der Kompanie war. Die sechs Mannschaften, die dem S-4 des Bataillons zugeteilt waren, wurden außerhalb des Bürodienstes von Corporal Williamson, dem Corporal beim stellvertretenden S-4, beaufsichtigt.

Nach seiner Beförderung und Rückkehr von der ersten ›Schafft-ihn-von-der-Bildfläche-Reise‹ nach Peking wurde Corporal McCoy offiziell von der D-Kompanie zur Stabskompanie versetzt und der Fahrbereitschaft zugeteilt.

Ob man entschieden hatte, ihn weiterhin vor den Italienern zu verbergen – wie es einige annahmen –, oder ob man es getan hatte, damit er sich besser seinem eigentlichen Auftrag widmen konnte – wie andere annahmen –, wußte McCoy nicht. Er war jetzt jedenfalls Corporal bei der Fahrbereitschaft und hatte den mehr oder weniger ständigen Auftrag, die Nachschubkonvois nach Peking zu begleiten.

Das Resultat war, daß er öfter aus der Stadt war als in Schanghai. Und weil er sooft fort war, sagten sich die Vorgesetzten, daß es wenig Sinn hatte, ihn auf den Dienstplan zu setzen, denn er war oft nicht da, wenn der Dienst gemacht werden mußte.

Außerdem war es nur fair, ihm freizugeben, wenn er drei oder vier Wochen im Führerhaus eines holpernden Trucks gesessen hatte und wieder in Schanghai war.

In der Praxis hatte er folglich keinen Kompaniedienst, wenn er nicht mit einem der Nachschubkonvois unterwegs war. Und es war nur verständlich, daß er nicht in seinem Quartier herumlungern wollte, bis der nächste Job kam. Wenn er in Schanghai war, hatte er praktisch Urlaub bis zum Wecken, und niemand sah ihn bis zum Wecken am nächsten Morgen. Er brauchte ein Apartment. Man konnte nicht den ganzen Tag in Bars und Freudenhäusern verbringen.

Die meisten seiner Kameraden fanden nichts falsch an der

Art, wie McCoy das Spiel spielte. Die meisten von ihnen hatten selbst eine Reise oder mehrere Fahrten von Schanghai aus in Lastwagenkonvois gemacht. Für die ersten paar Stunden, vielleicht sogar die ersten paar Tage, war das in Ordnung. Doch dann war es eine holprige Fahrt über scheinbar endlose, löchrige Straßen, eine Strapaze, die nur durch Essen- und Pinkelpausen unterbrochen wurde. Und die Mahlzeiten bestanden entweder aus kalten Rationen aus Dosen oder aus chinesischem Essen wie zum Beispiel gebratenen Stücken von verdammten Hundefleisch.

Es gab jedoch ein paar Leute, die gegensätzlicher Meinung waren – für gewöhnlich Unteroffiziere mit niedrigem Rang und acht oder mehr Dienstjahren. Ihrer Meinung nach ging das Marine-Corps vor die Hunde, wenn ein grüner Junge, der noch den Sand von Parris Island in den Schuhen hatte, schon zu Beginn seiner zweiten Dienstzeit in China Corporal wurde, anstatt in Ketten nach Portsmouth verschifft zu werden, weil er italienische Marineinfanteristen abgestochen hatte.

Was diese Leute nicht wußten – und was McCoy ihnen laut Befehl nicht sagen durfte –, war die Tatsache, daß er nicht nur ein Apartment mit Telefon hatte, sondern daß es auch vom Marine-Corps bezahlt wurde. Je weniger die anderen von der wahren Natur von McCoys S-2-Einsätzen wußten, desto besser. Es war deshalb vorteilhaft, nicht in der Kasernenunterkunft wohnen zu müssen. Und es gab noch ein anderes Geheimnis vor den Soldaten, das nur der Oberst (der die Genehmigung unterzeichnen mußte), Captain Banning und der Sergeant von der Finanzabteilung kannten. McCoy hatte eine einmalige Bargeldsumme von 125 Dollar für ›den Kauf von passender Zivilkleidung, die für die Erfüllung seiner militärischen Pflichten nötig ist‹ erhalten und bezog ›Verpflegungs- und Wohnbeihilfen‹.

Corporal Kenneth J. McCoys Apartment befand sich im obersten Stock eines dreigeschossigen Gebäudes in P'u-tung. Es war keine Luxusbleibe, sondern ein kleines Apartment; ein großes Zimmer mit einem Bett in einem Alkoven mit Vorhang und ein winziges Badezimmer (nur mit Dusche, ohne Wanne). Es gab keine Küche, doch er hatte eine elektrische Kochplatte installiert, so daß er sich Kaffee kochen konnte. Und er hatte einen Eisschrank, um sein Bier zu kühlen.

Es gab einen winzigen Balkon, der gegen Sicht geschützt war und einem Stuhl Platz bot, auf dem er sitzen und – wenn er Zeit hatte – den Schiffsverkehr auf dem Soochow beobachten konnte.

Im angrenzenden Gebäude gab es ein Restaurant. Wenn er etwas zu essen wünschte, brauchte er nur den Kopf aus dem Fenster zu strecken und dem Koch die Bestellung zuzurufen, und das Essen wurde ihm geliefert. Oftmals bestellte er Frühstück auf diese Weise, indem er lautstark ein paar Drei-Minuten-Eier und eine Kanne Tee orderte. Und manchmal spät in der Nacht, wenn er Hunger hatte, rief er hinab und bestellte die chinesische Version eines abendländischen Omeletts, Rühreier mit Zwiebeln, Schinkenstückchen und süßem Pfeffer.

Er aß selten in der Unteroffizierskantine des 4. Marineinfanterieregiments, obwohl das Essen dort gut war. Es gab einfach zu viele Lokale in Schanghai, in denen man gut und so billig speisen konnte, daß er sich nicht die Mühe machte, in die Unteroffizierskantine zu gehen, wenn er nicht zufällig zur Essenszeit dort in der Nähe war.

Das Gebäude auf der anderen Seite war ein Bordell, der ›Golden Dragon Club‹, wo er fast so lange verkehrte, wie er in Schanghai stationiert war. Durch seinen Freund Pjotr Petrovich Muller hatte er das Apartment gefunden. Pjotr hatte den Besitzer des Golden Dragon in den guten alten Tagen gekannt, daheim im Heiligen Mütterchen Rußland.

Der Mann hatte einen unaussprechlichen Namen, aber das machte nichts, denn er ließ sich gern ›General‹ nennen. Er behauptete (McCoy war überzeugt, daß es gelogen war), ein General der Armee des Zaren gewesen zu sein.

Als McCoy in das Apartment eingezogen war, hatte er lange genug mit dem General Siebzehnundvier gespielt, so daß beide wußten, daß der andere kein Vogel war, der gerupft werden konnte. Danach waren sie mehr oder weniger Freunde geworden, trotz der Unterschiede im Alter und ›Dienstrang‹.

Die meisten der Dinge, die der General auf der monatlichen Rechnung aufführte, waren Dienste, die nichts mit den über zwanzig Mädchen in Diensten des Generals zu tun hatten. Die Leute des Generals säuberten McCoys Apartment und wuschen seine Wäsche. Und dann wurden Trinken und Essen in der Bar berechnet. Die Mädchen waren mehr als in Ordnung. Es waren überwiegend Chinesinnen, deren Palette von hübsch bis elegant reichte (es gab keine Bauerntrampel im Etablissement des Generals), und es waren auch ein paar Mädchen aus Indochina und zwei Weißrussinnen dabei.

McCoy glaubte, daß der General, der eine gewisse Offiziers-Arroganz zeigte, vermutlich Offizier in der Armee des Zaren gewesen war, wenn auch kein General. Vielleicht war er Hauptmann oder Major gewesen und wie so viele andere weißrussische ›Generäle‹ vor zwanzig Jahren mittellos und staatenlos nach Schanghai gekommen. McCoy mochte gar nicht daran denken, wie der General damals überlebt hatte – vermutlich als Zuhälter, vielleicht auch als Räuber –, doch jetzt war er unbestreitbar ein erfolgreicher Mann.

Er besaß ein elegantes Apartment in einem der neueren Gebäude, und manchmal lud er McCoy zu einem russischen Abendessen ein. Er fuhr einen neuen amerikanischen Buick, und er besaß jetzt eine Reihe von Geschäftsbeteiligungen (einige davon völlig legal) zusätzlich zum Golden Dragon Club.

Acht Khakiuniformen hingen im Kleiderschrank, als McCoy nackt und nach der Dusche noch naß und tropfend durch das Apartment lief und den Schrank öffnete. Es waren keine Standarduniformen, wie sie in der Kleiderkammer ausgegeben wurden. Die Standarduniformen hingen in seinem Spind in der Kaserne. Diese Uniformen hier im Kleiderschrank waren maßgeschneidert. Die Hemden hatten ihn 60 Cent gekostet, amerikanische, und die Hosen 90. Die Krawatten hatten einen Nickel gekostet, und der Gürtel (genähte Schichten aus Khaki) einen Dime. Der Gürtel entsprach nicht den Vorschriften. Vorgeschrieben war ein Stoffkoppel. Aber McCoy wußte, daß nur bei einer offiziellen Inspektion gemeckert werden würde, und daran nahm er ja kaum noch teil.

Ebensowenig entsprachen seine Winkel den Vorschriften. Die vorgeschriebenen Winkel waren auf ein Stück Khaki gestickt und auf das Hemd genäht. McCoys Winkel (und die des Gunnery Sergeants) waren direkt aufs Hemd gestickt. Wenn das gut genug für den Sergeant war, sagte sich McCoy, dann war das auch gut genug für ihn. Und jetzt, da er Corporal war, wußte er, daß die Hemden längst abgetragen sein würden, bevor er Sergeant werden würde.

Hemd und Hose waren steif gestärkt. Das würden sie nicht lange bleiben. Es wurde bereits feucht. Schanghai lag so weit südlich wie New Orleans und war genauso schwül. Bald würde die Stärke an Wirkung verlieren, und höchstwahrscheinlich würde er die Uniform wechseln müssen, wenn er zur Kaserne ging, nachdem er sich bei Reverend Feller vorgestellt hatte, der im Hotel Metropole wohnte.

Er wollte den Armleuchtern in der Fahrbereitschaft keine Gelegenheit geben, herumzuposaunen, daß Killer McCoy in einer verschwitzten Uniform aufgetaucht war und seine Kleidung vergammelt wie die eines verdammten Chinesen gewesen war.

Als er angezogen war und die Krawatte mit der vom USMC vorgeschriebenen Krawattennadel festgesteckt hatte, gab es keine Frage mehr, daß er eine andere Uniform brauchen würde, bevor der Tag vorüber war. Er sagte sich, daß es sinnvoller war, seine Uniform mitzunehmen als eine der Standarduniformen aus seinem Quartier zu benutzen. Er konnte sich in der Fahrbereitschaft umziehen und brauchte dann überhaupt nicht zur Kaserne zu gehen.

Mit einer zusätzlichen Uniform auf einem Kleiderbügel verließ er das Ein-Zimmer-Apartment und ging die Treppe hinunter. Er schloß das Apartment nicht ab. Es gab einige abendländische Mieter, deren Apartments gefährdet waren, von Dieben ausgeräumt zu werden. Bei anderen war das nicht der Fall. Das hatte nichts mit Schlössern an Türen oder Gittern an Fenstern zu tun. Der Trick war, auf die Liste derjenigen zu gelangen, deren Apartments sicher waren. Eine Möglichkeit bestand darin, bekanntzumachen, daß man mit einem hochrangigen Schanghaier Polizisten befreundet war, und eine andere war, mit dem Boß des Tong (chinesischer Geheimbund) befreundet zu sein, dem das Syndikat das Privileg für Einbrüche in diesem Stadtteil zuerkannt hatte.

McCoys Apartment war doppelt sicher. Wenn er in der Stadt war, pokerte er regelmäßig mit Lester Chatworth von der Schanghaier Polizei und (natürlich nicht zur selben Zeit, sondern wenn die lokale Berühmtheit den Golden Dragon Club mit seiner Anwesenheit beehrte) mit Lon Ci'ian, dem Oberhaupt des Po'Ti Tong.

Auf der überfüllten Straße blieb er bei einem Imbißstand stehen, um sich ein Stück Reiskuchen zu kaufen, dann winkte er eine Rikscha heran.

Er sagte dem Fahrer, einem drahtigen lederhäutigen Mann von etwa fünfundzwanzig, daß er ihn zum Hotel Metropole fahren sollte, und der Chinese schaute ihn mit unverhohlener Neugier an. Es erstaunte die Chinesen immer wieder, einem Weißen zu begegnen, der ihre Sprache beherrschte.

Als der Rikschafahrer ihn vor dem Hotel Metropole absetzte, standen ein paar Europäer davor (in Schanghai schloß das Amerikaner ein), darunter ein Quartett britischer Offiziere. Die Zivilisten schauten ihn mit Widerwillen an, die Offiziere mit Neugier. Als McCoy schneidig salutierte, erwiderte einer der Offiziere den Gruß mit einem lässigen Schwenken seines Offiziersstöckchens und lächelte leicht.

Er entscheidet sich im Zweifelsfall zu meinen Gunsten, dachte McCoy, *und sagt sich, daß ich nicht herkommen würde, wenn ich nicht im Dienst wäre. Die Zivilisten mögen einfach unter keinen Umständen, daß ein Unteroffizier der Marines ihnen den Aufenthalt hier versaut.*

McCoy ging zum Empfang und fragte nach der Zimmernummer von Reverend Feller. Captain Banning hatte sich am Telefon ganz präzise ausgedrückt. Der Missionar namens Sessions war in Wirklichkeit ein Lieutenant des Marine-Corps, aber McCoy sollte mit einem Reverend Feller sprechen und nicht mit dem Lieutenant.

Als er die Halle durchquerte und zu den Aufzügen ging, bot einer der Hotelpagen an, ihm die Ersatzuniform zu tragen, doch McCoy winkte ab.

Die Aufzüge hatten einen verzierten Metallrahmen, und die Kabine selbst war verglast. Als sie hochfuhr, überblickte McCoy die gesamte Halle; die Topfpalmen, Ledercouches und Sessel, die Hotelgäste, die Männer in Anzügen aus Leinen oder Kreppseide und die Frauen in Sommerkleidern. Er konnte die Umrisse der Unterwäsche unter einigen Kleidern sehen, und im richtigen Licht zeigten einige der Frauen – hauptsächlich die jüngeren – schöne Beine.

McCoy sah wenig europäische Frauen. Er sagte sich, daß er seit über einem halben Jahr mit keiner europäischen Frau mehr gesprochen hatte, abgesehen von den beiden russischen Huren des Generals, und die zählten nicht richtig.

McCoy verließ den Aufzug und ging über den breiten Flur zum Zimmer 514. Dann klopfte er an die Tür.

»Wer ist da?« rief eine weibliche Stimme – unverkennbar amerikanisch, nach ein paar Sekunden.

»Corporal McCoy, Ma'am!« rief er. »Vom vierten Marineinfanterieregiment. Ich möchte mit Reverend Feller sprechen.«

»Ach du meine Güte«, sagte die Frau. Er hörte an ihrem Tonfall, daß ihr seine Anwesenheit entweder mißfiel oder Angst machte. Er fragte sich, was das zu bedeuten hatte.

Die Tür wurde geöffnet.

»Ich bin Missis Moore«, sagte die Frau, »bitte kommen Sie herein. Ich muß den Reverend holen. Er ist mit Mister Sessions zusammen.«

Sie war eine große, stattliche Frau, starkknochig und drall, aber nicht fett. McCoy schätzte sie auf vierzig. Sie hatte einen gesunden Teint, wie blankgeschrubbt, trug kein Make-up, und ihr Gesicht wirkte wie das einer Frau, die Religion ernst nahm. Sie hatte hellbraunes Haar, das zu Zöpfen geflochten und an den Seiten des Kopfs festgesteckt war. Sie trug ein Baumwollkleid mit langen Ärmeln und Knöpfen bis zum Hals. Um den Hals hing ein hölzernes Kruzifix.

»Danke«, sagte McCoy.

»Sind Sie der Mann, der ursprünglich kommen sollte?« fragte sie.

»Ich glaube, ich verstehe Sie nicht«, sagte McCoy.

»Es macht nichts«, sagte sie. »Ich werde Reverend Feller

holen.« Sie lächelte ihn beklommen und unsicher an. Dann schlüpfte sie an ihm vorbei zur Tür, als befürchte sie, er würde sie packen, in das angrenzende Schlafzimmer schleppen, sie aufs Bett werfen und sein sündiges Spiel mit ihr treiben. Der Gedanke amüsierte ihn, und er grinste leicht, was ihr Unbehagen noch verstärkte.

Er sagte sich, daß er mit den Leuten des Konvois reden mußte. Sie sollten aufpassen, was sie sagten und taten, wenn die Lady in der Nähe war. Wenn jemand etwas Zotiges sagte, würde sie vielleicht ohnmächtig werden. Dann würde sich ihr Mann bei dem Lieutenant in Zivil beschweren, und der würde Theater machen.

Eine Minute später betrat Reverend Glen T. Feller das Zimmer. Er zeigte die Zähne bei einem breiten Lächeln und streckte die Hand weiter aus, als McCoy es anatomisch für möglich hielt.

Feller war mittelgroß und schlank. Er hatte sein schwarzes Haar sorgfältig mit Pomade an den Schädel geklatscht und trug einen bleistiftdünnen Schnurrbart. Er war tadellos rasiert, und McCoy roch sein Rasierwasser.

»Ich bin Reverend Feller«, sagte er. »Es freut mich, Sie kennenzulernen, Corporal, und ich bedaure, daß ich nicht hier war, als Sie kamen.«

»Kein Problem, Sir«, sagte McCoy. Reverend Fellers Hand war weich und feucht, und sein Händedruck war schlaff. McCoy war ein bißchen abgestoßen, aber nicht überrascht. So eine Hand und einen solchen Händedruck hatte er von einem Missionar erwartet.

Mrs. Moore schlug einen Bogen um sie, wie um eine Position hinter dem Reverend einzunehmen und ihn zwischen sich und McCoy zu bringen.

Es klopfte an der Tür, sie wurde geöffnet, und ›Mister‹ Sessions trat ein.

Selbst in Zivilkleidung sieht dieser Typ wie ein Offizier aus, dachte McCoy. *Aber wie ein Zugführer, nicht wie ein Nachrichtenoffizier vom Hauptquartier des USMC in Washington.*

»Sie sind Corporal McCoy?« fragte Sessions überrascht. »Der Mann, den man ›Killer‹ nennt?«

»Einige Leute haben mich so genannt«, sagte McCoy mit Unbehagen.

»Sie sind nicht ganz das, was ich erwartet habe nach dem, was Captain Banning über Sie sagte, Corporal«, bemerkte Sessions.

Du Scheißer bist auch nicht das, was ich erwartet habe, dachte McCoy.

»Nun, ich bin McCoy«, sagte er.

Er bemerkte, daß Mrs. Moore ihn sehr sonderbar anschaute; er sagte sich, daß sie alles über die Sache mit den italienischen Marineinfanteristen gehört hatte.

»Wie lange sind Sie im Marine-Corps, Corporal?« fragte Lieutenant Sessions.

»Etwas über vier Jahre«, sagte McCoy.

»Es gibt nicht viele, die in vier Jahren Corporal werden«, sagte Sessions. »Oder so jung, wie Sie es sind.«

McCoy sah ihn an, sagte jedoch nichts darauf.

»Wie alt sind Sie, Corporal?«

»Einundzwanzig, Sir«, antwortete Corporal ›Killer‹ McCoy.

»Angenommen, Captain Banning hat Sie nicht auf den Arm genommen, Ed«, sagte Reverend Feller und lachte, »dann müssen wir davon ausgehen, daß der Killer weitaus gefährlicher zubeißt als er bellt.«

Diesen Hurensohn kann ich nicht leiden, dachte McCoy.

»Killer, wir begeben uns in Ihre fähigen Hände«, sagte Reverend Feller.

»Ich sagte, daß mich einige Leute so nennen, Reverend«, entgegnete McCoy. »Ich sagte nicht, daß Sie mich so nennen können.«

»Oh, Verzeihung, Corporal.« Reverend Feller schaute zu Sessions, als erwartete er von ihm, er solle Corporal McCoy daran erinnern, daß er mit einem hochrangigen Missionar sprach. Als Sessions schwieg, sagte Feller: »Ich möchte nicht, daß wir einen schlechten Start haben. Nehmen Sie mir meine Worte übel?«

»Nein«, sagte McCoy.

2

Fahrbereitschaft, 1. Bataillon, 4. Marineinfanterieregiment Schanghai, China

14. Mai 1941

Die Fahrzeuge der Christian & Missionary Alliance waren aus den Werkzeughallen der Fahrbereitschaft des 1. Bataillons des 4. Marineinfanterieregiments geholt worden, wo sie sorgfältig von Sergeant Ernst Zimmerman überprüft worden waren, dem stellvertretenden Leiter der Fahrbereitschaft, der bei dem Konvoi nach Peking der ranghöchste Unteroffzier sein würde.

Die Fahrzeuge waren abgeschmiert und das Öl gewechselt worden. Um ganz sicherzugehen, hatte Ernie Zimmerman die Kontakte erneuert und die Zündkerzen gesäubert und eingestellt. Zimmerman war mit 26 bereits in seiner dritten Verwendung und seit 1935 in China.

Er war ein phlegmatischer Mann, stämmig und muskulös, mit kurzen, dicken Fingern. Seine Hände waren überraschend gepflegt, wenn man bedachte, daß er die meiste Zeit seines Dienstes an Fahrzeugen arbeitete und das erledigte, was er den Privates und Privates First Class, die als Mechaniker fungierten, nicht zutraute.

Er lebte mit einer zierlichen Chinesin zusammen, die ihm drei Kinder geboren hatte. Sie und die Kinder hatten Deutsch gelernt. Obwohl er viel mehr Chinesisch verstand, als er zugab, sprach Zimmerman nur wenig mehr von dieser Sprache als an dem Tag, an dem er vor über sechs Jahren seinen Seesack über die Gangway vom Marine-Transporter U.S.S. *Henderson* getragen hatte.

Um 7 Uhr, zwei Stunden vor dem Aufbruch des Konvois, fand eine Besprechung im Büro der Fahrbereitschaft statt.

Anwesend waren Lieutenant John Macklin, der wieder der Führer des Konvois sein würde, Sergeant Zimmerman, Corporal McCoy und die acht anderen Unteroffiziere und Mannschaften des Konvois. Sie hatten gerade Landkarten auf dem Schreibtisch des Chefs der Fahrbereitschaft ausgebreitet, als sich Captain Edward Banning zu ihnen gesellte.

Der Konvoi konnte diesmal nicht die übliche Route nehmen, weil er an den sechs Missionen der Christian & Missionary Alliance halten mußte. Der erste Umweg führte über Nanking. Normalerweise bogen sie hinter Wuhsi von der Landstraße Schanghai–Nanking auf eine Nebenstraße ab. Nach achtzig Kilometern Fahrt über diese Straße gelangten sie an die Fähre, die zwischen Chiangyin und Tschenkiang über den Jangtsekiang führte.

Jetzt mußten sie nach Nanking hineinfahren, Nachschub für die dortige Christian & Missionary Alliance abliefern und Reverend Fellers Frau, ihr Gepäck und ihre Haushaltsdinge abholen. Es war rund einhundertsechzig Kilometer von der Stelle entfernt, an der sie normalerweise abbogen, ein Umweg von etwa dreihundertzwanzig Kilometern, aber es war immer noch am vernünftigsten, den Jangtsekiang zwichen Chiangyin und Tschenkiang zu überqueren.

»Es wurde vorgeschlagen, Sir«, sagte Lieutenant Macklin zu Captain Banning, »daß wir an der Abzweigung nach Chiangyin einen der Studebaker-Wagen, den Abschleppwagen und den Wagen der Missionare mit den Vorräten für Nanking vom Konvoi abtrennen. Der Rest des Konvois kann nach Chiangyin fahren und auf die Rückkehr der anderen aus Nanking warten. Das würde eine Übernachtung in Nanking bedeuten.«

Für Sergeant Ernst Zimmerman gab es keine Frage, wer diesen Vorschlag gemacht hatte, und er war überhaupt nicht überrascht, als Captain Banning sagte: »Das ist vernünftiger, als den ganzen Konvoi den Umweg fahren zu lassen. Warum lassen Sie nicht McCoy den zivilen Wagen fahren? Das würde, zusammen mit dem Abschleppwagen, nach einer Marine-Corps-Eskorte für die Missionarsfahrzeuge aussehen.«

»Aye, aye, Sir«, sagte Lieutenant Macklin.

Sergeant Ernie Zimmerman sagte sich, daß es einen Grund für McCoy gab, nach Nanking zu fahren, und offenkundig gab es auch einen Grund, weshalb man McCoy hauptsächlich als Konvoiführer einsetzte. Man hatte ihm nicht gesagt, welcher

Grund das war, und er hatte nicht vor, danach zu fragen. Wenn man ihn das wissen lassen wollte, hätte man es ihm gesagt. Er glaubte, der Schlüssel für eine erfolgreiche Karriere im Corps läge darin, seine Sache so gut wie möglich zu machen und keine Fragen zu stellen. Und die Augen offenzuhalten, damit man sonderbare kleine Dinge mitbekam, wie zum Beispiel, daß der S-2 des Regiments einem Lastwagenkonvoi viel Aufmerksamkeit widmete, der einen Nachrichtenoffizier eigentlich gar nichts anging, und daß der wahre Verantwortliche bei den Konvois nicht der jeweilige Offizier war, der zufällig mitgeschickt wurde, sondern Corporal ›Killer‹ McCoy.

Es dauerte fast eine Stunde, um zu entscheiden – und auf den drei Landkarten zu notieren, die sie mitnehmen würden –, wo der Konvoi die normale Route verlassen würde, um die fünf anderen Missionen zu besuchen.

Dann schickte Lieutenant Macklin die Mannschaften zur Waffenkammer, um ihre Waffen zu holen. Jeder Marine erhielt eine Colt-Pistole Kaliber .45 mit drei geladenen Magazinen. Zwei Privates First Class bekamen Browning-Automatik-Gewehre Kaliber .30-06, zusammen mit je fünf geladenen Magazinen zu zwanzig Schuß. Sergeant Zimmerman und Corporal McCoy nahmen Thompson-Maschinenpistolen Kaliber .45 mit jeweils zwei Trommelmagazinen mit fünfzig Patronen entgegen. Alle anderen erhielten ihre zugeteilten Springfield-Gewehre Modell 1903. Es gab ebenfalls abgepackten Sprengstoff, versiegelte Kisten mit Munition für alle die Waffen und eine versiegelte Kiste mit Splitterhandgranaten.

Es hatte nie irgendwelche Probleme mit den Pekinger Konvois gegeben. Sergeant Zimmerman, der nicht wußte, daß er in diesem Punkt völlig mit dem Colonel übereinstimmte, nahm an, daß es nie Schwierigkeiten gegeben hatte, weil der Konvoi schwer bewaffnet war.

Der Konvoi bestand aus neun Fahrzeugen, die vom Gelände des 1. Bataillons rollten: vier Studebaker-Anderthalbtonner mit Planen über der Ladefläche; zwei Lastwagen der Christian Missionary Allicance, ebenfalls Studebakers, die sich von den Trucks der Marines nur dadurch unterschieden, daß sie ein stählernes Schutzgitter um den Rahmen hatten; zwei graue

Studebaker-›Captain‹-Limousinen mit dem Abzeichen der Christian & Missionary Alliance (ein brennendes Kreuz) und einer Aufschrift in chinesischen Schriftzeichen auf den Türen; und den Schluß bildete der selbstgemachte Ersatzteil- und Abschleppwagen, der vollgestapelt mit Ersatzreifen und Rädern war.

Sergeant Zimmerman fuhr den Abschleppwagen. Für gewöhnlich reiste er als Passagier darin mit, doch der Fahrer, der ihn sonst fuhr, saß jetzt am Steuer von einem der Missionarswagen. Der zweite Truck der Missionare wurde von einem Marineinfanteristen gefahren, der normalerweise nur Beifaher auf einem der Lastwagen war. Lieutenant Macklin fuhr einen der Studebaker der Mission, Corporal McCoy den anderen.

Als sich die Trucks ihren Weg durch den starken Verkehr zur Landstraße nach Nanking bahnten, verließen die Fahrer der Personenwagen den Konvoi, fuhren zum Hotel Metropole und holten die Missionare ab. Zimmerman war nicht überrascht, als sie über eine Stunde am Straßenrand auf die Missionare warten mußten. Zimmerman sagte sich: Missionare sind verdammte Zivilisten, und verdammte Zivilisten kommen immer zu spät.

Die ersten hundertfünfzig Kilometer legten sie schnell zurück. Die japanische Armee hielt die Landstraße nach Nanking und die Bahnlinie, die parallel dazu verlief, in guter Verfassung. Ungefähr alle dreißig Kilometer gab es bei Kreuzungen japanische Kontrollpunkte, die mit zwei oder drei Soldaten unter dem Kommando eines Unteroffiziers besetzt waren. Sie winkten den Konvoi einfach durch. An jedem Kontrollpunkt standen jedoch lange Schlangen von Chinesen.

Es war weniger eine Suche nach Schmuggelware, sondern eine Demonstration der japanischen Autorität, wie McCoy fand.

Kurz hinter Wuhsi, nach zweieinhalb Stunden Fahrt, rollte der Konvoi an einem anderen chinesischen Kontrollpunkt vorbei und bog von der Landstraße auf eine Nebenstraße ab, die nach achtzig Kilometern zur Fähre zwischen Chiangyin und Tschenkiang führte.

Als sie bei der Fähre eintrafen, setzten sich Reverend Feller,

Mr. Sessions und Mrs. Moore auf den Rücksitz des Studebakers, den McCoy fuhr, und fuhren über die Landstraße nach Nanking, gefolgt von einem der Trucks der Mission.

Der Rest des Konvois, angeführt von Lieutenant Macklin in dem anderen Studebaker der Mission, machte sich auf den Weg nach Chiangyin. Es war Regenzeit, und wie vorauszusehen begann es in Strömen zu regnen. Die Straße wurde schlammig und schwer befahrbar, und die achtzig Kilometer nach Nanking dauerten so lange wie die Fahrt von Schanghai nach Wuhsi.

3

Christian & Missionary Alliance Mission
Nanking, China

14. Mai 1941, 16 Uhr 30

Nanking war eine eigenartige Mischung aus Ost und West, aus alt und modern. Das größte Gebäude der Stadt war zum Beispiel kein moderner Wolkenkratzer, sondern der Porzellanturm, ein achteckiger Bau von fast achtzig Metern Höhe aus weißglasierten Backsteinen, erbaut vor fünfhundert Jahren von Kaiser Yung Lo als Erinnerung an die Tugenden seiner Mutter.

Von 1928 bis 1937 war Nanking die Hauptstadt der Republik China gewesen. Im Jahre 1937 hatten die Japaner die Stadt in einer heftigen Schlacht eingenommen, der ein Blutbad gefolgt war. Der Sieg der Japaner war bald als die ›Plünderung von Nanking‹ bekannt geworden.

Es war vorher jedoch Zeit für Tschiang Kai-scheks Kuomintang-Regierung geblieben, der Stadt ihren modernen Stempel aufzuprägen. Außerhalb der Stadt gab es das Mausoleum des Sun Yat-sen, das den Gründer der Chinesischen Republik ehrte. Und in der Stadt stand ein halbes Dutzend großer und hoher Bürogebäude in abendländischem Stil an breiten Hauptstraßen. Diese Gebäude beherbergten Ministerien. Es gab ebenfalls einen modernen Bahnhof und einen großen Flughafen.

Nach der ›Plünderung von Nanking‹ hatten die Japaner richtig angenommen, daß alle Repräsentanten der ausländischen Presse (die sie nicht aus China ausweisen konnten) sofort nach Nanking strömen würden, und so hatten die Japaner Wert darauf gelegt, Nanking friedlich zu halten. Nur eine Handvoll Militäreinheiten war dort stationiert, und sie zeigten sich von ihrer guten Seite. Als dann abzusehen war, daß im Interesse der erweiterten großjapanischen Einflußsphäre einige Köpfe rollen mußten, wurden die betreffenden Personen als erstes aus Nanking entfernt.

Die Christian & Missionary Alliance Mission lag im alten Teil der Stadt, nahe beim Jangtsekiang und in Sicht der Kräne des Hafens. Die Mission bedeckte etwas mehr als zwei Morgen, und das Gelände war von Mauern umschlossen. Direkt gegenüber dem Tor war ein vierhundert Jahre altes Gebäude aus Granitblöcken in eine Kapelle umgebaut worden. Ein hölzernes, goldbemaltes Kreuz thronte darauf.

Im Hof der Mission standen zwei große Holzkisten, die offenbar die Haushaltsdinge der Fellers enthielten. Captain Banning hatte McCoy seinen Verdacht bezüglich des Inhalts erzählt, und jetzt fragte sich McCoy, ob der Captain recht hatte. Dann widmete er sich praktischeren Gedanken und überlegte, wo die Kisten auf den Lastwagen verladen werden konnten. Die verdammten Dinger wogen vermutlich eine Tonne.

Eine Frau, die fast mit Sicherheit Mrs. Feller sein mußte, tauchte auf dem Hof auf, als der Truck und der PKW durchs Tor fuhren. Sie war mehr oder weniger das, was McCoy erwartete, eine etwas schlankere, jüngere Kopie von Mrs. Moore – eine Weltverbesserin ohne Make-up und mit blankgeschrubbtem Gesicht. Sie trug sogar ihr Haar auf gleiche Weise wie Mrs. Moore, zu Zöpfen geflochten und an den Seiten des Kopfes festgesteckt. McCoy bemerkte jedoch, daß sie im Gegensatz zu Mrs. Moore gut aussehende Beine, eine prima Figur und einen interessanten Vorbau hatte.

Sie küßte ihren Ehemann, wie eine Nonne einen Verwandten

küßt. Auf die Wange, als sei es ihr peinlich, diese winzige Spur von Leidenschaft zu zeigen.

Als Reverend Feller sie zum Wagen führte und vorstellte, war McCoy überrascht, daß die Hand, die sie ihm reichte, warm war. Er hatte eine feuchte schlaffe Hand wie die ihres Mannes erwartet.

Sie ließ McCoy und PFC Everly (der große, schlaksige Südstaatler, der den Truck der Missionare fuhr) von einem eingeborenen Jungen zeigen, wo sie schlafen würden. Abgesehen von einer Bibel auf dem Nachttisch und einer gerahmten Lithographie von Jesus Christus, der Kinder um sich scharte, ähnelte die Unterkunft sehr McCoys Quartier in der Kaserne des 1. Bataillons in Schanghai. Es gab ein Feldbett aus Eisen, Bettzeug, ein Stuhl und sonst nichts.

Sessions kam ins Zimmer, als der Junge der Mission sich zurückgezogen hatte.

»Kann ich kurz mit Ihnen sprechen, Corporal McCoy?« fragte der Lieutenant.

»Warum machen Sie nicht einen kleinen Spaziergang?« fragte McCoy Everly, doch es klang wie ein Befehl.

»Wohin soll ich denn spazieren?« fragte Everly.

»Versuchen Sie, herauszufinden, wo wir anständig essen können. Rückkehr in einer Viertelstunde.«

Als er fort war, sagte Sessions: »Misses Feller hat Sie zum Abendessen eingeladen, McCoy.«

»Everly und ich werden schon etwas bekommen«, sagte McCoy.

»Sie meinte natürlich, daß Sie *beide* eingeladen sind«, erklärte Sessions. »Sie sind willkommen, verstehen Sie? Sie ist wirklich eine sehr nette Frau.«

»Lieutenant, ich bin nicht hergekommen, um mit Missionaren zu Abend zu essen«, sagte McCoy. »Ich gehe in die Stadt aus.«

»In Erfüllung Ihrer Pflicht natürlich«, bemerkte Sessions sarkastisch.

»Das Corps zahlt dafür«, sagte McCoy. »Warum also nicht?«

»Ja, selbstverständlich«, stimmte Sessions zu. »Gibt es hier irgend etwas Interessantes, auf das ich glaubwürdig einen Blick werfen könnte?«

»Die Kempei-Tai (japanische Sicherheitspolizei) beobachtet diese Mission. Man wird sich nicht viel dabei denken, wenn zwei Marines weggehen, um einen Puff zu besuchen. Man könnte jedoch sehr neugierig werden, wenn ein neu eingetroffener Missionar das gleiche täte.«

»Ich dachte nicht an einen Bordellbesuch«, erwiderte Sessions und lachte. »Ich wollte nur fragen, ob es glaubwürdig ist, wenn die Fellers mir während meines Aufenthalts die Sehenswürdigkeiten zeigen. Und ich dachte mir, daß ich dabei vielleicht auf etwas Interessantes stoße.«

»Wenn die Japse deutsche Artillerie haben, dann wird sie nicht hier in Nanking sein«, sagte McCoy kategorisch. »Und je weniger Aufmerksamkeit Sie auf sich ziehen, desto besser.«

»McCoy, ich versuche nur, meinen Job zu machen«, sagte Sessions ärgerlich. weil er sich von McCoy herablassend behandelt fühlte. Er fragte sich, was Captain Banning McCoy über ihn erzählt hatte.

»Nichts anderes versuche ich zu tun, Lieutenant«, entgegnete McCoy. »Captain Banning sagte mir, ich soll für Sie tun, was ich kann, und genau das versuche ich.«

Wie die Huren später bestätigten, war nichts Besonderes los in Nanking. So sagte sich McCoy um halb elf an diesem Abend, daß er nichts mehr damit gewinnen konnte, wenn er die Nacht im Freudenhaus verbringen würde. Er zog sich an, bezahlte sein Mädchen und ging zu dem Zimmer, das Everly mit seinem Mädchen genommen hatte.

»Ich gehe zur Mission zurück«, informierte McCoy Everly, der ein wenig benommen wegen der Störung die Tür geöffnet hatte. Er hatte sich ein Handtuch um die Hüften geschlungen. Es drohte hinunterzufallen.

»Muß ich auch gehen?« fragte er.

»Seien Sie um fünf Uhr in der Mission«, sagte McCoy nach kurzem Überlegen. Everly war ein Ficker, kein Kämpfer, und er trank nicht zuviel. Es war kaum anzunehmen, daß er in

Schwierigkeiten geriet. Und wenn er die Nacht im Bordell verbrachte, hatten die Kempei-Tai-Agenten, die ihnen gefolgt waren, etwas zu tun. In ihrem Bericht würde stehen, daß ein Marineinfanterist sich eine Hure für die Nacht genommen hatte und bei ihr geblieben war.

McCoy kehrte zur Mission zurück und versuchte vergebens in der kleinen Bibliothek nach etwas, das nichts mit Christentum und Frömmigkeit zu tun hatte. Dann zog er sich enttäuscht auf sein Zimmer zurück, zog sich bis auf die Unterwäsche aus und nahm aus seinem Brotbeutel eines der Exemplare der *Shanghai Post*, die er während seiner letzten Rückkehr nach Schanghai gesammelt hatte. Nachdem er die Zeitung gelesen hatte, begann er das Kreuzworträtsel zu lösen.

Jemand klopfte an die Tür. McCoy nahm an, daß es der chinesische Junge war, und er forderte ihn auf Chinesisch zum Eintreten auf.

Es war Mrs. Feller. Eine Mrs. Feller, die sich sehr von der verklemmten Lady unterschied, die er an diesem Nachmittag kennengelernt hatte. Sie trug einen Bademantel aus dünner Baumwolle über einem seidenen Nachthemd. Ihr Haar fiel jetzt locker in den Nacken. Es war glänzend und weich, als hätte sie es gerade erst gebürstet. Dann bemerkte er – und wie er es bemerkte! –, daß ihre Brüste unter dem dünnen, fast durchsichtigen Nachthemd unverhüllt waren. Der Reverend würde nach einer vermutlich langen Zeit der Entbehrung mal wieder auf seine Kosten kommen.

»Sprechen Sie Chinesisch?« fragte Mrs. Feller auf Chinesisch.

»Ein wenig«, erwiderte McCoy auf Englisch.

»Ich wollte nur sehen, ob Sie oder der andere Gentleman etwas brauchen«, sagte sie.

»Nein, Ma'am«, sagte McCoy und kicherte leise. »Wir haben uns mit allem versorgt, danke.«

»Warum lachen Sie?« fragte sie lächelnd.

»Weil Sie Everly als ›den anderen Gentleman‹ bezeichnet haben«, sagte McCoy.

»Wo ist er?« fragte sie.

Als McCoy keine Antwort gab, errötete sie.

»Missis Moore erzählte mir eine unglaubliche Geschichte über Sie«, sagte sie. »Ich kann nicht glauben, daß sie stimmt.«

»Was erzählte sie denn?«

»Es tut mir leid, daß ich es zur Sprache gebracht habe. Das hätte ich nicht tun sollen.«

McCoy nickte zustimmend.

»Aber nennt man Sie wirklich ›Killer‹? Oder wollte man meinen Mann und Mister Sessions nur auf den Arm nehmen?«

»Einige Leute nennen mich so«, sagte McCoy. »Es gefällt mir nicht besonders.«

»Aber Sie sind noch ein Junge!« stieß sie hervor, nachdem sie sich sagte, daß der Rest der Geschichte wohl ebenfalls stimmte, so unglaublich es auch war.

»›Junge‹ mag ich auch nicht gern genannt werden«, sagte McCoy. »Ich bin Corporal im Marine-Corps.«

»Es tut mir wirklich leid, daß ich die Sache zur Sprache gebracht habe«, sagte sie.

McCoy nickte.

»Das Frühstück gibt es um halb sieben. Mein Mann möchte früh losfahren. Sind Sie damit einverstanden?«

»Jawohl, Ma'am«, sagte McCoy. »Wir werden pünktlich sein. Danke.«

»Dann wünsche ich Ihnen eine gute Nacht«, sagte sie.

Er sagte sich, daß er wirklich gern einen Blick auf ihre Titten geworfen hätte. Chinesinnen hatten im großen und ganzen kleine Busen, und er hatte lange keine großen Brüste von amerikanischen Frauen gesehen.

Um genau zu sein, er hatte überhaupt sehr wenige Brüste von amerikanischen Frauen gesehen. Bevor er nach China gekommen war, hatte er es für eine wirklich große Sache gehalten, ein stolzes Paar Titten zu sehen – ganz zu schweigen von richtigem Bumsen. Aber das Bumsen in China war ungefähr so außergewöhnlich wie das Naseputzen. Eigentlich hatte er festgestellt, daß es keinen großen Unterschied zwischen chinesischen und amerikanischen Frauen gibt (die Gerüchte, daß die Pussies der Chinesinnen querstehen, hatten sich längst als Blödsinn erwiesen). Dennoch würde es schön sein, es mal mit einer echten Amerikanerin zu treiben.

Wenn er so darüber nachdachte, würde er wirklich gern Mrs. Feller besteigen, doch es wurde ihm sofort klar, daß dieser Traum genauso eine Phantasie war wie der Wunsch, in der nächsten Woche Sergeant zu werden – was aus einer Menge verschiedener Gründe nicht in Frage kam.

Er wandte seine Aufmerksamkeit wieder dem Kreuzworträtsel zu.

4

Christian & Missionary Alliance Mission Nanking, China

15. Mai 1941, 8 Uhr 30

Die Christen der Mission hatten eine kleine Abschiedsfeier für Mrs. Feller arrangiert. Nachdem vielleicht fünfzig Chinesen die Holzkisten auf den Studebaker-Truck geladen hatten, stellten sie sich in einer Art Formation an der Seite des Hofes auf. McCoy setzte sich auf den Fahrersitz des Wagens und sah zu.

Als nächstes kamen etwa fünfzig kleine Chinesenkinder in marineblauen Uniformen (sie erinnerten McCoy an die Uniform der italienischen Marineinfanteristen). Sie stellten sich in vier Reihen auf. Schließlich kamen die Top-Ränge der Mission, vergleichbar den Offizieren beim Militär – alle weißen Christen und ein halbes Dutzend chinesischer Christen in Anzügen. Sie nahmen auf einer Reihe von Stühlen Platz, die auf einer Art Plattform an einer Wand aufgestellt waren. Einer von ihnen erhob sich und sprach ein Gebet. Dann sangen die chinesischen Kinder ein Kirchenlied auf Chinesisch. McCoy erkannte die Melodie, konnte sich jedoch nicht an den Text erinnern.

Einer der chinesischen Christen überreichte Mrs. Feller ein Geschenk. Sie dankte ihm, und sie sangen eine weitere Hymne, diesmal auf Englisch. Reverend Feller gab dann etwas von sich, das entweder eine Predigt oder ein sehr langes Gebet war. Es folgte eine weitere Hymne.

Während all dieser Zeit schaute McCoy auf Mrs. Fellers Kleid. Er hatte es nicht vorgehabt. Aber bei ihrer Position auf der Plattform und seinem Blickwinkel aus dem Fenster des Studebakers fiel sein Blick zwangsläufig auf sie. Und dann wurde es aufregend. Zuerst sah er viel weiße Oberschenkel. Doch dann löste sie die zuvor übereinandergeschlagenen Beine und stellte die Füße auf die Plattform, gerade weit genug auseinander, um zu zeigen, daß sie kein Höschen trug.

Zuerst glaubte er nicht, was er sah. Ladys laufen nicht ohne Schlüpfer herum, und sie war nicht nur eine Lady, sondern eine Lady Missionarin. Aber es gab keine Frage. Sie saß unten nackt da und zeigte ihm alles.

Und dann kam Lieutenant Sessions herüber und setzte sich in den Wagen auf den Rücksitz. In diesem Augenblick schlug Mrs. Feller die Beine übereinander.

Ist ihr plötzlich aufgefallen, wie sie dasitzt? dachte McCoy. *Oder macht es ihr nichts aus, solange nur einer von den Unteroffizieren und Mannschaften was zu sehen bekommt? Oder gehört sie zu den Frauen, die Männer aufgeilen, ohne sie zu befriedigen, und sie hat nur aufgehört, weil Sessions auftauchte?*

Als die Zeremonie schließlich vorüber war und die Honoratioren Mrs. Feller zum Studebaker geleiteten, stand McCoy nicht hinter dem Steuer auf, um die Tür zu öffnen. Er hatte eine Erektion.

Mister/Lieutenant Sessions, offenbar darauf erpicht, so schnell wie möglich loszufahren, öffnete die hintere Tür und forderte Mrs. Feller mit einer Geste zum Einsteigen auf.

»Wenn es Ihnen nichts ausmacht, Mr. Sessions, dann setze ich mich neben Corporal McCoy«, sagte Mrs. Feller. »Mir wird schwindlig, wenn ich auf Rücksitzen mitfahre.«

Sie stieg neben McCoy ein und lächelte ihn an.

»Es tut mir leid, daß Sie warten mußten«, sagte sie.

»Kein Problem«, sagte McCoy und konzentrierte sich ganz darauf, den Motor anzulassen.

»Ich habe mich gefragt, wie Sie das machen«, sagte sie.

»Was?« fragte er. Trotz seiner Bedenken zwang ihn die Neugier, sie anzusehen.

Sie hielt seine Hutpresse hoch. Das war eine Vorrichtung, die verhinderte, daß sich die Krempe des dienstlichen Feldhuts wölbte. Er hatte den Feldhut darin eingespannt, als er in den Wagen gestiegen war. Es war Regenzeit, und die Feuchtigkeit war schlecht für die Form von Hüten.

»Oh, das meinen Sie«, sagte McCoy.

Sie legte die Hutpresse zurück, wo sie gelegen hatte.

»Sehr clever«, sagte sie.

»Einverstanden, daß wir fahren?« fragte McCoy.

»Nichts wie los, McCoy«, sagte Lieutenant Sessions.

Mrs. Feller winkte den Christen und blies einigen von ihnen eine Kußhand zu.

Für eine, die durchgebumst worden ist wie sie in der vergangenen Nacht, nachdem sie all die Zeit vom Reverend getrennt gewesen war, sieht sie gar nicht sehr mitgenommen aus, dachte McCoy.

Dann sagte er sich, daß er sich in diesem Punkt irrte. Sie lief vermutlich ohne Unterhöschen herum, weil ihre Pussy durch die Sexnacht mit dem Reverend wund geworden war.

Sie drehte sich halb auf dem Sitz, zog dabei ihr Kleid über die Knie und begann mit Sessions zu plaudern. »Woher stammen Sie?« Und »Woher kommt Ihre Frau?« Und »Wie gefällt es Ihnen im Marine-Corps?« Blabla dieser Art.

McCoy bemühte sich, nicht auf ihre Knie zu schauen.

Du hast es jetzt geschafft, sagte er sich. *Es wäre wirklich blöde von dir, dir den schönen Job zu versauen, indem du etwas Dummes mit dieser Missionarin anstellst.* Er hatte vermutlich den besten Dienst von allen Corporals im Marine-Corps. Es gab praktisch keinen, der ihm sagte, was er zu tun hatte. Er war im Grunde sein eigener Herr. Und das Marine-Corps zahlte all seine Spesen, sogar das, was er fürs Vögeln ausgab. Und es war sogar noch besser:

Wenn er die ›Liste der Ausgaben‹ ausfüllte, die Captain Banning einmal pro Monat haben wollte, dann trug er für gewöhnlich das Doppelte (und manchmal das Dreifache) dessen ein, was er tatsächlich ausgegeben hatte. Er war nicht gierig, und Captain Banning dachte vermutlich, er mache ein günstiges Geschäft. Doch die Preise, die McCoy auf der Liste aufführte, entsprachen dem, was Marines für ein Zimmer, eine Mahlzeit, eine Hure oder was immer bezahlten. Marines, die Chinesisch sprachen, zahlten nur die Hälfte von dem, was Marines ausgeben mußten, die nicht die Sprache beherrschten. Seit er für Banning arbeitete, hatte McCoy jeden Monat hundert Dollar auf sein Konto bei der Barclays Bank überwiesen. Und das schloß nicht sein Spielgeld ein.

Auf dem Weg nach Peking verbrachte McCoy stets zwei Tage in der Kaserne der Marines bei Tientsin, dann zwei Tage in Peking und einen weiteren Tag in Tientsin auf dem Rückweg nach Schanghai. So regelmäßig wie ein Uhrwerk hatte er zehn, fünfzehn Dollar pro Abend von den Marines aus Tientsin und Peking gewonnen. Er war nicht gierig gewesen, was nicht leicht gewesen war, denn die Marines in Tientsin und Peking spielten so schlecht Poker, daß es ihm manchmal schwerfiel, sie nicht auszunehmen.

Es war kaum zu glauben, wieviel Geld er auf der Barclays Bank hatte.

Und er konnte die ganze Sache verderben, indem er etwas Dummes mit dieser Missionarin tat, die ohne Höschen herumlief.

Als sie aus Nanking heraus waren, wurde die Feuchtigkeit so stark, daß die Windschutzscheibe von einem nassen Film überzogen wurde und McCoy immer wieder die Scheibenwischer einschalten mußte. Es wäre besser, wenn es regnen würde. Er wünschte, daß der Regen bald anfangen würde.

Mrs. Feller warf einen Blick zu McCoy, um sich zu vergewissern, daß seine Aufmerksamkeit der Straße galt. Dann zog sie ein Fläschchen mit Parfum oder Eau de Cologne aus ihrer Handtasche und schüttete einen Tropfen auf ein Taschentuch. Sie betupfte ihre Schläfen damit, die Ohren und die Stirn, und dann öffnete sie schnell ein paar Knöpfe ihres Kleids und rieb ein bißchen Duftwasser in das Tal zwischen ihren Brüsten.

McCoys Erektion war so gewaltig, daß es schmerzte.

Um es noch schlimmer zu machen, er war überzeugt, daß sie seinen schnellen Seitenblick gesehen hatte.

Diese verdammten Missionare! dachte McCoy. *Wenn das Marine-*

Corps herausfinden will, ob die 11. Division der Japse deutsche Artilleriegeschütze hat, dann hätte ich das herausfinden können, ohne eine Horde verdammter Missionare mitzuschleppen.

Schließlich begann es zu regnen, ein stetiger, sanfter Regen, der vermutlich lange anhalten würde.

Und jetzt beschlug die Innenseite der Windschutzscheibe. Mrs. Feller wollte behilflich sein und wischte mit dem Taschentuch über die Scheibe. Manchmal, wenn sie sich vorneigte, um über die beschlagene Scheibe zu wischen, legte sie die Hand auf sein Knie und stützte sich ab. Und jedesmal sah er, wie ihre Bobbys gegen den Büstenhalter und die dünne Baumwolle ihres Kleids drängten.

Es regnete immer noch, als sie bei Chiangyin die Fähre über den Jangstekiang erreichten. McCoy war nicht erfreut über das, was er antraf. Eine der beiden Fähren, die normalerweise verkehrten, war außer Betrieb, und noch kein Fahrzeug des Konvois hatte übergesetzt.

Ein große Menge Chinesen drängten sich am Fluß zusammen. Einige fuhren Lastwagen, und ein halbes Dutzend hatten Ochsenkarren. Die meisten schoben jedoch Handkarren, und die Leute hatten große Bündel auf dem Rücken. Das bedeutete, daß bei dem Konvoi ein Posten auf jedem Lastwagen Wache schieben mußte. Anderenfalls würden sie einen leeren Truck haben, wenn sie nur blinzelten.

Zimmerman berichtete McCoy, er habe am vergangenen Abend mit den Wagen übersetzen wollen, doch Lieutenant Macklin habe es nicht zugelassen. Macklin hielt es für besser, auf dieser Seite des Jangtsekiang auf den Truck und PKW aus Nanking zu warten.

Typisches Offiziers-Denken, sagte sich McCoy. *Man muß die Bastarde allzeit im Auge behalten, oder sie denken sich irgendwas Schlaues aus.*

Die verbliebene Fähre würde dreimal fahren müssen, um alle Fahrzeuge überzusetzen. Es würde also mindestens eine Stunde dauern, vielleicht auch anderthalb Stunden, bis sie alle über den Fluß waren, der an dieser Stelle über sechs Kilometer breit war.

McCoy ging zu Lieutenant Macklin und erklärte ihm, daß er

es für eine gute Idee hielte, wenn er einen der Wagen, zwei Marine-Trucks und einen Missionars-Wagen auf die erste Überfahrt mitnähme. Zwei der verbleibenden Lastwagen könnten bei der zweiten Fahrt übersetzen. Und der letzte Truck, der Abschleppwagen, und der andere Wagen könnten mit der dritten Fuhre den Fluß überqueren – wenn Lieutenant Macklin damit einverstanden wäre.

In Tschenkian auf dem anderen Ufer war ein schönes kleines Restaurant, und McCoy sah keinen Grund, hungrig auf dem diesseitigen Ufer zu bleiben, während ein Offizier und Gentleman (zwei, wenn man Sessions mitzählte) verfügbar war, der das Verladen der Wagen beaufsichtigen konnte.

Und mit ein bißchen Glück konnte er im Restaurant eine Unterhaltung belauschen (oder sich vielleicht sogar an einer beteiligen), aus der er etwas über die japanischen Aktivitäten weiter voraus auf der Landstraße erfahren konnte.

Lieutenant Macklin hielt das für eine gute Möglichkeit.

»Sergeant Zimmerman kann allein zurechtkommen, Sir, wenn Sie lieber mit der ersten Fuhre übersetzen«, sagte McCoy.

»Ich mache den Schluß, McCoy«, sagte Lieutenant Macklin, wie McCoy es zu achtzig Prozent vorausgesehen hatte. »Sie und Sergeant Zimmerman setzen über und sehen zu, wie Sie den Männern etwas zu essen besorgen können.«

»Aye, aye, Sir.«

Sollte sich Zimmerman als erster satt essen. McCoy mochte Zimmermann. Er war ein stiller, friedfertiger Deutscher, der im Marine-Corps eine Heimat gefunden hatte, mit einem chinesischen Mädchen eine Familie gegründet hatte und nichts gegen McCoys inoffizielle – wenn auch unverkennbare – Befehlsgewalt hatte. Wie es bei einigen anderen, länger dienenden Unteroffizieren der Fall war.

Ernie machte auf den Fahrten nach Peking auch so seine Nebengeschäfte, davon war McCoy überzeugt, aber was auch immer er für Nebenverdienste hatte, er machte sie in aller Stille. Und er betrank sich nicht in Bordellen. Ernie verstand auch Chinesisch, obwohl er aus irgendeinem sonderbaren Grund vorgab, nichts zu verstehen.

Er war auch schneller auf dem Transporter, als man erwarten

konnte. Er verstand sofort, was McCoy wollte, als er vorschlug, daß Ernie in einem anderen Restaurant essen sollte als in dem großen, in das McCoy gehen würde. Ernie würde herausfinden, was ihm über japanische Aktivitäten weiter straßenaufwärts möglich war, während McCoy ein Bier trank. Zu schade, daß Lieutenant Macklin nicht so clever ist, dachte McCoy.

Die beiden anderen Fahrer, die McCoy auf die erste Fähre mitnahm, waren Privates First Class, und sie zeigten sich von ihrer besten Seite, weil sie bei diesem Konvoi vom Alltragstrott bei der Fahrbereitschaft wegkamen. McCoy vergatterte sie mit der rituellen Ermahnung: »Ein Bier, nur eines, oder ich reiße euch den Arsch auf«, und er war zuversichtlich, daß sie das beherzigten.

Als Ernie in das ›große‹ Restaurant kam (sechs Tische plus eine flache Theke), knabberte McCoy an einem Stück Ente. Ernie nahm seinen breitkrempigen Feldhut vom Kopf, schüttelte den Regen ab, schaute sich um und entdeckte McCoy.

Ernie war kein Mann der vielen Worte. »Der andere Studebaker ist auf der Fähre.«

McCoy nickte, und Ernie ging wieder. McCoy schob den Rest der knusprigen Ente in den Mund, tunkte die Finger in eine Schale mit warmem Wasser, trocknete sie ab und nahm seinen Hut. Er setzte ihn in vorgeschriebenem Winkel auf und schickte sich an, das Restaurant zu verlassen.

Dann besann er sich anders.

Was soll's, dachte er. *Sehen Macklin und/oder Sessions eben, daß ich esse und ein Bier trinke, na und?*

Er gab dem Wirt einen großen Geldschein und sagte ihm, er würde zurückkehren und sich das Wechselgeld holen, wenn er die leere Bierflasche und die Serviette zurückbringen würde, die er mitnahm.

Dann ging er schnell zur Fähre und hielt sich (und noch wichtiger: den Feldhut) so gut aus dem Regen wie möglich.

Er wußte nicht, warum sich Lieutenant Macklin entschlossen hatte, im zweiten Wagen zu kommen, anstatt mit der dritten Fuhre, doch es machte nichts aus. Es war das, was man von einem Offizier – von *jedem* Offizier – erwarten mußte. Ganz gleich, was einer von den Unteroffizieren und Mannschaften entschied, es konnte von jedem Offizier geändert werden. Deshalb waren sie ja Offiziere.

McCoy widmete dem Studebaker wenig Aufmerksamkeit, bis er von der Fähre herunter war und später schlingernd und mit durchdrehenden Rädern am anderen Ufer hinauffuhr. Dann trat McCoy unter dem Vordach eines Gebäudes hervor, unter dem er Schutz vor dem Regen gefunden hatte, trat auf die Straßenmitte und machte mehr oder weniger offizielle Handzeichen des Marine-Corps, um Lieutenant Macklin anzuzeigen, wo er den Wagen parken sollte.

Aber Macklin fuhr den Studebaker nicht. Lady Missionarin fuhr ihn. Die ›Dame ohne Unterhöschen‹ und ›Parfüm zwischen den Titten‹ saß am Steuer. Und sie war allein.

Was, zum Teufel, war hier los?

McCoy tat, als gehöre die leere Bierflasche einem der Offiziere, und ging flink – wobei er den Pfützen auswich, wo es möglich war – zu der guten ›ohne Unterhöschen‹, die den Wagen geparkt hatte.

Sie sah ihn kommen und öffnete die Tür für ihn. Als sie sich über den Sitz lehnte, um an den Türgriff zu gelangen, konnte er in ihr Kleid schauen, praktisch hinab zum Tatort, wo sie Parfüm zwischen die Bobbys getupft hatte.

Er stieg ein und setzte sich auf den Beifahrersitz.

»Ich hoffe, ich störe Sie nicht bei irgend etwas, Corporal McCoy«, sagte sie. »Lieutenant Macklin sagte, es wäre in Ordnung, wenn ich jetzt komme.«

»Jawohl, Ma'am«, sagte McCoy.

»Ich dachte mir auch, da drüben kein Restaurant war, daß vielleicht eines auf dieser Seite ist. Ich habe Hunger.«

»Jawohl, Ma'am«, sagte McCoy. »Hier ist ein Restaurant.«

»Könnten Sie mich dorthin bringen?«

»Jawohl, Ma'am.«

»Ich habe einen Schirm.« Sie nahm ihn vom Rücksitz. Er bemerkte, daß die Fülle ihrer Brüste im Weg war.

Als sie den Schirm in der Hand hielt, reichte sie ihn McCoy.

»Nein, Ma'am«, sagte McCoy. »Trotzdem vielen Dank.«

»Sie meinen, Sie wollen lieber naß werden?«

»Ich meine, daß Marines nicht mit Regenschirmen herumlaufen«, erklärte McCoy.

»Heißt das, es ist gegen die Vorschriften?«

»Jawohl, Ma'am.«

»Verstoßen Sie nie gegen die Vorschriften, Corporal?« erkundigte sich die Lady ohne Höschen.

»Manchmal«, sagte McCoy.

»Jeder verstößt mal gegen die Vorschriften«, sagte sie. »Und das scheint ein guter Zeitpunkt für Sie zu sein, mal auf die Vorschriften zu pfeifen.«

Er fand das ein wenig eigenartig aus dem Munde einer Missionarin, aber er entschied sich, den Schirm mit ihr zu teilen. Keiner, der zählte, sah ihn hier, und es regnete stetig.

McCoy nahm den Schirm, stieg aus dem Wagen, öffnete den Schirm und ging zur Fahrerseite. Die Lady ohne Höschen stieg aus, trat unter den Schirm, schloß die Tür und hängte sich bei McCoy ein. Er spürte ihre Brust an seinem Oberarm.

Er marschierte mit ihr zum Restaurant und wich dabei größeren Pfützen aus.

Die Augen des Restaurantbesitzers wurden groß vor Verlegenheit, als er die Frau sah. Blondes Haar faszinierte einfach alle Asiaten.

Er kam an den Tisch, um die Bestellung aufzunehmen.

»Was können Sie empfehlen?« fragte sie McCoy.

»Ich hatte die Ente«, sagte McCoy. »Wie man sie in Peking zubereitet. Ich mag Ente nicht sonderlich, aber sie war sehr knusprig.«

»Dann nehme ich sie«, sagte sie. »Bestellen Sie auch etwas?«

»Ich habe schon gegessen, danke«, sagte McCoy.

»Auch kein Bier mehr?«

»Ich habe den Männern nur ein Bier erlaubt«, sagte McCoy. »Es wäre nicht fair, wenn ich zwei trinke.«

»Schade«, sagte sie.

»Warum?« fragte er überrascht.

»Weil ich gern ein Bier hätte«, antwortete sie. »Aber ich kann keines bestellen. Mein Mann mag es nicht, wenn ich trinke.«

»Sie meinen, Sie hätten mal bei mir nippen können?«

Sie nickte verschwörerisch.

McCoy fand, daß es etwas pervers Angenehmes war, die Moral eines Missionars zu untergraben. Er wies den Restaurantbesitzer an, eine Flasche Bier in eine Teekanne zu stellen und der Lady eine Tasse dazu zu bringen.

Als das Bier in Tee-Tarnung serviert war, sagte die Lady: »Ich dachte mir schon, Sie würden ihm so etwas erzählen.«

»Tatsächlich?«

»Ihre Augen leuchteten auf wie die eines unartigen Jungen«, sagte sie.

Er wußte nicht, was er von Lady Missionarin halten sollte. Sie war viel zu freundlich. Er kannte sich mit den möglichen Beziehungen zwischen amerikanischen Frauen und Marines in China aus: Es gab keine. Amerikanische Frauen waren auf einer Art Podest, vermutlich weil es so wenige in China gab. Man setzte voraus, daß sie Ladys waren. Sie trugen Handschuhe und Hüte und arbeiteten nicht. Und sie sprachen nicht mit Unteroffizieren und Mannschaften der Marines, die das untere Ende der amerikanischen Gesellschaftsstruktur bildeten – nur eine halbe Stufe über den Chinesen. Die meisten amerikanischen Frauen in China taten, als wären Marines Luft für sie. Sie gingen nicht Arm in Arm mit ihnen unter einem Regenschirm, saßen nicht in Restaurants am Tisch mit ihnen und schauten ihnen nicht direkt – fast provozierend – in die Augen.

McCoy fand nur zwei Erklärungen für Mrs. Fellers Verhalten. Sie konnte einfach nach ihrer Vorstellung von einer Christin handeln, ihn mit anderen Worten aus einer sonderbaren Ansicht heraus als gesellschaftlich ebenbürtig behandeln, weil für sie als Christin alle Gottes Kinder waren. Oder sie flirtete vielleicht tatsächlich mit ihm oder tat jedenfalls so.

Es gab eine Reihe von Gründen, daß letzteres zutraf. Einer war, daß sie ihn ertappt hatte, als er sie beim Parfümieren ihres Busens beobachtet hatte. Vielleicht hatte sie sich über ihn amüsiert. Und wenn das so war, dann wußte sie, daß sie ihn scharfmachen und ihren Spaß daran haben konnte, ohne das geringste Risiko einzugehen, denn sie wußte, daß nur ein völlig blöder Marine einen Annäherungsversuch bei einer amerikanischen Missionarin starten würde. Und vielleicht hoffte sie, daß er etwas sagte oder tat, was sich nicht gehörte, damit sie zum Reverend laufen und es ihm erzählen konnte.

McCoy hatte von solchen Fällen gehört. Nicht von Fällen mit Missionarinnen, sondern mit den Frauen amerikanischer Geschäftsleute. Sie hatten ihren Mann mit einer Chinesin entdeckt und bei ihm den Eindruck erweckt, es ihm heimzuzahlen, indem sie einen Marineinfanteristen auf sich scharfgemacht hatten, bis er mit hängender Zunge um sie herumscharwenzelt war. Sie hatten nicht die Absicht gehabt, den amen Kerl zum Zuge kommen zu lassen; sie hatten ihren Alten nur wissen lassen, daß es einen strammen Soldaten gab, der heiß auf sie war. Und wenn dann der Alte zum Colonel ging und der Soldat auf der schwarzen Liste landete, dann war das sein Problem; der Junge war selbst schuld, wenn er so dumm war, sich aufgeilen zu lassen.

Was auch immer auf Mrs. Reverend Feller zutraf – selbst wenn sie nur als Christin handelte –, er hatte ein ungutes Gefühl dabei und wollte nichts damit zu tun haben. Er wechselte das Thema.

»Die schlechte Straße hat ein Gutes«, sagte McCoy. »Wir können heute nacht in Chiehshom bleiben. Es wird zu dunkel, um heute weiterzufahren.«

»Was ist denn in Chiehshom?« fragte Mrs. Feller und schaute ihn über den Rand ihrer Teetasse mit Bier hinweg an.

»Ein schönes Hotel«, erwiderte McCoy. »Erbaut von einem Deutschen. Mit anderen Worten, die sanitären Anlagen funktionieren, und die Küche ist sauber. Das Hotel steht auf einem Hügel oberhalb des Sees.«

»Übernachten Sie dort immer?« fragte sie.

»Normalerweise kommen wir weiter als diesmal«, sagte er.

»Wenn Sie keine Missionare mitschleppen müssen, meinen Sie?«

»Das habe ich nicht gesagt.«

»Stimmt, aber gedacht.«

McCoy erhob sich und setzte seinen Feldhut auf. »Ich gehe zur Fähre und informiere mich, was los ist«, sagte er. »Sie können hierbleiben. Hier sind Sie sicher.«

IV

1

Tschengkiang, China

15. Mai 1941, 15 Uhr

Während Reverend Feller, Lieutenant Macklin und ›Mister‹ Sessions im ›großen‹ Restaurant aßen und die Fahrer in einer der kleinen Imbißstuben, nutzte Ernie Zimmerman die Gelegenheit, die Fahrzeuge von neuem sorgfältig zu überprüfen und besondere Aufmerksamkeit den Reifen zu widmen. Es war schon schlimm genug, einen Reifen auf einer schlammigen Straße wechseln zu müssen, aber so was nachts im Regen auf einer schlammigen Straße tun zu müssen, war wirklich beschissen.

Zimmerman fand zwei Reifen, die aussahen, als würden sie es nicht mehr lange machen, einen bei einem Lastwagen, den anderen bei einer der Studebaker-Limousinen, und er befahl, daß sie gewechselt wurden. McCoy und Zimmerman schauten zu, wie ein PFC das Rad des PKW abmontierte, als sich Lieutenant Macklin und Sessions zu ihnen gesellten.

»Sind wir bald abfahrbereit, Sergeant?« fragte Lieutenant Macklin.

»Aye, aye, Sir«, sagte Zimmerman.

»Nun, dann lassen Sie bitte aufsitzen«, sagte Macklin. »Wir möchten noch mit Corporal McCoy sprechen.«

»Aye, aye, Sir.« Zimmerman ging zu den Imbißbuden, in denen die Fahrer aßen. Macklin und Sessions schlenderten außer Hörweite des Fahrers, der den Reifen wechselte, und McCoy folgte ihnen.

»Unter den gegebenen Umständen«, sagte Sessions zu McCoy, »hielt ich es für notwendig, Lieutenant Macklin über den wahren Grund meiner Anwesenheit zu informieren.«

»Jawohl, Sir«, sagte McCoy.

Er war weder ärgerlich noch überrascht. Sessions war ziemlich sauer über ihre Unterhaltung in Nanking, und es war klar, daß Sessions ihn in seine Schranken verweisen wollte. Da Missionare keine Befugnisse haben, Corporals des Marine-Corps herumzukommandieren, war es nötig, Macklin wissen zu lassen, wer er, Sessions, in Wirklichkeit war. Folglich hatte er Macklin gesagt, daß er ein Offizier in geheimer Mission war, und jetzt waren sie beide freudig erregt über ihre Bedeutung in der Planung der Dinge – und darauf vorbereitet, mit einem popeligen Corporal fertig zu weren, der ihnen bei der Ausübung ihrer Pflicht im Wege stand. Captain Banning hatte McCoy vorgewarnt, daß das wahrscheinlich passieren würde.

»Und wir haben uns die Karte angesehen«, sagte Sessions. »Lieutenant Macklin denkt, wir können es bis Chiehshom schaffen, bevor es dunkel ist. Stimmen Sie da zu, McCoy?«

»Jawohl, Sir«, sagte McCoy. »Es ist ein guter Ort zum Übernachten. Es gibt dort ein gutes Hotel.«

»Das sagte mir Lieutenant Macklin«, sagte Sessions. »Was noch wichtiger ist, McCoy, es ist nicht zu weit von Yenchi'eng entfernt, oder?«

McCoys Augenbrauen ruckten hoch. In Yenchi'eng war die japanische 11. Infanteriedivision.

»So ist es, Sir, es ist nicht weit«, sagte McCoy.

»Waren Sie jemals in Yenchi'eng, McCoy?« fragte Sessions.

»Jawohl, Sir.«

»Wissen Sie, wie die Artillerie der 11. japanischen Infanteriedivision ausgerüstet ist?«

»Jawohl, Sir«, sagte McCoy. »Die Japaner haben vier Batterien, die sie ein Regiment nennen, mit 94er Modellen. Das ist eine 37-mm-Panzerabwehrkanone, doch die Japse benutzen sie als reguläre Artillerie, weil sie soviel Feuerkraft hat. Und die Chinesen haben verdammt wenig, das sie zum Gegenfeuer einsetzen können.«

»Ich möchte das überprüfen, McCoy«, sagte Lieutenant Sessions.

»Sir?«

»Ich will herausfinden, ob die 11. Division mit der deutschen PAK (PAK 38: Panzerabwehrkanone, Kaliber 5 cm, Modell 1938) ausgerüstet ist.«

»Das ist sie nicht«, sagte McCoy. »Sie haben vielleicht fünfunddreißig Kanonen Modell 94. Acht pro Batterie plus Ersatz.«

»Sie sind sich dessen anscheinend sehr sicher«, sagte Lieutenant Macklin.

»Jawohl, Sir, das bin ich.«

»Kennen Sie den Unterschied zwischen den beiden Kanonen?« fragte Macklin sarkastisch.

»Die PAK 38 ist größer als das Modell 94, mit größerem Schutzschild und größeren Rädern«, sagte McCoy in einem Tonfall, der an Anmaßung grenzte, wie Lieutenant Macklin fand. »Und sie hat eine Mündungsbremse. Die beiden sind leicht zu unterscheiden.«

»Und Sie sind absolut sicher, daß die 11. Division keine dieser Geschütze hat?« fragte Sessions.

»Ich machte vor ein paar Wochen einige Fotos von der japanischen Artillerie«, sagte McCoy. »Und das war das Resultat, Lieutenant: dreißig, vielleicht fünfunddreißig 94er. Captain Banning schickte die Aufnahmen nach Washington.«

»Aber wir wissen nicht, Corporal McCoy, ob die Japaner seit Ihrem letzten Besuch deutsche Kanonen bekommen haben oder nicht?« fragte Macklin sarkastisch.

»Wir haben Leute, die die Häfen, die Bahnlinien und die Straßen beobachten. Wenn die 11. Division irgendwelche neue Artillerie bekommen hätte, dann hätten wir das erfahren.«

»*Wir?*« fragte Macklin spöttisch.

»Captain Banning«, sagte McCoy und nahm den Tadel hin. »Er läßt die Häfen, Bahnlinien und Straßen beobachten.«

»Unter den gegebenen Umständen – schließlich sind wir so nahe – kann ich das nicht einfach akzeptieren«, sagte Lieutenant Sessions. »Wie lange ist es Ihrer Meinung nach mit dem Wagen von Chiehshom nach Yenchi'eng?«

»Wenn Sie dorthin fahren, Lieutenant, wird man Sie schnappen, und Sie werden für ein paar Tage von den Japsen unterhalten werden.«

»Was meinen Sie mit ›unterhalten‹?«

»Die nehmen Sie mit auf Manöver«, sagte McCoy. »Die führen Sie die ganze Nacht durch das Sumpfland und geben Ihnen rohen Fisch zum Essen und so.« McCoy legte eine Pause ein, und dann ging sein Mundwerk mit ihm durch. »Einige Japse haben einen ziemlich seltsamen Sinn für Humor. Sie hatten Lieutenant Macklin mal für drei Tage.«

»Es reicht, McCoy!« brauste Macklin auf.

»Nun, dann müssen wir eben einfach dafür sorgen, daß sie uns nicht schnappen, nicht wahr?« sagte Lieutenant Sessions.

»Lieutenant, ich fahre nicht mit Ihnen nach Yenchi'eng«, sagte McCoy. »Tut mir leid.«

»Wie lange, sagten Sie, dauert die Fahrt von Chiehshom nach Yenchi'eng, Corporal?« fragte Sessions.

»Zwei Stunden, vielleicht zweieinhalb bei diesen Straßenverhältnissen.«

»Und Sie können die Straße in der Dunkelheit schaffen?«

»Sir, ich bedaure, ich fahre nicht mit Ihnen nach Yenchi'eng«, sagte McCoy.

»Ich habe nicht gefragt, ob Sie sich freiwillig melden, Corporal«, sagte Lieutenant Sessions. »Die Entscheidung wird von Lieutenant Macklin und mir getroffen. Sie werden uns bei unserer Unternehmung Ihre Kenntnis des Terrains zur Verfügung stellen. Ich brauche Sie wohl nicht daran zu erinnern, daß Sie trotz Ihrer besonderen Beziehung zu Captain Banning die Befehle Ihrer Vorgesetzten zu befolgen haben, oder?«

»Lieutenant«, sagte McCoy. »Sie bringen mich in Verlegenheit.«

»In Verlegenheit werden Sie kommen, wenn Sie den Gehorsam verweigern!« schnaubte Macklin.

McCoy schaute ihn an, zuckte mit den Schultern und nahm ein Kuvert aus seiner Gesäßtasche. Er hielt es Sessions hin.

»Ich denke, Sie sollten sich das besser ansehen, Lieutenant.«

»Was ist das?« fragte Sessions.

»Das sind meine schriftlichen Befehle, Sir«, sagte McCoy. »Captain Banning sagte, ich soll sie Ihnen erst geben, wenn es sein muß. Ich finde, jetzt muß es sein.«

»Was ist das?« fragte Lieutenant Macklin.

»Schriftliche Befehle«, sagte Sessions, und dann las er vor: »Hauptquartier, 4. Marineinfanterieregiment, Schanghai, 13. Mai 1941. Betrifft: Befehle für Corporal Kenneth J. McCoy, Stabskompanie, 1. Bataillon, 4. Marineinfanteriegiement. Ihre vertraulichen Befehle für die Zeit vom 14. Mai 1941 bis 14. Juni 1941 sind Ihnen mündlich von Captain Edward Banning, USMC, erteilt worden. Es wird hiermit bestätigt, daß kein Offizier oder Unteroffizier, der dem 4. Regiment USMC angehört oder zukommandiert ist, berechtigt ist, Ihre Befehle in irgendeiner Weise zu ändern oder aufzuheben.« Sessions tauschte einen Blick mit Macklin und sagte: »Corporal McCoys schriftliche Befehle sind vom Colonel unterzeichnet.«

»Da will ich doch verdammt sein«, sagte Macklin. »So was habe ich noch nie gehört.«

»Lieutenant«, sagte McCoy zu Macklin. »Ich bitte Sie, diese Befehle ebenfalls zu lesen.«

»Was, zur Hölle, meinen Sie damit?« blaffte Macklin.

»Mit Verlaub, Sir«, sagte McCoy, »ich möchte das Papier danach gern verbrennen.«

»Nur zu, verbrennen Sie es«, sagte Macklin kalt.

Sessions gab McCoy die Befehle zurück. McCoy zerriß das Blatt Papier in lange Fetzen. Dann verbrannte er einen Fetzen nach dem anderen sorgfältig und ließ den Wind die Asche und die nicht verbrannten Schnipsel von seiner Hand verwehen.

»Ich nehme an, Ihre ›vertraulichen mündlichen Befehle‹ verbieten Ihnen, nach Yenchi'eng zu fahren?« fragte Lieutenant Macklin, als die Vernichtung der schriftlichen Befehle abgeschlossen war.

»Nein, Sir, Captain Banning sagte, ich soll nach meiner eigenen Einschätzung handeln, wenn Sie etwas in dieser Art von mir verlangen.«

»Es ist Ihnen also nicht verboten, nach Yenchi'eng zu fahren? Sie haben diese Entscheidung selbst getroffen?« fragte Sessions.

»So ungefähr kann man es sagen«, erwiderte McCoy.

Ein sehr selbstbewußter junger Mann, dachte Sessions. *Hochintelligent. Er glaubt fast mit absoluter Sicherheit, was er tut. Wo führt uns das hin?*

»Ich nehme an, Sie haben bedacht, daß Lieutenant Sessions' Interesse an der Artillerie der 11. Division nicht bloße Neugier ist, Corporal«, sagte Macklin eisig. »Daß er vom Hauptquartier des Marine-Corps hierhin geschickt wurde?«

»Jawohl, Sir«, sagte McCoy. »Captain Banning erzählte mir alles darüber.«

»Und Sie sind anscheinend unbeeindruckt von meiner Entscheidung, daß eine genaue Ermittlung der Bewaffnung in Yenchi'eng das Risiko wert ist?« fragte Macklin in kaltem Zorn.

»Ich bin überzeugt davon, daß Sie dort nicht hinfahren können, ohne geschnappt zu werden«, erwiderte McCoy. »Sie müssen die Straße benutzen. Wenn Sie den ersten Kontrollposten passieren, wird man die Spionageabwehr, den Kempei-Tai, telefonisch informieren, und das war's dann.«

»Es gibt Möglichkeiten, Kontrollposten und den Kempei-Tai zu umgehen«, sagte Macklin. »Sie, Corporal, haben sie schon genutzt.«

»Das war etwas anderes«, sagte McCoy.

»Das war etwas anderes, Sir«, korrigierte Macklin.

»Das war etwas anderes, *Sir«*, plapperte McCoy wie ein Papagei nach.

»Nun, dann werden Sie vielleicht die Güte haben und Mr. Sessions und mir sagen, wie Sie nach Yenchi'eng fahren würden.«

»Wenn ich das täte, dann würde es aussehen, als wäre ich der Ansicht, Sie könnten damit durchkommen, Lieutenant«, sagte McCoy.

»Sie weigern sich sogar, uns zu helfen?« Macklin starrte ihn ungläubig an.

McCoy tat, als hätte er die Frage nicht gehört.

»Und ich sehe keinerlei Sinn darin, das Risiko einzugehen und selbst hinzufahren«, sagte er. »Wenn die Japaner deutsche Kanonen hätten, wüßte ich das.«

»Corporal«, sagte Lieutenant Macklin mit eisigem Sarkasmus. »Ich habe Ehrfurcht vor Ihrem Selbstvertrauen.«

»Jawohl, Sir.«

»Ich hoffe, Sie werden uns sagen, was Sie über den Standort der Artillerie wissen?« fragte Lieutenant Sessions im Plauderton. »Wie wir sie finden können?«

»Aye, aye, Sir«, sagte McCoy. »Ich hoffe, Sie werden Captain Banning verdeutlichen, daß ich Ihnen das Risiko, geschnappt zu werden, exakt mitgeteilt habe.«

»O ja, Corporal McCoy«, sagte Lieutenant Macklin. »Sie können sich darauf verlassen, daß wir diesen Zwischenfall Captain Banning in allen Einzelheiten berichten werden.«

2

Chiehshom, Provinz Schantung, China

15. Mai 1941

Die drei Zimmerkategorien im Hotel am See in Chiehshom waren (in abfallender Reihenfolge) ursprünglich für Europäer, europäische Bedienstete und chinesische Bedienstete gedacht. Bei McCoys ersten paar Reisen nach und von Peking waren alle Mannschaftsdienstgrade der Marines in die Zimmer für die europäischen Bediensteten einquartiert worden. Doch auf den letzten Reisen hatte das Management eine Schau daraus gemacht, den Unteroffizieren und Mannschaften ›europäische‹ Zimmer, wenn auch kleine, im Hauptflügel des Hotels zu geben.

McCoy erkannte, daß der Hotelbesitzer herausgefunden hatte, daß nicht der befehlshabende Offizier, sondern der Sergeant der Mann war, der in Wirklichkeit entschied (indem er aufs Tempo drückte oder es verlangsamte), wo der Konvoi übernachtete. Das bedeutete die Vermietung von zehn Betten und den Verkauf von zwanzig Mahlzeiten, plus das, was alle tranken. Die Geschäfte liefen ohnehin nicht besonders gut.

McCoy gefiel es wirklich im Hotel am See. Das Essen war gut, und die Zimmer waren tadellos sauber. Selbst die kleinen Zimmer, die man den Unteroffizieren und Mannschaften gab, hatten große Badewannen und offenbar unbegrenzt heißes Wasser. Er konnte des Abends lange baden und am Morgen duschen. Es war die einzige Dusche in China, bei der die Haut unter dem starken Strahl prickelte. All die anderen boten nur dürftige Rinnsale, als würde Regen auf einen niederplätschern.

Nachdem McCoy sich in seinem Zimmer einquartiert hatte, wollte er mit Ernie Zimmerman essen gehen und den Speiseraum verlassen, bevor die Offiziere und die Fellers zum Essen herunterkamen. So würde er die Chance haben, den Lieutenants Macklin und Sessions aus den Weg zu gehen und sich für ein anderes Treffen zu wappnen, das für nach dem

Abendessen geplant war. Sie wollten mit ihm die Route nach Yenchi'eng und zurück besprechen. So sauer, wie die beiden Lieutenants auf ihn waren, war es schon schlimm genug, ohne daß man im selben Speisesaal zu Abend aß (wo ihrer Meinung nach Mannschaften und Unteroffiziere der Marines nichts zu suchen hatten).

Ernie Zimmerman war jedoch irgendwie aufgehalten worden, als er die anderen Marines einquartiert hatte, und er kam zehn Minuten zu spät. Zimmerman und McCoy hatten gerade im Speiseraum Platz genommen, als die Offiziere und die Fellers auftauchten. Mrs. Feller sagte etwas zu dem Reverend, und er ging zu McCoy und Zimmerman an den Tisch und bestand darauf, daß sie alle zusammen zu Abend aßen.

McCoy sagte sich, daß die Offiziere wütend sein würden. Für sie war es schon eine Zumutung, im selben Raum mit Unteroffizieren und Mannschaften essen zu müssen, aber noch schlimmer war es, einen Tisch mit ihnen teilen zu müssen. Zu McCoys Überraschung waren sie jedoch nicht ärgerlich. Sie spielten wieder Spion, wie McCoy merkte, und der Tisch zum Abendessen gab ihnen eine Bühne für das Theater, das sie für nötig hielten.

›Mister‹ Sessions kündigte an, daß er Lieutenant Macklin gefragt hatte, ob es richtig wäre, wenn sie zwei Nächte in Chiehshom verbringen würden, anstatt der ursprünglich geplanten einen Nacht. Die Christian & Missionary Alliance erwog, eine weitere Mission in Yenchi'eng zu eröffnen, und sie wollten sich das genauer ansehen, weil sie nun einmal ganz in der Nähe waren.

Er ist ein verdammter Blödmann, dachte McCoy. *Sie sind alle verdammte Idioten. Sie glauben, es wirkt unverdächtiger, wenn sie die wahre Absicht leugnen und behaupten, daß zwei Marineoffiziere in voller Uniform einfach nur einen Ausflug machen, um nach einer neuen Stätte zur Rettung von Seelen Ausschau zu halten. Die Japse erfahren binnen zehn Minuten, daß sie hier weggefahren sind, und ein Empfangskomitee wird auf sie warten, lange bevor sie in die Nähe von Yenchi'eng gelangen. Das einzige, was noch gefährlicher ist als ein Offizier, der überzeugt ist, seine Pflicht zu tun, sind zwei solcher Offiziere. Zwei Offiziere und ein Missionar.*

Sie würden bei Einbruch der Dunkelheit in Chiehshorn zurück sein, sagte Sessions, und durch einen zusätzlichen Tag würden Sergeant Zimmerman und seine Männer die Gelegenheit haben, die Fahrzeuge zu überprüfen und sich zu vergewissern, daß alles tipptopp war.

»Sie fahren nicht mit, Corporal McCoy?« fragte Mrs. Feller.

»Ich fahre nicht mit, Ma'am«, bestätigte McCoy.

Ernie Zimmerman, der sich in Anwesenheit der Offiziere unbehaglich fühlte und genau spürte, daß es Reibereien zwischen ihnen und McCoy gab, schlang sein Essen hinunter, erhob sich dann wortlos vom Tisch und ging.

McCoy folgte ihm.

»Ernie, bocken Sie einen der Trucks auf, und lassen Sie die Kardanwelle runter«, sagte McCoy.

»Warum denn das?« fragte Zimmerman.

»Tun Sie es einfach, Ernie, bitte.«

»Was haben die vor?« fragte Zimmerman.

»Sie haben es gehört, Ernie.«

»Aber was soll der Scheiß?«

»Lassen Sie nur eine Antriebswelle runterhängen, Ernie. Und sorgen Sie dafür, daß einer der PKWs betankt und fahrbereit ist.« Dann ging McCoy auf sein Zimmer, um die Route zu markieren, die die verdammten Narren nach Yenchi'eng nehmen würden.

Als McCoy die drei in Sessions' Zimmer traf, machten sie keinen weiteren Versuch, ihn zum Mitkommen zu überreden. Das überraschte ihn, bis ihm klar wurde, daß sie sich sagten, ihre brillante Eingebung, ihre wahre Absicht zu verschleiern, würde klappen, und sie brauchten ihn nicht.

Nach ihrer Rückkehr und der erfolgreichen Spionage bei den Japanern würden sie in einer Position sein, in der sie ihn bei Banning fertigmachen konnten, weil er sich geweigert hatte, sie zu begleiten. Sie würden sich darauf berufen können, daß sie stets im Recht gewesen waren und er nichts als ein ungehorsamer Corporal war, der die Frechheit gehabt hatte, die weise Einschätzung seiner Offiziere in Frage zu stellen.

Er konnte natürlich nichts tun, um sie zu stoppen (außer einen der Trucks der Missionare aufbocken und einen Defekt an der Antriebswelle vortäuschen zu lassen, um vielleicht die Kempei-Tai-Agenten zu täuschen, die das Hotel beobachteten), und er konnte auch sonst nichts für sie tun.

McCoy stellte seinen Wecker auf halb fünf, stand entsprechend früh auf und ging in den Hof hinab, um die Abfahrt zu beobachten. Mrs. Feller war ebenfalls dort. Die Spitzen ihrer Brüste stachen gegen den Bademantel, und ihr blondes Haar hing lose in ihren Nacken hinab.

Allmächtiger, ohne Zöpfe und festgestecktes Haar sieht sie höllisch gut aus. Wirklich Spitze. Ich würde mein linkes Ei geben, wenn ich sie dafür pimpern könnte.

Die Offiziere und der Missionar wirkten regelrecht aufgekratzt und emphorisch. McCoy dachte verächtlich: *Sie halten sich für Patrioten, die zu einer großen Spionagemission aufbrechen.* Er mußt seinen Zorn bezwingen, als Sessions ihn zur Seite nahm und ihm todernst sagte, ganz gleich, was geschehe, er wolle ihm verständlich machen, daß er seine Ansicht verstehe.

»Dies ist eine jener Situationen, Corporal, in denen wir beide tun müssen, was wir für das Richtige halten. Und ich möchte Sie wissen lassen, daß ich glaube, Sie haben lange und gründlich über Ihre Pflichten nachgedacht, bevor Sie sich entschieden, daß Sie nicht mit uns fahren können.«

Er ist nicht nur ein Armleuchter, sondern auch noch ein jungfräulicher Einfaltspinsel, dachte McCoy.

»Viel Glück, Lieutenant«, sagte McCoy und reichte ihm die Hand.

Was soll's, dachte er. *Es kostet nichts, das zu sagen. Und wenn Sessions ehrlich meint, was er sagt, wird es vielleicht helfen, wenn sie wider Erwarten nicht geschnappt werden und Macklin versucht, mich in Schwierigkeiten zu bringen.*

Als sie ins Hotel zurückgingen, lugte Mrs. Fellers Bein immer wieder aus dem Schlitz ihres Bademantels, den sie vor den Brüsten zusammenhielt. McCoy erinnerte sich, daß sie ihn während des ganzen Abendessens ›zufällig‹ mit dem Knie angestoßen hatte.

McCoy war jetzt überzeugt, daß sie nur ihr Spiel mit ihm trieb und irgendwie krankhaft einen Kitzel dabei verspürte, wenn sie ihn verlegen machte, wie einige Leute ein perverses

Vergnügen daran haben, einen Hund zu reizen. Er war entschlossen, sich von ihr so weit fernzuhalten wie nur möglich.

»Können Sie sich irgendeine interessante Möglichkeit vorstellen, wie man die Zeit totschlagen kann, bis sie zurück sind?« fragte sie, als sie im Hotel waren.

Sie weiß verdammt genau, daß ich diese Frage zwei- oder dreideutig auslegen kann! dachte McCoy.

»Bis es zu regnen anfängt, und das wird wahrscheinlich erst gegen Mittag sein, könnten Sie angeln, nehme ich an«, sagte McCoy. »Man verleiht hier eine Angelausrüstung. Ich muß an den Trucks arbeiten.«

»Das klingt nicht sehr aufregend«, sagte sie.

»Sie sagen es.« McCoy wandte sich ab und ging über den Flur davon auf sein Zimmer.

Er sah sie nicht beim Frühstück, und zu Mittag aß er mit den Marines. Sie fragten ihn, wohin die Offiziere und der fromme Typ verschwunden wären und wie lange sie alle in Chiehshom bleiben würden. Zimmerman hatte ihnen bereits gesagt, daß er nichts wisse, erklärten sie, oder er wisse etwas und wolle ihnen nichts sagen. McCoy sagte ihnen, daß auch er ahnungslos sei.

Um 15 Uhr 30 kam ein Hotelpage in sein Zimmer und sagte ihm, Sergeant Zimmerman möchte ihn in der Halle treffen. Als McCoy hinabging, waren zwei japanische Soldaten bei Zimmerman in der Halle, ein Feldwebel und ein Unteroffizier. Beide Männer waren groß für Japaner, und sie trugen Lederjacken und Gamaschen. Schutzbrillen hingen locker von ihren Lederhelmen herunter. Die Soldaten waren Motorradkurieres.

Sie verneigten sich vor McCoy und salutierten, und er verbeugte sich ebenfalls und erwiderte den Gruß. Dann gab ihm Zimmerman zwei Kuverts. Ein Umschlag war an Zimmerman adressiert und der andere an Mrs. Feller.

»Der ist an Sie adressiert, Ernie«, sagte McCoy.

»Ich kann lesen«, erwiderte Zimmerman. »Und die beiden wollen, daß ich für den Empfang unterschreibe. Ich hielt es für besser, Sie zu fragen.«

Einer der japanischen Soldaten übergab McCoy eine Art

Vordruck zum Unterzeichnen. Er sah, daß es nur eine Empfangsbestätigung war.

»Unterzeichnen Sie«, sagte er zu Zimmerman.

»Was ist es?«

»Ein Geständnis, daß Sie zum Frühstück Babys fressen«, sagte McCoy.

Zimmerman schrieb mit sichtlichem Widerwillen seinen Namen auf das Formular. Er reichte es dem japanischen Feldwebel, der sich verneigte, salutierte und dann kehrtmachte und durch die Halle davonmarschierte, gefolgt von dem anderen Japaner.

Als McCoy den Umschlag aufriß und die Nachricht hervorholte, hörte er, daß die Japaner draußen ihre Motorräder starteten.

Nach dem Wortlaut der Nachricht zu schließen, hatte Lieutenant Macklin offenbar damit gerechnet, daß die Japaner den Text lesen würden, bevor sie ihn übermittelten.

Yenchi'eng
Sergeant Zimmerman!
Reverend Mr. Feller, Mr. Sessions und ich haben die freundliche Einladung des befehlshabenden Generals der 11. Division der Kaiserlich-japanischen Armee angenommen, die Division zu besichtigen.
Ich werde weitere Befehle schicken, wenn nötig.
R.B. Macklin, 1/Lt. USMC

McCoy stellte fest, daß absolut keine ›Ich-habe-es-euch-doch-gesagt‹-Freude in ihm aufstieg. Die Männer taten ihm leid, und er hatte auch ein wenig Selbstmitleid. Früher (wenn er telefonisch durchkommen konnte) oder später, würde Captain Banning ihm die Hölle heiß machen, weil er zugelassen hatte, daß sie sich das eingebrockt hatten.

»Nun, was, zum Teufel, hat das zu bedeuten?« fragte Zimmerman.

McCoy überreichte ihm die Nachricht.

»Ich dachte mir schon so etwas«, sagte Zimmerman. »Wie

kommt es, daß Sie nicht mitfuhren? Wußten Sie, daß die geschnappt werden?«

McCoy zuckte mit den Schultern.

»Glauben Sie, die Japse finden heraus, daß Sessions Offizier ist?«

»Wie kommen Sie auf die Idee, daß er Offizier ist?«

»Ah, kommen Sie schon, McCoy«, sagte Zimmerman.

»Ich wünsche ihm, daß sie es nicht herauskriegen.«

»Und was machen wir jetzt?«

»Wir warten vierundzwanzig, vielleicht auch achtundvierzig Stunden, um zu sehen, was die Japse tun.«

»Und dann?«

»Dann weiß ich nicht weiter«, sagte McCoy. »Die Jungs müssen hier herumgammeln, aber ich will nicht, daß sie sich besaufen, falls wir sie brauchen.«

»Okay«, sagte Zimmerman. Er verließ die Hotelhalle, und McCoy ging die Treppe hinauf zum zweiten Stock und klopfte an die Tür von Mrs. Fellers Zimmer.

Als Mrs. Feller öffnete, war ihr Haar wieder zu Zöpfen geflochten, und sie trug ein blaßgelbes Kleid, das winzige kleine Löcher hatte, vielleicht zur Belüftung.

Er überreichte ihr den Brief, der an sie adressiert war. Sie hob fragend die Augenbrauen und riß den Umschlag auf.

Selbst mit hochgestecktem Haar und Zöpfen sieht sie mächtig gut aus, dachte er. *O Mann, und welche Titten!*

Als sie den Brief gelesen hatte, blickte sie auf und sah ihn an. Offenbar erwartete sie einen Kommentar von ihm.

»Kein Grund zur Sorge«, sagte McCoy. »Man wird ihnen marschierende Truppen und Kasernen zeigen, ihnen Zeug zu essen geben, das ihnen nicht schmecken wird, und heute nacht wird man sie vermutlich betrunken machen. Aber sie sind nicht in Gefahr. Wenn das der Fall wäre, dann hätten die Japse nicht zugelassen, daß sie die Briefe schicken.«

»Mein Mann trinkt nicht«, sagte sie.

»Das wird er heute nacht wahrscheinlich tun müssen«, sagte McCoy.

Sie fand das anscheinend lustig, wie er aus ihrer amüsierten Miene schloß.

»In seinem Brief steht, daß Sie sich um mich kümmern werden«, sagte sie. »Werden Sie das tun?«

»Jawohl, Ma'am.«

»Nach dem Abendessen? Ich vermißte Sie beim Mittagessen.«

»Ich hatte über Mittag etwas zu tun«, sagte McCoy. »Und ich befürchte, ich werde beim Abendessen ebenfalls beschäftigt sein. Wenn Sie möchten, kann ich Sergeant Zimmerman bitten, mit Ihnen zu Abend zu essen.«

»Das wird nicht nötig sein«, sagte sie kühl.

Du kannst mich auch mal, Lady! dachte er.

»Werden Sie etwas in dieser Sache unternehmen?« fragte sie. »Jemand informieren, was passiert ist?«

»Wenn ich telefonisch durchkomme«, sagte McCoy.

Es stellte sich heraus, daß er keine Verbindung zu Captain Banning in Schanghai bekommen konnte, was ihn nicht überraschte – und was ihn im Grunde erleichterte. Zur Schnecke gemacht zu werden, war eine Sache, die man so lange wie möglich hinausschob.

Und dann wurde ihm klar, daß es eine Möglichkeit gab, wie er es völlig vermeiden konnte. Er dachte eine Weile darüber nach und machte sich dann auf die Suche nach Ernie Zimmerman.

3

Hotel am See
Chiehshom, Provinz Schantung

17. Mai 1941, 8 Uhr 15

McCoy hatte soeben einen harten Tag und eine Nacht auf dem Land verbracht und machte es sich in einer Wanne mit heißem Wasser bequem, als jemand an die Tür klopfte.

»Komm später wieder«! brüllte er auf Chinesisch.

»Ich bin's – Ellen Feller.«

»Ich bin in der Badewanne.«

Ihre Antwort darauf war ein lautes, ärgerlich klingendes Pochen an der Tür.

»Moment, Moment, eine Minute«, rief er. »Ich komme.«

McCoy stemmte sich aus der Badewanne, schlang ein Handtuch um seine Hüften und ging tropfend zur Tür.

Als er sie einen Spalt öffnete, schob Ellen Feller sich an ihm vorbei ins Zimmer. Sie trug Nachthemd und Morgenmantel, und ihr Haar war wieder offen und fiel auf ihren Rücken hinab. Sie mußte ihn von ihrem Fenster aus gesehen haben, als er zurückgekehrt war und mit Ernie Zimmerman auf dem Hof gesprochen hatte.

Sie ging zu seinem kleinen Fenster, wandte sich um und starrte ihn finster an.

»Schließen Sie die Tür, oder jemand sieht uns hier«, sagte sie im Befehlston.

Im letzten Jahr auf der St. Rose of Lima High School hatten sie in Musik ›Die Walküre‹ durchgenommen. *So sieht Mrs. Ellen Feller jetzt aus,* dachte McCoy und lächelte. Sichtlich verärgert, stand sie steif und streitbar da, ihr langes Haar wallte, ihre Wangen waren gerötet, und ihre Brüste wogten unter dem Nachthemd – wirklich eine Walküre.

»Warum grinsen Sie?« fragte sie heftig. Dann, ohne auf eine Antwort zu warten, fügte sie noch wütender hinzu: »Und wo sind Sie gewesen?«

»Das geht Sie kaum etwas an«, erwiderte McCoy.

»Sie haben es im Ort mit einer mandeläugigen Hure getrieben«, beschuldigte sie ihn wild. »Sie waren die ganze Nacht fort!«

»Kommen Sie mir nicht mit Ihrem Missionar-Scheiß«, sagte McCoy ärgerlich. »Wo ich die ganze Nacht war, das geht Sie verdammt nichts an. Was ist los, haben Sie mich gesucht?«

Er sah ihr an den Augen an, daß sie genau das getan hatte – sie hatte ihn gesucht.

»Warum?« fragte er. »Was ist passiert?«

Sie schüttelte den Kopf. »Nichts«, sagte sie. »Ich fragte mich nur, wo Sie sind«, fügte sie verlegen hinzu.

McCoy war immer noch ärgerlich. »Damit Sie wieder ihre Spielchen mit mir treiben können?«

»Ich weiß nicht, wovon Sie reden«, sagte sie automatisch.

»Sie wissen verdammt genau, wovon ich rede!«

»Das haben Sie also gedacht«, sagte sie nach kurzem Schweigen.

»Suchen Sie sich irgendeinen Clown in der Mission!« McCoy erwärmte sich für das Thema. »Wenn Sie sich auf diese Weise Ihren Kitzel verschaffen müssen, dann lassen Sie Leute wie mich aus dem Spiel.«

»Wie können Sie so sicher sein, daß es ein Spiel war?« fragte sie.

»Ha!« McCoy schnaubte empört.

»Vielleicht hätten Sie die Möglichkeit erwägen sollen, daß es kein Spiel war und Sie sich keine Frau zu kaufen brauchten«, sagte sie. »Vielleicht brauchen Sie ein wenig mehr Selbstbewußtsein, Corporal ›Killer‹ McCoy.«

»Jesus!« stieß er hervor.

»Wie lautet Ihr Vorname?« fragte sie.

»Ken, Kenneth«, sagte er, ohne zu denken. Dann: »Warum?«

»Weil ich mit Ihnen in diese Badewanne steigen und Ihnen den Geruch Ihrer Hure abschrubben werde. Da wäre es nett, Ihren Vornamen zu kennen.«

»Ich war nicht bei einer Hure.«

Sie musterte ihn prüfend und gelangte sichtlich zu dem Schluß, daß er die Wahrheit sagte. Sie nickte.

»Dann kann das Bad bis später warten«, sagte sie. »Schließ die Tür ab.«

4

Zimmer 23
Hotel am See
Chiehshom, Provinz Schantung

18. Mai 1941, 10 Uhr 15

»Sehr schön«, sagte Ellen Feller, nahm die Kamera von der Kommode, wandte sich zu Ken McCoy um und schaute ihn an. Sie war nackt. »Sehr teuer.« Das war eine Frage.

»Es ist eine Leica«, sagte er. »Sie gehört dem Marine-Corps.«

Ellen hielt die Kamera hoch und tat, als fotografiere sie ihn.

»Schade, daß wir sie nicht benutzen können«, sagte sie. »Ich hätte gern ein Andenken daran. An uns.«

»Damit dein Mann es findet«, bemerkte McCoy.

Ellen lachte und legte die Kamera ab. Es war praktisch eine Nonstop-Nummer gewesen (mit Pausen nur für die Mahlzeiten und die kurzen Ausflüge von McCoy, auf denen er sich vergewissert hatte, daß keiner der Marines zu einer Sauftour aufgebrochen war), aber dies war das erstemal, daß einer von beiden Ellen Fellers Ehemann erwähnt hatte.

»Es ist möglich, daß er jede Minute hier hereinspaziert und uns so erwischt«, sagte McCoy.

»Du brauchst dir seinetwegen keine Sorge zu machen«, sagte Ellen. »Aber ich möchte nicht, daß du Schwierigkeiten bei deinen Offizieren bekommst. Werden sie wirklich bald zurückkehren?«

»Das kann ich nicht sagen. Warum brauche ich mir seinetwegen keine Sorgen zu machen?«

»Du meinst, du hast es nicht bemerkt? Nicht mal an der Art, wie er dich anschaut?«

»Was willst du damit sagen?« Er musterte sie, und dann dämmerte es ihm. »Daß er schwul ist?«

Sie zuckte mit den Schultern.

»Und warum bleibst du dann mit ihm verheiratet?« fragte er. »Warum hast du ihn überhaupt geheiratet?«

»Das geht dich nichts an«, erwiderte Ellen. Sie lehnte sich gegen die Kommode und reckte sich. Sie atmete tief durch, ließ die Hand über ihren flachen Leib gleiten, und dann sagte sie es ihm.

»Als ich vierzehn war, hatte mein Vater eine religiöse Eingebung«, sagte sie. »Weißt du, was das bedeutet?«

»Nein«, gab er zu.

»Er erkannte Jesus Christus als seinen persönlichen Retter«, erklärte Ellen Feller sachlich. »Und er schloß seine Familie, meine Mutter und mich, darin ein. Meiner Mutter machte es wohl nichts aus, obwohl ich annehme, daß sie sich ein wenig unbehaglich mit den Brüdern und Schwestern der Christian & Missionary Alliance fühlte, in die mein Vater uns mitnahm. Ich ging einfach mit. Mädchen in diesem Alter haben ohnehin ein wenig Angst vor dem Leben, und wenn ihnen das ewige Höllenfeuer als Realität präsentiert wird, dann akzeptieren sie leicht die Vorstellung, im Blut des Lamms reingewaschen zu werden.«

»Jesus Christus«, sagte McCoy.

»Ja«, stimmte Ellen trocken zu. »Jesus Christus.«

Sie stieß sich von der Kommode ab und ging zum Bett. Dort neigte sie sich über ihn und streichelte mit den Fingerspitzen über seine Brust.

»So verbrachte ich meine Jahre auf der High School in der Überzeugung, wenn ich schöne Gedanken bezüglich Jungen hatte, daß der Satan am Werk war und versuchte, meine Seele zu bekommen.«

»Ich war Katholik«, sagte McCoy. »Sie versuchten, uns das gleiche einzureden.«

»Hast du es geglaubt?« fragte Ellen.

»Ich war mir nicht sicher.«

»Ich habe es geglaubt und war mir ganz sicher«, sagte sie. »Und so ging es durchs College. Es war nicht schwer. Ich war umgeben von den Gläubigen. Wenn jemand irgendwelche Zweifel bekannte, schlossen die anderen die Reihen um ihn oder um sie. Wir beteten viel und mieden die Versuchung. Kein Trinken, kein Tanzen, kein Rauchen, keine Kontakte.«

Sie streichelte ihn jetzt zwischen seinen Beinen und wiederholte: »Keine Kontakte.«

»Wie kam es dann, daß du ihn geheiratet hast? Wo hast du ihn kennengelernt?«

»Es war im letzten Studienjahr«, sagte Ellen. »Die Christian & Missionary Alliance ist, wie du dir vorstellen kannst, immer an Nachwuchs interessiert. Er kam und wollte Rekruten als Missionare werben. Er kam von hier, meine ich. Mit Dias von China und all den Seelen, die von der Alliance für Jesus gerettet wurden. Er erzählte uns alles über die Heiden und wie sie sehnsüchtig auf den Herrn warten. Sehr eindrucksvolles Zeug. Und dann in diesem Sommer, nachdem ich graduierte, kam er zu unserer Kirche in Baltimore – ich stamme aus Baltimore – und lieferte unserer Kirche seinen Bericht ab. Mein Vater ist eine Säule unserer Kirche, und er war wichtig für meinen Mann, weil mein Vater finanziell ziemlich gut dasteht. Er wohnte bei uns, während er in Baltimore war.«

»Und er bemühte sich um dich«, sagte McCoy. »Oh, das tut gut.«

Sie lachte tief und kehlig, neigte sich weiter über ihn und saugte an einer seiner Brustwarzen. Er legte die Hand auf ihre linke Brust und zog Ellen auf sich.

»Willst du das hören, ja oder nein?« fragte Ellen.

»Ja.«

»Es macht nichts, wenn du nichts davon hören willst«, sagte sie.

»Erzähl weiter«, forderte er sie auf.

»Ich dachte, ich würde ein Leben der Plage im Weingarten des Herrn haben«, fuhr Ellen fort. »Mit einem Mann Gottes. Die heidnischen Chinesen vor ewiger Verdammnis retten. Er wußte, daß er eine Frau bekam, die nicht nur die unangenehmen Verdächtigungen zum Verstummen bringen würde, die entstanden waren, sondern auch eine Frau, deren Vater höchstwahrscheinlich nicht nur sehr großzügig gegenüber seiner Mission sein würde – er hatte damals die Mission in Wang-Tua –, sondern auch ihm persönlich gegenüber.«

»Wann hast du herausgefunden, daß er schwul ist?« fragte McCoy.

»Wir heirateten um neun Uhr morgens«, sagte Ellen. »Mittags nahmen wir den Zug nach New York. Und von New York aus fuhren wir gleich nach San Francisco. Ich sagte mir, daß es falsch von mir ist, zu denken, daß irgend etwas in einem Eisenbahnzug passieren würde. Und als wir in San Francisco eintrafen, gingen wir noch am selben Tag an Bord des Schiffs *President Jefferson* und fuhren nach Tientsin.«

»Und auf dem Schiff passierte nichts?«

»Doch, *etwas* passierte auf dem Schiff«, sagte Ellen. »Ich war nicht überrascht, daß es mir nicht sonderlich gefiel und daß es nur sehr selten geschah.«

»Er kriegt keinen hoch?« erkundigte sich McCoy.

»So jedenfalls nicht.« Ellen drückte seine Männlichkeit so hart, daß er aufstöhnte. »Aber er kann es, ja. Ich nehme an, er schließt die Augen und malt sich aus, ich wäre ein Junge.«

»Warum, zum Teufel, bist du mit ihm verheiratet geblieben?«

»Du verstehst das nicht. Ich wußte einfach nichts. Ich war unschuldig. Unwissend.«

Er schnaubte.

»Du meinst, daß ich jetzt nicht mehr unschuldig bin?« fragte sie.

»Ich kann mich nicht beklagen«, sagte McCoy.

»Es gab natürlich noch einen anderen.«

»Wer war das?«

»Das geht dich nichts an«, sagte Ellen, doch dann sagte sie es. Ein frisch geweihter, lediger Missionar, mit dem sie oft allein gelassen wurde, als Reverend Feller zum stellvertretenden Distriktleiter der Mission befördert worden war. Sie waren zusammen beim Sex erwischt worden. Sie hatten um Verzeihung gebeten. Nach vielen Gebeten und Überlegungen hatte Reverend Feller seine Entscheidung getroffen und den jungen Missionar heimgeschickt als ›ungeeignet für den Missionsdienst‹, was oft geschah. Daheim würde eine Kirche für ihn gefunden werden. Als Garantie für tadelloses christliches Verhalten in der Zukunft wurde ein schriftliches Geständnis seines sündigen Fehlverhaltens im Safe von Referend Feller zurückbehalten.

McCoy war überzeugt, daß es mehr als ›einen anderen‹

gegeben hatte. Ellen hatte Dinge mit ihm gemacht, die amerikanische Frauen seiner Meinung nach überhaupt nicht kennen konnten, Dinge, die ein junger Missionar ihr nicht beigebracht haben konnte. Aber er konnte kaum erwarten, daß sie ihm eine Liste der Männer gab, mit denen sie geschlafen hatte. So eine war sie nicht. Er stellte ein wenig überrascht fest, daß er Ellen Feller mochte.

»Danach«, fuhr Ellen fort, »kam er nie wieder zu mir. Ich dachte, er verabscheute mich oder wollte mich bestrafen.«

»Du wußtest immer noch nicht, daß er schwul ist?«

»Das fand ich erst heraus, ob du es glaubst oder nicht, als die Alliance ihn heimrief. Das war der Grund, weshalb ich nicht mit ihm in die Staaten reiste.«

»Wie hast du es herausgefunden?«

»Ich ertappte ihn durch Zufall, als er es mit einem Mann trieb«, sagte sie nüchtern.

Es wurde ihm bewußt, daß sie aufgehört hatte, ihn zu streicheln, und daß sein Penis sich herabgesenkt hatte, als wolle er sich schlafen legen. Aber sie hielt noch die Hand darauf, irgendwie besitzergreifend, und das gefiel ihm.

»Was sagte er?« fragte McCoy.

»Nichts«, sagte Ellen. »Er hörte nicht mal auf. So schloß ich nur die Tür und ging. Sehr zivilisiert.«

»Warum hast du ihn nicht verlassen?«

»So einfach ist das nicht, mein Liebling«, sagte Ellen.

McCoy hörte es gern, wenn sie ihn ›mein Liebling‹ nannte, obwohl es ihn ein wenig verlegen machte. Er konnte sich nicht erinnern, daß jemand das jemals zu ihm gesagt hatte. Das war etwas völlig anderes, als wenn ihn eine Nutte ›Süßer‹ oder ›Schatz‹ oder ›großer Junger‹ nannte.

»Warum ist es nicht so einfach?« fragte er.

»Nun, da ist zum Beispiel Jerrys ausführliches schriftliches Geständnis«, sagte Ellen, als erkläre sie etwas, das doch völlig klar sein sollte.

»Na und?«

»Er würde es meinem Vater zeigen.«

»Na und? Sag ihm doch, daß der Typ schwul ist.«

»Vater würde mir nicht glauben«, sagte Ellen. »Mein Vater ist sehr beeindruckt von ihm, schließlich ist er ein Mann Gottes. Mein Vater würde denken, ich mache die Anschuldigung aus Verzweiflung, um mein sündiges Verhalten zu entschuldigen.«

McCoy sagte ihr recht drastisch, was sie ihren Vater konnte.

Sie hob die Augenbrauen. »Ich weiß, wie du das gemeint hast, aber du hättest es nicht so ordinär zu sagen brauchen.«

McCoy fluchte dezent.

»Ich bin dreißig Jahre alt«, sagte Ellen. »Ich habe kein Geld, ich kann jedes Kirchenlied aus dem Gesangbuch auswendig auf dem Klavier spielen. Ich spreche Chinesisch. Wenn ich keinen Job als chinesisch sprechende Klavierspielerin finde, weiß ich nicht, wie ich mich ernähren soll.«

Dreißig Jahre alt? dachte McCoy. *Zuerst dachte ich, sie wäre älter. Dann hielt ich sie für jünger. Dreißig ist zu alt für mich. Was, zum Teufel, denke ich da? In einer Woche wird sie an Bord eines Schiffes gehen, und ich werde sie nie wiedersehen!*

»Kannst du Schreibmaschine schreiben?« fragte McCoy. Ellen nickte. »Dann nimm doch um Himmels willen einen Job als Schreibkraft an.«

»Um *meinetwillen,* meinst du«, sagte sie. Dann fügte sie geheimnisvoll hinzu: »Ich habe vielleicht etwas anderes in Aussicht. Das werde ich aber erst erfahren, wenn ich in den Staaten bin.«

»Ein paar uralte Vasen, zum Beispiel?« fragte McCoy. »Oder etwas Jade?«

Ihre Miene verfinsterte sich. Ellen nahm die Hand von seinem edlen Teil und hielt sie vor den Mund. »Hast du in die Kisten geschaut?«

»Nein. Das war ein Schuß ins Blaue«, sagte McCoy.

»Mein Gott, weiß sonst noch jemand Bescheid?«

»Mein vorgesetzter Offizier vermutet, daß das der wahre Grund für die Rückkehr deines Mannes nach China ist«, sagte McCoy. »Er glaubt nicht an selbstlosen Patriotismus und so.«

»Ich habe drei Vasen aus der Ming-Dynastie und etwas Jade, wovon mein Mann nichts weiß«, sagte Ellen. »Ich dachte, ich könnte die Dinge verkaufen und das Geld als Startkapital benutzen.«

»Das kannst du vermutlich, wenn du die Sachen durch den Zoll bekommst«, sagte McCoy.

»Dein – Offizier . . . wird der etwas verraten?«

»Die Sache geht uns nichts an«, sagte McCoy.

»Und die anderen Offiziere? Wissen die Bescheid?«

»Du hast soeben erlebt, wie blöde die sind.«

»Dann bleiben wir beide übrig, mein Liebling«, sagte Ellen.

»Es gefällt mir, wenn du das sagst.« McCoy fühlt sich ein wenig unbehaglich, als Ellen ihm tief in die Augen sah. »Und es gefällt mir, wenn du die Hand um meine Eier legst.«

Ellen versteifte sich. *Sie mag nicht, wenn ich so unverblümt rede,* dachte er. Doch sie verlagerte ihr Gewicht auf dem Bett und umfaßte ihn von neuem.

»Es würde mir auch gefallen, wenn du es zu mir sagen würdest«, flüsterte sie.

»Was?«

»Mein Liebling.«

»Mein Liebling«, sagte McCoy und wurde rot. Es machte ihn verlegen. »Und ich lutsche gern an deinen Titten«, fügte er fast trotzig hinzu.

Sie versteifte sich von neuem, und er fragte sich, warum er das gesagt hatte, obwohl er gewußt hatte, daß es sie abstoßen würde.

»Mir gefällt der Gedanke, aber nicht die Ausdrucksweise.« Ellen seufzte. »Kühe haben Titten, Ladys haben Brüste.«

»Verzeih mir«, sagte McCoy.

»Schon verziehen.«

»Komm näher, damit ich damit spielen kann«, sagte McCoy.

»Du böser kleiner Junge, du«, sagte Ellen, aber sie rückte näher an ihn heran, damit er mit den Händen und dem Mund an ihren Busen herankommen konnte.

Das ›Mein-Liebling‹-Gerede war vorüber, erkannte McCoy, zuerst erleichtert, dann betrübt.

Ellen zog einen Augenblick später ihre Brustwarze aus seinem Mund und küßte ihn lüstern. Dann küßte sie seinen Körper hinab und senkte den Kopf über ihn.

Schließlich setzte sie sich mit gespreizten Beinen auf ihn. Da klopfte jemand an die Tür.

»Kommen Sie später wieder!« rief McCoy auf Chinesisch.

»Ich bin's – Lieutenant Sessions. McCoy, öffnen Sie die Tür!«

Ellen erhob sich heftig atmend von ihm, eilte durch das Zimmer und hob hastig ihre Kleidungsstücke auf. McCoy beobachtete ihre Bewegungen – sie waren anmutig und graziös. Sie war das schönste Weib, das er je gehabt hatte, das war ihm irgendwann während der letzten vierundzwanzig Stunden klargeworden. Und das beste.

Er fragte sich, wie sie mit Sessions umgehen würde. Sie würde nicht ›Hilfe, Vergewaltigung!‹ schreien, was für gewöhnlich der Fall war, wenn eine amerikanische Frau beim Sex mit einem Marine erwischt wurde. Nicht nur, weil sie damit nicht durchkommen konnte (wie würde sie erklären, weshalb sie in sein Zimmer gegangen war?). Sie hatte ihn ›mein Liebling‹ genannt, und er wußte irgendwie, daß sie es ehrlich meinte. Er bedeutete ihr mehr als ein steifer Pimmel. Sie würde ihm keine Schwierigkeiten machen, und er wußte, daß er ebenfalls nur das Beste für sie wollte.

»Los, los, Corporal, ich muß mit Ihnen sprechen!« rief Sessions.

McCoy wartete, bis Ellen ins Badezimmer gegangen war. Dann stand er vom Bett auf, zog seine Unterhose an, ging zur Tür und öffnete sie.

Lieutenant Sessions hatte zwei Tage alte Bartstoppeln, und sein Anzug war schlimm verdreckt. Die Japaner wußten, daß es den Amerikanern peinlich war, wenn sie nicht glattrasiert waren, und deshalb waren keine Rasierapparate verfügbar gewesen. Und es gab Anzeichen auf einen ›Zwischenfall‹ bei einer Mahlzeit. McCoy amüsierte sich über das Geschick der Japaner, ihre unerwünschten Gäste in Verlegenheit zu bringen (auch Captain Banning amüsierte sich darüber), aber es war offenkundig, daß Lieutenant Sessions nicht darüber lachen konnte.

»Sergeant Zimmerman sagte, er hätte keine Ahnung, wo Sie sind«, sagte Sessions vorwurfsvoll, während er sich an McCoy vorbei ins Zimmer schob.

McCoy erwiderte nichts.

»Ich nehme an, Sie haben unsere Festnahme durch die Japaner in Schanghai gemeldet?« fragte Sessions.

»Nein, Sir«, sagte McCoy.

»Warum nicht, Corporal?« Sessions schaute ihn ärgerlich an.

»Ich entschloß mich, abzuwarten, was die Japaner tun werden«, sagte McCoy.

»Sie entschlossen sich, abzuwarten?« wiederholte Sessions ungläubig. »Guter Gott! Und es ist ziemlich klar, wie Sie die Zeit des Abwartens verbrachten, was? Was, zur Hölle, haben Sie hier getrieben, McCoy! Eine Orgie gefeiert?«

McCoy schwieg.

»Eine Rund-um-die-Uhr-Orgie«, fuhr Sessions fort und ließ den Blick über Tabletts mit Essensresten, über leere Bierflaschen und Handtücher schweifen, die auf dem Boden lagen. Dann schnüffelte er. »Hier riecht es wie in einem Puff. Ist sie noch hier?«

McCoy nickte.

»Verdammt noch mal! Corporal, in meiner Abwesenheit sollen Sie die Verantwortung übernehmen und sich nicht aufführen wie ein PFC am Zahltag. Sie können keinerlei Entschuldigung dafür anführen, daß Sie keine Verbindung mit Schanghai aufgenommen und berichtet haben, was uns widerfahren ist?«

»Ich wollte kein Aufsehen erregen«, sagte McCoy.

Die Badezimmertür wurde geöffnet, und Ellen Feller kam ins Zimmer. Sie trug ihren Bademantel, und ihr Haar fiel locker auf ihre Schultern.

Sie sah Lieutenant Sessions an und ging durch das Zimmer und zur Tür hinaus.

»Das ist wirklich die Höhe«, sagte Sessions kalt und fast ruhig, als Ellen Feller fort war. »Anstatt Ihre Pflicht zu tun – Allmächtiger! Dafür hole ich mir Ihre Winkel, McCoy. Dafür möchte ich Sie vor dem Kriegsgericht sehen!«

McCoy ging zur Kommode und nahm die Kamera.

»Verdammt, Corporal, drehen Sie mir nicht den Rücken zu, wenn ich mit Ihnen rede!« fauchte Sessions wütend.

McCoy spulte den Film zurück, öffnete die Kamera und

nahm den Film heraus. Er hielt die Filmrolle zwischen Daumen und Zeigefinger und wandte sich zu Lieutenant Sessions um.

»Ich hoffe, Sie haben sich in Yenchi'eng besser unter Kontrolle gehabt«, sagte McCoy. »Was die Japaner anbetrifft, so verliert man das Gesicht, wenn man die Beherrschung verliert.«

»Wie können Sie es wagen, so mit mir zu reden?« bellte Sessions ungläubig und zornig zugleich.

»Lieutenant, wie ich das sehe, haben Sie zwei Möglichkeiten«, sagte McCoy. »Sie können einen Bericht schreiben und genau aufführen, was passierte: daß Sie gegen meinen Rat nach Yenchi'eng fuhren und sich schnappen ließen und bei Ihrer Rückkehr hierhin feststellten, daß ich nicht mal meldete . . .«

»Daß Sie völlig ihre Pflichten vernachlässigten, wäre besser formuliert«, unterbrach Sessions.

»Daß ich völlig meine Pflichten vernachlässigte«, äffte McCoy ihn nach.

»Obendrein ist das auch noch Anmaßung!« tobte Sessions. (Vor 1948 schloß der Begriff ›Anmaßung‹ in der Militärjustiz ein ›spöttisches Verhalten‹ gegenüber militärischen Vorgesetzten ein.)

». . . und daß Sie Mrs. Feller in meinem Zimmer antrafen«, fuhr McCoy fort.

»Was, zur Hölle, haben Sie sich eigentlich dabei gedacht?« zürnte Sessions. »Guter Gott, Mann, Mrs. Fellers Ehemann ist ein Missionar!«

»Der sagen wird, daß seine Frau hier war, um mir aus der Bibel vorzulesen«, sagte McCoy ruhig. »Er ist schwul.«

Sessions Gesicht spiegelte Überraschung wider.

»Sie ist eine verheiratete Frau, und Sie wußten das verdammt genau«, sagte Sessions ein wenig lahm. Diese Konfrontation verlief überhaupt nicht so, wie er es erwartet hatte.

»Die andere Wahl, die Sie und Lieutenant Macklin haben, ist folgende«, sagte McCoy. »Sie melden, Sie haben den Beweis, daß die Japaner keine deutschen PAK 38 50-mm-Kanonen haben, jedenfalls nicht in der 11. Division.«

Das überraschte Sessions.

»Wovon reden Sie?« fragte er. »Was faseln Sie da von Beweis?«

»Wenn die Japse deutsche Kanonen hätten, dann hätten sie ihre alten Geschütze abgegeben«, sagte McCoy. »Das haben Sie jedoch nicht getan.« Er hielt die Filmrolle hoch. »Ich machte diese Aufnahmen gestern morgen beim ersten Tageslicht. Ich hatte Glück. Die Japse waren schon auf, reihten die Geschütze auf und nahmen die Planen ab. Vielleicht zur wöchentlichen Wartung oder so.«

Sessions brauchte einen Augenblick, um seine Gedanken zu sammeln.

»Sie zogen also allein los. Und Sie wurden natürlich nicht erwischt. Das haben Sie gut gemacht, McCoy.«

McCoy zuckte mit den Schultern.

»Wie, zum Teufel, haben Sie das geschafft?« fragte Sessions.

»Der Deutsche hat einen Truck«, sagte er.

»Der Deutsche? Oh, Sie meinen den Hotelbesitzer?«

McCoy nickte.

»Sie liehen sich einfach den Lastwagen und fuhren damit nach Yenchi'eng, ist das so?«

»Nicht genau«, sagte McCoy. »Ich fuhr gestern nacht nach Yenchi'eng. Mit einem Fahrrad. Ich versprach dem Jungen, der den deutschen Lastwagen fährt, hundert Yuan dafür, daß er mich um halb sieben am Morgen – gestern morgen – an einer gewissen Stelle an der Straße abholte.«

»Und dann fuhr er Sie einfach zurück?«

»Nein, wir mußten erst in die Stadt. Er holt Waren ab, hauptsächlich Gemüse, manchmal auch ein Schwein und Hühner. Ich mußte mit ihm fahren.«

»Wie schafften Sie es, ungesehen zu bleiben?«

»Das schaffte ich nicht«, sagte McCoy. »Wenn ich in Gesellschaft von Japanern bin, spiele ich einen Italiener.«

»Wie machen Sie das? Können Sie Italienisch?«

McCoy nickte.

»Mann, Sie sind erstaunlich, McCoy!« sagte Sessions.

»Es war blöde von mir, dorthin zu fahren«, sagte McCoy. »Ich hätte es besser wissen sollen.«

»Warum sind Sie hingefahren?« fragte Sessions.

»Sie taten, als wäre es wichtig«, sagte McCoy. »Wie dem auch sei, es ist erledigt. Und wenn Sie Captain Banning sagen, daß Sie und Macklin und der Reverend ein Ablenkungsmanöver machten, weil sie wußten, daß ich nach Yenchi'eng fahre, würde ich nichts Gegenteiliges erzählen.«

»Ich hoffe, Sie schlagen nicht vor, daß ich einen unwahren Bericht abfasse«, sagte Sessions.

»Bei unserem Auftrag ist Regel Nummer eins: Errege kein Aufsehen. Weder beim Marine-Corps noch bei den Leuten, die wir beobachten. Wenn man erzählt, was wirklich los war, ist man ein . . .«

Arschloch, ergänzte Sessions in Gedanken. Er bezwang sich im letzten Augenblick, es auszusprechen. »Wie können Sie es wagen, so mit mir zu reden?« blaffte er.

Eine leise innere Stimme flüsterte ihm, daß er sich bereits zu einem Arschloch gemacht hatte – erst zehn Tage in China und bereits von den Japanern geschnappt, weil er etwas getan hatte, von dem man ihm strickt abgeraten hatte, und er riß sich nur noch tiefer herein, wenn er den Mund aufmachte.

Er war elf Jahre lang Marine-Infanterist. Nie zuvor hatte ein Unteroffizier oder ein Mannschaftsdienstgrad so mit ihm zu sprechen gewagt wie dieser einundzwanzigjährige Corporal – nicht einmal ein erfahrener Master Sergeant, als er, Sessions, noch ein frischgebackener Second Lieutenant gewesen war.

Und die leise innere Stimme sagte ihm, daß McCoy *nicht* anmaßend war. Untergebene sind manchmal anmaßend gegenüber Vorgesetzten. McCoy aber benahm sich nachsichtig-geringschätzig, wie es Vorgesetzte gegenüber Untergebenen manchmal sein mögen. Und die schmerzliche Wahrheit war, daß er ihm allen Grund dazu gegeben hatte.

Er war darüber informiert worden – und hatte vorgegeben, zu verstehen –, daß er sich darauf einzustellen hatte, das Unerwartete zu erwarten. Und das hatte er nicht getan. Weil er ein 32jähriger Offizier war, hatte er vorausgesetzt, mehr zu wissen als ein einundzwanzigjähriger Unteroffizier.

Wenn er genau nach dem Verhaltenskodex ging, den man von einem Offizier und Gentleman erwartete, besonders von einem, der den Annapolis-Ring trug – dann würde er sofort mit

Captain Banning telefonieren und ihm förmlich melden, daß er, Lieutenant Sessions – entgegen McCoys Rat – mit Reverend Feller und Lieutenant Macklin nach Yenschi'eng gefahren war, von den Japanern festgenommen worden war, einen Pott mit irgend etwas Fettigem auf den Schoß bekommen hatte und dann zurückgekehrt war, um festzustellen, daß Corporal McCoy nicht nur mit der Frau des Missionars hurte, sondern obendrein auch noch anmaßend einem Offizier gegenüber war. Und daß er rein zufällig einen 35-mm-Film mit Fotos der Artilleriegeschütze der japanischen 11. Division besaß.

»Ich brauche ein Bad, eine Rasur und eine saubere Uniform, Corporal«, sagte Lieutenant Sessions. »Wir klären das später.«

»Aye, aye, Sir.«

»Ich möchte morgen früh weiterfahren«, fuhr Sessions fort. »Wird es da irgendein Problem geben?«

»Nein, Sir«, sagte McCoy. »Jetzt, da Sie zurück sind, können wir jederzeit aufbrechen, wenn Sie es wünschen.«

Sessions erkannte, daß er sich immer noch zum Narren machte und etwas dagegen tun mußte.

»Wenn wir irgendwo eine sichere Verbindung bekommen, Corporal McCoy, dann werde ich Captain Banning melden, daß ich gegen Ihren Rat nach Yenchi'eng fuhr und von den Japanern festgenommen wurde. Ich werde ihm von Ihrer lobenswerten Initiative bezüglich der Fotos von der japanischen Artillerie berichten. Ich sehe jedoch keinen Grund, Ihr Privatleben zu erwähnen. Ich wäre Ihnen dankbar, wenn Sie in Ihrem eigenen Bericht darüber hinwegsehen, wie ich hier hereinplatzte.«

»Ich hatte nicht vor, etwas davon zu erwähnen, Sir«, sagte McCoy.

»Und ich bin sicher«, Sessions suchte nach einer cleveren Formulierung, » . . . Sie lassen nicht zu, daß Ihre romantischen Affären irgendeinen Schatten auf den guten Ruf des Marine-Corps im Hinblick auf die Beachtung der Keuschheit außerhalb der Ehe werfen.«

»Nein, Sir«, sagte McCoy und lachte leise. »Ich werde sehr

darauf achten, Sir.« Und dann fügte er hinzu: »Ich wäre Ihnen dankbar, wenn Sie Lieutenant Macklin nichts von Mrs. Feller erzählen würden.«

Sessions nickte. »Danke, McCoy«, sagte er. Dann machte er kehrt und verließ das Zimmer.

V

1

Hotel am See
Chiehshom, China

18. Mai 1941, 22 Uhr 15

McCoy konnte nicht schlafen. Der Duft von Ellen haftete den Laken an. Und ihr Bild hatte sich ihm ebenso unauslöschlich eingeprägt.

Beim Abendessen hatte er neben ihr gesessen; der Zufall

hatte es so ergeben. In dem Augenblick, in dem er neben ihr gewesen war, hatte sie ihn mit dem Knie berührt.

Es war nichts besonders Erotisches an ihrer Berührung, und sie versuchte nicht, ihn unter dem Tisch zu betatschen oder so – und er sie ebenfalls nicht. Sie wollte ihn einfach nur spüren. Sie sprach auch kaum mit ihm außer ›Darf ich bitte das Salz haben?‹ Aber sie nahm ihr Knie kein einziges Mal fort.

Viel zu früh sagte dann Reverend Feller: »Nun, wir haben morgen einen langen Tag vor uns.« Ellen erhob sich nach ihm und folgte ihm hinaus – und McCoy blieb mit dem schrecklichen Gefühl zurück, etwas verloren zu haben.

Später gingen McCoy und Sergeant Zimmerman in die Quartiere für die europäischen Bediensteten, um sich zu vergewissern, daß keiner der Fahrer in der Stadt versackt war. Danach fragte Zimmerman in sachlichem Tonfall: »Hat Sessions herausgefunden, daß Sie die Missionarin ficken?«

Die Formlierung stimmte nicht. So hatte es angefangen, aber so war es jetzt nicht mehr. McCoy brachte es nicht fertig, zuzugeben, daß er sich verliebt hatte, aber Ellen war mehr als eine unerwartete Nummer, mehr als das ›Ficken einer Missionarin‹, wie Zimmerman es formuliert hatte. Sie hatte ihn ›mein Liebling‹ genannt und es so gemeint. Und er hatte es ebenfalls ehrlich gemeint, als sie ihn veranlaßt hatte, sie so zu nennen.

»Ja«, antwortete McCoy auf Zimmermans Frage.

»Und?«

»Und was?«

»Was macht Sessions dagegen?«

»Er macht nichts dagegen«, sagte McCoy. »Er ist in Ordnung.«

»Da haben Sie Glück«, sagte Zimmerman. »Wenn dieser Bastard Macklin dahinterkommt, dann können Sie sich auf was gefaßt machen, zumindest auf eine Disziplinarstrafe.«

»Er wird bestimmt dahinterkommen, Ernie, wenn Sie weiterhin darüber reden.«

›Sie sollten aufpassen, McCoy«, mahnte Zimmerman.

»Ja«, murmelte McCoy. »Das werde ich.«

Und er dachte: *O Gott, was für ein verdammter Schlamassel!*

McCoy schaltete das Licht wieder an und nahm die *Shanghai Post* mit den Kreuzworträtseln. Er löste drei Kreuzworträtsel, bevor er im Sitzen eindöste. Vorsichtig, wie um sich nicht ganz zu wecken, knipste er dann das Licht aus, schlüpfte unter die Bettdecke und schlief ein.

Als er ihren Mund auf seinem spürte, glaubte er, einen feuchten Traum zu haben – und das überraschte ihn, weil er doch in letzter Zeit sexuell ungemein aktiv gewesen war und für einen feuchten Traum kaum etwas übriggeblieben sein konnte. Doch dann wurde ihm klar, daß er gar nicht träumte.

»Ich dachte mir, das weckt dich vielleicht auf, mein Liebling«, sagte Ellen Feller weich.

»Was ist mit deinen Mann?«

»Was soll mit ihm sein? Er kann mich mal das, was du so obszön gesagt hast.«

»Du meinst, er weiß es?«

»Ich meine, er schläft in einem separaten Bett, und als ich ihn verließ, schnarchte er.«

»Ich konnte kaum einschlafen«, sagte McCoy. »Ich mußte dauernd an dich denken.«

»Das freut mich.« Ellen rückte enger an ihn heran und schmiegte das Gesicht an seinen Hals. »Ich wäre eher gekommen, aber er bestand darauf, mit mir zu reden.«

»Worüber?«

»Daß seine Festnahme durch die Japaner eine gute Sache war, daß dadurch die Kisten vielleicht leichter aufs Schiff kommen. Ohne Überprüfung, meine ich.«

Der Gedanke betrübte McCoy. In neun Tagen würde Ellen abreisen, und dann würde er sie nie wiedersehen.

»Du solltest deinen Wecker stellen«, sagte Ellen praktisch. »Ich möchte nicht in deinem Bett einschlafen.«

Er stellte den Wecker, aber es war unnötig. Um halb fünf in der Frühe waren sie noch hellwach. Keiner von beiden hatte im Laufe der Nacht mehr als zwanzig Minuten geschlafen.

2

Huimin, Provinz Schantung

27. Mai 1941

Es dauerte weitere neun Tage bis Huimin, neun Tage ohne eine Möglichkeit für Ken McCoy und Ellen Feller, zusammen zu sein.

Die Tage auf dem Weg nach Huimin verliefen fast gleich. Sie brachen früh auf und fuhren langsam und stetig, bis sie einen Ort fanden, in dem sie ein Mittagessen kaufen konnten. Wenn sie keinen fanden, hielten sie am Straßenrand und verzehrten Reisbällchen, Eier und Brathähnchen, die sie auf Vorrat gekauft hatten.

Die Straße schlängelte sich durch scheinbar endlose Reisfelder. Die Bodenerhebungen und -senken waren niedrig und flach, doch die Kurven waren oftmals scharf, und es war unmöglich, mehr als 30 oder 35 Kilometer pro Stunde zu schaffen. Manchmal war überhaupt nichts bis zum Horizont zu sehen, und bisweilen war die Straße voller Chinesen, die allein oder mit ihren Familien unterwegs waren oder hinter Ochsenkarren hermarschierten.

Die Chinesen hörten für gewöhnlich nicht auf Hupen. Wenn die Straße schmal war wie oft, dann mußten die Wagen des Konvois im ersten Gang dahinkriechen, bis die Straße breiter wurde und die Ochsenkarren passiert werden konnten. Manchmal sprangen langsame Spaziergänger auch zum Straßenrand, wenn eine Hupe ertönte, und starrten dann finster hinter dem Konvoi her.

Wenn sie am Straßenrand picknicken mußten, versuchte McCoy an Stellen zu halten, wo niemand sonst auf der Straße war. Meistens waren sie jedoch trotz McCoys Vorsichtsmaßnahmen binnen fünf Minuten von Chinesen umringt. Einige Chinesen gafften in unverhohlener Neugier, andere bettelten um Essensreste. Oder sie bettelten, mitgenommen zu werden. Das war natürlich unmöglich. Wenn sie Chinesen auf die

Ladefläche der Lastwagen ließen, würden die Wagen nach einem Kilometer völlig leer sein.

In Ssuyango, T'anch'eng und Weifang verbrachte McCoy die Dunkelheit mit dem Versuch, festzustellen, ob verschiedene japanische Einheiten tatsächlich deutsche Feldartilleriegeschütze erhalten hatten. Und bei T'anch'eng nahm er ein wenig widerstrebend Lieutenant Sessions mit.

Sessions überredete ihn geschickt. Nach dem Abendessen kam er in McCoys Zimmer, während McCoy sich anzog: schwarzes Baumwollhemd, ebenfalls schwarze Hose, Gummischuhe und ein schwarzes Kopftuch. Es war weniger eine Verkleidung als eine Lösung des Problems, durch Reisfelder zu kriechen, die mit Kot gedüngt waren. Ein komplettes Bauerngewand kostete weniger als einen Dollar. McCoy trug eines, und er nahm zwei weitere zusammengerollt mit und befestigte sie mit einem Strick auf seinem Rücken.

Wenn er aus dem Reisfeld herauskam und wie eine Latrinengrube stank, dann würde er sich ausziehen und eine frische Bauerntracht anziehen. Es half nicht viel, aber es war besser, als in Scheiße getränkt herumzulaufen.

Während der Zwischenstation in Ssuyango machte McCoy einen Handel mit einem Händler: fünf Gallonen Benzin gegen acht Kombinationen Baumwolljacken und Hosen. Als Sessions in T'anch'eng auf sein Zimmer ging, hatte er noch drei Kombinationen übrig, nicht mitgerechnet diejenige, die er auf dem Leib trug.

Sessions fragte höflich-neugierig nach McCoys Absichten, und McCoy sagte ihm, was er vorhatte. Es war keine große Sache. Er würde nur durch die Reisfelder robben, bis er nahe an der japanischen Kaserne sein würde. Dann würde er sich durch einen Abwassergraben weiter zu der Einheit vorarbeiten und die abgestellten Geschütze und den Fahrzeugpark fotografieren. Anschließend würde er zurück durch das Reisfeld kriechen, die Kleidung wechseln und zum Hotel zurückkehren.

»Wie halten Sie die Kamera trocken?« fragte Sessions.

»Die ist in Ölzeug eingewickelt«, erklärte McCoy.

Sessions lachte anerkennend. »Gehen Sie bewaffnet?«

»Ich nehme ein Messer mit«, sagte McCoy. »Aber das Schlimmste, was ich tun könnte, wäre, einen Japs zu töten.«

Sessions nickte verständnisvoll. Dann sagte er: »Sagen Sie mir die Wahrheit, McCoy. Es spricht kein Grund dagegen, daß ich mitkomme, sofern Sie bereit wären, mich mitzunehmen, meine ich.«

»Aber Lieutenant, Sie wollen doch nicht etwa tatsächlich mitkommen?«

»Doch, das will ich, McCoy«, sagte Sessions. »Wenn Sie mich mitnehmen, komme ich mit.«

Dann ging er zu dem Bett und nahm einen der Bauernanzüge hoch.

»Ich hätte gern ein Foto von mir mit einem dieser chinesischen Anzüge«, sagte er. »Da würde meine Frau sehr beeindruckt sein.«

Er schaute McCoy an und lächelte.

»Ich möchte wirklich gern mit Ihnen gehen, McCoy«, sagte er. Es war immer noch eine Bitte.

»Offiziere haben normalerweise das Kommando«, sagte McCoy. »Das würde nicht klappen.«

»Sie brauchen sich deswegen keine Sorgen zu machen«, sagte Sessions. »Sie sind der Experte, und ich weiß das. Es ist Ihre Schau. Ich möchte nur hinter Ihnen hertrotteln.«

»Wenn Sie mit Ihren Schuhen in ein Reisfeld gehen, werden sie ruiniert sein«, gab McCoy zu bedenken. Es war ein letztes Argument.

»Okay«, sagte Sessions. »Dann werde ich alte Schuhe tragen.«

So nahm McCoy Lieutenant Sessions mit. Die Sache verlief, wie McCoy es erwartet hatte, und sie hatten nur ein kleines Problem in der Nähe der japanischen Kaserne. Sessions geriet ein wenig in Panik, als er minutenlang nichts mehr von McCoy hörte, und er suchte nach ihm und rief seinen Namen im Flüsterton.

Sie fanden keine deutschen PAK 38, aber sie wurden auch nicht erwischt. McCoy war inzwischen überzeugt, daß die PAK-38-Geschütze nur in der Phantasie von blöden Sesselfurzern in Washington existierten, von Hurensöhnen, die nicht durch Reisfelder kriechen mußten, die mit menschlichen Exkrementen gedüngt waren.

Sessions war so aufgeregt über sein Abenteuer, daß er nach der Rückkehr zur Christian & Missionary Alliance Mission darauf bestand, darüber zu reden, bis es zu spät für McCoy war, auch nur daran zu denken, sich mit Ellen zu einer Nummer auf die Schnelle vor dem Frühstück zu treffen.

Als es hell war, verknipsten sie die restlichen Bilder des Films, indem sie sich in der Kleidung von Chinesen fotografierten.

McCoy hoffte, daß die Bilder von Sessions in dieser Aufmachung helfen würden, den Mann in Washington herauszupauken. Vielleicht vergaß man, daß die Japaner ihn erwischt hatten, wenn sie sahen, daß er schließlich doch nicht versucht hatte, das zu tun, weswegen man ihn geschickt hatte.

Am nächsten Abend weigerte sich McCoy, Sessions mitzunehmen, als er aufbrach, um festzustellen, ob es in der Nähe der Missionsstation von Weifang Interessantes zu sehen gab. Dort waren die Gegebenheiten anders, die Japaner machten Patrouillen rings um das Militärgebäude, und er wollte nicht das Risiko eingehen, daß sie beide geschnappt wurden. Sessions protestierte nicht. McCoy fühlte sich ein wenig schuldig, denn im Grunde wollte er Sessions nur nicht mitnehmen, weil der Lieutenant ihn verlangsamte. Wenn Sessions nicht dabei war, konnte er vielleicht so früh zurück in der Mission sein, daß Ellen ihn in seinem Zimmer besuchen konnte.

McCoys Hoffnung erfüllte sich nicht. Es klappte nicht. Als er zurückkehrte, wartete Sessions auf ihn. Sessions ließ sich berichten und redete und redete, obwohl keinerlei deutsche Kanonen in Weifang waren, bis es für McCoy zu spät war, irgend etwas mit Ellen zu unternehmen. Es ging ihm wirklich auf die Nerven, daß er im Lauf des Tages gerade mal kurz auf den Vordersitzen des Wagens mit ihr Händchen halten oder sie unter dem Tisch mit dem Bein berühren oder gelegentlich einen Blick von ihr auffangen konnte.

Er entschied sich, Sessions zur Erkundung eines motorisierten Infanterieregimentes mitzunehmen, des 403. in der Nähe von Huimin, weil das die letzte Möglichkeit war, die sie auf dieser Fahrt haben würden. Wenn einige dieser deutschen Kanonen bei Huimin waren, dann sollte Sessions in die Lage versetzt werden, zu melden, daß er sie gefunden hatte. Andernfalls würde er – nachdem er von den Japanern geschnappt worden war – von dieser großen Geheimmission wie ein Armleuchter zurückkehren. Die Fotos von ihm, auf denen er wie ein Chinese gekleidet war, würden die hohen Tiere nicht so stark beeindrucken wie der Bericht über seine Festnahme.

McCoy hatte inzwischen erkannt, daß Sessions keiner der typischen Bastarde aus dem Hauptquartier des Marine-Corps war. Was wirklich nicht mit ihm stimmte, war die Tatsache, daß er nicht wußte, was er tat. Und dafür konnte man ihm kaum die Schuld geben. Man lehrte nicht auf der Offiziersschule in Quantico ›wie man bei den Japanern spioniert‹. Es war idiotisch vom Marine-Corps, den Mann nach China zu schicken. Aber um fair zu sein, es war der Fehler des Marine-Corps, nicht seiner.

Und bei Huimin fanden sie PAK-38-Kanonen. Das 403. Motorisierte Infanterieregiment der Armee Seiner Kaiserlichen Majestät hatte acht Stück davon. Und die acht waren mit den falschen Planen abgedeckt. Es waren Planen des Geschützes Modell 94, mit denen die PAK 38 abgedeckt waren.

Die Planen paßten nicht. Die PAK-38-Mündungen mit der unverkennbaren Mündungsbremse ragten gut einen Meter aus den zu kleinen Segeltuchplanen heraus. Und weil die Geschütze Modell 94 gleich daneben abgestellt waren und sehr klein im Vergleich zu den PAK 38 aussahen, gab es keinen Zweifel, was sie waren.

McCoy verknipste zwei 35-mm-Schwarzweißfilme und einen 20er-Farbfilm.

Sessions war vor Aufregung aus dem Häuschen und hatte Mühe, sich unter Kontrolle zu halten. Aber er kommandierte nicht, sondern fragte McCoy, ob er es auch für eine gute Idee hielte, jemanden – vielleicht ihn, vielleicht Zimmerman – gleich mit den Filmen nach Tientsin zu schicken. Oder mit dem ganzen Konvoi nach Tientsin zu fahren, ohne die anderen Zwischenaufenthalte zu machen.

Sessions akzeptierte McCoys Einwand, daß der Kempei-Tai, der sie beobachtete, seit sie den Jangtsekiang überquert hatten, Verdacht schöpfen würde, wenn er, Sessions oder Zimmerman allein vom Konvoi fortfuhren. Dann würden er oder Zimmerman vermutlich niemals mehr wiedergesehen werden.

»Chinesische Banditen, Lieutenant«, sagte McCoy. »Da es in Wirklichkeit keine gibt, haben die Japaner ihre eigenen organisiert.«

»Und wenn wir mit dem ganzen Konvoi sofort nach Tientsin fahren, würden Sie dann nicht auch denken, daß irgend etwas außergewöhnlich ist?«

»Ja, das würden sie«, stimmte McCoy zu. »Vielleicht würden sie die Sache einfach auf sich beruhen lassen, aber da kann man nicht sicher sein. Wenn wir tun, was wir ihnen vorher als unsere Absicht gesagt haben . . .«

». . . ist es das beste«, vollendete Sessions den Satz für ihn.

»Aye, aye, Sir.«

Und wir haben eine weitere Nacht auf der Straße vor uns, dachte McCoy, *vielleicht sogar mehr, wenn wir Glück haben und einer der Trucks zusammenbricht. Und vielleicht bedeutete das noch eine Nacht mit Ellen. Der Himmel weiß, daß ich auf dieser Tour genug durch Reisfelder gekrochen bin.*

Das erhoffte Glück blieb aus. Kein Wagen ging zu Bruch, und sie verbrachten die nächste Nacht in einer Mission der Christian & Missionary Alliance, wo McCoy ein kleines Zimmer bekam, das er mit Sergeant Zimmerman teilen mußte. Weil das Zimmer in einem anderen Gebäude war als die Zimmer der Offiziere und Missionare, gab es für McCoy keine Möglichkeit, mit Ellen zusammenzukommen.

Er fragte sich, ob er in Tietsin Glück haben würde. Das hoffte er. Es würde vermutlich das letzte Mal in seinem Leben sein, daß er jemals eine solche Frau wie Ellen haben würde.

Von Huimin bis Tientsin waren es etwa dreihundertundzwanzig Kilometer. Auf halbem Weg dorthin gab es eine weitere Fähre. Diese Fähre überquerte einen Arm des Yon Ho. Es war kein besonders großer Fluß, vielleicht zweihundert Meter breit, und die Fähre war entsprechend bescheiden. McCoy dachte einen Augenblick lang, daß er und Ellen als erste übersetzen könnten, wodurch sie eine Weile allein sein würden. Es gab vermutlich keinen Platz für eine schnelle Nummer – abgesehen vielleicht vom Rücksitz des Studebakers. Aber damit hätte er sich bereitwillig abgefunden.

In letzter Minute entschied sich jedoch Sessions, ebenfalls bei der ersten Fahrt überzusetzen, und er nahm auf dem Rücksitz Platz. Und dann, als McCoy das Ufer hinunter und auf die Fähre fahren wollte, hatte Sessions einen weiteren Offizierseinfall.

»Sergeant Zimmerman!« rief er. »Würden Sie bitte mit uns kommen?«

Einen Augenblick später neigte er sich vor.

»Ich halte es für keine gute Idee, daß wir ganz allein dort drüben sind«, sagte er vielsagend. »Oder sind Sie da anderer Meinung?«

»Nein, Sir«, sagte McCoy, »ganz Ihrer Meinung.«

Was denkt er, was dort drüben passieren wird? Ich hätte ihm nichts von den chinesisch/japanischen Banditen erzählen sollen. Wenn ich die Klappe gehalten hätte, dann wäre er zurückgeblieben, und ich hätte fünfzehn, zwanzig Minuten allein mit Ellen gehabt!

Als Ellen den Kopf wandte, um Ernie Zimmerman anzulächeln, der sich auf den Rücksitz neben Sessions setzte, nahm sie McCoys Hand in beide Hände und hielt sie einen Moment lang auf ihrem Schoß. Er spürte die Hitze ihres Leibes.

Auf der anderen Seite des Flusses fuhr McCoy den Studebaker weit genug die Straße hinauf, um Platz zu machen, damit sich der Konvoi hinter ihm formieren konnte, wenn die Wagen von der Fähre kamen.

Und dann sagte Lieutenant Sessions etwas sehr Nettes.

»McCoy, Sie bleiben hier im Wagen mit Mrs. Feller. Sergeant Zimmerman und ich werden zurück zum Fluß gehen und auf die anderen warten.«

»Aye, aye, Sir«, sagte McCoy.

Als Sessions und Zimmerman ausgestiegen waren, ergriff McCoy Ellens Hand. Sie umfaßte seine Hand mit beiden Händen und zog sie an ihren Busen.

McCoy beobachtete sehr sorgfältig im Rückspiegel, bis Sessions und Zimmerman hinter einer Biegung verschwunden waren. Dann wandte er sich Ellen zu und nahm sie in die Arme.

»Was tust du?« fragte Ellen an seinem Ohr.

»Ich weiß es nicht«, erwiderte er. »Erst einmal nehme ich dich in die Arme.«

Sie küßte ihn, zuerst zärtlich, dann verlangend und leidenschaftlich, und sie öffnete langsam seinen Hosenschlitz und flüsterte McCoy ins Ohr: »Ich weiß, was wir tun. Du paßt auf, daß sie nicht plötzlich zurückkommen.«

Einen Augenblick später setzte sie sich auf, damit er ihr Kleid öffnen konnte. Dann schob er die Hand auf ihren Rücken, hakte den Büstenhalter auf und befreite ihre Brüste.

Und dann prickelten auf einmal seine Nackenhaare, und er hatte ein wirklich eigenartiges Gefühl – eisiger Schauder und heiße Erregung zugleich.

Er schalt sich einen gottverdammten Narren, der nur Angst hatte, daß sie beide beim Sex erwischt wurden.

Doch mit sonderbarer Gewißheit wußte er, daß es das überaupt nicht war. Er erhob sich gerade weit genug auf dem Sitz, um auf den Rücksitz blicken zu können. Zimmermans Thompson-MPi lag auf dem Wagenboden. Zimmerman und Sessions waren unbewaffnet bis auf Zimmermans Pistole.

»Was machst du?« fragte Ellen und nahm den Mund von seinem Glied.

»Da hinten vor dem Rücksitz liegt eine Maschinenpistole«, sagte McCoy. »Du schnappst sie dir und rennst hinter mir her.«

Er schob sein Ding zurück in die Hose und nahm seine Thompson.

»Was ist los?« fragte Ellen.

»Verdammt, tu, was ich dir sage!« fuhr er sie an, stieß die Tür auf und sprang aus dem Wagen. Während er die Straße hinablief, machte er die MPi schußbereit.

Ich renne da runter wie ein Blödmann, und die beiden sitzen auf einer Bank und warten auf die Fähre, dachte McCoy. *Und sie werden denken, ich hab' sie nicht mehr alle.*

Sie saßen nicht auf einer Bank, als er um die Biegung lief.

Sie standen vor der Uferböschung und wurden von zwanzig oder fünfundzwanzig Chinesen umringt, die wie Kulis gekleidet waren.

Der Konvoi konnte nur an einer Stelle zwischen Huimin und Tientsin auseinandergerissen werden. Folglich war es die einzige Stelle, an der ein Angriff ›chinesischer Banditen‹ glaubwürdig wirken würde. Und die Japaner hatten sich das verdammt gut ausgerechnet.

Die Mitglieder des Konvois hatten den Japanern die Gelegenheit praktisch auf dem Silbertablett präsentiert. Sessions und Zimmerman waren isoliert und so gut wie unbewaffnet. Die ›Banditen‹ hätten erst sie erledigt und wären dann zum Wagen gekommen.

Zimmerman hatte die Pistolentasche offen, die Pistole jedoch nicht gezogen.

»Zieh das verdammte Ding, um Himmels willen!« rief McCoy.

Die Chinesen blickten über die Schulter zu ihm. Einige von ihnen machten ein paar Schritte in seine Richtung. Andere bewegten sich auf Zimmerman und Sessions zu.

McCoy hielt die Thompson am Griff, und der Kolben ruhte in der Beuge des Ellenbogens. Die Mündung war nach oben gerichtet. Es widerstrebte ihm, auf den Mob zu zielen.

Verdammt, ich habe Angst! durchfuhr es ihn. *Wenn ich auf sie schieße, ist die Hölle los!*

Er drückte ab. Die Maschinenpistole ruckte gegen seinen Arm, dreimal, viermal, fünfmal, als schlüge ihn jemand. Er roch das verbrannte Pulver, und er sah die Mündungsblitze.

Jeder erstarrte einen Moment lang, und dann begannen die Chinesen, die sich Zimmerman und Sessions genähert hatten, auf sie zuzurennen. Danach war, wie von McCoy vorausgesehen, die Hölle los. Schußwaffen wurden gezogen, wo immer sie versteckt gewesen waren. McCoy sah, daß mindestens zwei der Waffen Mauser-Pistolen Modell 98 waren, die vollautomatisch 9-mm-Patronen abfeuerten.

McCoy nahm die Thompson an die Schulter, zielte sehr sorgfältig und drückte in Einzelfeuer ab. Er feuerte dreimal, und einer der Chinesen mit einer Mauser ging mit überraschter

Miene zu Boden. McCoy sah einen weiteren Chinesen mit einer Mauser und feuerte von neuem. Diesmal peitschte die Thompson nur zweimal, und der Chinese brach zusammen wie jemand, der mit einem Baselballschläger einen Hieb in den Magen bekommen hatte.

Als McCoy mit kurzen Feuerstößen zwei weitere Chinesen niederschoß, sah er, daß Zimmerman endlich seine Pistole gezogen hatte und sie entsicherte.

Eine Bewegung neben ihm erschreckte ihn und jagte ihm Angst ein. Er wandte den Kopf und sah, daß Ellen einen Schritt schräg hinter ihm stand. Alles schien sich in Zeitlupe abzuspielen. Er hatte Zeit, festzustellen, daß Ellens Brüste wieder im Büstenhalter verstaut waren, jedoch irgend etwas mit ihrem Kleid nicht in Ordnung war. Dann wurde es ihm klar: Sie hatte das Kleid falsch zugeknöpft.

Ellen hielt Zimmermans Thompson in den Händen, als fürchtete sie sich vor der Waffe. Und sie hatte sich Zimmermans Brotbeutel über die Schulter gehängt. Die Wölbung des Beutels verriet McCoy, daß zwei Ersatzmagazine darin waren. Ellens Augen waren vor Entsetzen weit aufgerissen.

McCoy konzentrierte sich wieder auf die Chinesen und feuerte von neuem.

»Schieß, verdammt, schieß!« rief McCoy. Zimmerman blickte verwirrt drein.

Schließlich handelte Sessions. Er riß Zimmerman die Pistole aus der Hand. Dann hielt er sie mit beiden Händen und zielte auf den Boden vor die Chinesen. Er feuerte und schoß noch einmal. McCoy hörte eine Kugel als Querschläger abprallen und über seinen Kopf hinwegzischen.

Dieser Blödmann versucht doch tatsächlich, nur ihre Beine zu treffen und sie nur zu verwunden! durchfuhr es McCoy.

McCoy riß die Maschinenpistole wieder an die Schulter und leerte das Magazin in Feuerstößen von vier bis fünf Schüssen auf die Banditen. Es blieb keine Zeit mehr zum Zielen. Er hielt einfach auf die Horde drauf, und die meisten Kugeln gingen daneben. Und dann tat sich nichts mehr, als er abdrückte. Die fünfzig Schuß aus dem Magazin waren verschossen.

Durch den Drill der Ausbilder in Parris Island hatte McCoy

gelernt, jede Waffe beinahe ehrfürchtig zu behandeln. Mißbrauch und Vernachlässigung waren eine unverzeihliche Sünde. Er legte die leergeschossene Thompson-MPi sorgfältig auf dem Boden ab und nahm erst dann Zimmermans Thompson aus Ellens Händen.

Als er die MPi an die Schulter hob, sah er, daß sich der Mob aufgelöst hatte und zum Anlegesteg der Fähre flüchtete. Aus irgendeinem Grund rief das bei ihm keine Erleichterung, sondern Zorn hervor. Er ermahnte sich zur Ruhe, zielte genau, bevor er abdrückte, und feuerte auf einzelne Personen der flüchtenden Gruppe. Er war zu aufgeregt, um den empfindlichen Abzug richtig unter Kontrolle zu halten, und er gab Feuerstöße von vier, fünf und sechs Schüssen ab, bis das Magazin leer war. Unterdessen waren fünf weitere Chinesen getroffen. Einige lagen flach auf dem Gesicht, andere hockten auf den Knien, und einer kroch wie ein Wurm von der Straße und preßte die Hände auf eine klaffende Wunde am Bein.

McCoy stieß das Magazin aus und kramte nach den Ersatzmagazinen in dem Beutel, der an Ellens Schulter hing. Er erwischte ein Magazin mit dem ersten Griff, aber dabei löste er die oberste Patrone aus der richtigen Position im Magazin. Er hielt das Magazin an seinen Mund und riß die Patrone mit den Zähnen heraus. Dann rammte er das Magazin in die Thompson und hob sie an die Schulter. Zwei Chinesen stürmten auf ihn zu, einer mit einem Messer, der andere mit etwas, das wie ein Enterbeil aussah. McCoy schoß beide Angreifer mit Feuerstößen nieder. Eine der beiden .45er Kugeln traf den zweiten Angreifer ins Gesicht, und Blut und Gehirn spritzten über die Straße.

Und dann war alles vorüber. Kein Chinese war mehr auf den Beinen; und als McCoy die Thompson MPi auf die am Boden Liegenden richtete, hatte es den Anschein, als wären alle tot bis auf einen, der stur versuchte, seine Mauser anzuheben. McCoy zielte sorgfältig und schoß ihm zwei Kugeln in den Kopf.

Es lagen mehr als ein Dutzend tote und verwundete Chinesen am Boden. Einige schrien vor Schmerzen.

Lieutenant Sessions lief zu McCoy. Es sah aus, als suche er nach Worten. Er brachte lange keinen Ton heraus.

»Mein Gott«, krächzte er schließlich.

McCoy spürte Schwäche und Übelkeit und kämpfte dagegen an. Dann sank Ellen auf die Knie und übergab sich. Da konnte auch McCoy den Brechreiz nicht mehr unterdrücken.

»Was, zur Hölle, hatte das alles zu bedeuten?« fragte Sessions nach einer Weile.

»Scheiße«, stieß McCoy hervor.

Ellen sah zu ihm auf. Ihr Gesicht war weiß, und er glaubte, Abscheu in ihren Augen zu sehen.

»Ich nehme an, die Japse sagten sich, daß Sie kein richtiger Missionar sind, Lieutenant«, sagte McCoy.

»O Gott, der Film!« stieß Sessions hervor. »Wo ist der?«

McCoy fluchte und rannte zurück zum Wagen.

Er war auf halbem Weg zum Studebaker, als er Schüsse und dann einen Schrei hörte. Er ruckte herum. Zimmerman hatte sich endlich gefangen. Er hatte ein neues, geladenes Magazin in McCoys Thompson geschoben, ging jetzt zwischen den Chinesen entlang, die am Boden lagen, und feuerte methodisch ein paarmal auf jeden, um sicherzustellen, daß sie tot waren.

Ellen schrie, während Lieutenant Sessions sie festhielt und entsetzt beobachtete, was Zimmerman tat.

Dann sah McCoy endlich die ›Kavallerie‹ zur Rettung herbeieilen.

Die Fähre war mitten im Fluß. Lieutenant Macklin, der irgendwo seinen Stahlhelm gefunden hatte, stand am Bug und hatte seine Pistole in der Hand und eine Trillerpfeife im Mund. Hinter ihm waren die beiden Männer mit den Browning Automatic Rifles, und dahinter war der Rest der Fahrer, bewaffnet mit Springfield-Gewehren. McCoy sah nichts von Reverend Feller.

Er rannte den Rest des Wegs zum Wagen. Der Film war dort, wo er ihn zurückgelassen hatte, in der Ausbeulung seines Feldhuts, der verborgen unter einem Diensthemd lag.

McCoy setzte sich hinters Steuer und fuhr rückwärts zu Ellen und Lieutenant Sessions. Sessions öffnete die hintere Tür, und Ellen stieg ein und sank mit totenbleichem Gesicht und entsetztem Blick auf den Sitz.

Die Fähre legte schließlich am Ufer an, und Lieutenant Macklin blies wild auf seiner Pfeife und führte die ›Kavallerie‹ die Straße hinauf.

3

Lieutenant Sessions lernte schnell, fand McCoy, das mußte man ihm lassen. Sessions übernahm das Kommando, wie ein Offizier es tun sollte. Lieutenant Macklin lief wie ein kopfloses Huhn herum. Seine erste Sorge war, daß die Chinesen einen ›Gegenangriff‹ starten würden. Es war eine Horde verdammter Banditen, und über die Hälfte davon war tot. Nur militärische Einheiten machten Gegenangriffe. Was von den Chinesen übrig war, rannte ungeordnet davon.

Das zweite, was Macklin beunruhigte, war die Frage, was der Colonel denken würde. Seine Befehle lauteten, eine ›Konfrontation‹ um jeden Preis zu vermeiden. Jetzt hatte es offensichtlich eine ›Konfrontation‹ gegeben.

»Es wird bestimmt eine offizielle Untersuchung geben«, sagte Macklin. »Wir werden all diese Leichen erklären müssen. Gott, es müssen ein Dutzend sein! Wie sollen wir alle diese toten Chinesen erklären?«

»Es sind achtzehn«, sagte McCoy hilfreich. »Ich habe sie gezählt. Ich nehme an, wir werden einfach erklären müssen, daß wir sie erschossen haben.«

Sowohl Sessions als auch Macklin bedachten ihn mit giftigen Blicken. Sessions mißfiel immer noch, daß McCoy Lieutenant Macklin geringschätzig behandelte, der schließlich ein Offizier war. Und Macklin sagte sich, daß Killer McCoy nicht nur ein anmaßender Unteroffizier, sondern auch höchstwahrscheinlich verantwortlich für das war, was geschehen war.

Macklin machte nicht zu schaffen, daß sie fast ums Leben gekommen wären, sondern daß er sich vor dem Colonel verantworten und peinliche Fragen beantworten mußte. Letzten Endes war er der befehlshabende Offizier.

»Corporal«, blaffte Macklin. »Ich erwarte nicht, daß Sie das begreifen, aber was wir hier haben, das ist ein internationaler Zwischenfall.«

»Sie waren nicht mal beteiligt, Lieutenant«, sagte McCoy. »Sie waren auf der anderen Seite des Flusses. Als Sie hier eintrafen, war alles vorüber.«

»Das reicht, McCoy!« sagte Sessions scharf.

»Ich bin der befehlshabende Offizier«, brauste Macklin auf. »Natürlich bin ich beteiligt!«

»Aye, aye, Sir«, sagte McCoy.

Macklin holte Luft, um ihn endgültig in seine Schranken zu weisen, das spürte McCoy.

Sessions kam ihm zuvor, indem er sagte: »Das Wichtigste ist, daß die Filmrollen, die McCoy verknipste, in die richtigen Hände nach Tientsin gelangen«, sagte er, während Macklin noch Luft holte. »Das ist oberstes Ziel dieser ganzen Operation.«

»Ja, natürlich«, sagte Macklin ungeduldig, weil es ihn drängte, McCoy anzuschnauzen. »Aber . . .«

Sessions schnitt ihm wieder das Wort ab.

»Als nächstes ist die Sicherheit von Reverend Feller und Gattin wichtig.«

»Ja, natürlich«, wiederholte Macklin.

»Und wie Sie schon sagten, da ist das Problem der Leichen«, fügte Sessions hinzu.

»Offenbar McCoys jüngster Beitrag zur Sterblichkeitsrate in China«, bemerkte Macklin.

Sessions lächelte darüber.

»Wir können nicht einfach wegfahren und achtzehn Leichen auf der Straße herumliegen lassen«, sagte Sessions, »und ich denke, McCoy und ich sollten uns trennen, für den Fall, daß dem einen oder anderen von uns etwas passieren sollte . . .«

Jetzt unterbrach Macklin. »Sie glauben also, daß es einen möglichen Gegenangriff gibt?«

»Ich halte es für sehr unwahrscheinlich«, erwiderte Sessions, »aber nicht für unmöglich.«

Er läßt dem Hurensohn seinen Willen, dachte McCoy.

»Wie ich schon sagte«, fuhr Sessions fort, »ich denke, wir sollten tun, was wir tun müssen, um sicherzustellen, daß entweder McCoy oder ich nach Tientsin gelangen, um die Tatsache bezeugen zu können, daß deutsche PAK 38 in japanischen Händen sind.«

»Da stimme ich Ihnen völlig zu«, sagte Macklin ernst. »Was schlagen Sie vor?«

Ebenso ernst schlug Sessions vor, daß McCoy, zwei Marine-Trucks und all die zusätzlichen Fahrer unter dem Kommando von Lieutenant Macklin zurückgelassen wurden, während er, Sergeant Zimmerman und jeder und alles sonst sofort nach Tientsin aufbrachen.

»So soll es sein«, sagte Macklin feierlich.

McCoy war fast sicher, daß die Japaner nichts mehr versuchen würden. Sie dachten wohl, die Amerikaner hatten sonst etwas im Sinn – zum Beispiel einen Hnterhalt –, wenn sie bei den Leichen zurückblieben. Die Japaner hätten die Toten zurückgelassen, wo sie gefallen waren, es sei denn, sie wären so ehrgeizig gewesen, sie in den Fluß zu werfen.

McCoy bezweifelte also, daß die Japaner noch etwas versuchten, aber um sicherzugehen, stellte er Posten auf, so gut er das mit den paar Männern konnte, die er zur Verfügung hatte. Unterdessen nahm ihm Lieutenant Macklin die Thompson-MPi ab. Er behielt sie bei sich, während er die Nacht im Führerhaus eines der Lastwagen verbrachte.

Früh am nächsten Morgen tauchte eine gemischte Abteilung von französischen Fremdenlegionären, italienischen Marineinfanteristen und U.S. Marines aus Tientsin auf.

McCoy fühlte sich ein wenig unbehaglich, als er die Italiener sah, doch wenn sie wußten, wer er war, gab es kein Anzeichen darauf. Ein wenig widerstrebend machten sie sich daran, die Leichen auf die Lastwagen zu laden, die sie mitgebracht hatten.

Es war dunkel, als sie in der internationalen Siedlung Tientsin eintrafen, und es gab für McCoy keine Möglichkeit, Ellen Feller in der Mission der Christian & Missionary Alliance zu besuchen. Die Offiziere von Tientsin hielten ihn die ganze Nacht wach und schrieben nieder, was bei der Fähre passiert war.

Bei einigen ihrer Fragen fühlte McCoy sich mehr als unbehaglich.

Zuerst bemühten sie sich besonders, ihn zu dem Eingeständnis zu überreden, daß er sehr aufgeregt gewesen sei. Wenn er nicht ein bißchen aufgeregt gewesen wäre, (›wir wollen nicht behaupten, daß Sie Angst hatten, McCoy. Niemand sagt das. Aber waren Sie nicht *wirklich* nervös?‹), dann hätte die ›Konfrontation‹ vermieden werden können.

»Sir, es gab keine Möglichkeit, zu vermeiden, was geschah. Ich hatte Angst und war aufgeregt, aber das hatte nichts mit den Ereignissen zu tun, die sich nicht ändern ließen.«

Als ihnen klar wurde, daß sie ihn nicht dazu bringen konnten, zuzugeben – auch nicht indirekt –, daß der Zwischenfall seine Schuld war, verfielen sie auf eine andere, noch unangenehmere Anschuldigung.

»Mrs. Feller sagte uns, daß Sie und Sergeant Zimmerman herumgingen und die Verwundeten erschossen, McCoy«, sagte einer der Tientsiner Offiziere. »War das nötig?«

McCoy war lange genug mit Offizieren zusammengewesen, um zu wissen, wenn sie ein krummes Ei ausbrüteten. Sie versuchten, Zimmerman die Schuld zuzuschieben. Zimmerman hatte eine chinesische Frau und Kinder. Er konnte es sich nicht erlauben, degradiert zu werden.

»Niemand schoß auf irgendeinen Verwundeten, Captain. Nicht so, wie es aus Ihrem Munde klingt.«

»Warum sagen Ihrer Meinung nach dann sowohl Mrs. Feller als auch Lieutenant Macklin, daß genau das geschah?«

»Das weiß ich nicht«, erwiderte McCoy. »Lieutenant Macklin ließ sich dort nicht einmal blicken, bevor alles vorüber war. Soweit ich weiß, feuerte Sergeant Zimmerman seine Waffe nicht ab. Lieutenant Sessions und ich mußten ein paar der Chinesen erschießen, als sie schon am Boden waren.«

»Warum hatten Sie das Gefühl, daß Sie das tun mußten?«

»Weil wir drei und die anderen fünfzig waren und sich der Rest des Konvois noch auf der anderen Seite des Flusses befand. Diese Kerle, die am Boden lagen, versuchten immer noch, auf uns zu feuern.«

»Sie sagen nicht sehr oft ›Sir‹, nicht wahr, Corporal?«

»Sir, es war keine Respektlosigkeit beabsichtigt, Sir«, sagte McCoy.

»Sie sagen, Sie und Lieutenant Sessions hielten es für notwendig, verwundete Männer zu erschießen?«

›Jawohl, Sir.«

»Mrs. Feller verwechselte Sie offenbar mit Sergeant Zimmerman«, sagte der Offizier, und McCoy wußte, daß damit dieser Punkt erledigt war.

Am nächsten Morgen, als er im Kasino frühstückte, kam ein Melder zu ihm. Lieutenant Sessions erwartete ihn in der Schreibstube.

Sessions erklärte ihm dann, daß es keinen Sinn hätte, wie ursprünglich geplant ein paar Monate in China zu bleiben, weil die Japaner jetzt argwöhnten, daß er kein Missionar war. Er würde jetzt, zusammen mit den Fellers, mit dem Schiff *President Wilson* heimkehren.

»Ich möchte mich von Mrs. Feller verabschieden, Lieutenant«, sagte McCoy.

»Ich halte das für nicht sehr klug«, sagte Sessions. Doch schließlich änderte er seine Meinung und entschloß sich, ein guter Junge zu sein. Er sagte den Tientsiner Offizieren, daß er vor der Abfahrt McCoy an Bord des Schiffes sprechen wolle.

Auf dem Weg überreichte er McCoy ein dickes Kuvert.

»Dies ist für Captain Banning«, sagte er. »Ich möchte, daß Sie es persönlich abliefern.«

»Aye, aye, Sir.« McCoy fragte sich, warum Sessions das Kuvert nicht Macklin zum Abliefern gegeben hatte – bis ihm klar wurde, daß Macklin es nicht sehen sollte, was immer es auch sein mochte.

»Es ist ein Bericht über alles, was unterwegs passierte, McCoy«, erklärte Sessions. Als er sah, daß McCoys Augenbrauen hochruckten, lachte er und fügte hinzu: »Alles, was dienstlich geschah, nicht, was sich auf privater und gesellschaftlicher Ebene abspielte.«

»Danke, Sir«, sagte McCoy.

»Ich war die ganze Nacht auf und schrieb den Bericht«, sagte Sessions. »Es blieb einfach keine Zeit für den anderen Brief, den ich schreiben möchte. Aber das ist vielleicht ebensogut. Ich werde auf dem Schiff Zeit zum Schreiben haben, und es wird vielleicht besser sein, wenn es von jemand Wichtigerem als mir kommt.«

»Ich weiß nicht, wovon Sie reden, Lieutenant«, sagte McCoy.

»Sie werden eine offizielle Belobigung erhalten, McCoy«, sagte Sessions. »Für Ihre Dienstakte. Ich werde das Belobigungsschreiben abfassen und versuchen, einen möglichst ranghohen Offizier aufzutreiben, der es unterzeichnet. Wenn das nicht möglich ist, werde ich es selbst unterschreiben.«

»Danke«, sagte MCoy.

»Keine Ursache«, sagte Sessions. »Sie haben unter Streß Hervorragendes geleistet, und das sollte in Ihrer Dienstakte vermerkt werden.«

McCoy wußte, was Sessions meinte: Ohne seinen sechsten Sinn für die Gefahr – oder was immer dieses Gespür sein mochte – wäre er nicht im entscheidenden Augenblick aufgetaucht, und Sessions wäre vermutlich in einem Sarg in die Vereinigten Staaten heimgekehrt.

Sessions meinte es gut, aber McCoy bezweifelte, daß es ein Belobigungsschreiben geben würde. Selbst wenn Sessions sich wirklich daran erinnerte, eines zu schreiben, dann war fraglich, ob das Hauptquartier des Marine-Corps zuließ, daß es offiziell wurde. Nach dem Verhalten der hiesigen Offiziere (und je höher der Rang, desto schlimmer war es) war das, was bei der Fähre geschehen war, seine Schuld. Aus ihrer Sicht der Dinge hatte er ›übertrieben auf eine Situation reagiert‹, die ein ranghöherer Unteroffizier mit mehr Erfahrung ohne Verlust an Menschenleben gemeistert hätte.

Der Bericht, den er Captain Banning überbringen sollte, war nichtsdestoweniger wichtig. McCoy vertraute Sessions jetzt: Der Bericht würde korrekt wiedergeben, was geschehen war, und Banning würde verstehen, warum er so und nicht anders gehandelt hatte.

Auf der Gangway zum Schiff gab Sessions McCoy eine Bordkarte für Besucher, und dann fragte er den Steward nach der Kabinennummer der Fellers.

Als sie auf dem Gang waren, der zu der Kabine führte, reichte Sessions McCoy die Hand.

»Ich verabschiede mich hier, McCoy«, sagte er. »Ich möchte Ihnen für alles danken und Ihnen sagen, daß Sie ein höllisch guter Marine sind.«

»Danke, Lieutenant«, erwiderte McCoy verlegen.

»Wir werden uns wiedersehen, dessen bin ich sicher«, sagte Sessions. »Früher oder später werden sich unsere Wege wieder kreuzen. Viel Glück, McCoy.«

»Ihnen auch viel Glück, Sir«, sagte McCoy.

Als er Ausschau nach der Kabine der Fellers hielt, fühlte er sich ziemlich gut. Er glaubte jetzt, daß es vielleicht ein Belobigungsschreiben geben würde. Es wäre schön, so etwas in der Dienstakte zu haben, wenn sich der Ausschuß zur Beförderung zum Sergeant mit seinem Namen beschäftigte.

Das gute Gefühl verschwand, als Ellen auf sein Klopfen hin die Kabinentür öffnete. Ihre Miene verriet sofort, daß sie gehofft hatte, ihn niemals mehr wiederzusehen. Weil er jedoch ein Dummkopf war, wollte er nicht wahrhaben, was er an ihrem Gesicht und dem Ausdruck ihrer Augen sah. Er redete sich ein, daß es Überraschung war.

Er fragte sie, ob sie ihm vielleicht schreiben würde. »Man kann nie wissen, vielleicht sehen wir uns irgendwann wieder.« Und dann fügte er hinzu, daß er sie liebe. »Ich glaube, es ist immer noch möglich, daß ich mich aus dem Marine-Corps freikaufe«, fuhr er fort. »Ich werde mich darum kümmern; das Geld habe ich. Und ich liebe dich wirklich.«

Ellen versteifte sich, als er mit der Rederei anfing, wie es der Fall gewesen war, wenn er ordinär mit ihr gesprochen hatte; und als er ihr sagte, daß er sie liebte, war ihr Gesicht starr, und ihre Augen blickten kalt.

»Wie kannst du es wagen, so mit mir zu reden«, sagte sie mit eisiger Stimme, als er geendet hatte.

Das war es also. Sie hatte nur einen steifen Pimmel gebraucht, den ihr der schwule Ehemann nicht geben konnte! Sonderbarerweise war McCoy nicht wütend. Er war verdammt nahe daran, zu heulen.

McCoy machte kehrt und ging davon. Er schwor sich, daß er einen solchen Fehler nie wieder machen würde. Er würde nie wieder irgendein Weibsstück mit heißem Höschen – beziehungsweise keinem – für das Wahre halten. Es war ihm verdammt gleichgültig, ob sie es mit Lieutenant Sessions achtmal pro Tag auf dem Weg über den Pazifik trieb. Wenn sie sich nicht Sessions krallen konnte, würde sie sich irgendeinen anderen suchen, der es ihr besorgte. Und wenn ihr das mißlang, würde sie sich einen Besenstiel nehmen.

4

Hauptquartier 4. Marineinfanterieregiment Schanghai, China

11. Juni 1941

Als Lieutenant John Macklin die Erlaubnis erhielt, Captain Edward Bannings Büro zu betreten, marschierte er kerzengerade hinein, stand vor Bannings Schreibtisch still und sagte: »Melde mich wie befohlen, Sir.«

Nach den Formalitäten ging er zu dem Stuhl vor Bannings Schreibtisch, setzte sich und schlug die Beine übereinander.

»Es wird schon heiß, nicht wahr?« fragte er.

»Ich kann mich nicht erinnern, Ihnen erlaubt zu haben, Platz zu nehmen, Lieutenant«, sagte Captain Banning fast im Plauderton, jedoch mit einer Spur von Ärger in der Stimme.

Macklin musterte Bannings Gesicht überrascht und erhob sich hastig. Er schlug die Hacken zusammen, stand wieder still und sagte: »Verzeihung, Captain.«

»Lieutenant«, sagte Banning, »ich habe Ihren Bericht über die Tientsin-Peking-Fahrt genau gelesen und besondere Aufmerksamkeit den Passagen gewidmet, die von Ihrer Festnahme bei Yenchi'eng und dem Zwischenfall bei der Fähre handeln.«

»Jawohl, Sir.«

»Ich habe mit gleicher Sorgfalt den Bericht gelesen, den Lieutenant Sessions zu denselben Themen schrieb«, sagte Banning.

»Sir?« fragte Macklin.

»Da war ein Vorbehalt in Lieutenant Sessions Bericht«, sagte Banning. »Er schrieb, daß er in den frühen Morgenstunden den Bericht abfaßte, weil er hoffte, ihn vor der Heimkehr beenden zu können. Deshalb befürchtete er, wegen der Hast könnte der Bericht einige kleine Fehler enthalten.«

»Ich wußte nicht, daß Lieutenant Sessions einen Bericht schrieb, Sir«, sagte Lieutenant Macklin. »Darf ich sagen, daß es vielleicht eine gute Idee wäre, wenn ich mir den Bericht ansehen und vielleicht bei meinem noch etwas verbessern würde?«

In Banning wallte wieder Zorn auf, als er sich Macklins Bericht in Erinnerung rief. Es ärgerte ihn maßlos, daß der Mann seine Festnahme bei Yenchi'eng auf McCoys ›feige Weigerung, zu tun, was die Pflicht klar vorschrieb‹, zurückführte. Ebenso regte ihn auf, daß ›die tragischen Ereignisse‹ bei der Fähre hätten vermieden werden können, wenn nur Lieutenant Sessions auf seine, Macklins, Warnung gehört hätte, daß McCoy ›Tendenzen selbstmörderischer Art zeigt und sorgfältig beobachtet werden muß‹.

Und dann, in der Annahme, daß Sessions auf hoher See war und nicht widersprechen konnte, hatte Macklin über ihn hergezogen:

»Die Möglichkeit kann nicht außer acht gelassen werden, daß Lieutenant Sessions das brutale Abschlachten der verwundeten chinesischen Zivilisten stillschweigend duldete, wenn nicht gar persönlich daran teilnahm.«

Banning wartete einen Augenblick lang, bis sein Zorn etwas nachließ.

»Sie sind eine schleimige Kreatur, nicht wahr, Macklin?« fragte Banning in ruhigem Tonfall. »Wie haben Sie es geschafft, so lange im Marine-Corps zu bleiben?«

»Ich weiß nicht, was Sie meinen, Sir«, sagte Macklin.

»Sie wissen, was eine schleimige Kreatur ist, Macklin. Im Marine-Corps ist eine schleimige Kreatur ein Offizier, der einem Offizierskameraden die Schuld für sein Versagen in die Schuhe zu schieben versucht. Ich weiß keine Formulierung, die übel genug ist, um einen Offizier zu beschreiben, der versucht, seinen Arsch zu retten, indem er sein Versagen einem *Unteroffizier* in die Schuhe schiebt. Und Sie wären vermutlich damit auch noch durchgekommen, Sie schleimiger Hurensohn, wenn Sessions nicht erkannt hätte, was Sie sind und seinen Bericht nicht durch McCoy zu mir geschickt hätte.«

»Es gibt vielleicht einige unbedeutende Unterschiede in der Beurteilung zwischen diesen beiden Berichten, aber nichts Schwerwiegendes, das diese beleidigenden Anschuldigungen rechtfertigt, die . . .«

»Halten Sie den Mund, Lieutenant!« Zum ersten Mal bei diesem Gespräch war der Zorn mit Banning durchgegangen, und er hatte die Stimme erhoben, und dieser Mangel an Disziplin war ihm peinlich. Er schaute Macklin verächtlich an und ließ sich Zeit, sich wieder unter Kontrolle zu bekommen, bevor er fortfuhr:

»Ich hätte nicht übel Lust, Sie wegen ungebührlichen Verhaltens anzuklagen«, sagte Banning. »Oder wegen einer wissentlich falschen offiziellen Erklärung. Aber ich kann es nicht. Wenn ich Sie vor ein Kriegsgericht bringen würde, müßten wir geheimdienstliche Dinge ansprechen. Und das können wir nicht tun. Was ich jedoch tun kann und tun werde, ist folgendes: Ich werde dafür sorgen, daß Ihre nächste Beurteilung einige Formulierungen enthält, die dem Ausschuß zur Beförderung zum Captain klarmachen werden, daß man Ihnen keine MG-Mannschaft anvertrauen sollte, geschweige denn eine Kompanie. Es wird sehr lange dauern, bis Sie befördert werden, Lieutenant. Sie sind ein smarter Mann. Vielleicht werden Sie einsehen, daß es das beste für Sie wäre, wenn Sie Ihren Abschied aus dem Marine-Corps nähmen.«

»Captain Banning«, sagte Macklin nach einer Weile, »es gibt offenbar ein Mißverständnis zwischen uns.«

»Es gibt kein Mißverständnis, Macklin«, sagte Banning fast traurig. »Sie haben bewiesen, daß Sie als Offizier des Marine-Corps nicht geeignet sind. So einfach ist das. Ein Offizier des Marine-Corps muß ehrlich und integer sein. Und daran mangelt es Ihnen.«

»Ich bin sicher, daß ich dieses Mißverständnis dem Colonel

erklären kann«, sagte Macklin. »Und das ist meine Absicht, Sir.«

Banning schaute ihn einen Augenblick lang an, nahm dann den Telefonhörer ab und wählte eine Nummer.

»Captain Banning, Sir«, sagte er. »Ich habe Macklin hier. Ich habe ihn soeben informiert, wie sehr ich ihn verachte. Er sagt mir, er glaubt, Ihnen das Mißverständnis erklären zu können.«

Es folgte eine Pause, bevor der Colonel antwortete.

»Ich nehme an, er hat ein Recht darauf, es von mir zu hören«, sagte der Colonel. »Schicken Sie ihn rüber.«

»Aye, aye, Sir«, sagte Banning und legte den Hörer auf.

»Sie sind hier entlassen, Macklin«, sagte Banning. »Der Colonel wird Sie empfangen, wenn Sie möchten.«

Macklin machte eine zackige Kehrtwendung und marschierte aus dem Büro.

Banning wußte, welche Art Empfang Macklin beim Colonel bekommen würde. Er hatte lange mit dem Colonel diskutieren müssen, um ihm einen Kriegsgerichtsprozeß auszureden. Nur Bannings beschwörende Worte, daß es zum Besten des Marine-Corps sein würde, hatten den Colonel schließlich bewogen, widerwillig zuzustimmen, daß das Problem nur mit Macklins sofortiger Ablösung vom Dienst gelöst wurde, bis er heimgeschickt werden konnte.

5

Hauptquartier, 1. Bataillon,
4. Marineinfanterieregiment
Schanghai, China

12. Juni 1941

Der First Sergeant schickte einen Boten mit einer Rikscha in die Stadt zu McCoys Apartment. Dienstfrei oder nicht, der First Sergeant wollte McCoy sofort sehen.

McCoy rasierte sich, zog eine frische Uniform an und fuhr zur Kaserne.

»Ich hoffe, Sie haben gepackt, McCoy«, sagte der First Sergeant, als McCoy ins Kompaniegeschäftszimmer kam. Dann überreichte er ihm etwa zwanzig Kopien eines Sonderbefehls, die mit einer Büroklammer zusammengeheftet waren.

HEADQUARTERS

4. Regiment, USMC, Schanghai, China
10. Juni 1941
Betrifft: Schriftliche Befehle
an: Corporal Kenneth J. McCoy 32875 USMC
Stabskompanie, 1. Bataillon, 4. Marineinfanterieregiment

1. Bezug: Telegraphische Weisung Hauptquartier USMC, Washington, D.C., vom 4. Juni 1941.
Betreff: Versetzung Corporal, McCoy, Kenneth J.
2. Mit Wirkung des heutigen Datums sind Sie von der Stabskompanie des l. Bataillons des 4. Marineinfanterieregiments im derzeitigen Dienstrang zum 47. Motor Transport Platoon, USMC, U.S. Navy Yard, Philadelphia, Pennsylvania, versetzt.
3. Sie werden Schanghai an Bord des ersten verfügbaren Schiffes im Marinedienst verlassen, das einen Hafen in den Vereinigten Staaten anläuft. Bei der Ankunft in den Vereinigten Staaten werden Sie sich bei der nächsten USMC – oder U.S. Navy-Basis oder Einrichtung melden, wo Sie die nötigen Transportunterlagen zur Weiterfahrt an Ihren Bestimmungsort erhalten werden.
4. Sie sind berechtigt, 300 Pfund persönliches Gepäck mitzunehmen. Sie sind NICHT berechtigt, Haushaltsdinge mitzunehmen. Sie sind NICHT berechtigt, die Reise zu unterbrechen und unterwegs Aufenthalte einzulegen. Sie werden Ihre versiegelte Dienstakte mitführen. Das Zerbrechen des Siegels ist verboten.
5. Sie werden eine Kopie dieses Befehls dem befehlshabenden Offizier jedes USMC- oder USN-Stützpunkts unterwegs übergeben. Diese Offiziere haben Anweisung, auf schnellstmöglichem Weg dem Hauptquartier des USMC, Washington, D.C., Q3-03A, den Tag Ihrer Ankunft, das Beförderungsmittel bei Ihrer

Abreise und Ihre voraussichtliche Ankunft an Ihrem nächsten Ziel zu melden.

Im Auftrag
J. James Gerber
Major, USMC
Adjutant

»Was hat das alles zu bedeuten?« fragte McCoy.

»Ich nehme an, das Marine-Corps will Sie aus China heraushaben, Killer, bevor dort die Leute knapp werden, die Sie abstechen oder abschießen können«, sagte der First Sergeant.

»Allmächtiger!« stieß McCoy hervor.

»Das erste verfügbare Schiff in Diensten der Vereinigten Staaten ist das U.S.S. *Whaley*. Das United States Ship *Charles E. Whaley* ist ein Flottentanker, der regelmäßig Schanghai anläuft, um die Treibstoffvorräte für die Jangtze River Patrol und das halbe Dutzend kleiner U-Boote der U.S. Navy Submarine Force China aufzufüllen«, sagte der First Sergeant. »Es fährt Freitagmorgen. Sie werden an Bord sein. Kennen Sie das U.S.S. *Whaley*, McCoy?«

»Und ob«, sagte McCoy. »Ein verdammter Ölpott.«

»Er fährt nach Pearl Harbor, nicht in die Staaten«, sagte der First Sergeant. »In Pearl schickt man Sie an Bord eines anderen Schiffes. Mit ein bißchen Glück können Sie zwei, drei Wochen in Pearl verbringen.«

»Ich will nicht heim«, sagte McCoy.

Die Reaktion des First Sergeants war voraussehbar. »Sie wollen nicht heim?« echote er entgeistert.

»Sie wissen, was ich meine«, sagte McCoy. »Ich bin gerade erst rübergekommen, um in China zu bleiben.«

»McCoy, ich weiß nicht, wie Sie Corporal geworden sind, wahrscheinlich wissen das nur Sie selbst – ich weiß eigentlich nicht, wie Sie überhaupt Corporal werden konnten, aber dies hier ist das Marine-Corps. Und im Marine-Corps sagt einem selbiges, wohin man geht und wann das zu geschehen hat.«

Es hatte wirklich keinen Sinn, mit dem First Sergeant zu streiten, das wußte McCoy, doch er tat es trotzdem, weil er sich sagte, daß er vielleicht ein paar zusätzliche Tage oder zusätzliche zwei Wochen herausschinden konnte.

Wenn er soviel Zeit bekam, konnte er sich vielleicht etwas einfallen lassen.

»Um Himmels willen, Sergeant, ich muß Sachen verkaufen. Ich werde das Zeug verschenken müssen, wenn ich bis Freitag alles los sein muß. Wie wäre es, wenn ich den Tanker sausenlasse und das nächste Schiff nehme?«

»Was zum Beispiel müssen Sie billig loswerden? Ich bin immer auf der Suche nach einem Schnäppchen.«

»Ah, kommen Sie, Sarge, Sie könnten das schaukeln, wenn Sie wollten.«

»Sie können mich mal, McCoy«, sagte der Sergeant. »Ein bißchen Zeit auf einem Tanker wird Ihnen guttun.«

»Kann ich Captain Banning davon erzählen?« fragte McCoy.

»Gehen Sie nur zu ihm und sagen Sie es ihm, wenn Sie meinen, das nutzt Ihnen was«, sagte der Sergeant. »Und dann kommen Sie wieder her und fangen an zu packen. Wenn der Gunny mir sagt, daß Ihre Ausrüstung tipptopp ist, dann lasse ich Sie vielleicht in die Stadt gehen, und Sie können Ihren Kram verkaufen.«

McCoy ging zu Banning.

Der Captain winkte ihn in sein Büro, als er ihn ins Vorzimmer kommen sah.

»Ich nehme an, Sie haben die Nachricht von Ihrem First Sergeant erhalten?«

»Jawohl, Sir.«

»Bevor Sie Ihren Atem verschwenden, McCoy, lassen Sie mich sagen, daß der Colonel nicht nur überglücklich über Ihre Abreise ist, sondern mir auch aufgetragen hat, persönlich dafür zu sorgen, daß Sie auf den Tanker *Whaley* kommen.«

»Ich stehe also auf seiner schwarzen Liste?«

»Sagen wir, daß Sie nach der Schießerei am O.K. Corral das Thema von beträchtlichem telegraphischem Verkehr zwischen hier und dem Hauptquartier des Marine-Corps waren. Wenn Sie beim Marine-Corps Karriere machen wollen, Killer, dann sollten Sie Ihren Drang bezwingen, Leute totzustechen oder totzuschießen.«

»Das ist unfair, Captain«, wandte McCoy ein.

»Ja«, sagte Captain Banning. »Das weiß ich, McCoy. Sie haben diesen Kampf nicht angefangen, und laut Sessions machten Sie Ihre Sache verdammt gut, als es losging. Wenn Sie mich fragen, ich diskutierte mit dem Colonel, bis er mich aufforderte, die Klappe zu halten. Aber er bekommt immer noch Zunder von den Italienern, und der Generalkonsul hat ihm Ihretwegen die Hölle heiß gemacht. Ich war dabei, als er fragte, ob Sie nur ein selbstmörderischer Wahnsinniger sind, oder ob Sie versuchen, den Zweiten Weltkrieg ganz allein anzufangen.«

»Weil ich getan habe, was ich tun mußte, weil ich Sessions und Macklin das Leben gerettet habe, werde ich jetzt mit Schimpf und Schande unehrenhaft heimgeschickt.«

»So ist es praktisch zusammengefaßt«, sagte Banning. »Aber Sie sehen nicht alles richtig. Vor allem schickt der Colonel Sie nicht in Unehren oder so nach Hause. Ich glaube, daß er Sie insgeheim bewundert. Sie werden vom Corps zurückbefohlen. Ich nehme an, daß der Generalkonsul etwas damit zu tun hat. Vermutlich hat er Ihretwegen im Auswärtigen Amt Krach geschlagen oder etwas in dieser Art – aber der Colonel war es nicht. Und Sie kehren nicht in Schimpf und Schande heim. Sie behalten nicht nur Ihre Winkel, sondern Ihr Kompaniechef wird Ihnen eine Beurteilung schreiben, die klingt, als wären Sie Lou Diamond junior (Master Gunnery Sergeant Diamond war eine Legende beim Marine-Corps – der perfekte Marine). Ich weiß es, weil ich die Beurteilung verfaßte.«

McCoy war sichtlich verwirrt, und das war ihm anzusehen.

»In der Beurteilung steht nichts über Ihre Arbeit für mich, McCoy«, sagte Banning. »Sie verstehen, daß Sie darüber zu keinem sprechen dürfen, weder im Marine-Corps noch außerhalb, ja?«

»Aye, aye, Sir.«

»Aber Ihr neuer befehlshabender Offizier wird äußerst beeindruckt sein«, sagte Banning.

»Ich gehe zu einer Transportkompanie«, sagte McCoy. »Zu einer verdammten Transportkompanie. Und ich bin MG-Schütze.«

»In ein paar Monaten gehe ich ebenfalls in die Staaten zurück«, sagte Banning. »Sie bleiben sauber in der Transportkompanie, und wenn ich mich drüben eingelebt habe, werde ich sehen, was ich für Sie tun kann. Entweder arbeiten Sie dann für mich, oder ich besorge Ihnen was Interessantes.«

»Danke«, sagte McCoy.

»Was machen Sie mit den Sachen in Ihrer Wohnung?«

»Der First Sergeant sagte, wenn der Gunny meine Ausrüstung tipptopp findet, kann ich in die Stadt gehen.«

»Ich werde Ihren First Sergeant anrufen und ihm sagen, daß ich Sie in die Stadt schicke«, sagte Banning. »Nehmen Sie sich soviel Zeit, wie Sie brauchen, um alles zu erledigen. Und dann gehen Sie zu Ihrer Kompanie zurück. Ich möchte, daß Sie früh am Freitagmorgen an Bord des Tankers *Whaley* gehen. Wenn Sie nicht dort sind, McCoy, wird Sie der Colonel fertigmachen.«

»Ich werde an Bord sein, Sir«, sagte McCoy.

VI

1

U.S. Marine-Corps-Stützpunkt
San Diego, California

9. Juli 1941

Das United States Ship *Charles E. Whaley* war ein elender Haufen aus Rost und Nieten, wie McCoy es nicht anders erwartet hatte. Da es kein Kriegsschiff war, gab es keine Marines an Bord, was bedeutete, daß McCoy kaum mit jemandem sprechen konnte. Matrosen konnten Marines ohnehin nicht ausstehen, und es waren sechs U-Boot-Leute von SUBFORCHINA an Bord, die nach Pearl Harbor gebracht wurden und die in China stationierten Marines regelrecht haßten. Der einzige dieser U-Bootfahrer, der ihn grüßte, war ein kahlköpfiger, aber sonst stark behaarter Maat, der ihn schnell wissen ließ, daß es ihm nichts ausmachte, viel Zeit auf See fern von Frauen zu verbringen.

Das nach Diesel stinkende U.S.S. *Whaley* brauchte siebzehn Tage bis Pearl Harbor, und es schlingerte und schaukelte selbst in ruhiger See.

McCoy hatte viel Zeit, um über alles nachzudenken, und er gelangte zu dem Schluß, daß man ihm das beschissene Ende des Stocks in die Hand gedrückt hatte. Wieder mal. Wie immer.

Angefangen mit Ellen Feller, diesem verdammten Frauenzimmer. Und von China zurückversetzt zu werden, das war ebenfalls, als würde ihm das beschissene Ende des Stocks in die Hand gedrückt. Er hatte praktisch die Einrichtung seines Apartments verschenkt. Und trotz der sagenhaften Beurteilung, in der er als zweiter Lou Diamond dargestellt wurde, konnte jeder Dummkopf in einem Transportzug den Braten riechen, wenn jemand aus China heimgeschickt wurde, nachdem er gerade erst zum 4. Marineinfanterieregiment kommandiert und befördert worden war.

Und die neue Einheit stank ihm ebenfalls. Eine verdammte Kompanie auf der Marinewerft in Philadelphia. Philly war die letzte verdammte Stadt, in die er wollte. Sie war zu nahe bei Norristown, und dorthin hatte er nie wieder gehen wollen. Und es war für ihn keine Frage, daß er bei der Kompanie in Philly sofort auf allen schwarzen Listen stehen würde. Es gab nicht viele Corporal-Dienstposten in einem Transportzug, und so sicher wie das Amen in der Kirche hatten die Leute in Philly vorgehabt, den freien Posten mit einem Arsch von PFC zu besetzen, der sich bereits Dienstzeitstreifen – je einen für vier Jahre Dienst, aufgenäht am unteren Jackenärmel – bis hoch zu den Ellenbogen erdient hatte.

McCoy war lange genug im Marine-Corps, um zu wissen, daß Marines in den Staaten keine Marines leiden konnten, die in China gedient hatten. Das lag an den Geschichten, die übertrieben wurden, je mehr sie weitererzählt wurden. Da war die Rede von Hausdienern, die das Quartier säuberten, von maßgeschneiderten Uniformen, von exotischen Frauen, die man für den Preis eines Biers kaufen konnte, von zusätzlichen Krediten im Ruhestand und so weiter. All das weckte den Neid und den Groll der Marineinfanteristen in den Staaten gegen die Marines in China. Und jetzt würde da mit McCoy ein ›China-Marine‹ sein, ein Corporal, der gerade erst drei Monate seiner zweiten Dienstzeit hinter sich hatte und den guten alten PFC Sowieso um seine Beförderung brachte.

Als das U.S.S. *Charles E. Whaley* schließlich in Pearl Harbor anlegte, warteten ein Bootsmann mit Polizeibefugnis und zwei Männer der Küstenpatrouille auf McCoy am Fuß der Gangway. Er stand nicht etwa unter Arrest oder so, erklärte ihm der Bootsmann (obwohl er ihn eigentlich wegen seiner unvorschriftsmäßig aufgestickten Winkel notieren sollte). Es ging nur darum, daß das U.S.S. *Fenton* abfahrbereit nach San Diego war, und man wollte nicht, daß er das Schiff verfehlte.

Das United States Ship *Fenton* erwies sich als alter Zerstörer, der auf der anderen Seite des Hafens lag. Zehn Minuten später zeigte man McCoy seine Koje auf dem Vorschiff, und ein Lautsprecher ertönte keine sechs Zoll von der Stelle entfernt, an der er schlafen sollte, und plärrte eine Durchsage.

Der verdammte Lautsprecher störte im Durchschnitt alle zehn Minuten auf dem gesamten Weg über den Pazifik bis San Diego.

Das einzige Freundliche, was McCoy über das U.S.S. *Fenton* DD 133 sagen konnte, war die Tatsache, daß es von Pearl Harbor aus nur sechs Tage bis San Diego brauchte. Ein Konteradmiral war an Bord, der nicht fliegen mochte und wußte, daß mit seiner Flagge an Bord niemand Fragen über den Treibstoffverbrauch bei 22 Knoten Fahrt stellen würde. Es mußte großartig auf der Brücke sein, wenn der Zerstörer zu einem Schnellboot wurde. McCoy hatte jedoch Mühe, nicht aus seiner Koje zu fallen. Und er hatte sich allerlei blaue Flecken an Schotten und Treppengeländern zugezogen, weil er das Schlingern des Zerstörers unterschätzt hatte.

Aber San Diego war bald erreicht, und er würde wieder an Land sein. Dort gab es keinen Grund, auf ein schönes Bett im Schlafwagen des Zugs von San Diego nach Philly zu verzichten. Das Marine-Corps würde vermutlich nicht dafür zahlen, doch dafür konnte er selbst aufkommen. Er hatte in seinem Geldgürtel etwas über dreihundert Dollar in bar; die hundert Dollar, mit denen er die Reise begonnen hatte, plus die einhundertneunzig Spielgewinn – jeweils zehn und zwanzig Dollar pro Spiel von den U-Boot-Matrosen auf dem U.S.S. *Charles E. Whaley*, und die zehn Dollar, die er bei der einzigen Pokerpartie auf dem Zerstörer gewonnen hatte.

Außerdem besaß er einen schwungvoll unterschriebenen Scheck über 5102,40 Dollar auf die Barclays Ltd., Schanghai. Ein erklecklicher Teil der Summe stammte von der letzten verrückten Sache in Schanghai. Als er zu einem Apartment gegangen war, um seine Sachen zu verkaufen, hatte der ›General‹ erklärt, er werde ihm die Dinge erleichtern. Er würde alles für fünfhundert Dollar kaufen. McCoy hatte die Gelegenheit sofort beim Schopfe gepackt. Dann hatte ihm der General ein Kartenspiel hingeschoben und verlangt: ›Doppelt oder nichts.‹

McCoy gewann mit drei Buben gegen drei Achten des Generals.

»Noch einmal«, forderte der General.

»Nur, wenn es bei dem einen weiteren Mal bleibt«, sagte McCoy. »Ich spiele nicht, bis Sie gewinnen und aufhören.«

Das brachte ihm einen giftigen Blick ein.

»Nur noch einmal, und dann ist Schluß«, sagte der General.

Der General deckte dann einen Straight bis zur Dame auf. Er lächelte dabei und zeigte seine Goldzähne – bis McCoy ihm seinen Flush in Kreuz zeigte.

Aber der General zahlte, obwohl er zur Bank gehen mußte, weil er nicht soviel Bargeld bei sich hatte.

McCoy fügte die zweitausend Dollar des Generals dem Geld hinzu, das er bereits auf der Barclays Bank hatte, und bat dann um einen Bankscheck für das Ganze. Er ließ ihn auf Dollars ausschreiben. Die Engländer waren in einem Krieg, und er wollte nicht das Risiko eingehen, daß sie ihm sagten, er müsse auf sein Geld warten, bis der Krieg vorüber war, wenn er den Scheck zu Bargeld machen wollte.

Er konnte sich gut ein Bett im Pullman-Schlafwagen von San Diego nach Philadelphia erlauben, selbst wenn man den Freifahrtschein der Regierung nicht anrechnen würde und er die ganze Sache aus eigener Tasche bezahlen mußte.

McCoy war als Rekrut in Parris Island gewesen und von Mare Island in San Francisco aus nach China verschifft worden. So war er zum ersten Mal in San Diego. Sein erster Eindruck der Stadt war wesentlich besser als der von Parris Island, obwohl das vermutlich für die Rekruten keinen großen Unterschied machte. Sie hatten in San Diego wahrscheinlich die gleichen halbgebildeten sadistischen Armleuchter als Ausbilder wie in Parris Island.

Es gab beim Marine-Corps die Scheißhausparole, daß man nach der Grundausbildung einsah, warum die Ausbilder einen so schliffen, warum es notwendig war, einen Marine aus einem zu machen, und wie man sie anschließend deswegen achtete. Als McCoy beobachtete, wie ein Ausbilder in Diego einem Jungen, der nicht gerade genug stand oder es wagte, den Ausbilder direkt anzusehen, den Ellenbogen in den Bauch rammte, erinnerte sich McCoy an seinen damaligen Ausbilder in Parris Island.

Wenn ich jemals Corporal Ellwood Doudt, diesen gemeinen Schweinehund, wiedersehe, dachte er, *dann schlage ich ihm die Zähne ein und laß sie ihn fressen.*

McCoy fand das Transportbüro ohne Mühe in dem spanisch aussehenden Gebäude mit Ziegeldach. Er stellte seinen Seesack ab und überreichte seine Befehle einem Sergeant, der hinter einem vergitterten Fenster saß wie ein Kassierer in einer Bank.

»Sie brauchen eine Abschlagzahlung, Corporal?« fragte der Sergeant.

»Ersparen Sie sich die Arbeit«, sagte McCoy. »Ich hatte etwas Glück auf dem Schiff.«

»Ihr Glück hat Sie soeben verlassen«, sagte der Sergeant. »Ich tue Ihnen das nicht gern an, Corporal, aber Sie melden sich beim Sergeant im Gefängnis.«

»Was?«

»Man wird es Ihnen dort erklären«, sagte der Sergeant. »Ich tue nur, was man mir befohlen hat.«

»Ich will von Ihnen nur einen Reisegutschein nach Philadelphia«, sagte McCoy.

»Sie wären schlauer gewesen, wenn Sie selbst bezahlt und am Ziel um Erstattung gebeten hätten. Aber das haben Sie nicht getan. Sie sind hergekommen, und meine Befehle lauten, die nächsten drei Corporals, die herkommen, rüber zum Gefängnis zu schicken. Es werden Gefangene nach Portsmouth überführt. Das Wachkommando braucht einen Sergeant und drei Corporals. Jetzt, da Sie hier sind, können die Leute aufbrechen.«

»Geben Sie mir eine Chance. Vergessen Sie, daß ich hier war.«

»Das kann ich nicht«, sagte der Sergeant. »Ich muß ein Fernschreiben nach Washington schicken und mitteilen, daß Sie in den Staaten sind. Sie haben die Befehle gelesen.«

Der Sergeant vom Militärgefängnis war ein vierzigjähriger Gunnery Sergeant, ein drahtiger, schweigsamer Mann mit fünf ›Fleiß-Streifen‹ für jeweils vierjährige korrekte Dienstzeit und einem Gesicht, das so narbig war, daß McCoy sich fragte, wie der Mann es schaffte, sich zu rasieren.

»Was haben Sie in China gemacht? Scheiße gebaut?« fragte er, als McCoy ihm seine Befehle übergeben hatte.

»Soweit ich weiß, nein«, erwiderte McCoy. »Ich bin mit meinem Dienstgrad versetzt worden.«

»Nun, wir haben sechzehn Matrosen, die nach Portsmouth kommen«, erklärte der Sergeant. »Überwiegend Wiederholungstäter, die wegen unerlaubten Entfernens vom Schiff dran sind, ein Deserteur, ein Dieb, ein Typ, der seinen Offizier zusammenschlug, und drei Schwule. Sie, ein Second Lieutenand, ein Staff Sergeant und zwei andere Corporals werden die Gefangenen nach Portsmouth bringen. Und da dachten Sie immer, das Marine-Corps mag Sie nicht, stimmt's?«

»Gibt es keine Möglichkeit, da herauszukommen?«

»Sie sind nun mal dran, Corporal«, sagte der Sergeant. »Ihr Pech.«

Zusätzlich zu den anderen Corporals, dem Sergeant und dem Second Lieutenant bestand das Wachkommando aus sieben Privates und Privates First Class. Die anderen Corporals und der Sergeant waren mindestens zehn Jahre älter als McCoy. Der Lieutenant war in McCoys Alter, ein muskulöser, tiefgebräunter Mann mit Bürstenhaarschnitt. Er machte sich sofort an McCoy heran – vermutlich um zu beweisen, wie wichtig er war.

»Sie sind ein bißchen jung für einen Corporal, nicht wahr? Haben Sie Erfahrung mit einem solchen Kommando?«

»Nein, Sir.«

»Sind Sie am Schrotgewehr ausgebildet?«

»Nein, Sir.«

»Warum nicht?«

»Das weiß ich nicht, Sir.«

»Welche Truppengattung?«

»Transport, Sir.«

»Die scheinen in China beim Transportwesen ziemlich großzügig mit Beförderungen zu sein«, sagte der Lieutenant.

»Das nehme ich an, Sir.«

»Ehrlich gesagt, ich hatte gehofft, einen erfahreneren Unteroffizier zu bekommen«, sagte der Lieutenant. »Einen, der wenigstens am Schrotgewehr ausgebildet ist.«

»Ich bin Experte mit dem Springfieldgewehr und der 45er-Pistole, Sir. Ich nehme an, ich komme auch mit einem Schrotgewehr zurecht.«

»Sie können nicht mit einer Schrotflinte zurechtkommen, Corporal, wenn sie nicht dafür qualifiziert sind«, erwiderte der Lieutenant, als erkläre er etwas einem zurückgebliebenen und unbeliebten Kind. »Ich werde veranlassen, daß der Gunnery Sergeant für Ihre Qualifikation sorgt.«

»Aye, aye, Sir.«

Ein Corporal fuhr McCoy in einem Transporter zum Schießstand. Derselbe Corporal schaute zu, während McCoy auf fünfzehn Meter Entfernung zehn Schuß aus einer Winchester-Schrotflinte Modell 1897 auf eine Kopfscheibe abgab. Dann fuhr er McCoy zurück zum Gefängnis und erklärte ihm, daß es Vorschrift war, ein Schrotgewehr zu reinigen, wenn man damit geschossen hatte. Das hieß, es mußte auseinandergenommen werden.

McCoy konnte nicht einfach eine Reinigungskette und ein paar Lappen durch den Lauf ziehen. So vorsichtig er auch war, er schaffte es, sein Hemd, die Krawatte und die Hose beim Reinigen des Gewehrs mit Ölflecken zu verzieren, was bedeutete, daß er sie ebensogut als Putzlappen benutzen oder wegwerfen konnte, weil er die Flecken niemals mehr aus dem Khaki herausbekommen würde, ganz gleich wie oft er die Sachen waschen würde.

Als er sich zurückmeldete, erklärte ihm der Lieutenant, daß er eine beschmutzte Uniform habe.

»Aye, aye, Sir, ich werde sie wechseln.«

»Wenn Sie die Uniform wechseln, Corporal, sorgen Sie dafür, daß sie ein Hemd mit vorgeschriebenen Winkeln haben.«

»Sir?«

»Entfernen Sie diese Tijuana-Streifen, Corporal.«

McCoy entschloß sich, ein Risiko einzugehen; er hatte ohnehin nichts zu verlieren.

»Sir, in China sind aufgestickte Winkel Vorschrift.«

»Sie sind nicht mehr in China, Corporal«, sagte der Lieutenant. »Und ich möchte nicht mit Ihnen diskutieren. Ich erwarte Sie morgen um 7 Uhr 30 in korrekter Uniform.«

»Jawohl, Sir.«

»Und, Corporal, ich habe mich erkundigt. In den Vorschriften steht, daß Unteroffiziere nach meinem Ermessen mit der Pistole bewaffnet werden können. Da Sie sagen, Sie sind ein Experte mit der Pistole, halte ich es für besser, Sie bewaffnen sich damit anstatt mit einem Schrotgewehr.«

»Aye, aye, Sir«, sagte McCoy.

Der Dienst bei der 47. Transportkompanie in Philadelphia muß eine Verbesserung gegenüber dem sein, was du jetzt tust, sagte sich McCoy. Sonst hätte er vor seiner Versetzung einen Bastard wie diesen Lieutenant zusammengeschlagen und wäre selbst nach Portsmouth gebracht worden, mit einer Schrotflinte im Kreuz.

Er kaufte drei Hemden und ließ die vorschriftsmäßigen Winkel auf die Ärmel nähen. Dann kämpfte er gegen die Versuchung an, sich ein Hotelzimmer in San Diego zu nehmen.

Bei seinem Pech in der letzten Zeit würde er glatt in eine Schlägerei oder eine sonstige Auseinandersetzung und in Schwierigkeiten geraten.

Der Unteroffizier vom Dienst im Gefängnis fand eine Koje für ihn, und McCoy schlief dort.

Am Morgen machte der Lieutenant eine ausführliche Befehlsausgabe, redete ein bißchen Blabla zur Aufmunterung, und dann übernahmen sie die Gefangenen. Die Gefangenen trugen einen blauen Arbeitsanzug mit einem großen ›P‹ (für Prisoner – Gefangener) auf dem Knie und auf dem Rücken der Jacke. Jeder Gefangene erhielt einen Wollbeutel mit Unterwäsche zum Wechseln und Socken, einen weiteren mit ›P‹ gekennzeichneten Overall, eine Toilettentasche ohne Rasierapparat (da ein Selbstmordversuch möglich war, besonders bei den ›schweren‹ Fällen, mußten sich die Gefangenen unter Aufsicht der Bewacher rasieren) und nach eigener Wahl das Neue Testament oder die römisch-katholische Bibel.

Die Gefangenen trugen Handschellen; das rechte Handgelenk eines Mannes war an das linke seines Nebenmanns angekettet. Und an den Füßen trugen sie Ketten, mit denen sie nur in kleinen Schritten schlurfen konnten.

Im Bus zum Bahnhof informierte der Lieutenant die Wachmannschaft über die Vorschriften des Marine-Corps: Wenn ein Gefangener entkam, würde der verantwortliche Bewacher an dessen Stelle eingesperrt werden.

McCoy wußte, daß das Blödsinn war. Aber er fragte sich, ob der Lieutenant das tatsächlich glaubte, oder ob er nur ein weiteres Beispiel für einen Offizier war, der die Soldaten für so blöde hielt, daß er glaubte, ihnen alles erzählen zu können, was er wollte.

Der Bus brachte sie zum Bahnhof von San Diego.

Ein Waggon der U.S. Army stand für das Marine-Corps zur Verfügung. Er war direkt hinter der Lokomotive angekoppelt.

McCoy marschierte mit dem Wachkommando – die Schrotgewehre schräg nach links vor dem Körper – und den vierzehn gefesselten Gefangenen über den recht bevölkerten Bahnsteig und zum Waggon der Army.

Er versuchte sich einzureden, daß er nur seine Pflicht tat und diese Jungs Mist gebaut hatten und keinem die Schuld daran geben konnten, daß sie jetzt in der Klemme steckten. Doch es klappte nicht. Keiner der vierzehn Gefangenen war alt genug, um zu wählen. Die meisten wirkten einfach ängstlich und gedemütigt, aber unbedeutend – wie kleine Jungs. Und genau so sahen auch die meisten ihrer Bewacher aus.

McCoy sagte sich, daß er ein ernstes Wort mit den Wachen seiner Schicht reden mußte, damit die kleinen Jungs des Wachkommandos nicht ohne verdammt guten Grund ihre Schrotgewehre auf einen der anderen kleinen Jungs richteten.

McCoy war erleichtert, als sie alle im Zug waren. Er konnte sich nicht erinnern, sich jemals so unbehaglich gefühlt zu haben – sich so geniert zu haben – wie bei dem traurigen Marsch durch den Bahnhof.

Der Sergeant tauchte auf, bevor der Zug losfuhr, um McCoy und den anderen Corporals zu zeigen, wo er und der Lieutenant schlafen würden. Außerdem erklärte er die Vereinbarungen, die der Lieutenant mit dem Schaffner bezüglich des Essens getroffen hatte. Im Speisewagen würden ›Sandwich-Mahlzeiten‹ für die Gefangenen erhältlich sein, die von den Wachen abgeholt werden mußten.

»Wenn sich die Dinge eingespielt haben, könnt ihr Corporals vielleicht im Speisewagen essen, aber im Augenblick will der Lieutenant, daß ihr im Waggon bleibt.«

Der Lieutenant ließ sich viermal am Tag feierlich blicken, um 6 Uhr, 12 Uhr, 18 Uhr und 24 Uhr. Er blieb ungefähr zehn Minuten, vergewisserte sich, daß jeder Gefangene gegessen hatte, gewaschen und rasiert war und die Sträflingskleidung und Unterwäsche des vergangenen Tages gewaschen hatte.

McCoy schaffte es nur einmal, im Speisewagen zu essen. Die Kellner hatten durch nachlässige Bedienung und übertriebene spöttische Höflichkeit deutlich gemacht, für welchen Dreck sie die Gefangenenaufseher hielten. Er wollte nicht noch häufiger daran erinnert werden.

Alle anderen Mahlzeiten nahm er im Army-Waggon ein, was bedeutete, daß er auf dem ganzen Weg durch den nordamerikanischen Kontinent nichts außer belegten Brötchen und Kaffee zu sich nahm.

Das war nicht das, was er auf dem Pazifik erträumt hatte; ein Plüschsitz in einem Pullman-Waggon und Mahlzeiten und Drinks im Klubwagen, während das schöne Amerika an den Fenstern vorbeizog.

Aber das war natürlich Phantasie gewesen. Dies hier war die Realität. Dies war das verdammte U.S. Marine-Corps.

2

Boston, Massachusetts

16. Juli 1941, 16 Uhr 30

McCoy mußte in Boston in den Zug nach Philadelphia umsteigen. Er hatte dafür jede Menge Zeit. Der Zug aus Portsmouth war um 14 Uhr 55 in Boston eingetroffen. Für 15 Uhr 15 hatte er einen Platz im Klubwagen reservieren lassen. Man hatte ihm im Marinegefängnis von Portsmouth einen Reisegutschein nach Philly und zwei Essensgutscheine gegeben, doch er hatte sie zerrissen und die Schnipsel in einen Abfalleimer geworfen.

Er wollte nichts mit irgend etwas zu tun haben, das mit dem Marinegefängnis Portsmouth in Zusammenhang stand. Oder – noch wichtiger – mit dem verdammten U.S. Marine-Corps. Diese Entscheidung hatte er irgendwo zwischen San Diego und Chicago getroffen, und er fragte sich immer noch, warum er nicht eher daran gedacht hatte. Zu *seinem* Besten. Nicht in Zusammenhang mit irgendwelchen blöden Ideen, die er bezüglich Ellen Feller gehabt hatte, zur Hölle mit dem Weibsstück! Er hatte fünftausend Dollar. Es gab absolut keinen Grund, im Marine-Corps zu bleiben und sich mit all diesem Scheiß abzufinden.

Er konnte sich aus dem Marine-Corps freikaufen und einen anderen Job annehmen. Jetzt standen die Dinge besser als bei seine Eintritt in die USMC, und er hatte einen High-School-

Abschluß. Er konnte vielleicht sogar nach China zurückkehren und sehen, ob er nicht etwas zusammen mit Piotr Petrovich Muller oder dem ›General‹ auf die Beine stellen konnte.

Fünftausend Dollar und ein paar Gequetschte waren viel Geld. Selbst wenn er die Passage nach Schanghai bezahlte, würde ihm genügend übrigbleiben, und er brauchte sich keine Sorge zu machen, daß er sofort einen Job finden mußte. Er konnte sich in aller Ruhe umsehen, sich etwas Gutes aussuchen und dann langsam mit der Arbeit anfangen.

So war es letzten Endes ganz gut, daß ihn das verdammte Marine-Corps heimgeschickt hatte, als Strafe dafür, daß er seine Pflicht getan hatte, und es war noch besser gewesen, daß man ihn zu einer Gefangenen-Eskorte gesteckt hatte. Dadurch war in ihm der Entschluß gereift, höllisch schnell aus dem verdammten Marine-Corps auszuscheiden. Andernfalls wäre er in China geblieben und hätte den Kopf hingehalten, und früher oder später hätten die Japse mit ihm gemacht, was sie mit Sessions versucht hatten.

Der Gefangenentransport war gegen Ende immer schlimmer geworden, nachdem sie in Boston in den Zug nach New Hampshire umgestiegen waren, und richtig hart war es geworden, als sie in Portsmouth eingetroffen waren.

Dort hatte ein anderer Bus mit vergitterten Fenstern und drei Marines gewartet, die mit Pistolen bewaffnet gewesen waren und lange Schlagstöcke gehabt hatten, mit denen sie auf ihre Handflächen geschlagen hatten.

Alle Gefangenen hatten erbärmliche Angst gehabt, und zwei – einer der Homosexuellen und der große Kerl, der vor der unehrenhaften Entlassung zehn Jahre absitzen mußte, weil er einen Offizier zusammengeschlagen hatte – waren in Tränen ausgebrochen.

Es hatte eine kleine Zeremonie gegeben, als man im Gefängnis die Übernahme der Gefangenen schriftlich bestätigt hatte.

Dann hatte einer der Gefangenen eine Frage stellen wollen und deshalb das Ende eines Schlagstocks in den Bauch bekommen. So hart, daß ihm die Luft weggeblieben war und er zu Boden gestürzt war.

Und dieser verdammte Lieutenant stand nur dabei und tat, als wäre nichts passiert. Er wußte genau, daß es ein Verstoß gegen die Vorschriften war, doch dieser Hurensohn tat nichts dagegen.

Er war mit wichtigeren Dingen beschäftigt. Zum Beispiel zog er McCoy zur Seite und sagte ihm, er sei bereit, zuzugeben, ihn falsch eingeschätzt zu haben, und das sei vermutlich durch die nicht vorschriftsmäßigen Tijuana-Winkel ausgelöst worden. Jedenfalls, fuhr der Lieutenant fort, wolle er McCoy sagen, daß sein Verhalten während des Gefangenentransports tadellos und besser war, als man selbst von einem guten Unteroffizier des Marine-Corps erwarten konnte, und er werde bei seiner Rückkehr nach San Diego McCoys befehlshabendem Offizier ein Belobigungsschreiben schicken.

McCoy glaubte, daß der Bastard von einem Schleifer das mit dem Belobigungsschreiben ernst meinte. Und das bedeutete nach seiner Ankunft bei der Transportkompanie in Philly, daß man sich an Corporal McCoy wenden würde, wenn irgendein armes Schwein nach Portmouth transportiert werden mußte; McCoy hatte ja bewiesen, wie gut er darin war. Aber zum Teufel damit! Als erstes bei der Transportkompanie würde er den First Sergeant nach den Formularen fragen, die man ausfüllen mußte, wenn man seinen Abschied aus dem Marine-Corps nehmen wollte.

Im Bahnhof von Boston war eine Kneipe, und McCoy, der auf den Zug nach Philadelphia wartete, wanderte ein halbes Dutzend Mal hin, ohne jedoch reinzugehen. Er wünschte sich einen Drink. Nicht nur einen, sondern viele, aber er würde warten, bis er sicher im Zug saß – und das Marinegefängnis Portsmouth weit hinter ihm lag.

Als er ihn zum erstenmal bemerkte, schaute der Typ ihn irgendwie aufdringlich an. Sie standen auf dem Bahnsteig. Der Typ war ein regelrechter Dandy, etwa in McCoys Alter, in einem Stutzeranzug aus Kreppleinen. McCoy sagte sich, daß es vielleicht ein Junge war, der vom College heimkehrte. Allerdings war jetzt Mitte Juli, und die höheren Lehranstalten waren den Sommer über geschlossen.

Der Dandy sah ihn nicht nur an, er lächelte ihn an, als sammle er seinen Mut, um ihn anzusprechen. Himmel, dachte McCoy, Schwule, wohin man nur blickt. Der Mann der gottverdammten Ellen Feller war nicht der einzige Homo. Und er hätte nie angenommen, daß der glatzköpfige, jedoch unglaublich stark behaarte Maat auf dem Schiff ein Schwuler gewesen war. Jetzt war da dieses Jüngelchen, das ihm Augen machte und aussah wie ein Chorknabe der Pfadfinder in der Reklame einer Hemdenfirma.

Im Zug wies der Kellner McCoy im Klubwagen einen Plüschsessel bei einem kleinen Tisch zu und überreichte ihm eine Getränkekarte. 50 Cent (ohne Bedienungsgeld) war viel Geld für seinen Scotch, doch es war McCoy gleichgültig – er hatte sich einen verdient. An diesen Whisky hatte er praktisch von dem Augenblick an gedacht, an dem er in Schanghai an Bord des verdammten Öltankers gegangen war. Gerade als der Kellner die Bestellung aufnehmen wollte, kam der Knabe, der McCoy auf dem Bahnsteig schöne Augen gemacht hatte, zu ihm an den Tisch.

»Ist hier frei?« fragte er und legte die Hand auf den Plüschsessel auf der anderen Seite des Tisches.

»Bitte sehr«, sagte McCoy.

Wie kann ich diesen Schwulen loswerden, ohne daß es Krach gibt? fragte er sich.

»Scotch‹, sagte McCoy zu dem Kellner. »Johnny Walker. Soda separat.«

»Das gleiche für mich«, sagte der Schwuli.

McCoy bedachte ihn mit einem gereizten Blick.

»Ich bin bald auch ein Marine«, sagte Schwuli.

»Sie sind – bald – was?« fragte McCoy entgeistert.

»Ich bin im Begriff, ins Marine-Corps einzutreten«, erwiderte Schwuli.

»Ich bin im Begriff, *aus* dem Marine-Corps auszutreten«, sagte McCoy.

»Tatsächlich?« fragte Schwuli-der-zum-Marine-Corps-wollte überrascht. »Ich dachte, alle Entlassungen wären eingefroren.«

»Ich steige aus«, sagte McCoy entschieden. Er erinnerte sich, Gerüchte gehört zu haben, daß es ein Jahr lang keine Entlassungen geben würde oder so etwas in dieser Art, aber er hatte der Sache keine Aufmerksamkeit gewidmet.

Allmächtiger! durchfuhr es ihn jetzt. *Was ist, wenn dieser Dandy recht hat und das Marine-Corps zur Zeit keinen entläßt? Was dann?*

»Sie sind anscheinend nicht glücklich beim Marine-Corps«, sagte Schwuli.

Eigentlich redet er gar nicht wie ein Schwuler, und seine Bewegungen sind auch nicht heiteitei, aber dem Maat war ja auch nichts anzumerken gewesen, dachte McCoy.

»Sieht man mir das an?« erwiderte McCoy mürrisch.

»Dann sind Sie genau der Mann, mit dem ich sprechen möchte«, sagte der junge Mann. »Wie die Rekrutierer reden, ist das Marine-Corps das Paradies auf Erden. Da bekommt man alles Essen, was man will, soviel Schnaps, wie man nur trinken kann, und die schönsten Mädchen werfen sich einem an den Hals.«

»Sie wollen wirklich zum Marine-Corps?« McCoys Neugier war geweckt – und bei der Erwähnung der Mädchen war sein Verdacht ein wenig abgeschwächt.

»Ich will wirklich zum Marine-Corps«, bekräftigte der junge Mann. Er streckte McCoy die Hand hin. »Malcolm Pickering«, stellte er sich vor.

McCoy ergriff die Hand.

»Ken McCoy«, sagte er. Pickerings Händedruck war fest, gar nicht der eines Schwulen, wie McCoy fand.

Der Kellner stellte die bestellten Getränke auf den Tisch.

»Setzen Sie das auf meine Rechnung«, sagte Pickering.

»Ich kann meinen Scotch selbst bezahlen«, wandte McCoy ein.

»Dann geben Sie eben die nächste Runde aus«, sagte Pickering gutmütig.

McCoy nickte. Er drehte den Verschluß der Miniaturflasche ab und fragte sich flüchtig, ob man einen halben Dollar für einen lausigen Drink verlangte, weil man ihn in eine eigene kleine Flasche abgefüllt hatte. Er nahm das Minifläschchen und las das Etikett. Der Inhalt war 1,6 Unzen. Das machte 37,5 Cent pro Unze, viel mehr, als er für gewöhnlich bezahlte.

»Darf ich Ihnen eine Frage stellen, Corporal McCoy?« fragte Malcolm Pickering.

McCoy schaute ihn an und nickte.

»Ich sah Sie in Chicago auf dem Bahnsteig mit einigen sonderbar aussehenden Jungs«, sagte Pickering. »Was hatte das zu bedeuten?«

Chicago? Was, zum Teufel, meint er? dachte McCoy.

Und dann verstand er. Es hatte eine Stunde Aufenthalt gegeben, als die Loks gewechselt worden waren. Der Lieutenant hatte die Idee gehabt, daß den Gefangenen ein wenig Bewegung verschafft werden sollte. Da sie mit gefesselten Händen und Füßen keine Gymnastik und keine Formalausbildung machen konnten, hatte der Lieutenant sie auf dem Bahnsteig auf und ab schlurfen lassen. Das hatte dieser Pickering anscheinend beobachtet.

»Wir ließen die Gefangenen ein bißchen rumlaufen. Das meinen Sie?«

»Was hatten die verbrochen?« fragte Pickering.

»Drei von ihnen waren Schwule«, sagte McCoy. »Einer hatte einen Offizier geschlagen. Der Rest fand auf die harte Tour heraus, daß man, wenn man sich meldet, bei dem Haufen bleiben muß, bis man seinen Abschied nehmen darf.«

»Es waren Marines?«

»Matrosen«, sagte McCoy. »Das Marine-Corps erledigt die Drecksarbeit der Navy, wie zum Beispiel das Bewachen und Transportieren von Gefangenen.«

»Was passierte mit ihnen?«

»Wir brachten sie zum Marinegefängnis in Portsmouth, New Hampshire, damit sie ihre Strafen absitzen«, erklärte McCoy.

»Ist das Ihre Aufgabe beim Marine-Corps?« fragte Pickering.

»Nein«, sagte McCoy. »Ich kam gerade nach San Diego, als sie ein paar Corporals für das Wachkommando brauchten.«

»Was machen Sie?« fragte Pickering.

»Ich bin Corporal bei einer Transporteinheit«, sagte McCoy. Obwohl das seiner Meinung nach nicht gut klang, stand genau das auf dem Papier. »Ich arbeitete in der Fahrbereitschaft.«

»Gefällt Ihnen das?«

»Nein. Ich sagte doch, daß ich aus dem Marine-Corps ausscheiden will.«

»Und was haben Sie dann vor?«

McCoy wollte diesem neugierigen Burschen nicht erzählen, daß er vorhatte, nach China zurückzukehren. Das würde nur eine neue Serie von Fragen auslösen. Und abgesehen von der Rückkehr nach China hatte er noch kein festes Ziel. Er war seit seinem siebzehnten Lebensjahr im Marine-Corps. Es war das einzige, was er je nach der Schule getan hatte.

»Warum wollen Sie zum Marine-Corps gehen?« fragte McCoy.

»Mein Vater war Marine-Infanterist«, sagte Pickering. »Im Weltkrieg.«

»Und er hat Sie nicht gewarnt?«

»Er war Corporal«, sagte Pickering. »Er riet mir, besser Offizier zu werden als Unteroffizier.«

Dann wurde ihm klar, was er gesagt hatte.

»Ich meinte das nicht beleidigend . . .«

»Ihr Vater hatte recht«, sagte McCoy.

»Wenn jetzt der Krieg kommt, sollte man wohl besser Offizier sein«, sagte Pickering.

»Sie sind anscheinend ziemlich sicher, daß wir in diesen Krieg eintreten«, sagte McCoy.

»Sie nicht?«

»Himmel, ich hoffe nicht«, sagte McCoy.

»Wir werden wahrscheinlich etwas gegen die Japaner unternehmen müssen«, argumentierte Pickering.

»Die Japse denken vermutlich das gleiche über uns«, sagte McCoy. »Und Sie würden nicht glauben, wie viele von diesen Bastarden es gibt.«

»Aber sie sind anders als wir Amerikaner, oder?« fragte Pickering.

»Die Japse, die ich gesehen habe, sind erstklassige Soldaten«, sagte McCoy.

»Diejenigen, die Sie gesehen haben?« fragte Pickering überrascht.

»Ich komme soeben von China«, erklärte McCoy. »Ich war beim 4. Marineinfanterieregiment in Schanghai.«

Warum, zum Teufel, erzähle ich das? fragte sich McCoy.

»Ich möchte etwas darüber hören«, sagte Pickering.

»Ich möchte lieber über etwas anderes reden«, entgegnete McCoy.

»Zum Beispiel?« fragte Pickering liebenswürdig.

»Ich werde in Philly stationiert sein«, sagte McCoy. »Eine Zeitlang, meine ich, sagen wir einen Monat oder sechs Wochen, bis ich meinen Abschied nehmen kann. Wenn Sie sich ein bißchen auskennen, warum reden wir dann nicht darüber, wie man in Philly am besten bumsen kann?«

»Ich habe herausgefunden, daß man am besten im Bett bumst. Aber es gibt die Theorie, daß es unter der Dusche von besonderem Reiz sein soll.«

McCoy musterte ihn und mußte dann laut lachen.

»Erzählen Sie mir von den Marines in China, McCoy«, sagte Pickering. »Und dann gebe ich Ihnen Tips, wie Sie am besten in Philadelphia bumsen. Wenn wir dort sind, auf der Marinewerft, wo ich auch hin muß, um meine College-Papiere abzuliefern, könnten wir mit ein bißchen Glück ein ›Experiment in der Praxis‹ durchziehen.«

Wenn ich weiterhin mit diesem Typ saufe und dann mit ihm auf Hurenjagd gehe, komme ich vermutlich in große Schwierigkeiten, dachte McCoy. *Aber im Augenblick ist mir das schnurzegal.*

Er hob die Hand, schnippte mit den Fingern zum Kellner, um zwei Scotch zu bestellen, und wandte sich wieder Malcolm Pickering zu.

»In Schanghai kann man eine vierzehnjährige Jungfrau für drei Dollar kaufen«, sagte er. ›Wie ist der gängige Preis zurzeit in Philly?«

»Es gibt keine vierzehnjährigen Jungfrauen in Philadelphia«, sagte Malcolm Pickering ernst.

Ich will verdammt sein, wenn mir dieser Dandy-Zivilist nicht sympathisch ist, dachte McCoy.

3

Bellevue Stratford Hotel
Philadelphia, Pennsylvania

17. Juli 1941, 9 Uhr 05

Als McCoy erwachte, erinnerte er sich als erstes daran, daß eine Frau mit ihm im Bett gewesen war, was bedeutete, daß wahrscheinlich sein Geld und seine Armbanduhr verschwunden waren.

Der zweite Gedanke war erschreckender: Der Scheck der Barclays Bank Ltd. Schanghai war in seinem Geldgürtel gewesen, zusammen mit dreihundert Bucks in bar. Die Nutte würde den Scheck vermutlich nicht zu Bargeld machen können, aber todsicher hatte sie ihn mitgenommen, und es würde höllisch schwer sein, ihn ersetzt zu bekommen.

McCoy setzte sich auf. Sein Kopf schmerzte, als wäre sein Gehirn geschrumpft und rolle locker in seinem Schädel hin und her, unterlegt von Zahnschmerzen. Seine Lippen waren trocken und rissig, und die Zungenspitze fühlte sich an wie eine Ledersohle.

Wie komme ich ohne einen Cent von hier, wo immer das sein mag, zur Marinewerft? überlegte McCoy. *Oder was das anbetrifft, überhaupt aus dem Hotel hinaus? Allmächtiger, hoffentlich habe ich im voraus bezahlt!*

Er schaute sich im Zimmer um, und das machte es noch schlimmer. Das war keine Absteige für einen Dollar pro Nacht. Dies war nicht nur ein richtiges Hotel, sondern ein Luxushotel. Verdammt große Zimmer, Vorhänge vor den Fenstern, eine Couch und zwei Sessel, und die Flaschen, die auf einer Kommode standen, hatten Gott weiß was gekostet. Bevor die Hure ihn um sein Geld erleichtert hatte, mußte er höllisch spendabel gewesen sein.

Und dann sah er den Geldgürtel. Er lag auf einer kleinen Ablage über dem Waschbecken im Badezimmer. Das paßte. Kurz bevor die Nutte abgehauen war, hatte sie den Geldgürtel ins Badezimmer mitgenommen, für den Fall, daß er aufwachen sollte, und ihn durchsucht. Nachdem sie ihn geleert hatte, war es ihr gleichgültig gewesen, wo sie ihn zurückgelassen hatte.

Er brauchte ein Glas Wasser, und zwar dringend. Vielleicht konnte er sich zehn Bucks oder so von Malcolm Pickering leihen, wenn der nicht ebenfalls ausgenommen worden war. Es war nicht das Ende der Welt. Er hatte sein Soldbuch dabei, und ihm standen noch mindestens zwei Monatszahlungen zu. Er brauchte nur genug Geld aufzutreiben, um von hier zur Marinewerft zu gelangen, und dann konnte er genügend Dollars besorgen, um sich über Wasser zu halten.

Er würde zu einer Bank gehen und fragen, was man beim Verlust eines Schecks machen sollte. Früher oder später würde sich die Sache regeln lassen, und er würde zu seinem Geld kommen.

Er erhob sich vom Bett und wankte ins Badezimmer. Das Hotel war wirklich Klasse. Es gab einen kleinen Knopf mit der Aufschrift: ICE WATER, mit dem man eine kleine Chromwasserleitung betätigen konnte. Wenn man auf den Knopf drückte, kam tatsächlich Eiswasser aus der Leitung.

McCoy trank ein Glas Eiswasser so schnell, daß ihm die Zähne schmerzten. Das zweite Glas Eiswasser trank er langsamer und schaute dabei von Zeit zu Zeit sein Bild im Spiegel über dem Waschbecken an. Seine Augen waren blutunterlaufen und – er mußte zweimal hinsehen, um zu erkennen, was es war – seine Ohren waren rot von Lippenstift.

Er schaute hinab aufs andere Teil seines Körpers.

Nun, offenbar habe ich eine sehr gute Zeit verbracht, wenn ich mich auch nicht an die Einzelheiten erinnern kann.

Da war etwas unter dem Geldgürtel, das ihn wölbte. Neugierig schob er den Geldgürtel zur Seite. Darunter kam seine Armbanduhr zum Vorschein.

»Da will ich doch verdammt sein!« McCoy sagte sich, daß es keinen Grund zur Freude gab. Daß die Hure nicht die Uhr geklemmt hatte, bedeutete nicht, daß sie auch auf Bargeld und Scheck verzichtet hatte. Die Uhr war nichts Besonderes. Er hatte sie hauptsächlich wegen des Leuchtzifferblatts gekauft, damit er im Dunkeln die Zeit ablesen konnte. Das Leuchtzifferblatt war das einzig Gute an dem billigen Ding. Er nahm den Geldgürtel und zog den Reißverschluß auf. Darunter kam Geld zum Vorschein. Zweihundertfünfzig Dollar. Und da war auch der Scheck.

»Da will ich doch verdammt sein!« wiederholte McCoy.

Jetzt hatte er einen Krampf in der Blase, so kam es ihm vor, und er eilte zur Toilette und erleichterte sich. Er sah, daß das Badezimmer zwei Türen hatte: eine führte zu seinem luxuriösen Schlafzimmer, die andere hinaus in ein anderes Zimmer.

Als er seine Blase schließlich zu Ende erleichtert hatte – der Strahl wollte und wollte nicht aufhören –, probierte er den Türknauf. Die zweite Tür war unverschlossen, und er schob sie auf.

Malcolm Pickering (McCoy erinnerte sich in diesem Augenblick daran, daß Pickering ihn irgendwann im Laufe der vergangenen Nacht aufgefordert hatte, ihn ›Pick‹ zu nennen) lag pudelnackt auf dem Rücken in einem Doppelbett. Seine Arme und Beine waren gespreizt. Und er war wach.

»Pinkel bitte ein bißchen leiser«, sagte Pick Pickering. »Ich wachte auf und dachte, unser Schiff kentert.«

McCoy lachte.

»Ich bin zu dem Schluß gelangt, Corporal McCoy«, sagte Pick Pickering, »daß du ein übler Typ bist, der auf Wegen wandelt, die unschuldige Jungen wie mich zur Sünde führen.«

»Sieht aus, als hätten wir allerhand Spaß gehabt«, sagte McCoy.

»Nicht wahr? Wie spät ist es?«

»Kurz nach neun«, sagte McCoy.

»Ich behandele meinen Kater mit ausgiebigen Frühstücken und Bier«, sagte Pick Pickering. »Einverstanden?«

»Ich möchte mich nicht mit einer Bierfahne zum Dienst melden«, wandte McCoy ein.

»Die haben hier ein Mittelchen, das die Fahne abtötet«, sagte Pickering. Er setzte sich ruckartig auf und stöhnte, weil sein Kopf schmerzte. Dann schwang er die Füße auf den Boden und nahm den Telefonhörer ab. »Zimmerservice«, verlangte er. Dann: »Hier ist Malcolm Pickering, Zimmer neunhundertsieben. Ein großer Orangensaft, Frühstücksteak medium, Corned beef, zwei Eier pflaumenweich, Toast, zwei Kannen Kaffee, zwei Flaschen Feigenspann Ale. Das Ganze zweimal und je früher desto besser.«

Sehr nobel, dachte McCoy. *Das wird vermutlich, drei, vier oder sogar fünf Dollar kosten. Aber was soll's. Ich habe immer noch das meiste von meinem Geld.*

»Was kostet uns das Zimmer?« fragte McCoy.

»Ich sollte es dir vielleicht nicht sagen, Killer«, antwortete Pickering. »Ich sage es nur, weil ich ein aufrechter Christ bin. Wir warfen gestern abend eine Münze, wer bezahlen muß, und du hast gewonnen. Es kostet dich keinen Dime, und ich will gar nicht daran denken, was es mich kostet.«

McCoy war überrascht, als Pickering ihn ›Killer‹ nannte. Das konnte er nur erfahren haben, wenn er, McCoy, es ihm erzählt hatte. Und wenn er es ihm erzählt hatte, dann mußte er ziemlich betrunken gewesen sein, falls es noch eines weiteren Beweises bedurfte.

»Ich möchte meinen Anteil zahlen«, sagte McCoy.

»Sei nicht blöde. Wenn die Münze auf der anderen Seite gelandet wäre, dann hättest du alles bezahlt«, sagte Pickering. Er stand auf und durchquerte das Zimmer. »Aber da ich zahle, darf ich als erster unter die Dusche.«

McCoy stellte fest, daß Pickerings Zimmer größer war als seines. Und dann entdeckte er, daß nicht nur das Badezimmer, sondern auch eine Tür beide Räume verband. Er kehrte in sein Zimmer zurück, fand seinen Seesack in einem Wandschrank und nahm eine frische Uniform heraus. Die Uniform war sauber, aber verknittert. Er haßte es, sich in verknitterter Uniform zu melden, auch wenn er als erstes bei der Meldung nach den Formularen fragen würde, mit denen er seinen Abschied beantragen würde.

»Was soll's«, murmelte er vor sich hin und nahm den Telefonhörer ab. Es war ihm gleichgültig, was es kostete, er würde die Uniform bügeln lassen. Bis jetzt hatte er überhaupt nicht viel Geld ausgegeben.

Ein Kellner und ein Hoteljunge brachten das Frühstück auf einem Servierwagen. Nach dem Frühstück und zwei Flaschen Bier fühlte sich McCoy fast wieder menschlich.

Als er angekleidet war, nahm Pick Pickering den Telefonhörer ab und wies die Rezeption an, ein Taxi zu bestellen und das Gepäck abholen zu lassen.

Der Militärpolizist am Tor der Marinewerft warf einen Blick auf McCoys Feldhut und kehrte in ein Wachlokal zurück, um seinen Block mit Vordrucken zu holen, auf denen Verstöße gemeldet wurden.

»Ich muß Sie aufschreiben, Corporal, tut mir leid«, sagte der MP. »Vielleicht drückt man ein Auge zu, weil Sie gerade erst zurückkommen.«

McCoy verabschiedete sich von Pickering, der in ein dreigeschossiges Gebäude nahe beim Eingang mußte, um die Formalitäten für seinen Eintritt ins Marine-Corps zu erledigen.

»Nun, vielleicht laufen wir uns wieder über den Weg«, sagte Pickering.

»Ich hoffe, dann bin ich Zivilist«, erwiderte McCoy. »Andernfalls werde ich strammstehen und dich mit ›Sir‹ anreden.«

»Na und?« sagte Pickering.

»Es kommt ganz anders, Pick«, sagte McCoy und reichte ihm die Hand. »Wie du herausfinden wirst, ist dies das U. Scheiß S. Scheiß Marine-Corps. Aber es war nett mit dir, und ich bin froh, daß die Münze auf dieser Seite gelandet ist.«

»Viel Glück«, sagte Pickering und drückte McCoys Hand noch ein wenig kräftiger. Dann stieg er aus dem Taxi und ging zu dem großen Backsteingebäude, in dem er sich zum Marine-Corps melden wollte.

McCoys neue Einheit war in einem Kasernengebäude nicht weit vom Fluß entfernt untergebracht. Zwei Marineinfanteristen harkten sehr langsam den schmalen, gut gemähten Rasen zwischen dem Bürgersteig und dem Gebäude.

McCoy bezahlte den Taxifahrer und stieg aus.

»Helft ihr Jungs mir mit dem Gepäck?« fragte er die beiden Marines mit den Rechen.

Er war immer noch Corporal, und ein Unteroffizier schleppt keine Dinge, wenn Privates in der Nähe sind, die das tun können. Sie schauten ihn neugierig an, musterten den Feldhut, der nicht zur Uniform paßte, und die nicht vorschriftsmäßigen Winkel. Dann stiegen sie über die Absperrkette hinweg, die den Rasen säumte, nahmen seine Seesäcke auf die Schulter und folgten ihm ins Kasernengebäude.

Der Linoleumboden drinnen glänzte, und die Türgriffe aus Messing waren auf Hochglanz poliert. *Hier sind wir in den Staaten,* dachte McCoy, *wo amerikanische Marines – keine Chinesenjungs – den Boden bohnern und das Messing polieren. Und Corporals des Marine-Corps achten darauf, daß die Männer es richtig machen.*

An der Tür der Schreibstube war ein Schild: ›Anklopfen, Kopfbedeckung abnehmen und auf Erlaubnis zum Eintreten warten.‹

McCoy überprüfte seine Uniform, vergewisserte sich, daß alles tipptopp war, nahm seinen Feldhut ab, klopfte an und wartete auf die Erlaubnis zum Eintreten.

»Herein!« rief jemand, und McCoy schob die Tür auf und trat ein.

Ein Kompanieschreiber, eine Private First Class, saß hinter seinem Schreibtisch, und ein First Sergeant so um die fünfunddreißig hinter einem anderen. Hinter dem First Sergeant war eine Tür mit dem Schild *LT A. J. Fogarty USMC Commanding.*

»Sie müssen McCoy sein«, sagte der First Sergeant. »Sie hätten vorgestern eintreffen müssen.«

»In Portsmouth sagte man mir, ich hätte achtundvierzig Stunden Zeit bis hier‹, sagte McCoy. »Ich hätte erst morgen mittag hier eintreffen müssen.«

»Was haben Sie in Portsmouth gemacht?« fragte der First Sergeant.

»Ich überführte mit einer Wachmannschaft Gefangene aus Diego«, sagte McCoy.

Der First Sergeant fluchte dezent. »Keiner hat uns was von Ihrem Abstecher nach Portsmouth gemeldet. Sie sind heute morgen wegen unerlaubten Entfernens von der Truppe auf den morgendlichen Bericht gekommen. Jetzt müssen wir die ganze verdammte Sache zurückkurbeln.«

Nun, da bin ich ja gleich ins Fettnäpfchen getreten, dachte McCoy. *Ich mußte nicht nur diese armen Bastarde nach Portsmouth bringen, sondern ich kam dadurch gleich auf die schwarze Liste dieses First Sergeants.*

»Wir können einen geänderten Bericht vorlegen«, sagte der Kompanieschreiber.

»Wenn ich Ihren Rat hören will, werde ich danach fragen«, sagte der First Sergeant. Er schaute McCoy an. »Setzen Sie sich. Sie wissen, daß Ihr Feldhut gegen die Vorschriften verstößt?«

»Nein, das wußte ich nicht«, behauptete McCoy.

»Nun, so ist es aber.« Der First Sergeant zeigte die Andeutung eines Lächelns. »Ebenso die Winkel.«

»Ich erhielt soeben einen schriftlichen Rüffel von dem MP am Haupttor«, sagte McCoy. »Wegen des Hutes. Er sagte nichts von den Winkeln.«

»Es wird eine Woche oder zehn Tage dauern, bis es über den Dienstweg kommt«, erklärte der First Sergeant. »Ich weiß nichts von Verstößen, bis ich eine Meldung erhalte. Und manchmal gehen die verloren. Möchten Sie eine Tasse Kaffee?«

Der Junge ist nicht übel, das muß ich zugeben, dachte McCoy.

»Ja, bitte. Vielen Dank.«

Der First Sergeant nahm den Hörer des Telefons auf seinem Schreibtisch ab und wählte eine Nummer.

Dann ließ er es klingeln, deckte die Sprechmuschel mit der Hand ab und sagte zu dem PFC: »Sie haben gehört, was der Corporal gesagt hat. Besorgen Sie ihm eine Tasse Kaffee und Gebäck, wenn Sie welches auftreiben können.«

Der Private First Class eilte aus der Schreibstube.

»Sergeant Major, hier ist Quinn«, sagte der First Sergeant am Telefon. »Corporal McCoy war nicht AWOL (Absent without leave – unerlaubtes Entfernen von der Truppe). Sie steckten ihn zu einer Wachmannschaft, die Gefangene nach Portsmouth überführte. Er meldete sich soeben einen Tag früher als nötig. Ich habe ihn als AWOL im Morgenbericht. Wie wollen Sie das erledigt haben?«

Was immer der Sergeant Major erwiderte, es dauerte nicht lange, denn der First Sergeant unterbrach die Verbindung sofort, indem er die Gabel hinunterdrückte. Dann wählte er eine andere Nummer.

»First Sergeant Quinn«, meldete er sich. »Ist Lieutenant Fogarty da?«

Einen Augenblick später war Lieutenant Fogarty anscheinend in der Leitung, denn Quinn meldete McCoys Ankunft, daß McCoy sich nicht unerlaubt von der Truppe entfernt hatte, und daß er, Quinn, den Morgenbericht abgefangen hatte, bevor der nach Washington ging, und einen neuen machen würde.

»Der Chef sagte, Sie sollen warten«, erklärte First Sergeant Quinn, als er auflegte. »Möchten Sie eine Zeitung lesen?«

Er schob ein ordentlich gefaltetes Exemplar des *Philadelphia Bulletin* über den Schreibtisch zu McCoy hin.

»Danke«, sagte McCoy, »aber was ich wirklich möchte, sind die Formulare zum Austritt aus dem Marine-Corps.«

»Was?«

»Nichts für ungut, aber ich habe genug vom Marine-Corps.«

Der First Sergeant lachte, und es klang nicht unfreundlich.

»Alle Entlassungen sind eingefroren«, sagte er. »Keiner nimmt seinen Abschied aus dem Corps, es sei denn aus gesundheitlichen Gründen. War das in China nicht bekannt?«

»Mist«, murmelte McCoy.

»Einige Leute meinen, es gibt Krieg«, sagte der First Sergeant.

»Ich wußte nicht, daß Entlassungen eingefroren sind«, sagte McCoy lahm.

Eine halbe Stunde später kam ein junger PFC in die Schreibstube (ohne anzuklopfen, wie McCoy registrierte).

»Wenn Sie Corporal McCoy sind«, sagte der junge Mann, »der Chef ist draußen im Stabswagen.«

McCoy schaute den First Sergeant an, und der hielt einen Daumen hoch als Zeichen, daß er mit dem Fahrer gehen sollte.

McCoy schätzte den Zugführer auf vierundzwanzig Jahre. Es war ein stämmiger Ex-Footballspieler. Er erwiderte McCoys schneidigen Gruß, forderte ihn mit einer Geste auf, sich auf den Rücksitz des Stabswagens zu setzen, und als der Wagen anfuhr, wandte er sich McCoy zu.

»Freut mich, daß sich der AWOL-Fall als Irrtum herausstellte, Corporal McCoy. Wenn er gestimmt hätte, wären wirklich eine Menge Leute enttäuscht gewesen.«

»Sir, ich habe mich nicht freiwillig für die Fahrt nach Portsmouth gemeldet«, sagte McCoy.

»Das habe ich auch nicht gedacht.« Lieutenant Fogarty lachte.

Sie fuhren zu dem Gebäude, in dem Pick Pickering seine College-Papiere abgeliefert hatte, um zum Marine-Corps zu gehen. Es kam McCoy vor, als wäre viel mehr Zeit als eine Stunde vergangen, seit sie sich verabschiedet hatten.

Er folgte Fogarty in das Gebäude und die Treppe hinauf in den dritten Stock. Dort öffnete Fogarty eine Tür, betrat ein Büro und hielt die Tür für McCoy auf. Dann sprach er mit einem Staff Sergeant, der hinter einem Schreibtisch saß.

»Der Nicht-AWOL-Corporal-McCoy«, sagte er.

»Gehen Sie gleich rein und melden Sie sich beim Captain, Corporal«, sagte der Staff Sergeant. »Er erwartet sie.«

Da ich nicht aus dem Marine-Corps heraus kann, tue ich besser, was Captain Banning mir geraten hat: Ich halte die Nase sauber bei diesem Transportzug und hoffe, daß er sich an sein Versprechen hält, mich herauszuholen, wenn er von Schanghai zurückkehrt.

Das bedeutete, daß er sich vorschriftsmäßig meldete. McCoy ging zu der geschlossenen Tür, klopfte an, wurde zum Eintreten aufgeforderet und marschierte in vorbildlicher Haltung in das Büro. Er achtete sorgfältig darauf, eine Handlänge über die Rückenlehne des Drehstuhls hinwegzuschauen, so daß er, wenn sich der Captain drehte, über seinen Kopf hinweg sah, wie es vorgeschrieben war. Er stand still und bellte: »Corporal McCoy meldet sich beim Captain wie befohlen, Sir!«

Der Drehstuhl drehte sich langsam, bis der Captain McCoy ins Gesicht schaute.

»Es überrascht mich, Killer, daß man Sie mit diesem Hut der China-Marines nicht in Portsmouth behalten hat«, sagte Captain Edward Sessions. »Abgesehen davon – wie war die Reise?«

McCoy hatte es die Sprache verschlagen.

»Sie wirken ein wenig überrascht, McCoy«, sagte Sessions

und lachte. »Darf ich daraus schließen, daß Captain Banning nicht wußte, was wir mit Ihnen vorhatten?«

»Was ist hier los?« fragte McCoy immer noch benommen.

»Für die Öffentlichkeit gehören wir zum Stab des Marine-Corps bei der Marinewerft Philadelphia. Und Sie sind dem 47. Transportzug zugeteilt, weil das eine gute Möglichkeit ist, Sie aus Philadelphia herauszubekommen, ohne daß viele Fragen gestellt werden. In Wirklichkeit – und nicht für die Öffentlichkeit – ist das hier das Büro Philadelphia des Stellvertretenden Stabschefs für Aufklärung des Marine-Corps.«

»Ich verstehe nicht«, sagte McCoy.

»Das enttäuscht mich«, sagte Sessions. »Zwei Dinge, McCoy. Erstens glaubt mein Chef, daß Sie allerlei über die Japaner in China wissen, was keiner sonst weiß, einschließlich Captain Banning, und wir wollen diese Informationen aus Ihnen herausholen. Zweitens dachte mein Chef, die Japaner würden sich vielleicht entscheiden, Ihnen anzutun, was sie mir antun wollten und was Sie verhinderten. Jeder der beiden Gründe reicht, um Sie nach Hause zu befehlen.«

»Und was geschieht hier mit mir?«

»Ich hoffe, Sie haben einen klaren Kopf«, sagte Sessions. »Denn hier sind zwei Offiziere, die ihn trocken pumpen werden, bis sie alle Informationen herausgeholt haben.«

»Und dann?«

»Dann gibt es einige interessante Möglichkeiten«, sagte Sessions. »Darauf werden wir später kommen.«

»Wann wurden Sie denn Captain?« fragte McCoy und fügte verspätet »Sir« hinzu.

»Ich war die ganze Zeit Captain«, sagte Sessions. »Die Beförderung erfolgte zwei Tage nach meiner Abfahrt nach Schanghai.« Er lehnte sich über den Schreibtisch und reichte McCoy die Hand. »Willkommen daheim, McCoy.«

VII

1

Golden's Gebrauchtwagenhandel,
North Broad Street
Philadelphia, Pennsylvania

1. August 1941

Es gab keinen Zweifel für Dickie Golden, daß der Junge, der das 1939er LaSalle-Cabrio betrachtete, trotz seines eleganten Leinenanzugs ein Militärangehöriger war. Zum einen hatte er einen Bürstenhaarschnitt. Zum anderen war er tief gebräunt. Und außerdem wirkte die Kleidung unpassend an ihm. Er trug einen eleganten Anzug, aber er war offenbar kein Junge, der das College besucht hatte.

Vermutlich ist er ein Marine-Infanterist von der Marinewerft, dachte Dickie Golden. Die Jungs sahen irgendwie anders als Matrosen aus. Er war zu jung, um mehr als ein Private First Class zu sein. Aber vielleicht, nur vielleicht, war er ein Lance Corporal; und die Finanzierungsgesellschaft gab manchmal einem Lance Corporal Kredit für den Autokauf, wenn er ein Drittel Anzahlung selbst aufbringen konnte. Natürlich würde dieser Junge kein Drittel für das LaSalle-Cabrio anzahlen können, auch nicht, wenn es für sechshundertfünfundneunzig Dollar wirklich ein Schnäppchen war.

Cadillac hatte die Produktion des LaSalle 1940 gestoppt, was den Wiederverkaufswert drückte. Und in den letzten paar Jahren, in denen Cadillac das LaSalle-Cabrio gebaut hatte, war es praktisch verschenkt worden. Aber das hatte nichts genutzt, und die LaSalles waren jetzt schwer verkäuflich. Für ein 1939er Cadillac-Cabrio wie dieses, mit derselben Maschine (der fast einzige Unterschied zwischen einem kleinen Cadillac und einem LaSalle waren der Kühlergrill und das Chrom), hätte man eigentlich das Doppelte verlangen können.

Die Anzahlung für diesen LaSalle würde mindestens zweihundertfünfzig Dollar betragen, und höchstwahrscheinlich hatte der Junge, der sich für den Wagen interessierte, nicht soviel Geld. Dickie Golden überschlug die Zahlen grob in seinem Kopf. Angenommen, er hatte die zweihundertfünfzig, dann würden fünfhundert über zwei Jahre plus hundert pro Jahr für die Versicherung bleiben. Ein Siebenhundert-Dollar-Kredit über zwei Jahre zu sechs Prozent machte neunundzwanzig Dollar pro Monat. Privates beim Marine-Corps erhielten einundzwanzig Dollar pro Monat. Dickie Golden wußte nicht, was Lance Corporals verdienten, aber das konnte nicht viel mehr sein.

Aber was soll's, sagte sich Dickie Golden, das sind alles nur Spekulationen. Es konnte auch anders sein. Vielleicht war der Junge gerade erst von einem Schiff gekommen und hatte jede

Menge Geld beim Spielen gewonnen. Vielleicht hatte er sogar dreihundert Dollar Anzahlung. Aber wahrscheinlicher war, daß es ihm gelang, den Jungen zum Kauf eines Wagens zu überreden, den er sich erlauben konnte. Wenn er ein Cabrio haben wollte, dann gab es da den 37er Pontiac zu vierhundertfünfundneunzig Dollar und den 33er Ford – ein wenig abgetakelt, und er brauchte ein neues Verdeck – für zweihundertneunundzwanzig Dollar.

Dickie Golden ging zu dem Jungen.

»Sieht gut aus, der Wagen, nicht wahr?« sagte Dickie Golden. »Ich habe mit dem Gedanken gespielt, ihn selbst zu kaufen für meine kleine Frau.«

McCoy äußerte sich nicht dazu.

»Haben Sie die Schlüssel?« fragte er.

McCoy hatte sich soeben entschieden, den LaSalle zu kaufen. Alles sonst war verrückt, und warum sollte er sich keinen verrückten Wagen kaufen?

McCoy war gerade von einem Abendessen mit einem Offizier und dessen Frau gekommen. Deshalb trug er einen Anzug. Vielleicht war ein Apartment in einem Hochhaus am Parkway 2601 nicht wie ein Offiziersquartier auf einer Militärbasis, und vielleicht gab es einige Unterschiede zwischen einem normalen Offizier und einem Nachrichtenoffizier, doch er war Corporal beim U.S. Marine-Corps, und Sessions war Captain beim U.S. Marine-Corps. McCoy hatte zum ersten Mal gehört, daß die Frau eines Captains darauf bestand, daß ein Corporal zum Abendessen kam.

Mehr als das. Sie hatte ihn bei den Armen genommen, ihn an den Busen gedrückt und ihn auf die Wangen geküßt – und alles vor den Augen ihres Mannes.

Sie war eine gutaussehende Frau. Eine anständig und gesundaussehende. »Mein Mann erzählte mir, was Sie an der Fähre taten, Ken«, sagte Mrs. Sessions. »Ich darf Sie doch Ken nennen, ja?«

»Jawohl, Ma'am«, sagte er.

»Nun, Sie können mich dann aber nicht mit Ma'am anreden. Das möchte ich nicht. Nennen Sie mich Jean.«

McCoy hatte nichts erwidert. An der Wand hing eine

Vergrößerung des Fotos, das er von Sessions in der schwarzen Bauerntracht geknipst hatte.

»Ich möchte Ihnen dafür danken, daß Sie meinem Mann das Leben gerettet haben«, sagte Mrs. Sessions, als sie bemerkte, daß er das Foto anschaute. Und als sie sah, daß sie ihn verlegen gemacht hatte, fügte sie hinzu: »Ich weiß, daß er nichts Besonderes ist, aber er ist der einzige, den ich habe.«

Dann hatte ihm Sessions einen Drink in die Hand gedrückt, und bald danach hatten sie ihm ein erstklassiges Essen aufgetischt, das McCoy noch nie gegessen hatte: ein riesiges Steak für sie alle, das in Scheibchen serviert worden war. Mrs. Sessions (er konnte die Frau eines Captains einfach nicht mit dem Vornamen anreden) erklärte ihm, daß sie das Gericht ›Londoner Geschnetzeltes‹ nannten.

Weil sie beide so nett zu ihm gewesen waren, hatte er sich sehr bemüht, nichts Unschickliches zu sagen oder zu tun. Er hatte auf seine Tischmanieren geachtet und sich beim Trinken zurückgehalten (es hatte Wein zum Londoner Geschnetzelten und danach Cognac gegeben). Und als der Zeitpunk gekommen war, an dem er sich verabschieden konnte, ohne unhöflich zu sein, war er gegangen, um nicht lästig zu werden.

So war er im Anzug um acht Uhr abends in der North Broad Street gelandet und hatte kein Ziel gewußt außer einer Bar. Aber er wollte nicht in eine Bar gehen. Er wußte, worauf es hinauslaufen würde. Auf Saufen und Sex. Das war nicht das Richtige nach einem gesitteten Abendessen mit einem Offizier des Marine-Corps und seiner Lady.

So war McCoy die North Broad Street hinaufgewandert und hatte sich gesagt, daß er vielleicht in einem der Gebrauchtwagengeschäfte einen Wagen finden konnte – oder wenigstens eine Vorstellung gewinnen konnte, was man heutzutage für Alteisen verlangte. Und dann hatte er den LaSalle gesehen und sich entschlossen, ihn auszuprobieren.

»Die Anzahlung auf einen solchen Wagen wäre dreihundert Dollar, vielleicht etwas mehr«, sagte Dickie Golden. Er wollte nicht, daß der Junge eine Probefahrt machte, wenn er sich den Wagen gar nicht leisten konnte. »Und die Raten, einschließlich

Versicherung, würden zwei Jahre lang dreißig Dollar pro Monat sein. Könnten Sie soviel aufbringen?«

»Ja«, sagte McCoy, »soviel könnte ich aufbringen.«

»Sie sind Marine-Infanterist, nicht wahr?« sagte Dickie Golden. Noch einen Fakt über den Jungen, und er würde die Wagenschüssel holen.

»Ja«, sagte McCoy.

»Die Kreditbank finanziert nicht gern einen Wagen in dieser Preisklasse, wenn der Kunde nicht wenigstens Lance Corporal ist.«

»Ich bin Corporal«, sagte McCoy. »Und ich kann die Anzahlung aufbringen, okay? Lassen Sie mich den Motor hören und eine Probefahrt machen?«

Dickie Golden nickte. »Ich bin Dickie Golden, Corporal – wie war noch Ihr Name?«

»McCoy.«

»Nun, es freut mich, Sie kennenzulernen, Corporal McCoy«, sagte Dickie Golden. »Sie wissen wirklich, wo Sie ein Schnäppchen finden. Das kann ich Ihnen sagen.«

Und ob ich das weiß, du Hurensohn, dachte McCoy. *Ich wuchs auf einem verdammten Gebrauchtwagen-Abstellplatz auf.*

»Siebenhundert Dollar sind viel Geld für ein ausgelaufenes Modell wie dieses«, sagte McCoy.

»Nun, vielleicht können wir noch ein wenig runtergehen, wenn Sie keinen Wagen in Zahlung geben wollen«, sagte Dickie Golden.

Die Batterie war fast tot, und sie hauchte ihr Leben aus, bevor der Motor ansprang. Ein Farbiger wurde gerufen und brachte eine neue Batterie. Dickie Golden erklärte, er werde die Batterie auswechseln lassen.

»Vielleicht muß sie nur geladen werden«, bot McCoy hilfreich an.

Du Blödmann, dachte er. *Wenn du deinen Job verstehen würdest, dann hättest du nicht nur dafür gesorgt, daß eine anständige Batterie in dem Wagen ist, sondern du hättest ihn auch alle paar Tage gestartet. Diese V-8-Motoren springen immer schlecht an.*

»Nein«, sagte Dickie Golden hoheitsvoll. »Ich will, daß der Wagen tipptopp ist.« Er wies den Farbigen an, die Batterie

auszutauschen, und dann schlug er vor, während der Wartezeit die Angaben für die Finanzierung zu Papier zu bringen.

Er war offensichtlich erfreut über die Fakten, die McCoy ihm nannte: daß er Corporal und ledig war und keine anderen Ratenzahlungen zu leisten hatte. McCoy sagte sich, daß Golden sich von dem Preis um hundert Dollar herunterhandeln lassen, dann aber den Vertrag einer Finanzierungsgesellschaft anbieten würde, die ihm fünfzig Dollar zurückerstatten und das wiederum wettmachen würde, indem sie acht Prozent berechnete, vielleicht sogar zehn. So würde er den Wagen für fünfhundertfünfundneunzig Dollar bekommen. Dann würde Golden ihm aber die Versicherung durch irgendeine zwielichtige Firma andrehen, die eine doppelt so hohe Prämie berechnen und Dickie Golden weitere fünfundzwanzig Dollar unter dem Tisch zuschieben würde. Dann würde eine Kreditgebühr berechnet werden und Gott weiß was sonst noch.

Nachdem McCoy sich den LaSalle angesehen hatte, ging er zu einem anderen Gebrauchtwagengelände und gab dem Jungen, der dort Wagen wusch, einen Dollar, damit er ins Büro ging und ihm die Liste mit den Gebrauchtwagenpreisen lieh. In der Liste war der Preis des LaSalle für Großhändler mit vierhundertfünfundsiebzig Dollar aufgeführt. Der durchschnittliche Einzelhandelspreis betrug sechshundertfünfzig Dollar und der durchschnittliche Beleihungswert war vierhundert Dollar. McCoy entschied sich, daß er fünfhundertfünfundzwanzig Dollar für den Wagen bezahlen würde.

Dickie Golden wollte bei der Probefahrt natürlich mitfahren. McCoy erledigte das, indem er ihm dreihundert Dollar bar – genug für die Anzahlung – ›als Kaution‹ gab. Als Dickie Golden es immer noch für besser hielt, mitzufahren, spielte McCoy den Empörten und fragte ihn, ob er an seinem Fahrkönnen zweifle; und Dickie Golden machte einen Rückzieher.

McCoy fuhr die Broad Street hinauf, bis der Motor warm war. Dann bog er in eine Seitenstraße ein und hielt bei einer Tankstelle. Er gab dem Tankwart einen Dollar, damit er ihn auf die Hebebühne ließ und ihm einige Werkzeuge lieh.

McCoy untersuchte den Wagen und konnte keine Mängel finden. Es hätte ihn auch überrascht, wenn er welche gefunden hätte. Der Wagen brauchte neue Unterbrecherkontakte, einen Ölwechsel, und die Reifen mußten ausgewuchtet werden, aber ernsthafte Mängel hatte er nicht. Die Zylinderköpfe waren nicht entfernt worden, und der Motorblock war so schmutzig, wie es bei diesem Alter normal war. Wenn man daran gearbeitet hätte, wäre es zu sehen gewesen.

McCoy fuhr mit dem Wagen zurück zu Goldens Gebrauchtwagenhandel.

Dickie Golden erklärte ihm, daß er sich Sorgen gemacht hätte.

McCoy erklärte ihm, daß es seiner Meinung nach die Kupplung nicht mehr lange machen würde.

Dickie Golden war da anderer Meinung, aber er sagte, das sei kein Grund zur Sorge, denn es gebe eine Dreißig-Tage-Garantie, bei der jeder Schaden auf einer Halbe-halbe-Basis behoben werde. Das hieß, die Firma würde die Hälfte aller Kosten bezahlen, die in den nächsten dreißig Tagen durch Reparaturen oder Ersatzteile anfallen würden. Und außerdem würde er einhundert Dollar nachlassen, weil Corporal McCoy keinen Wagen in Zahlung gäbe.

Er zeigte McCoy die Papiere, die bereits ausgestellt waren. Nach einer Anzahlung von dreihundert Dollar würden die Raten bei einer Laufzeit von dreißig Monaten siebenundzwanzig Dollar betragen.

»Ich habe die Finanzierungsgesellschaft zu dreißig Monaten überredet«, sagte Dickie Golden, »um Ihre Ratenzahlungen niedrig zu halten.«

Damit hast du dich nur verraten, Freundchen, dachte McCoy. *Du willst anscheinend Provision von allen möglichen Leuten einstreichen. So viel, daß es dir nichts ausmachen wird, weitere siebzig Dollar vom Grundpreis runterzugehen.*

»Ich zahle Ihnen fünfhundert Dollar für den Wagen«, sagte McCoy.

»Das soll wohl ein Scherz sein«, sagte Dickie Golden.

»Mehr kann ich mir nicht erlauben«, behauptete McCoy.

»Dann wird wohl nichts aus dem Geschäft«, sagte Dickie Golden.

»Das sehe ich auch so«, sagte McCoy. »Geben Sie mir meine dreihundert Dollar zurück.«

»Ich könnte meinen Partner fragen«, sagte Dickie Golden. »Ich bezweifle zwar, daß er zustimmt, aber ich möchte Sie so gern in dem LaSalle sehen. Wenn ich ihn zu Hause erreiche . . .«

Wenn du einen Partner hast, ob zu Hause oder sonstwo, dann küß ich dir morgen Mittag um zwölf Uhr an der Kreuzung Broad Street und Market den Arsch, dachte McCoy.

»Warum fragen Sie ihn nicht?« schlug er vor.

Dickie Golden blieb zwanzig Minuten lang fort. Als er zurückkehrte, hatte er einen ganzen Satz Papiere neu ausgefüllt.

»Mein Partner sagt, unter fünfhundertfünfundzwanzig Dollar können wir nicht gehen«, sagte Dickie Golden. »Das ist weniger als der Großhandelspreis.«

McCoy las interessiert die Finanzierungsvereinbarung. Dann hielt er Dickie Golden zweihundertfünfundzwanzig Dollar hin.

»Abgemacht«, sagte er.

»Was ist das?« Dickie Golden schaute auf das Geld, nahm es jedoch nicht an.

»Ich habe Ihnen bereits dreihundert Dollar gegeben«, sagte McCoy. »Das sind die übrigen zweihundertfünfundzwanzig.«

»Nein, es war abgemacht, den Wagen zu finanzieren und daß Sie durch uns die Versicherung abschließen.«

»Wollen Sie, daß ich die Polizei hole? Es ist gegen das Gesetz von Pennsylvania, von Kreditbanken und Versicherungsgesellschaften Provisionen zu nehmen.«

»Sind Sie ein Klugscheißer oder was?«

»Schreiben Sie nur darauf: ›Den vollen Betrag in bar erhalten‹«, sagte McCoy. »Oder ich rufe die Cops.«

»Geben Sie mir diese Papiere zurück, und verschwinden Sie!«

»Ich gehe nur bis zum nächsten Münzfernsprecher«, sagte McCoy. »Mit den Papieren.«

»Ich sollte Ihnen in den Hintern treten!« sagte Dickie Golden, doch als McCoy ihm die Papiere überreichte, schrieb er ›Gesamtbetrag in bar bezahlt‹ auf die Verkaufsbedingungen.

McCoy war mit sich zufrieden, als er mit dem LaSalle auf die North Broad Street hinausfuhr. Es war nicht nur ein schönes Auto, sondern er hatte soeben einen Gebrauchtwagenhändler ausgetrickst. McCoy haßte Gebrauchtwagenhändler: Patrick J. McCoy aus Norristown, Pennsylvania, ehemaliger Großkomtur der Kolumbusritter, der gute alte Pat, jedermanns Kumpel an der Theke des Bar & Grill in der 12th Street und Corporal Kenneth J. ›Killer‹ McCoys Vater, war ein Gebrauchtwagenhändler.

2

Der nächste Morgen war ein Samstag, aber es wurde nicht zum Wecken geblasen, jedenfalls nicht für die Unteroffiziere und Mannschaften der Philadelphia-Abteilung des Büros des Stellvertretenden Stabsschefs für Aufklärung. Das normale Wecksignal ertönte, und zehn Minuten später das erste Signal zum Antreten; und die Lastwagenfahrer und Mechaniker des 47. Transportzuges kamen aus dem Kasernengebäude und traten auf der Straße zum Anwesenheitsappell an.

Die sieben Unteroffiziere und Mannschaften in den drei Stuben auf dem Dachboden, die von der ›Sonderabteilung‹ belegt waren, standen jedoch nicht mal aus dem Bett auf, bis der Hornist das Signal zum Frühstücken blies. Außer McCoy gab es zwei Gunnery Sergeants, einen Staff Sergeant und drei Privates First Class. Die PFCs waren Schreiber. Der Staff Sergeant arbeitete für Captain Sessions. McCoy wußte nicht, wo die Gunnery Sergeants eingesetzt waren. Seit er sich gemeldet hatte, war er nur einmal von einem der beiden Sergeants angesprochen worden. Der Mann hatte ihn nur informiert, daß er jeden Morgen um acht Uhr in dem Backsteingebäude zu sein habe.

Dort geschah vom ersten Tag an folgendes: Sie setzten McCoy in einen Sessel, der vermutlich aus einem Aufenthaltsraum geliehen worden war, und sprachen mit ihm, um herauszufinden, was er über die Kaiserlich-japanische Armee in China wußte.

Sie waren für gewöhnlich zu dritt: Captain Sessions oder ein anderer Captain und zwei Lieutenants. Der andere Captain war ziemlich alt – und ein alter Marine –, denn als erstes fragte er McCoy, ob er Major Lewis B. ›Chesty‹ Puller in Schanghai gekannt hätte.

»Er hat das 2. Bataillon befehligt, Sir«, sagte McCoy. »Ich kannte ihn.«

Puller war ein wirklich harter Brocken. Fair, aber hart. Er tat, als zöge das 2. Bataillon am nächsten Tag in den Krieg, und dementsprechend drillte er die Männer.

»Er ist selbst ziemlich gut mit einer Thompson-MPi«, sagte der alte Captain. »Ich dachte, Sie beide wären zusammengekommen und hätten die Schießtechniken verglichen.«

McCoy erkannte zwar, daß dies eine Anspielung auf den Zwischenfall bei der Fähre war, aber er wußte nicht, worauf der alte Captain hinauswollte.

»Nein, Sir«, sagte er.

Manchmal befragten ihn alle Offiziere zusammen, bisweilen nur zwei, und gelegentlich beschäftigte sich nur einer der jungen Lieutenants mit ihm. Stets war einer der Schreiber dabei, der das Gesprochene per Diktaphon aufzeichnete.

Wie viele es auch waren, die Befragung verlief im allgemeinen jeden Tag gleich.

Sie kamen mit Aktenheftern, Notizblöcken und Bleistiften. Und sie hatten Landkarten der Provinzen Kiangsu, Schantung, Honan und Hopeh, die sie mit Reißzwecken auf eine Korkwand hefteten. Auf jeder Landkarte waren die Standorte japanischer Einheiten markiert. Die Wand neben der Korkplatte war weiß angestrichen, und sie benutzen sie als Leinwand für einen Diaprojektor. Manchmal zeigten sie Fotos, einschließlich einiger, die McCoy selbst gemacht hatte. Einige davon waren Vergrößerungen, einige waren in Dias umgewandelt.

Und sie stellten Fragen um Fragen über die japanischen Streitkräfte. Es überraschte McCoy, wie falsch ihre Informationen über die japanische Gefechtsgliederung waren. Er erkannte, daß ihnen einige seiner Informationen über die Japaner nicht gefielen. Es war, als hätten sie gehofft, er würde ihnen sagen, die Japaner seien nichts als eine Horde Idioten, die nur so gut gegen die Chinesen zurechtgekommen waren, weil die Chinesen noch blöder waren.

Aber er sagte ihnen, was er wußte und dachte. Die Chinesen waren keine schlechten Soldaten, aber es fehlte ihnen einfach an Moral, weil sie wußten, daß sie von ihren Offizieren übers Ohr gehauen wurden, die ihre Tagesration verkaufen würden, wenn sie einen Käufer fanden. Die japanischen Offiziere waren andererseits im allgemeinen redlich. Sie waren grob und machten sich nichts daraus, Mannschaften – und auch Unteroffiziere – zu schlagen. Aber sie verkauften keine Rationen der Soldaten, und auch sonst schien das japanische System gut zu funktionieren. Wenn ein japanischer Soldat den Befehl erhielt, etwas zu tun, dann tat er es, basta.

Einer der jungen Lieutenants hatte Japanisch auf dem College studiert. Wenn er allein mit McCoy war, sprach er ein paar Worte Japanisch mit ihm. Er sprach nicht sehr gut, aber immer noch besser Japanisch, als der alte Captain (der acht Jahre lang, von 1927 bis 1935, beim 4. Marineinfanterieregiment in Schanghai gedient hatte) Chinesisch sprach.

Sie sagten es ihm nicht, aber McCoy fand heraus, daß keiner der jungen Lieutenants Berufssoldat war. Sie waren beide gleich nach dem College zum Marine-Corps gekommen. McCoy fragte sich, weshalb sie herumhockten und einem Unteroffizier Fragen stellten. Als junge Lieutenants ohne Erfahrung hätten sie statt dessen draußen bei den Soldaten sein sollen, um Praxis zu bekommen.

Einmal erschienen zwei Mäner in Zivil, ein alter und ein junger, während McCoy im Hemd vor einer Karte der Provinz Hinan stand (der Raum war gleich unter dem Dach und sehr heiß). Als sie eintraten, verstummte McCoy, denn er wußte nicht, wer die Ankömmlinge waren.

»Lassen Sie sich nicht stören«, sagte der ältere Mann in Zivil.

»Weitermachen, McCoy«, befahl der alte Captain. Und so machte McCoy weiter.

Das war der Tag, an dem er ihnen erklärte, wie gut die japanischen Soldaten waren, und er fuhr damit fort. Von Zeit zu Zeit schnaubte der alte Zivilist, als wisse McCoy nicht, wovon er rede, aber McCoy sagte sich, daß ihm der alte Knacker den Buckel runterrutschen konnte. Die Zivilisten blieben, bis er fertig berichtet hatte. Als sie fort waren, fragte McCoy, wer sie waren. Aus irgendeinem Grund fanden die Offiziere das lustig. Sie lachten, und er erhielt nie eine Antwort.

McCoy hatte keine Ahnung, wie lange die ›Interviews‹ noch fortgeführt werden würden. Zuerst hoffte er, sie würden niemals enden. Doch am Ende der zweiten Woche wurde ihm klar, daß er kaum noch etwas zu erzählen hatte.

An diesem Samstagmorgen stand McCoy nach dem Wecksignal auf und duschte. Als er unter der Dusche stand und sich rasierte, erinnerte er sich an China und wurde ein bißchen wehmütig. In China hatte er sich nur zu rasieren brauchen, wenn er mit einem Konvoi unterwegs gewesen war. Sonst war er von Chinesenjungen rasiert worden.

Als er angekleidet war, ging er ins Kasino zum Frühstücken, und dann machte er sich auf den Weg zum Tor. Als er am vergangenen Abend versucht hatte, den LaSalle aufs Kasernengelände zu fahren, hatte der Wachsoldat das Tor nicht öffnen wollen, weil er weder den Aufkleber seiner Einheit, noch die Steuerplakette noch den Versicherungsnachweis hatte. Schließlich hatte der Posten ihm jedoch erlaubt, den LaSalle direkt hinter der Einfahrt zu parken. Er hatte McCoy erklärt, er könne am Samstagmorgen einen Aufkleber von der Militärpolizei bekommen, wenn er dort vor dem Mittag den Versicherungsnachweis und die Steuerplakette vorlege.

McCoy startete den LaSalle und fuhr zu einer Filiale des ›Pennsylvania Motor Vehicle Bureau‹. Dort meldete er den Wagen an und erhielt eine vorübergehende Steuerplakette, bis ihm die richtige aus Harrisburg per Post geschickt werden würde. Dann ging er zu einer Versicherungsgesellschaft und schloß eine Versicherung ab. Es war noch früh, und da ihm mißfiel, wie die Reifen abgefahren waren, fuhr er zu einem Cadillac-Händler. Während er die Reifen auswuchten ließ, kaufte er im Ersatzteillager Zündkerzen und ein paar Dinge, die er brauchte, um den Wagen ganz in Schuß zu bringen.

Schließlich, auf dem Rückweg zur Marinewerft, sah er einen Sears-Roebuck-Laden. Dort kaufte er einen Werkzeugsatz im Sonderangebot. Später erhielt er einen Aufkleber bei der Militärpolizei und fuhr zum Kasernengelände.

Er würde das Wochenende damit verbringen, den Vergaser zu reinigen, die Zündung einzustellen und vielleicht den Wagen mit Simoniz-Politur auf Hochglanz zu polieren. Dickie Golden hatte bestimmt eine Schnellpolitur benutzt, wodurch schneller Glanz erzielt wurde, der jedoch kaum länger als eine Woche blieb.

McCoy war sich im klaren darüber, daß er etwas tat, was er in Wirklichkeit nicht tun sollte. Die Arbeit an dem Wagen war ein Ausweichen, eine Flucht. In Wirklichkeit hätte er nach Norristown fahren sollen, selbst wenn er mit dem Zug dorthin hätte fahren müssen.

Aber er wollte weder jetzt noch nächste Woche noch sonstwann nach Hause fahren. So würde er vielleicht bis zum nächsten Wochenende glücklich sein. Und bis dahin passierte möglicherweise etwas, und er brauchte dann nicht nach Hause zu fahren. Zum Beispiel konnte er zur Westküste versetzt werden. Oder von einem Lastwagen überfahren werden.

3

U.S. Marinewerft
Philadelphia, Pennsylvania

4. August 1941, 9 Uhr 30

»Schließen Sie die Tür, Ken«, sagte Captain Sessions, »und nehmen Sie sich Kaffee, wenn Sie mögen. Ich möchte mit Ihnen reden.«

McCoy nahm an, daß Sessions mit ihm über den LaSalle sprechen würde. McCoy wußte, daß es Gerüchte darüber gab: Wie, zum Teufel, kam ein Corporal zu genügend Geld, um einen solchen Wagen zu kaufen? Gerüchte sprechen sich herum – bis zu den Offizieren. Und so sagte sich McCoy, daß die Sache jetzt offiziell geworden war.

Er schenkte sich Kaffee in eine Porzellantasse ein. Als er sich umwandte, forderte ihn Sessions mit einem Wink auf, Platz zu nehmen.

»Haben Sie sich Gedanken gemacht, Ken, was Sie als nächstes tun möchten?«

McCoy nahm an, daß nun die ›Interviews‹ vorüber waren.

»Jawohl, Sir.«

Sessions forderte McCoy mit einer Geste auf, das näher zu erläutern.

»Captain Banning sagte, wenn er heimkehrt, wird er versuchen, etwas für mich zu finden«, sagte McCoy. »Er sagte, ich soll sauber bleiben, und er würde dafür sorgen, daß ich entweder für ihn arbeite oder daß er mir etwas Interessantes verschafft.«

»Haben Sie jemals erwogen, Offizier zu werden?« fragte Sessions.

McCoy dachte einen Augenblick lang darüber nach, bevor er antwortete.

Es gab eine Reihe von Offizieren im Marine-Corps, die aus den Mannschaften aufgestiegen waren, und viele Unteroffiziere waren mal Offiziere gewesen. Noch mehr alte Unteroffiziere waren Offiziere in der Polizei von Haiti gewesen, wo sie Haitianer befehligt hatten. McCoy hatte sich manchmal vorgestellt, daß es vielleicht nach längerer Dienstzeit irgendwann eine Chance für ihn geben würde, Warrant Officer (Dienstgradgruppe zwischen Offizier und Unteroffizier) zu werden, und vielleicht sogar Offizier. Aber er spürte, daß Sessions nicht von irgendeiner Zeit in der Zukunft sprach.

»Sie meinen *jetzt*, Sir?« fragte McCoy.

Sessions nickte.

»Das Marine-Corps ist im Begriff zu expandieren, McCoy. Selbst wenn wir nicht in den Krieg ziehen, wird das Corps fünfmal so groß werden, wie es jetzt ist. Wir werden eine große Zahl von Offizieren brauchen. Und viele davon werden vom Unteroffizierskorps kommen müssen, mit anderen Worten Leute wie Sie. Sind Sie interessiert?«

»Ich weiß es nicht«, sagte McCoy, und es war mehr laut gedacht als direkt geantwortet.

»Es gibt eine Reihe von Leuten, mich inbegriffen, Ken, die glauben, daß Sie das Zeug dazu haben.«

»Ich hatte bis jetzt noch nicht daran gedacht, Sir«, sagte McCoy. »Vielleicht später.«

»Das Verfahren ist einfach«, sagte Sessions. »Sie bewerben sich, Sergeant Davis hat Ihre Bewerbung bereits getippt. Sie brauchen nur zu unterschreiben. Dann erscheinen Sie vor dem Offiziersausschuß. Der Zweck ist, daß die Ausschußmitglieder sehen können, wie gut Sie unter Streß denken können. Dann stimmt der Ausschuß über Sie ab. Und wenn man mit Ihnen einverstanden ist, werden Sie auf die Schule des Marine-Corps in Quantico geschickt und machen die letzte Phase des Zugführerlehrgangs mit. Wenn Sie diesen Lehrgang bestehen, sind Sie Second Lieutenant.«

»Ich habe nie von einem Zugführerlehrgang gehört«, sagte McCoy.

»Die Hauptquelle für Offiziere werden junge Männer sein, die während der Semesterferien die Offiziersausbildung an den Universitäten mitgemacht haben. Im ersten Sommer machen sie Rekrutenausbildung, später dann bringen wir ihnen alles bei, von den Gepflogenheiten des Dienstes bis zum Sturmangriff eines Zuges. Wenn Sie nach Quantico gehen, McCoy, würden Sie mit einer Gruppe dieser Jungen durch die letzte Phase des Lehrgangs geschickt werden.«

»Jungs vom College?« McCoy mußte an Pick Pickering denken. So würde Pickering also Offizier werden.

»Es ist keine Krankheit, das College zu besuchen, McCoy«, sagte Sessions. »Sie wären überrascht, zu hören, wie viele Leute auf dem College waren. Nette Leute. Jean war auf dem College. Dort lernte ich sie kennen.«

McCoy lächelte ihn an.

»Ich meinte, ich bin mir nicht sicher, ob ich es in dieser Gesellschaft packen kann«, sagte McCoy. »Ich war nur auf der High School.«

»Und vier Jahre im Marine-Corps«, sagte Sessions. »Ich finde, das würde Ihnen einen großen Vorteil in Quantico verschaffen.«

»Sie meinen, ich könnte es schaffen?« fragte McCoy.

»Ja, das meine ich«, sagte Sessions. »Aber es gibt nur eine Möglichkeit, das genau herauszufinden: Bewerben Sie sich, bestehen Sie vor dem Ausschuß, und gehen Sie nach Quantico.«

»Ich nehme an, es ist einen Versuch wert«, überlegte McCoy laut. »Was kann ich denn schon verlieren?«

»Sergeant Davis hat Ihre Bewerbung bereits getippt«, wiederholte Sessions. »Ich billige sie selbstverständlich.«

»Danke«, sagte McCoy schlicht.

4

Nachdem McCoy die Bewerbung unterschrieben hatte, die Staff Sergeant Davis für ihn getippt hatte, verbannte er die ganze Sache aus seinen Gedanken. Er war überzeugt davon, daß die Bewerbung wie aller Papierkram, der ihm beim Marine-Corps begegnet war, ewig und drei Tage brauchen würde, bis er den Dienstweg durchlaufen hatte. Er hatte Wichtigeres im Sinn, als daran zu denken, daß die Bewerbung nach ein paar Monaten vielleicht positiv ankam oder daß er, wiederum nach ein paar

Monaten, vor einen Offiziersausschuß treten würde – der ihn höchstwahrscheinlich ohnehin nicht akzeptieren würde. Nach einer Weile gelangte er jedoch zu dem Schluß, daß der Zwischenfall bei der Fähre wesentlich mehr mit der ganzen Sache zu tun hatte als Sessions brillante Erkenntnis, daß ein Offizier aus ihm gemacht werden konnte. Sessions war einfach nett zu ihm. Die Offiziere des Ausschusses hingegen schuldeten ihm nichts – sofern er ihnen überhaupt jemals gegenübertreten würde.

Und außerdem hatte er es mit unmittelbareren Problemen zu tun, die alle in Zusammenhang standen. Das erste war die Frage, was jetzt mit ihm gechah, nachdem die ›Interviews‹ vorüber waren. Er wollte nicht zur Transportkompanie gehen; andererseits war es jedoch eine gute Möglichkeit, sauberzubleiben, bis Captain Banning aus Schanghai heimkehrte. Und er wollte wirklich nicht mehr als MG-Schütze dienen.

Er konnte Captain Sessions bitten, ihn bei seiner Abteilung zu behalten. Sessions würde das vermutlich tun – um ihm einen Gefallen zu erweisen. Aber das würde bedeuten, daß er am Schreibtisch arbeiten und tippen mußte, und darauf war er nach wie vor nicht scharf. Und noch wichtiger: Wenn er in Philadelphia blieb, mußte er sich mit den beiden anderen Problemen beschäftigen. Er hatte sich entschieden, nun doch einmal nach Hause zu fahren, es durchzustehen und ein für allemal hinter sich zu bringen. Aber einmal nach Hause fahren war nicht das gleiche, als der quälende Gedanke, das Zuhause so nahe zu haben, wo er stationiert war. Himmel, Norristown war mit dem LaSalle in einer halben Stunde zu erreichen.

Das waren die Gedanken, die McCoy beschäftigten, nicht die entfernte Möglichkeit, irgendwann vor einen Ausschuß von Offizieren zitiert zu werden, der entschied, ob er eine Chance hatte, mit College-Jungs in Quantico mitzuhalten oder nicht.

Am Montagmorgen unterzeichnete er die Bewerbung. Am Mittwochmorgen kam Staff Sergeant Davis und informierte McCoy, daß er seine beste Uniform anziehen und sich um 13 Uhr 30 beim Offiziersausschuß melden sollte.

»Nehmen Sie Platz, Corporal«, sagte ein Major, der Vorsitzende des Ausschusses. Die fünf Offiziere des Ausschusses saßen hinter zwei Tischen, die zusammengeschoben worden waren. Einer der Offiziere war ein Second Lieutenant, der als Schriftführer fungierte. Zwei der Offiziere waren First Lieutenants (Lieutenant Fogarty, der Chef des 47. Transportzuges, war einer der beiden). Der vierte Offizier war Captain Sessions. Und der letzte war der Major, den McCoy zum erstenmal sah.

McCoy setzte sich auf einen Stuhl mit hoher Rückenlehne, der gegenüber von den Tischen stand.

»Wir haben vor uns einen offensichtlich adrett gekleideten Corporal des Marine-Corps«, sagte der Vorsitzende, »der mit seinem zwielichtigen Ruf, seinen nicht vorschriftsmäßigen Winkeln und seinem ebenfalls nicht den Vorschriften entsprechenden Feldhut so ungefähr das ist, was wir von einem China-Marine erwarten, der so sehr von Captain Sessions empfohlen wird. Und von anderen.«

»Nicht doch, Major«, sagte Captain Sessions und lachte. »Der Lieutenant wird all das niederschreiben.«

»Streichen Sie alles nach – was sagte ich? – ›adrett gekleideter Corporal des Marine-Corps‹, Lieutenant«, sagte der Vorsitzende,.

»Aye, aye, Sir.« Der Lieutenant lächelte McCoy an.

». . . der zu uns nicht nur auf Empfehlung von Captain Sessions, sondern auch auf die eines anderen Mitglieds dieses Ausschusses kommt: Lieutenant Fogarty – dessen Empfehlung auf einer Langzeitbewertung – es müssen jetzt drei Wochen sein – als Zugführer des Corporals basiert. Da die Qualifikationen des Corporals nach sorgfältiger Einschätzung als mehr als angemessen beurteilt wurde, wenden wir uns jetzt der wahren Frage zu. Corporal, würden Sie diesem Ausschuß mit Ihren eigenen Worten sagen, warum Sie sich qualifiziert fühlen, Ihrem Land und dem Marine-Corps nach entsprechender Ausbildung als Offizier zu dienen?«

»Ich bin mir nicht sicher, ob ich das fühle, Sir«, sagte McCoy.

»Das ist die falsche Antwort, Corporal«, sagte der Vorsitzende des Ausschusses. »Wollen Sie es noch einmal versuchen?«

»Sagen Sie uns, warum Sie sich *nicht* qualifiziert fühlen, McCoy«, sagte Captain Sessions.

Diese ganze verdammte Sache ist unwirklich wie ein Traum, dachte McCoy. *Was soll ich darauf antworten?*

Er kleidete seine Gedanken in Worte: »Ich weiß nicht, wie ich diese Frage beantworten soll, Sir.«

»Sie haben Second Lieutenants gekannt, McCoy«, sagte Captain Sessions. »Suchen Sie sich irgendeinen davon aus, mit Ausnahme unseres Schriftführers, und sagen Sie uns, weshalb Sie bezweifeln, zu können, was er kann.«

»Sir, ich war nur auf der High School«, sagte McCoy.

»Sie sprechen Chinesisch, hörte ich?« fragte der Vorsitzende. »Und Japanisch? Und europäische Sprachen?«

»Japanisch spreche ich nicht so gut wie Chinesisch, Sir. Und ich kann es fast überhaupt nicht lesen.«

»Nun, Sie haben einen Pluspunkt, Corporal. Was das Marine-Corps anbetrifft, so sind fließende Kenntnisse in fast allen fremden Sprachen mehr wert als ein akademischer Grad. Sonst noch etwas?«

»Ich wüßte nicht, wie ich mich als Offizier benehmen müßte, Sir.«

»Das bringt man Ihnen in Quantico bei«, sagte der Vorsitzende. »Sonst noch etwas?«

»Sir, Captain Sessions konfrontierte mich mit der ganzen Idee.«

»Antworten Sie auf diese Frage. Denken Sie zuvor darüber nach – ja oder nein. Keine Vorbehalte. Wollen Sie Offizier werden oder nicht?«

McCoy dachte darüber nach. Eine scheinbare Ewigkeit, wie es ihm vorkam. Der Vorsitzende des Ausschusses begann ungeduldig mit den Fingerspitzen auf den Tisch zu trommeln. Captain Sessions hatte die linke Augenbraue gehoben, ein Zeichen von Ungeduld, dem oftmals ein Zornesausbruch folgte, wie McCoy wußte.

»Jawohl, Sir«, sagte McCoy.

»Sie sind vorübergehend entlassen, Corporal, während dieser Ausschuß über Ihre Bewerbung diskutiert«, sagte der Vorsitzende. »Es gibt vielleicht noch andere Fragen an Sie. Warten Sie bitte auf dem Flur.«

»Aye, aye, Sir.« McCoy stand auf, machte eine zackige Kehrtwendung und marschierte aus dem Raum. Er hatte es gerade geschafft, die Tür hinter sich zu schließen, als er einen Wind streichen ließ. Die Luft, die ihm grollend entfahren war, stank nach etwas Verwestem.

»Der Ausschuß wird sich dem Rang entsprechend von unten nach oben äußern«, sagte der Vorsitzende. »Lieutenant?«

»Sir, ich bin ein wenig besorgt wegen seiner Einstellung«, sagte der Second Lieutenant. »Als Sie ihn rundheraus fragten, ob er Offizier werden will, überlegte er lange.«

Der Major sagte: »Ich habe die Erfahrung gemacht, daß die meisten jungen Offiziere den Fehler begehen, zu handeln, ohne vorher sorgfältig zu überlegen.«

»Jawohl, Sir«, sagte der Lieutenant.

»Lieutenant Bruce?«

»Ich finde, er ist das, was wir suchen«, sagte Lieutenant Bruce. »Ein Unteroffizier mit erwiesener Fähigkeit, der mit einem Kommando in Kriegszeiten zurechtkommen kann.«

»Lieutenant Fogarty?«

»Ich bin beeindruckt von ihm«, sagte Fogarty. »Er ist vielleicht noch ein bißchen ungeschliffen, aber man kann ihm in Quantico bessere Ausdrucksweise und das Essen mit Messer und Gabel beibringen.«

»Ed?« fragte der Vorsitzende und blickte Captain Sessions an.

»Ich gebe zu, daß ich natürlich voreingenommen bin. Er rettete mir das Leben. Man findet alle möglichen vorher ungeahnten Tugenden in Leuten, die so etwas getan haben.«

Gelächter setzte ein.

»Aber auch wenn er mir nicht die Haut gerettet hätte und selbst wenn ein gewisser ungenannter ranghoher Offizier nicht seine Wünsche bekannt gemacht hätte, würde ich McCoy begeistert empfehlen«, fügte Sessions hinzu.

»Weiß er das von dem General?«

»Ich bin überzeugt, daß er keine Ahnung hat. Der General und sein Adjutant waren in Zivilkleidung hier und wurden nicht vorgestellt«, sagte Sessions. »Wenn ich so objektiv bin, wie ich nur sein kann, dann glaube ich, das Marine-Corps braucht Offiziere wie McCoy.«

»Weil er sprachkundig ist, meinen Sie?« fragte der Vorsitzende.

»Das auch«, sagte Sessions. »Aber als Linguist wären seine Talente vergeudet, obwohl Leute, die Chinesisch und Japanisch sprechen, verdammt schwer zu bekommen sind.«

»Wir werden jetzt in derselben Reihenfolge abstimmen«, sagte der Vorsitzende. »Es sei denn, jemand möchte ihn zurückrufen und ihm noch irgendwelche Fragen stellen.«

Er blickte fragend von einem zum anderen.

»Lieutenant?« sagte er dann, als er sah, daß keiner zusätzliche Fragen hatte.

»Ich stimme mit Ja, Sir«, sagte der Lieutenant.

Einer nach dem anderen sagte das gleiche.

»Dieser Ausschuß, dessen Vorsitzender nicht vor hat, sich mit dem Stellvertretenden Stabschef für Aufklärung, USMC, anzulegen . . .« Der Vorsitzende wartete auf Gelächter der anderen. Als es einsetzte, fuhr er fort: »Besonders nicht, nachdem der General sagte – langsam, wohlüberlegt und mit großem Nachdruck – ›Ich finde, wir sollten den Jungen zum Offizier machen, und wenn auch nur, weil er anscheinend der einzige im Marine-Corps außer mir und Chesty Puller ist, der nicht denkt, die Japaner könnten mit einer Hand erledigt werden.‹«

Er wartete von neuem auf Gelächter, und als es verklang, endete er: »Dieser Ausschuß hat in geheimer Sitzung soeben einstimmig die Bewerbung von Corporal McCoy zum Besuch des Zugführer-Lehrgangs in Quantico genehmigt. Lieutenant, Sie erhalten die Anweisung, die Entscheidung den entsprechenden Stellen mitzuteilen.«

»Aye, aye, Sir«, sagte der Lieutenant.

»Rufen Sie ihn wieder herein, ja?« sagte der Vorsitzende.

Der Lieutenant ging zur Tür, öffnete sie und winkte McCoy herein. McCoy marschierte bis vor die Tische und stand neben dem Stuhl mit der hohen Rückenlehne still.

»Corporal«, sagte der Vorsitzende, »dieser Ausschuß hat

sorgfältig über Ihre Bewerbung beraten, und nach Prüfung an höherer Stelle wird Ihnen die Entscheidung auf dem Dienstweg mitgeteilt werden. Unterdessen werden Sie Ihren bisherigen Pflichten nachkommen. Haben Sie irgendwelche Fragen?«

»Nein, Sir.«

Der Vorsitzende klopfte mit den Fingerknöcheln auf den Tisch. »Dieser Ausschuß vertagt sich, bis er von mir wieder einberufen wird.«

McCoy nahm an, daß er wieder entlassen war, und wollte eine Kehrtwendung machen.

»Warten Sie, Corporal«, sagte der Vorsitzende. »Nehmen Sie einen Augenblick Platz.«

McCoy setzte sich, und wenn es ›stillgesessen‹ statt ›stillgestanden‹ gegeben hätte, dann hätte er es perfekt getan.

»Corporal, inoffiziell gesagt, dieser Zugführer-Lehrgang ist eigentlich das Parris Island für Offiziere. Es geht dort darum, aus Zivilisten Marines zu machen – Offiziere der Marines. Um das zu schaffen, wird man den Auszubildenden hart zusetzen. Es wird für einen Corporal der Marines vielleicht härter zu ertragen sein als für irgendeinen Jungen, der gleich vom College kommt. Es wäre eine Schande, wenn ein Corporal der Marines, der nach Ansicht vieler Leute ein guter Offizier werden könnte, sagen würde: ›Ich bin ein Corporal, ich brauche mich nicht mit diesem Mist abzugeben. Ich pfeife darauf, Offizier zu werden.‹ – Habe ich mich verständlich gemacht?«

»Jawohl, Sir.«

»Nun, da ich Ihnen nicht sagen kann, wie dieser Ausschuß entschieden hat oder ob man an höherer Stelle der Empfehlung zustimmt, möchte ich beiläufig noch erwähnen, daß der nächste Zugführer-Lehrgang in Quantico am 1. September beginnt und daß ich an Ihrer Stelle nichts für die Zeit vom 1. September an planen würde. Vielleicht kann Ihnen Ihr Zugführer von jetzt bis zum 1. September Urlaub geben.«

»Jawohl, Sir«, sagte Lieutenant Fogarty. »Das ist kein Problem, Sir.«

»Nun, das wär's dann«, sagte der Vorsitzende »Oder hat noch jemand etwas?«

»Ich möchte noch kurz mit dem Corporal sprechen, wenn wir

hier fertig sind«, sagte Captain Sessions. »Bleiben Sie bitte hier, Killer.«

»Killer?« echote der Vorsitzende ironisch. »Nennen Sie ihn so? Meine Neugier ist geweckt.«

»Mit Verlaub, Sir, das ist ein kleiner privater Scherz zwischen dem Corporal und mir«, sagte Captain Sessions.

5

Norristown, Pennsylvania

10. August 1941

Norristown war schäbiger, dreckiger und grauer, als McCoy die Stadt in Erinnerung hatte, und er war schrecklich versucht, einfach mit dem LaSalle zu wenden und nach Philadelphia zurückzufahren.

In China hatte sich McCoy oftmals gesagt, daß er nie wieder nach Hause zurückkehren würde, denn was ihn anbetraf, so war dort nichts für ihn zurückgeblieben. Das hatte in Schanghai gestimmt, war aber nicht mehr gültig gewesen, als er nach Philadelphia versetzt worden war. Er war sich im klaren darüber, daß er sich wenigstens die Mühe machen mußte, seine Schwester Anne-Marie zu besuchen, die inzwischen vielleicht eine richtige Nonne war, und seinen Bruder Tommy, der jetzt achtzehn und vermutlich fast schon ein Mann war – und vielleicht mußte er sogar den Alten besuchen.

McCoy sagte sich, daß er wenigstens nicht nach Norristown zurückkehren würde, wie er es verlassen hatte – mit dem Nahverkehrsschnellzug nach Philly mit nichts in den Taschen außer dem Busfahrschein, den ihm der Rekrutierer des Marine-Corps gegeben hatte, damit er von der Station an der Twelfth Street in Philly aus zur Marinewerft hinausfahren konnte.

Er kam heim in einem LaSalle-Cario, er trug einen Dandy-Anzug wie der College-Junge Pick Pickering, und er hatte ein

Bündel Dollarscheine in den Taschen und wesentlich mehr auf einem Konto der Philadelphia Savings Fund Society Bank.

Im Kloster sagte ihm eine blasse Nonne hinter einem Gitterfenster, daß sie ihm leider nicht helfen könne, den Namen Anne-Marie McCoy habe sie nie gehört. Einen Augenblick später war die Tür mit dem Gitterfenster schon wieder geschlossen und verriegelt. McCoy ging zum Pfarrhaus der Kirche Saint Rose of Lima.

Ein junger Priester öffnete die Tür. Er hatte dunkelbraune Augen und pechschwarzes Haar und wirkte wie ein Mexikaner oder Ungar. Er trug ein flottes T-Shirt, doch die schwarze Hose und die schwarzen Schuhe verrieten, daß er ein Priester war. Außerdem hätte McCoy in ihm einen Priester gesehen, wenn der Mann nackt in einem Dampfbad gewesen wäre. Er hatte *diesen* Ausdruck. Dennoch war McCoy ein wenig enttäuscht, weil der Typ keinen weißen Kragen und kein schwarzes Gewand trug.

»Kann ich Ihnen helfen?« fragte der junge Priester.

»Ist Pfarrer Zoghby da?« fragte McCoy.

Er erinnerte sich, daß er genau an dieser Stelle gestanden und die gleiche Frage unzählige Male gestellt hatte: als er Meßdiener gewesen war. Später, als er Probleme in der Schule gehabt hatte, war er von den Schwestern oder Brüdern zum ›Pfarrer‹ geschickt worden. Und noch später, wenn der Alte am Abend im Suff wie ein Verrückter hinter ihm hergerannt war und den Fuß der Lampe geschwungen hatte. McCoy war an jenen Abenden hierhin gelaufen, weil er nicht gewußt hatte, wo er sonst hingehen oder was er sonst tun konnte.

»Es tut mir leid«, sagte der junge Priester. »Pfarrer Zoghby ist nicht mehr hier.«

»Wo ist er?« fragte McCoy.

»Im Saint Francis. Ich bedaure, das sagen zu müssen«, antwortete der junge Preister und wiederholte: »Kann ich Ihnen helfen?«

Saint Francis war ein Hospital bei Philadelphia. Dorthin schickte man unheilbar Kranke oder Leute, die den Verstand verloren hatten.

»Ich suche Anne-Marie McCoy«, sagte er. »Sie wohnte in

dieser Gemeinde, und dann hörte ich, daß sie als Novizin zu den Schwestern des Heiligen Geistes ging. Als ich im Kloster fragte, sagte man mir, sie sei nicht dort. Und man wollte mir nicht sagen, wo ich sie finden kann.«

»Weshalb interessieren Sie sich für sie?«

»Sie ist meine Schwester«, sagte McCoy. »Ich war einige Zeit fort.«

»Ich verstehe«, sagte der Priester.

Jetzt war Erkennen in seinem Blick. McCoy nahm an, der junge Priester hatte von all dem Kummer und Schmerz gehört, den der mißratene Sohn dem guten, alten Pat McCoy gemacht hatte, bevor sie den Mißratenen zu den Marines gesteckt hatten. Niemand außer seiner Familie würde es glauben, aber wenn der gute alte Pat nicht den Leuten im Gebrauchtwagenhandel oder bei den Kolumbusrittern oder im Bar & Grill an der 12th Street herzlich die Hand schüttelte, kippte sich der gute alte Pat McCoy Schnaps in die Kehle. Nur seine Frau und die Kinder wußten es, doch der gute alte, herzliche Pat war ein bösartiger, brutaler Säufer, der mit Vergnügen seine Frau und die Kinder verprügelte. Manchmal schlug er sie, weil es einen Grund gab, wenn sie zum Beispiel nicht den richtigen Respekt zeigten oder wenn sie schlechte Noten oder einen blauen Brief von einer Schwester oder einem Bruder der Saint Rose of Lima School mitbrachten, oder wenn sie die Politur stehenließen, mit denen sie einen der alten Wagen auf dem Ausstellungsgelände poliert hatten, damit er wie neu glänzte. Aber öfter schug er sie völlig grundlos.

Kenneth J. McCoy würde niemals vergessen, wie der gute alte Pat ihn vor den Richter geschleift hatte: »Gott weiß, Euer Ehren, daß ich versucht habe, mein Bestes für die Familie zu tun«, hatte Pat McCoy dem Richter, dem Ehrenwerten Francis Mulvaney, ebenfalls ein Mitglied der Kolumbusritter, gesagt. »Gott weiß das. Ich habe sie zur Konfessionsschule geschickt, als es noch ein echtes Opfer war, den Unterricht zu bezahlen. Ich ließ sie immer zur Messe gehen. Ich versuchte, ihnen ein gutes Beispiel zu geben.«

Er legte eine Pause ein, um sich zu schneuzen und sich über die Augen zu wischen.

»Und jetzt dies«, fuhr sein Vater fort. »Vielleicht bestraft mich Gott für etwas, das ich in meiner Jugend getan habe. Ich weiß es nicht, Euer Ehren.«

»Jetzt möchte ich deine Seite der Geschichte hören«, sagte Seine Ehren zu dem Mißratenen.

Der Mißratene erklärte daraufhin, daß der gute alte Pat seinen ältesten Sohn – der gerade siebzehn geworden war – einmal zu oft geschlagen hatte. Und sein ältester Sohn (sonst diesem Gericht als der Angeklagte Kenneth J. McCoy bekannt) hatte rot gesehen und ihn zurückgestoßen. Und der gute alte Pat, der liebende Vater, der den Angeklagen zur Konfessionsschule geschickt hatte, als es noch ein wirkliches finanzielles Opfer bedeutete, war so betrunken gewesen, daß er über den Kaffeetisch gestürzt war und sich die Wange aufgerissen hatte.

Und das hatte den guten, alten, liebenden Vater so stinksauer gemacht, daß er mit dem Fuß der Tischlampe auf den Angeklagten losgegangen war. Nachdem der liebe Pat seine Bereitschaft demonstriert hatte, den Lampenfuß zu benutzen, indem er das Radio, das Glas des Bücherschranks und die Gipsstatue des Heiligen Herz Jesu zerschmettert hatte, war der Angeklagte aus dem Haus geflüchtet und hatte Zuflucht im Pfarrhaus der Saint Rose of Lima Church gesucht. Dort war er geblieben, bis er sich, begleitet von Pfarrer Zoghby, der Polizei von Norristown gestellt hatte, um der Anklage entgegenzusehen. Der gute alte, liebende Vater Pat McCoy hatte seinen ältesten Sohn der vorsätzlichen Körperverletzung angeklagt und ihn allgemein beschuldigt, ein mißratener, heidnischer und undankbarer Sohn zu sein.

»Tur mir leid, daß er sich das Gesicht aufgeschrammt hat«, murmelte der Angeklagte vor dem Richter.

»Ist das alles?«

»Ja, Sir.«

Es war bereits alles arrangiert worden, hatte Pfarrer Zoghby ihm erzählt, als er ins Gefängnis gekommen war. Er hatte mit dem Richter geredet. Um seiner Familie noch mehr Schaden und Demütigung zu ersparen, würde der Richter alle Anklagen fallenlassen, unter der Bedingung, daß der Angeklagte für vier Jahre zum U.S. Marine-Corps gehen würde.

Später hatte er versucht, seine Zivilkleidung in dem Karton heimzuschicken, den man ihm in Parris Island gegeben hatte, doch das Paket war mit dem Vermerk ANNAHME VERWEIGERT zurückgekommen. Genauso war es mit seinen Briefen gewesen, die er zuerst an seine Mutter und Anne-Marie und Tommy geschrieben hatte. Dann war ein Brief von Pfarrer Zoghby gekommen. Sein Vater könne es nicht übers Herz bringen, ihm zu verzeihen, und er habe angefangen, den Leuten zu erzählen, er habe keinen Sohn Namens Kenneth. Es wäre besser, schrieb Pfarrer Zoghby, wenn Kenneth erst wieder schreibe, wenn sich die Dinge beruhigt hätten. Er würde beten, daß sein Vater ihm irgendwann verzeihen würde, und er würde ihm schreiben, wenn irgend etwas passieren würde, was er wissen sollte.

Als McCoy noch das wassergekühlte Browning-MG Kaliber .30 in der D-Kompanie des 1. Bataillone des 4. Marineinfanterieregiments bedient hatte, war ein weiterer Brief von Pfarrer Zoghby bei ihm eingetroffen. Seine Mutter war gestorben. Anne-Marie fühlte sich zur Nonne berufen und war Novizin im Kloster der Schwestern des Heiligen Geistes geworden; Tommy war nach Bethlehem gegangen, wo die Stahlwerke wiedereröffnet hatten und wo es Arbeit gab, und sein Vater hatte wieder geheiratet.

»Anne-Marie verließ das Kloster vor mindestens zwei Jahren, muß ich leider sagen«, erklärte der junge Priester. »Ich bin sicher, ihr Vater wird wissen, wo sie ist.«

»Den kann ich nicht fragen«, sagte McCoy.

Der Priester schaute ihn einen Augenblick lang an, und McCoy spürte, daß er sich zu einer Entscheidung durchrang. Dann kam der Priester aus dem Pfarrhaus und schloß die Tür hinter sich.

»Vielleicht kann ich Ihnen helfen.«

Er führte McCoy an der Kirche vorbei, dann über den Fußgängerweg zu den Schulgebäuden – die Mittelschule war links, und die größere, neuere Saint Rose of Lima High School befand sich rechts – und schließlich zum Wohnheim der Nonnen.

Er sprach zuerst mit Schwester Gregory, die McCoy wiedererkannte, als sie ihn vom oberen Treppenabsatz her musterte, die sich jedoch verhielt, als hätte sie ihn noch nie gesehen. Sie verschwand, und eine Minute später tauchte Schwester Paula auf und kam die Treppe herab zu McCoy und dem jungen Priester.

»Wie geht es Ihnen, Kenneth?« fragte Schwester Paula.

»Alles in Ordnung, Schwester«, sagte McCoy.

»Haben Sie die Dinge zwischen sich und Gott ins Reine gebracht, Kenneth?«

»Ich weiß nicht, Schwester«, erwiderte McCoy.

»Sie wollen doch keinen Ärger machen, Kenneth?« fragte sie.

»Ich komme gerade aus China zurück«, sagte McCoy. »Ich möchte Anne-Marie sehen.«

»Sie waren in China?«

»Ja, Schwester.«

»Anne-Marie hat die Schwestern des Heiligen Geistes verlassen«, sagte Schwester Paula, »und ich bedaure Ihnen sagen zu müssen, daß sie auch die Kirche verlassen hat.«

»Wissen Sie, wo sie ist?«

»Hier in Norristown«, sagte Schwester Paula. »Sie hat sich mit einem Protestanten eingelassen.«

»Wie bitte?«

»Sie heiratete einen jungen Mann, der nicht der katholischen Kirche angehört. Er ist ein Protestant namens Schulter. Er arbeitet bei der Amoco-Tankstelle an der Kreuzung Ninth und Walnut Street. Sie haben zwei kleine Kinder, ein Mädchen und einen Jungen.«

»Danke, Schwester Paula«, sagte McCoy.

»Ich möchte nicht, daß Sie etwas tun, Kenneth, das Ihrem lieben Vater noch mehr Schmerz zufügt«, sagte sie. »Ich hoffe, Sie hatten Zeit, die Dinge zu durchdenken.«

VIII

1

Der Mann, der zu den Zapfsäulen herauskam, als McCoy an der Tankstelle hielt, trug eine Amoco-Uniform – gestreiftes Hemd und Hose und eine dazu passende Schirmmütze. Auf dem Schirm der Mütze waren das Firmenzeichen von Amoco und ein Namensschildchen zu sehen. ›Dutch‹ stand darauf. Der Mann war um die dreißig, schätzte McCoy, und er hatte bereits Fettpolster.

»Volltanken, Sir?« fragte er.

McCoy nickte. Als Dutch die Motorhaube geöffnet hatte, stieg McCoy aus dem Wagen.

»Sie müssen gerade erst das Öl gewechselt haben«, sagte Dutch und zeigte McCoy den Ölmeßstab. »Völlig sauber und bis obenhin voll.«

»Sie heißen Schulter?« fragte McCoy.

»Stimmt«, antwortete Dutch in einer Mischung aus Mißtrauen und Neugier.

»Ich bin Anne-Maries Bruder«, sagte McCoy.

Dutch zögerte einen Augenblick, und dann hielt er McCoy die Hand hin. »Dutch Schulter«, sagte er. »Ich hörte – Anne-Marie sagte es mir –, daß Sie bei den Marines waren.«

»Das bin ich noch«, sagte McCoy.

»Dann muß es Ihnen gutgehen.« Dutch wies vage zu dem LaSalle und dann auf McCoy selbst.

»Ich komme zurecht«, sagte McCoy.

Es klickte, als die Automatik des Zapfhahns die Benzinzufuhr stoppte, weil der Tank voll war. Dutch Schulter ging zum Wagenheck, zog den Zapfhahn aus dem Tankstutzen und hängte ihn an die Zapfsäule. McCoy schaute auf die Anzeige der Säule. 11,7 Gallonen zu 23,9 Cent pro Gallone: 2,79 Dollar. Er nahm zusammengerollte Geldscheine aus der Tasche, blätterte eine Zehn-Dollar-Note davon ab und gab sie Dutch.

Dutch Schulter überreichte ihm das Wechselgeld und ein Coca-Cola-Glas.

»Das Glas bekommt man gratis, wenn man volltanken läßt.«

»Wo kann ich meine Schwester treffen?« fragte McCoy.

Schulter sah ihn eine Weile an, als müsse er sich zu einer Entscheidung durchringen, und dann hob er die Stimme. »Mickey!«

Ein Junge in einer Amoco-Uniform tauchte in der Tür des Tankstellengebäudes auf.

»Halte die Stellung, Mickey!« rief Dutch. »Ich muß mal kurz heim.«

Sein Heim war ein Reihenhaus an der North Elm Street. Es hatte eine kleine hölzerne Veranda und roch nach Babyscheiße, saurer Milch und Kohl.

Anne-Marie sah älter aus, als er erwartet hatte. Sie wurde

bereits fett und unförmig, und es fehlten ihr schon ein paar Zähne. Sie weinte vor Freude, als sie ihn sah, umarmte ihn und sagte, er sei wirklich groß geworden.

Dutch tippte ihm auf die Schulter, und als er sich umwandte, gab er ihm eine Flasche Bier.

»Du bist ein Onkel, Kenny«, sagte Anne-Marie. »Wir haben einen Jungen und ein Mädchen, aber ich habe sie gerade ins Bett gebracht, und du wirst warten müssen, bis du sie sehen kannst. Bleibst du zum Abendessen?«

»Ich dachte mir, ich würde dich und Dutch zum Essen ausführen«, sagte McCoy.

»Laß das lieber sein«, wandte Anne-Marie ein. »Du wirst nicht glauben, wie teuer heutzutage das Essen in Restaurants ist.«

»Ich möchte es trotzdem«, sagte McCoy.

»Ich hätte mit dem Truck hinter ihm herfahren sollen«, sagte Dutch. »Fährst du mich zurück zur Tankstelle? Findest du von dort den Weg hierhin zurück?«

»Warum nimmst du nicht meinen Wagen?« schlug McCoy vor. »Ich muß nirgendwo sonst hin.«

»Du hast einen Wagen?« fragte Anne-Marie überrascht.

»Er hat ein LaSalle-Cabrio!« sagte Dutch.

Anne-Marie schaute ihren Bruder überrascht an.

»Dir ist es anscheinend gut ergangen«, bemerkte sie.

»Ja, ich bin zurechtgekommen«, sagte McCoy.

»Ich werde den Wagen auf die Hebebühne fahren und abschmieren«, sagte Dutch. »Und dann wird der Junge, der für mich arbeitet, Mickey – du hast ihn gesehen –, den Wagen waschen.«

»Danke.« McCoy überreichte Dutch die Wagenschlüssel.

Dutch Schulter kehrte ein paar Minuten nach 18 Uhr zurück nachdem ihn der Kollege von der Nachtschicht abgelöst hatte. McCoy freute sich, Dutch zu sehen. Anne-Marie ging ihm auf die Nerven. Sie war eine gottverdammte Schlampe. Er mußte ihr sagen, daß sie die Windel des Jungen wechseln mußte. Dem Kleinen lief der Schiß am Bein hinunter.

Das Waschbecken war voll mit ungespültem Geschirr. McCoy erinnerte sich in diesem Zusammenhang, daß seine

Mutter ebenfalls eine Schlampe gewesen war. Oftmals, wenn der Alte sie geschlagen hatte, waren sie vorher aneinandergeraten, weil irgend etwas dreckig gewesen war.

Anne-Marie sagte ihm, sie würde wirklich lieber selbst Abendessen machen. Wenn Dutch mit dem Wagen zurückkehre, könne er sie damit zum Supermarkt fahren, und sie würde Steaks oder sonst etwas kaufen; aber sie meinte es nicht ernst, und McCoy wollte nicht in ihrer dreckigen Küche von schmutzigem Geschirr essen.

Sie fragte ihn, ob er ›Daddy‹ gesehen hätte, und er verneinte das. Sie erklärte ihm, daß sie ihn ebenfalls nicht mehr gesehen hätte. Er war wütend auf sie, seit sie das Kloster verlassen hatte (Junge, Junge, konnte sie Geschichten erzählen, die sich dort abgespielt hatten!), und nachdem sie Dutch geheiratet hatte, nicht kirchlich und so, war es nur noch schlimmer geworden.

Dutch sei ein guter Mann, sagte Anne-Marie. Sie hatte ihn kennengelernt, nachdem sie das Kloster verlassen hatte. Er hatte an einer Imbißbude Namens ›Highway Diner‹ am Bethlehem Pike gearbeitet. Er war nett zu ihr gewesen, und eines hatte das andere ergeben, und sie waren zusammen ausgegangen. Dann hatten sie geheiratet und eine Familie gegründet.

McCoy rechnete ein wenig und gelangte zu dem Resultat, daß die Reihenfolge nicht stimmte. Anne-Marie und Dutch hatten erst die Familie gegründet und dann geheiratet. Der Alte konnte natürlich ebenfalls rechnen, und das war vielleicht einer der Gründe, weshalb er so sauer auf seine Tochter war.

Wie konnte sie es wagen, Pat McCoy, den ehemaligen Großkomtur des Kolumbusordens, in Verlegenheit zu bringen? Sie hatte nicht nur das Kloster verlassen (oder war hinausgeworfen worden?), sondern sie hatte sich von irgendeinem Dutchy schwängern lassen, den sie im Highway Diner kennengelernt hatte, als sie dort einen Hamburger hinuntergeschlungen hatte.

Dutch kam mit dem LaSalle nach Hause, der geschmiert und poliert war. Er nahm ein Bad und zog für den Abend Sportjacke und Freizeithose an. Anne-Marie trug ein zu enges Kleid mit

Blumenmuster. Sie luden die Kleinen in den Wagen und fuhren los, um irgendwo zu essen.

Anne-Marie sagte, das Essen im Bar & Grill in der 12th Street sei immr gut, und es koste nicht die Welt. McCoy wußte, daß seine Schwester weniger daran interessiert war, gut zu essen und ihm Geld zu ersparen, sondern dorthin gehen wollte, wo sich der Alte herumtrieb, damit er sie zusammen und fein angezogen und Kenneth mit dem LaSalle sah.

»Ich sah ein Lokal auf der Fahrt in die Stadt«, sagte McCoy. »Norristown Tavern – oder Inn. Das sah gut aus.«

»Da ist es wahnsinnig teuer«, gab Anne-Marie zu bedenken.

»Das kann man wohl sagen, Ken«, stimmte Dutch zu. Er sorgte sich wirklich um McCoys Geld.

»Was soll's, ich komme so selten her«, sagte McCoy.

Als sie in der Norristown Inn in einer Nische saßen, schaute Anne-Marie plötzlich auf und flüsterte: »Da ist Daddy.«

Der gute alte Pat McCoy saß an der Bar mit einer scharfgesichtigen Frau, deren Haar hoch aufgetürmt war und deren geschminkter Mund wie eine rote, klaffende Wunde in ihrem blassen Gesicht wirkte. Offenbar war es seine zweite Frau.

McCoy überlegte, und als sie die Erdbeerbiskuittörtchen gegessen hatten, erhob er sich vom Tisch und ging zur Bar.

»Hallo«, sagte er zu seinem Vater.

Sein Vater nickte. Die zweite Mrs. McCoy sah ihn neugierig an.

Es überrascht ihn nicht, mich zu sehen, was bedeutet, daß er mich mit Anne-Marie und Dutch am Tisch gesehen hat, dachte McCoy. *Und er kam nicht zu uns herüber.*

»Du bist heimgekehrt, wie ich sehe«, sagte McCoys Vater.

»Vor etwa zehn Tagen.«

McCoys Vater drehte sein Glas auf der Bar.

»Etwas beim Marine-Corps gelernt?« fragte er.

Damit gibt er seiner neuen Frau zu verstehen, wer ich bin, dachte McCoy. *Jetzt kann sie mich ebenfalls nicht leiden.*

»Ich habe ein bißchen gelernt«, sagte McCoy.

»Und was machst du jetzt, suchst du einen Job?«

»Noch nicht.«

»Vielleicht läßt dich Dutch Sprit zapfen«, sagte McCoys Vater. Er lachte über seine Bemerkung und wandte sich seiner Frau zu, um Publikum zu haben. Sie kicherte pflichtschuldig.

»Vielleicht werde ich das tun«, sagte McCoy und ging an den Tisch zurück.

»Was hat er gesagt?« fragte Anne-Marie.

»Nicht viel«, sagte McCoy.

Er schalt sich einen Idioten, als die Rechnung kam, und es regte ihn auf, daß Anne-Marie fast alles bestellt hatte, was auf der Karte stand. Aber dann sagte er sich, daß er sie zum Essen eingeladen hatte und daß er sich nicht wegen der Kosten grämen sollte.

Er sagte Anne-Marie und Dutch, er müsse zurück nach Philadelphia und könne deshalb nicht bei ihnen auf dem Klappbett übernachten. Aber er versprach, ihnen zu schreiben. Er setzte sie dann bei ihrem Reihenhaus ab. Bevor er fortfuhr, fragte er noch nach Tommys Adresse.

Sie waren offenbar knapp bei Kasse, und er spielte mit dem Gedanken, Anne-Marie fünfzig Dollar zu geben, ›um etwas für die Kleinen zu kaufen‹, doch dann entschied er sich dagegen. Seine Schwester hatte bereits gejammert, wie schwer es war, von Dutchs Verdienst als Tankwart mit zwei Kindern zu leben. Wenn er ihr Geld gab, würde sie ihn später um weiteres anpumpen.

Er kehrte nicht nach Philly zurück. Das hatte er nie vorgehabt. Obwohl er keinen Urlaub hatte, brauchte er nicht zur Kaserne zurückkehren und auch nicht am Morgen anzutreten. Lieutenant Fogarty hatte ihm offen gesagt, daß ihn niemand vermissen würde, und wenn er nicht seinen Urlaub verplempern wolle, könne er sich aus der Kaserne verdrücken, wann immer er wolle, und sich alle paar Tage beim First Sergeant melden.

McCoy wollte einfach fort von dem Reihenhaus und dem Gestank von Babyscheiße und Kohl.

Er hielt außerhalb der Stadt, klappte das Verdeck zu, fuhr nach Bethlehem und nahm sich ein Zimmer im Hotel Bethlehem. Es war nicht das Bellevue Stratford, aber es war ein ordentliches Hotel, und als er am Morgen in den Speiseraum hinabging, fand er zum Frühstück Steaks und Corned beef auf der Speisekarte. Er bestellte dieses Frühstück, und es war ihm gleichgültig, was es kostete.

Tommy wohnte in einer Pension, einem großen, alten Bau am Hügelhang. Er war natürlich nicht da. Die Hauswirtin, eine große Polin mit rosafarbenen Wangen, erklärte McCoy, er könne ihn vermutlich bei der Fußgängerbrücke über die Bahnlinie treffen, wenn seine Schicht vorüber war, und wenn er ihn dort verpaßte, könnte er ihn wahrscheinlich im Litauischen Klub finden.

McCoy fuhr durch die Stadt. Er sah die Lehigh Universität, und fuhr – nur zum Spaß – auf das Gelände. Es gab wirklich nicht viel zu sehen. Er war enttäuscht und fragte sich, warum. Was hatte er erwartet?

Er fuhr zurück zum Hotel Bethlehem und zog aus. Als die Schicht von 8 bis 16 Uhr Feierabend hatte, stand er an der Fußgängerbrücke, die über die Bahngeleise führte, und hoffte Tommy zu entdecken.

Tommy sah ihn zuerst. Tommy hatte sich so verändert, daß McCoy den Bruder nicht erkannte, als er an ihm vorbeiging. Doch Tommy sah ihn aus dem Augenwinkel und kam zurück, obwohl er in dieser verdammten Welt als letztes seinen verdammten Bruder in einem verdammten Anzug auf der verdammten Brücke erwartet hätte.

Sie besuchten den Litauischen Klub und tranken dort viel Bier. Einmal erzählte Tommy den Jungs, daß sein verdammter großer Bruder ein verdammter Corporal bei den verdammten Marines war, daß er aber in Ordnung sei, obwohl er mit dem verdammten Anzug wie ein verdammter Schwuler aussähe.

Der Litauische Klub erinnerte McCoy an den Millionen-Dollar-Club in Schanghai. Nicht wegen des Aussehens. Der Litauische Klub war ein Dreckloch. Es stank nach Bier und Pisse. Der Millionen-Dollar-Club war jedoch ein Lokal, in das Marines gingen, weil sie nach dem Dienst nirgendwohin sonst gehen konnten und nichts zu tun hatten, außer sich zu betrinken. Und genau das war der Litauische Klub ebenfalls, ein Lokal, in das die Arbeiter des Stahlwerks gingen, wenn sie von der Arbeit kamen und nichts zu tun hatten, außer sich zu betrinken.

Tommy erinnerte McCoy an viele Marines, die er kannte.

Sie landeten schließlich in einem Bordell beim Bahnhof. McCoy bezahlte für eine Nacht mit einer Wasserstoffblonden, nicht weil er wirklich an Sex mit ihr interessiert war, sondern weil die Alternative schlimmer war: Er war zu blau, um in seinen Wagen zu steigen und zu Tommys Pension oder zum Hotel Bethlehem zu fahren.

Beim Marine-Corps war der Teufel los, wenn man wegen Trunkenheit am Steuer oder zu schnellem Fahren erwischt wurde. McCoy war noch nicht überzeugt, daß er tatsächlich Offizier werden konnte. Das war der Hauptgrund, weshalb er weder bei Anne-Marie noch bei Tommy etwas von Quantico erwähnt hatte. Außerdem würden sie es vermutlich gar nicht glauben. Was leicht zu verstehen war; er glaubte es ja selbst nicht ganz. Aber wenn er wegen Trunkenheit am Steuer festgenommen wurde, bedeutete es das Aus für die Offizierslaufbahn, und er wollte es versuchen.

Tommy holte ihn um halb sieben am Morgen aus dem Bett der Hure und erklärte, daß er zur verdammten Arbeit müsse und eine verdammte Fahrgelegenheit und ein verdammtes Frühstück brauche. Er könne nicht acht verdammte Stunden an einem verdammten offenen Feuer arbeiten, ohne etwas im verdammten Magen zu haben.

In einem schmuddeligen Imbiß aßen sie Eier mit Bratkartoffeln und tranken Kaffee dazu. Dann setzte McCoy seinen Bruder Tommy an der Fußgängerbrücke über die Bahngeleise ab und fuhr zurück zur Marinewerft.

2

San Mateo Club
San Mateo, California

27. August 1941

Das Gebäude, das den San Mateo Club beherbergte, war 1895 als Landsitz für Andrew Foster senior erbaut worden. Das blieb es bis 1939, als Andrew Foster junior mit siebzig Jahren nach dem Tod seiner Frau in das Penthouse auf dem Andrew Foster Hotel in San Francisco zog und den Immobilienbesitz zum Verkauf anbot.

Der Vorstand des San Mateo Clubs hatte schnell zugegriffen. Nicht nur der Preis des Objekts stimmte und das Haus war groß genug für die Mitglieder, die sich derzeit im ›alten Klubhaus‹ drängten, sondern auch das Geld stand zur Verfügung. Für den ›alten Klub‹ war von Sanierern ein stolzer Preis geboten worden, die das Gelände mit dem Golfplatz in Wohngebiet umwandeln wollten.

Der Foster-Besitz – ›der neue Klub‹ – enthielt Land genug für siebenundzwanzig Löcher (im Gegensatz zu achtzehn beim alten Klub) und sanft gewellte Weiden gleich neben dem Polofeld, die weitaus mehr Ponys aufnehmen konnten als das Gelände des alten Klubs. Und der gute Mr. Foster junior hatte gratis alle Möbel dazugegeben mit Ausnahme derjenigen in seinem privaten Apartment, die er bei dem Umzug ins Hotel-Penthouse mitgenommen hatte.

Die Frau war sehr schlank und blond. Sie trug einen breitkrempigen Strohhut, ein hellblaues Kleid und weiße Handschuhe. Von ihrem Platz am Fuß der breiten Treppe, die zum ersten Stock führte, konnte sie den Vorrat an Champagner sehen. Er war praktisch, wenn auch ein wenig unschön beim Durchgang zur Küchentür gelagert, und zwar in eisgefüllten, eisernen Wassertrögen für Pferde.

Die Frau biß ein Stück von ihrem delikaten Hors d'hoeuvre ab, eine köstliche Pastete auf einem Kräcker, nippte an ihrem

Champagner und spielte ernsthaft mit dem Gedanken, eine der Champagnerflaschen zu nehmen und damit nach oben zu gehen. Er würde es vielleicht amüsant finden.

Aber es wäre schwierig zu erklären, wenn ihr auf dem Weg nach oben jemand auf der Treppe begegnete. Ohne Champagner würde man annehmen, sie ginge hinauf zur Toilette. Im Erdgeschoß des San Mateo Clubs waren nur unzureichende sanitäre Einrichtungen für Ladys. Die Männer hatten kein Problem dieser Art. Ein Arbeitszimmer neben der Bibliothek war mit sanitären Anlagen versehen worden, und damit hatte es sich.

Wenn die Natur ihr Recht verlangte, konnten die Männer also keine zwanzig Meter von der Bar entfernt bequem pinkeln. Wenn die Frauen den gleichen Drang verspürten, fanden sie jedoch oftmals die kleine Toilette im Erdgeschoß besetzt und mußten in einer oberen Toilette den Druck ablassen. Der Silberstreif an diesem dunklen Horizont war die Tatsache, daß keiner neugierig eine Frau anstarrte, die über die breite Treppe hinaufging.

Sie stellte ihr leeres Champagnerglas auf das Tablett eines vorbeikommenden Kellners, schüttelte lächelnd den Kopf, als er ihr ein neues gefülltes Glas anbot, und stieg die Treppe hinauf.

Niemand war auf dem oberen Gang, was sie für einen Zufall hielt. Sie beeilte sich dennoch und betrat schnell, ohne an der Tür anzuklopfen, ein Zimmer mit einem Messingschild, auf der die Zahl 14 stand. Die numerierten Zimmer waren eine Neuerung der Direktion. Bevor die Zimmernummern eingeführt worden waren, hatten Leute, die im ›neuen Klubhaus‹ die Nacht oder das Wochenende hatten verbringen wollen, ihre eigenen Zimmer nicht finden können.

Sie schloß die Tür und legte die Kette vor. Sie hörte das Rauschen der Dusche und seinen Gesang, einen durchaus brauchbaren Tenor. Lächelnd ging sie zum Bett. Sie sah, daß er seine Kleidung darauf geworfen hatte, schnüffelte und rümpfte die Nase. Behutsam hob sie das verschwitzte blaue Polohemd an. Ein Stoffviereck mit der Nummer 2 war noch mit Sicherheitsnadeln darauf festgesteckt; er war die Nummer 2 beim Polo gewesen. Sie nahm eine gleichfalls schweißgetränkte Unterhose und ließ sie auf den Boden neben eine sehr schmutzige Reithose, ein Paar verschrammter Reitstiefel und dicke Wollsocken auf den Boden fallen.

Dann zog sie die Decke vom Bett. Sie schaute zum Badezimmer und fragte sich, wie lange er dort war und wann er herauskommen und sie finden würde.

Überraschung! Überraschung!

Dann hatte sie eine noch bessere Idee. Sie ging zu einem Kredenztisch, nahm den Strohhut ab und zog die Handschuhe aus und legte beides auf den Tisch. Danach streifte sie den Hochzeits- und Verlobungsring ab und legte die Ringe ebenfalls auf den Kredenztisch. Und dann zog sie – sehr schnell – den Rest ihrer Kleidung aus. Es würde nur lustig sein, wenn sie ganz nackt sein würde.

Als sie pudelnackt war, kam er immer noch nicht aus dem Badezimmer. Sie erinnerte sich, daß er wirklich ein Bad gebraucht hatte, als sie ihn zum letzten Mal gesehen hatte. Er hatte vor Schweiß gestunken; und Schweiß war ihm buchstäblich vom Kinn getropft. Aber jetzt reichte es mit der Duscherei; man konnte es auch übertreiben.

Sie musterte sich im Spiegel und lächelte verrucht ihr Spiegelbild an. Dann schritt sie zur Badezimmertür, öffnete sie und ging ins Bad. Es gab keine Duschkabine. Eine Ecke war gefliest. Die geflieste Fläche war so groß, daß Wasser aus den drei Duschköpfen, das auf die Ecke lief, nicht darüber hinausspritzte.

Sein Kopf und das Gesicht waren mit Seifenschaum bedeckt. Er sang immer noch fröhlich und rieb sich mit den Fingerspitzen heftig über den Skalp. Sie sah eine Duschhaube auf einem Haken und zog sie schnell an, damit ihr Haar nicht naß wurde. Dann trat sie auf die geflieste Fläche und zog unwillkürlich die Schultern hoch, als das Wasser auf sie prasselte und kälter war, als sie erwartet hatte. Dann ließ sie sich auf die Knie nieder, griff nach dem Objekt, das sie haben wollte, und steckte es in ihren Mund.

»Allmächtiger!« stieß Pick Pickering hervor. »Bist du verrückt?« Und dann jaulte er auf. »Verdammt, jetzt hab' ich Seife in die Augen bekommen!«

Er trat ruckartig von ihr fort und wandte sein Gesicht einem Duschstrahl zu. Die Frau rutschte auf den Fliesen aus und fiel beinahe. Sie stand auf, ging zu ihm, preßte ihren nackten, nassen Körper an ihn und knabberte an einer seiner Brustwarzen.

»Wo, zum Teufel, ist dein Mann?« erkundigte sich Pick Pickering.

»In der Bar, nehme ich an«, sagte die Frau. »Ich hatte Langeweile.«

Sie umfaßte sein Glied und rieb ein paarmal auf und ab, bis es ihre Hand ausfüllte.

»Möchtest du es im Stehen versuchen?« fragte sie. »Ich hätte Lust, es unter der Dusche zu tun. Das wäre wie im Regen ficken.«

»Dorothy!« sagte Pick.

Sie versuchte so in Position zu gehen, daß er in sie eindringen konnte, doch es gelang nicht.

»Ich glaube, das klappt nicht«, sagte sie sachlich.

Pick Pickering nahm sie auf die Arme und trug sie zum Bett. Dort erwies sich das Eindringen als eine seiner leichtesten Übungen.

Zwei Minuten und fünfzig Sekunden später sprang er aus dem Bett.

»Bums, bums, danke, Ma'am«, sagte sie. »Das ist nicht sehr nett von dir.«

»Du hast den Verstand verloren, Dorothy, weißt du das?«

»Wohin gehst du?«

»Ich müßte längst in der Stadt sein«, sagte er.

»Wer ist sie? Eine, die ich kenne?«

Er gab keine Antwort.

»Keine verdammte Unterwäsche!« jammerte er, als er in einer Reisetasche wühlte. »Ich hab' keine Unterwäsche mitgenommen!«

»Wie sexy!« sagte Dorothy.

»Was, zum Teufel, soll ich machen?«

»Geh ohne«, sagte sie. »Ich verzichte immer darauf.«

Er sah sie an und lächelte.

»Dir werden die Witzchen vergehen, wenn uns dein Mann mit einer Schrotflinte abknallt«, sagte er.

»Das setzt voraus, daß er nüchtern genug ist, um eine Schrotflinte zu halten«, sagte Dorothy. »Mußt du wirklich weg?«

»Ich habe heute überhaupt nur gespielt, weil Tommy Whitlock in letzter Minute absagte.«

Pick Pickering streifte ein frisches Polohemd über den Kopf und zog eine Baumwollhose an.

»Welch ein Glück für uns beide«, sagte Dorothy.

Er schaute sie an und lächelte von neuem.

»Sei vorsichtig mit dem Reißverschluß«, sagte sie. »Ich möchte nicht, daß irgendwas beschädigt wird.«

»Ich auch nicht«, sagte er.

»Ich werde dich nicht wiedersehen, oder?« fragte Dorothy.

»Ich wüßte nicht, wie«, erwiderte Pick.

»Du wirst mir fehlen, Baby.«

»Du mir auch, Dorothy.« Er fand seine Armbanduhr auf dem Nachttisch und legte sie an. »Himmel, bin ich spät dran!«

Pick Pickering blickte auf sie hinab, und sie stemmte sich auf die Ellenbogen. Er neigte sich über sie und küßte sie.

»Du wirst mir wirklich fehlen«, sagte sie.

»Du mir auch.«

»Sei vorsichtig, Baby«, sagte sie.

Er sprang auf, hüpfte durch das Zimmer und schob die nackten Füße in Freizeitschuhe.

Dann ging er, ohne ihr noch einen Blick zu schenken.

Eine halbe Stunde später war er in San Francisco beim Eingang zum Parkhaus des Andrew Foster Hotels. Ein Schild stand dort auf dem Bürgersteig. »Wir bedauern, daß wir augenblicklich alle Parkplätze für unsere eingeschriebenen Gäste brauchen.«

Wie alles im Zusammenhang mit dem Andrew Foster Hotel war es kein normales Schild. Es war eingefaßt in einen polierten Messingrahmen, und die Lettern waren aus Gold. Der Rahmen war auf einem verzierten schmiedeeisernen Ständer befestigt. Das Andrew Foster war eines der größten Hotels der Welt (das renommierteste und teuerste Hotel in San Francisco) und das Flaggschiff der Foster-Hotelkette, die aus zweiundvierzig Häusern bestand. Man konnte einen gewissen Standard erwarten, auch wenn Andrew Foster nicht in dem Penthouse gewohnt hätte.

Andrew Foster zitierte gerne ›die einzige große Regel, wie man ein anständiges Hotel führt‹. Es war nicht die Art Regel, die man niederschreibt, denn sie änderte sich oft ein Dutzend Male pro Tag. Sie konnte zusammengefaßt werden (und das wurde sie auch hinter seinem Rücken), daß alles sofort korrigiert werden mußte, was in dem jeweiligen Moment sein Auge beleidigte.

Was Andrew Fosters Auge beleidigte, reichte von einem Fleck auf dem Schuh eines Pagen (›Die einzige große Regel, wie man ein anständiges Hotel führt, ist die, daß das Personal tadellos aussehen muß. Wenn man danach handelt, regelt sich alles andere von selbst.‹) über ein zu lange gebratenes Steak, das medium sein sollte (›Die einzige Regel, wie man ein anständiges Hotel führt, ist die, den Leuten zu servieren, was sie gewünscht haben. Wenn man das tut, erledigt sich alles andere von selbst.‹), bis zum Erneuern von Blumen, die zu welken anfingen (›Die einzige Regel, wie man ein anständiges Hotel führt, ist die, zu verhindern, daß es wie eine vergammelte Leichenhalle aussieht! Wenn man danach handelt, regelt sich alles andere von selbst.‹).

Das Schild mit den vergoldeten Lettern tauchte auf dem Bürgersteig auf, nachdem Mr. Andrew Foster kurz zuvor ein einfaches Schild mit der Aufschrift PARKHAUS BELEGT entdeckt hatte. Alles sonst würde sich regeln, wenn man den Leuten klarmachte (durch ein Schild, das nicht aussah, als käme es von einem drittklassigen Volksfest), warum sie etwas nicht tun konnten, was sie wollten, und wenn sich das Hotel zugleich für die Unannehmlichkeit entschuldigte.

Pick Pickering ignorierte das Schild und fuhr mit seinem nagelneuen schwarzen Cadillac-Cabrio ins Parkhaus. Er sah schnell, daß es wirklich belegt war. Es gab nicht genügend freien Platz, um das Heck des Cadillacs aus der Fahrbahn zu halten.

Einer der schick nach der Mode der französischen Fremdenlegion gekleideten Parkwächter eilte auf den Cadillac zu.

»Darf ich für Sie den Wagen parken, Sir?« fragte der Parkwächter sehr höflich.

Pick Pickering sah ihn an und grinste.

»Würden Sie das bitte machen, Tony? Ich bin wirklich spät dran.«

»Was Sie nicht sagen«, erwiderte Tony in gespielter Überraschung. »Haben deswegen alle die Küstenwache nach Ihnen suchen lassen?«

»O Gott!« sagte Pickering.

»Die einzige große Regel, wie man ein anständiges Hotel führt . . .«, zitierte Tony.

». . . ist die, daß die Leute dort sind, wo sie sein sollen, wenn man von ihnen erwartet, daß sie dort sind«, ergänzte Pick Pickering.

»Das haben Sie doch schon gehört, Pick, nicht wahr?« fragte Tony. »Wollen sie, daß ich ihn über Ihre Ankunft informiere?«

»Bitte, Tony.« Pickering ging schnell, rannte fast zwischen den eng geparkten Wagen zu der Tür mit der Aufschrift: NUR FÜR PERSONAL.

Dahinter befand sich ein Umkleideraum. Pickering zog schon das Polohemd über den Kopf, während er noch die Tür aufstieß. Er hatte bereits die Hose aus, bevor er vor einem der verschrammten Spinde stehenblieb.

Zwei Smokingjacken und drei Frackhemden in Zellophanhülle, frisch von der Wäscherei des Hotels, hingen in dem Spind, aber es war keine Unterwäsche dort, wo Unterwäsche hätte sein sollen. Und nicht mal verdammte Socken.

Mit einer Schnelligkeit, die nur von langer Übung kommen konnte, befestigte Pick Pickering Hosenträger an der Hose, zog Manschettenknöpfe an, und während er den Kummerbund um die Hüfte schlang und zuhakte, schlüpfte er mit den nackten Füßen in Lackschuhe.

Neunzig Sekunden später öffnete er die Tür des Umkleideraums, rückte die Fliege zurecht und wartete ungeduldig auf den Aufzug.

Der Lift kam, und die Tür ging auf. Der Aufzug wurde von einer Schwarzen in mittlerem Alter bedient. Sie starrte ihn an und sagte: »Sie haben Lippenstift am Ohr, Pick, und die Fliege ist schief.«

»Können Sie das glauben?« fragte Pick Pickering, zeigte ihr die nackten Knöchel, als er in den Aufzug trat, und zog ein Taschentuch hervor, um den Lippenstift abzuwischen.

»Es wird hier langweilig werden ohne Sie«, meinte sie lachend.

»Ich hörte, daß er wütend ist«, sagte Pickering. »Gibt es irgendeinen besonderen Grund, oder will er nur in Übung bleiben?«

»Sie wissen, warum er wütend ist«, tadelte die Schwarze. »Wo waren Sie überhaupt?«

»In San Mateo«, erklärte er. »Ich wurde aufgehalten.«

»Das kann ich mir denken.« Dann fügte sie hinzu: »Sie hätten anrufen und ihm sagen sollen, daß Sie später kommen.«

Die meisten der Lampen auf der Anzeigetafel, die verrieten, daß Leute warteten, leuchteten, doch die Fahrstuhlführerin ignorierte sie und fuhr Pickering hinauf, ohne anzuhalten. Pick Pickering sah durch das Glasfenster in der Liftkabine ärgerliche Gesichter, als der Aufzug an wartenden Leuten vorbei hinauffuhr.

»Ihre Ohren sind vom Lippenstift gesäubert, aber lassen Sie ihn nicht die Füße sehen«, sagte die Schwarze, als sie ihm die Aufzugtür öffnete.

Pickering stellte überrascht fest, daß das Foyer vor dem Aufzug voller Leute war. Normalerweise sah er hier nur Servierwagen vom Zimmerservice. Er hätte sich denken können, daß der alte Herr mehr im Sinn hatte als ein Lammkotelett, als er gesagt hatte, er wünsche, daß Pick vor seiner Abreise mit ihm zu Abend esse.

Jemand erkannte ihn, kicherte und klatschte in die Hände. Das hielten die anderen für eine gute Idee, und der Applaus breitete sich aus wie ein Buschfeuer. Pick hielt die verschränkten Hände über den Kopf wie ein siegreicher Preiskämpfer. Das rief noch mehr Gelächter hervor.

»Ich glaube, das Marine-Corps ist gelandet«, ertönte Andrew Fosters dröhnende Stimme. »Mit einer Stunde Verspätung und höchstwahrscheinlich um mehr als einen Dollar erleichtert.«

»Es tut mir leid, Großvater«, sagte Pick Pickering.

»Ich gehe davon aus, daß sie den Dollar wert war«, sagte der alte Gentleman. »Ich kann einfach nicht glauben, daß du deine Mutter und deinen Vater, ganz zu schweigen von deinen Gästen und mir, nur warten läßt, weil du auf einem Pferd herumgeritten bist.«

3

Bethlehem, Pennsylvania

28. August 1941

Zwei Polizisten kamen zu der Zelle.

»Okay, Joe Louis, auf die Beine!« sagte einer der Cops, während der andere signalisierte, daß die Fernbedienung betätigt und die Tür geöffnet werden sollte.

Einer der Polizisten betrat die Zelle und blieb vor Tommy McCoy stehen, der die Füße in seine Arbeitsschuhe schob. Als Tommy schließlich aufstand, hakte der Cop Handschellen von seinem Gürtel.

»Halten Sie die Hände hinter sich«, sagte er.

»He, ich bin wieder in Ordnung«, sagte Tommy.

»Halten Sie die Hände hinter den Rücken«, wiederholte der Cop.

Als Tommy spürte, daß die Handschellen um seine Gelenke schnappten, fragte er: »Was passiert jetzt?«

Der Cop ignorierte ihn. Er packte ihn am Arm und schob ihn aus der Zelle und dann aus dem Zellentrakt. In dem Raum, in dem die persönlichen Dinge abgeliefert werden mßten, nahmen sie ihre Dienstrevolver in Empfang und rissen einen braunen Umschlag auf. Daraus holten sie Tommy McCoys Brieftasche, Taschentuch, Zigaretten, Streichhölzer und Kleingeld. Sie schoben die Dinge in seine Taschen und führten ihn aus dem Gebäude zu einem Parkplatz dahinter.

»Wann bekomme ich was zu essen?« fragte Tommy.

Die Cops ignorierte diese Frage ebenfalls.

Er fand, daß er nicht so hungrig wie durstig war. Er hatte in der vergangenen Nacht wirklich jede Menge Whisky und Bier gekippt. Entsprechend war der Nachdurst. Und das einzige Wasser in der Zelle war warm und bräunlich gewesen und hatte wie Pferdepisse gerochen.

Er brauchte wirklich ein paar Biere, und vielleicht auch ein paar Whiskys, um wieder fit zu werden.

Sie brachten ihn zum Stahlwerk in das kleine Backsteingebäude direkt hinter dem Eingangstor. Der Bau sah wie ein Wohnhaus aus, aber er diente als Büro der Werkspolizei. Darin war auch ein Erste-Hilfe-Raum, in den verletzte Leute gebracht wurden, bis der Krankenwagen eintraf.

Sie führten Tommy McCoy ins Büro des Chefs der Werkspolizei. Er war nicht überrascht, ihn zu sehen, doch es verblüffte ihn, Denny Walkowicz, den stellvertretenden Leiter des Bezirks 3341 der United Steel Worker of America, zu sehen, einen großen Polen mit glänzendem Gesicht.

Keiner begrüßte Tommy, und niemand bot ihm einen Stuhl an.

»Was hat das alles zu bedeuten?« fragte Tommy.

»Sie brachen ihm die Nase, das werden Sie vielleicht noch wissen«, sagte der Chef der Werkspolizei. »Er sagte, Sie hätten ihn mit einer Bierflasche geschlagen.«

»Blödsinn«, sagte Tommy.

»Wie hieß es offiziell?« fragte der Chef der Werkspolizei.

»Die Anklage lautet ›tätlicher Angriff mit einem gefährlichen Objekt‹«, sagte einer der beiden Cops.

»Ist das alles?«

»Erregung öffentlichen Ärgernisses durch Trunkenheit, Widerstand gegen die Staatsgewalt«, zählte der Cop auf. »Und noch mehr.«

»Keiner hat nach seiner Version der Dinge gefragt?« sagte Denny Walkowicz, der Gewerkschaftsmann.

»Seine Version juckt keinen, Denny. Fangen wir nicht schon wieder mit diesem Scheiß an.«

Ein anderer Mann kam in den Raum. Einer der Typen mit

weißem Kragen aus der Personalabteilung. Ein kleiner Scheißer in glänzendem, blauem Anzug.

Er hatte ein Kuvert in der Hand, das er auf den Tisch legte.

»Denny Walkowicz hat sich für Sie eingesetzt, McCoy. Gott weiß, warum«, sagte der Chef der Werkspolizei. »Hier ist das, was wir herausgeschlagen haben. Eine Abfindung für zwei Wochen plus die Summe, die Sie bis vergangenen Freitag verdient hatten. Nehmen Sie das.«

»Oder?«

»Oder man bringt Sie zurück in den Knast.«

»Sie können sich auf neunzig Tage im Bau gefaßt machen, Junge«, sagte Denny Walkowicz. »Mindestens, vielleicht sogar viel mehr. Und es geht nicht nur um die Zeit, sondern Sie wären dann vorbestraft.«

»Weil ich in einen Kampf geraten bin?«

»Sie hören wohl nicht zu, McCoy«, sagte der Chef der Werkspolizei. »Sie haben jemand mit einer Bierflasche geschlagen, das ist was anderes als ein Fausthieb.«

»Ich sagte Ihnen, daß ich keine Flasche benutzt habe.«

»Ja, das behaupten Sie, aber andere Leute sagten was anderes.«

»Leck mich doch am Arsch.«

»Gut, daß Sie hier sind, Denny, und es genau wie die Polizisten hören«, sagte der Chef der Werkspolizei. »Einen Aufseher oder ein Mitglied der Betriebsführung mit obszönen oder lästerlichen Worten zu beleidigen, ist ein Kündigungsgrund.«

»Da hat er Sie, McCoy«, sagte Denny Walkowicz. »Sie sollten lernen, das Maul zu halten.«

»Bringen Sie ihn in den Knast zurück«, sagte der Chef der Werkspolizei, nahm den braunen Umschlag und gab ihn dem Typen von der Verwaltung zurück. »Tun Sie, was Sie tun müssen«, sagte er. »Keine Abfindung.«

»Moment mal«, schaltete sich Denny Walkowicz ein. »Wir hatten eine Abmachung. Wir hatten uns darauf geeinigt.«

»Keiner sagt zu mir ›leck mich am Arsch‹«, grollte der Chef der Werkspolizei.

Denny Walkowicz nahm den Umschlag von dem Typen mit dem weißen Kragen entgegen.

»Sie halten Ihre verdammte Klappe«, sagte er zu Tommy McCoy.

Dann führte er ihn hinaus, gefolgt von den Cops.

Die Polizisten nahmen Tommy McCoy die Handschellen ab.

»Wenn es nach mir ginge, dann würden Sie sitzen«, sagte der größere der beiden.

»Aber es geht nicht nach Ihnen«, sagte Denny Walkowicz.

»Wenn Sie klug sind, McCoy, dann meiden Sie Bethlehem«, sagte der Cop.

Als Denny Walkowicz Tommy in seinem blauen Buick Roadmaster zur Pension fuhr, sagte der Gewerkschaftler: »Sie sollten die Worte des Cops beherzigen. Die haben Sie jetzt auf dem Kieker. Drei von ihnen mußten Sie festhalten, und einem traten sie in die Eier. Das werden die Cops nicht hinnehmen.«

»War das alles, was die Gewerkschaft für mich tun konnte?«

»Undankbarer Hurensohn«, brauste Denny Walkowicz auf. »Wir haben verhindert, daß Sie in den Knast wandern!«

Als Tommy in seinem Zimmer war, ging er sofort ins Bett. Er schlief den Rest des Tages, ging nur gegen 22 Uhr aus, um Spaghetti zu essen und zwei Bier zu trinken, und legte sich dann wieder schlafen.

Um halb elf am nächsten Morgen ging er zum Postamt und sprach mit dem Rekrutierungsoffizier. Der Mann war besonders nett zu Tommy, als er hörte, daß dessen Bruder beim Marine-Corps war. Er erklärte Tommy, wenn er sich für die Dauer der gegenwärtig vorgeschriebenen Dienstzeit plus sechs weitere Monate verpflichte, könne er es arrangieren, daß er derselben Einheit zugeteilt werde wie sein Bruder. Und als Tommy sagte, daß er stets Pilot hätte werden wollen, erklärte der Rekrutenanwerber, das könne er ebenfalls arrangieren.

Thomas Michael McCoy wurde am selben Nachmittag um 16 Uhr 45 vereidigt und war damit Mitglied des U.S. Marine-Corps. Am nächsten Morgen wurde er per Bus zur U.S. Marinewerft, Philadelphia, Pennsylvania, gebracht. In Philadelphia stellte er fest, daß der Rekrutierungsoffizier nicht ehrlich zu ihm gewesen war. Er, Thomas McCoy, würde nicht als Pilot ausgebildet werden, sondern als Infanterist, und der Corporal in Philadelphia erklärte ihm, daß die Chance, in dieselbe Einheit wie sein Bruder zu kommen, so groß war, wie zum Papst gewählt zu werden.

Aber der Corporal sagte sich, daß es die Höflichkeit einem Unteroffizierskameraden gegenüber gebot, Corporal McCoy zu informieren, daß sein kleiner Bruder auf der Basis war und auf seinen Transport nach Parris Island wartete. Er erkundigte sich telefonisch und erfuhr, daß Corporal McCoy am Vortag zur Schule des Marine-Corps in Quantico, Virginia,, versetzt worden war.

Jetzt dämmerte es dem Corporal, und er erkannte die Zusammenhänge. Der Bruder dieses Dummkopfs war der ›China-Marine‹, der mit einem Feldhut in einem LaSalle-Cabrio herumgondelte, der Typ, den man auf die Offiziersschule schickte. Und er dachte: So sicher wie das Amen in der Kirche sind die beiden keine Erbsen aus demselben Topf.

4

Büro des Stellvertretenden Stabschefs für Personal
Headquarters, United States Marine-Corps
Washington, D.C.

29. August 1941

Das Fachwerkhaus – das nur einer fünfjährigen Benutzung hatte dienen sollen – war während des Kriegs 1917–18 erbaut worden. Ein Captain, der Chef der Abteilung, die für den Einsatz und die Verwendung der Subalternoffiziere (Lieutenant bis Captain) zuständig war, stand wartend auf einer der Türschwellen und versuchte, die Aufmerksamkeit des Stellvertretenden Chefs der Abteilung Personal auf sich zu ziehen.

Der Captain, ein fast kahlköpfiger, stämmiger Mann, hatte das Jackett seines Kordanzugs ausgezogen und die Ärmel seines verschwitzten weißen Hemds aufgekrempelt. Er zeigte seine Hosenträger und wirkte gar nicht wie ein Captain der Marines. Er hielt zwei Dokumente in den Händen. Eines war die wöchentliche Aufstellung tatsächlicher und geplanter freier Stellen. Das andere Schriftstück war die Dienstakte von MACKLIN, John D., First Lieutenant.

Der Chef der Abteilung Personal hatte mit großem Interesse ein internes Papier gelesen, in dem der errechnete Bedarf an Subalternoffizieren im Haushaltsjahr 1942 der Zahl der möglichen Einstellungen gegenübergestellt wurde, und er hatte sich gefragt, wo, zum Teufel, er die 2195 fehlenden Leute herholen sollte, die den Unterschied zwischen dem Bedarf und dem darstellten, was sie wahrscheinlich an Offizieren bekommen würden. Schließlich bemerkte er den Captain an der Tür seines Büros und winkte ihn zu sich.

Der Stellvertretende Chef Personal, der ebenfalls sein Jackett ausgezogen hatte, war Major. Man hätte ihn eher für einen Bürokraten als für einen Offizier des Marine-Corps halten können – und manchmal fühlte er sich auch so.

»Wie möchten Sie das erledigt haben, Sir«, fragte der Captain und reichte dem Major die Schriftstücke.

Der Major öffnete die Dienstakte von MACKLIN, John D., First Lieutenant.

Es gab einen Hefter mit Befehlen bezüglich dieses Offiziers. Der Hefter war mit einer großen Klammer an der Dienstakte befestigt. Der oberste Befehl, der jüngste, war vom 4. Marine-Infanterieregiment ausgestellt worden. Lieutenant Macklin wurde demnach als ›überflüssig für den Bedarf‹ aus dem Dienst des Regiments entlassen und würde mit dem U.S.S. *Shaumont* in die Vereinigten Staaten von Amerika zurückkehren. Bei seiner Ankunft würde er sich beim Hauptquartier des Marine-Corps in Washington, D.C., zur Entscheidung über seine weitere Verwendung melden. Eine dreißigtägige Verzögerung durch Urlaub war genehmigt.

Es wurde nicht erwartet, daß Macklin sich persönlich in Washington meldete. Seine Befehle und seine Akten würden nach Washington geschickt werden. Wenn Washington entschied, was mit ihm zu geschehen hatte, würde entweder ein

Telegramm oder ein Einschreibebrief an seine Urlaubsadresse geschickt werden, worin ihm mitgeteilt werden würde, wo und wann er sich zu melden habe.

In braunen Umschlägen waren Kopien von Lieutenant Macklins Beurteilungen, die in der gleichen kühlen Weise wie seine Befehle abgefaßt waren.

»Was mag der nur verbrochen haben?« fragte der Major, ohne eine Antwort zu erwarten, als er sich Lieutenant Macklins jüngster Beurteilung zuwandte. Offiziere wurden selten als ›überflüssig für den Bedarf‹ bezeichnet. Einheiten schickten im allgemeinen einen ständigen Strom von Rechtfertigungen für die Zuteilung zusätzlicher Offiziere, damit sie ihre Aufträge erfüllen konnten.

Ein Zivilist, der die Beurteilung las, würde vielleicht daraus schließen, das es eine sachliche, vertrauliche Beurteilung der Stärken und Schwächen dessen war, was ein Zivilist vermutlich für einen typischen Offizier des Marine-Corps hielt.

Er wurde beschrieben als ›großer, schlanker und gesunder‹ Offizier mit ›aufrechter Haltung‹. Ferner stand da, daß Lieutenant Macklin in den fachlichen Kenntnissen ›leicht unter dem Durchschnitt‹ einzustufen war; daß er ›angemessen die ihm aufgetragenen Pflichten erledigte‹; daß es ›keine Anzeichen auf Alkoholmißbrauch‹ oder ›den Genuß anderer Stimulanzien‹ gab; und daß Lieutenant Macklin ›dazu neigt, nicht für seine Fehler einzustehen, sondern versucht, Untergebene verantwortlich zu machen‹. In diesem Zusammenhang hieß es, daß Lieutenant Macklin dazu neigte, offizielle Berichte zu schreiben, in denen er Fakten ausließ, durch die er möglicherweise schlecht aussehen würde, und ›andere Fakten in solcher Weise anführt, um seine eigene Beteiligung bei der Erfüllung des Unternehmens aufzubauschen‹. Schließlich stand da, daß der Lieutenant ›nicht als Kompaniechef oder Führer einer größeren taktischen Einheit zu diesem Zeitpunkt empfohlen werden kann‹.

Ein Zivilist würde zweifellos denken, daß es sich um einen gutaussehenden, aufrechten jungen Mann handelte, der im großen und ganzen ein geeigneter Offizier war, der tat, was man ihm sagte, und kein Problem mit dem Alkohol hatte. Wenn überhaupt etwas an ihm auszusetzen war, dann die verständliche Neigung, sich bei seinen Vorgesetzten nur von seiner besten Seite zu zeigen. Er konnte zwar zu diesem Zeitpunkt nicht als Kompaniechef empfohlen werden – aber er war jung, und diese Chance würde er später bekommen. Unterdessen gab es gewiß andere Stellen, wo seine ›leicht unter dem Durchschnitt liegenden Fähigkeiten‹ gut genutzt werden konnten.

Im Marine-Corps war Macklins Beurteilung tödlich.

»Ich frage mich, was der getan hat«, wiederholte der Major.

»Der Offizier, der als nächsthöherer Offizier Stellung genommen hat, ist Chesty Puller«, sagte der Captain. »Puller ist ein harter Hund, aber fair. Und Sie sehen, *wie* er unterzeichnet hat.«

»Der Unterzeichner stimmt mit der Beurteilung dieses Offiziers völlig überein«, zitierte der Major.

»Was machen wir also mit ihm?« fragte der Captain.

»Vielleicht wurde er zu freundlich bei der Frau eines Vorgesetzten?« überlegte der Major.

»Ich könnte mir denken, daß er erwischt wurde, als er einen falschen Bericht schrieb«, sagte der Captain.

»In dem er versuchte, jemanden herunterzumachen . . .«

». . . jemand, der mit ihm arbeitete. Sie sahen die Bemerkung ›Untergebene verantwortlich machen‹ und so?«

»Und er wurde dabei erwischt«, stimmte der Major zu.

»Was machen wir mit ihm?«

»Vor sechs Monaten hätte ich ihn gefragt, wann er plant, seinen Abschied zu nehmen«, sagte der Major. »Aber das ist nach Lage der Dinge keine Wahl mehr, oder?«

»Das ist keine Wahl mehr, Sir.«

»Was ist denn frei?« fragte der Major.

»Ich habe Ihnen die Liste gegeben, Sir.«

Der Major zog die wöchentliche Liste der tatsächlichen und geplanten freien Stellen für Subalternoffiziere zu Rate.

»Da ist eine Stelle für einen Kasino-Offizier im Schulbataillon in Quantico frei. Ich dachte, wir hätten diesen Jungen von der Hotelschule in Cornell dorthin geschickt? Der paßt doch ganz prima da hin.«

»Er bekam einen Leistenbruch«, sagte der Captain. »Man schickte ihn ins Navy-Hospital von Norfolk. Es wird über neunzig Tage dauern, bis er wieder voll diensttauglich ist, und so wurde er in die Liste der langfristig Kranken aufgenommen.«

»Ich würde nur ungern jemanden, der die Cornell-Hotelschule absolviert hat, irgendwo anders als in einer Küche zugeteilt sehen«, sagte der Major.

Der Captain lachte.

»Ich habe sozusagen vorgemerkt, wann er für einen Einsatz wieder zur Verfügung steht, und ihn für unseren Standort hier eingeplant. Er wird einen prima stellvertretenden Kasino-Offizier für den Offiziersklub abgeben.«

»Lassen Sie ihn nicht woanders hin«, sagte der Major. »Und in der Zwischenzeit sollten wir Lieutenant Macklin nach Quantico schicken, wenigstens vorübergehend. Ein Kasinooffizier sorgt ohnehin nur dafür, daß keiner die Verpflegung verscherbelt – mit Ausnahme der Absolventen der Cornell-Hotelschule, die haben auch andere nutzbare Qualitäten.«

»Aye, aye, Sir«, sagte der Captain. Dann fiel ihm noch etwas anderes ein. »Wir haben noch einen, Sir.«

»Noch einen mit einer solchen Beurteilung?« fragte der Major ungläubig.

»Nein, Sir. Noch einen Hotelier. So kann man ihn doch bezeichnen?«

Der Major nickte.

»Einer der Jungs, der mit dem Zugführer-Lehrgang beginnt, gab seine bisherige Beschäftigung als Manager des Andrew Foster Hotels in San Francisco an. Das klingt sonderbar für einen Einundzwanzigjährigen, und so habe ich das überprüft.«

»Und er war das wirklich?«

»Er war das wirklich. Und nicht nur, weil er Andrew Fosters Enkelsohn ist.«

»Unser Glück ist vollkommen«, sagte der Major. »Lassen Sie sich diesen Jungen nicht durch die Lappen gehen. Vielleicht kann doch noch etwas zur Verbesserung des Essens getan werden.«

»Aye, aye, Sir«, wiederholte der Captain mit einem Lächeln.

IX

1

Schulen des U.S. Marine-Corps
Quantico, Virginia

29. August 1941

Der Mann am Steuer des makellos sauberen Chevrolet-Kombis war Master Gunnery Sergeant Jack Stecker, U.S. Marine-Corps. Stecker war groß, muskulös und tief gebräunt, ein Einundvierzigjähriger mit tadelloser Haltung, der aussah, wie ein Master

Gunnery Sergeant aussehen sollte, der fünfundzwanzig Jahre beim U.S. Marine-Corps war.

Stecker trug eine steif gestärkte, tadellos gebügelte Khakiuniform, deren Längsfalten präzise durch die Knöpfe der Hemdtaschen zur Schulter verliefen. Eine Längsfalte lief quer über den Rücken. Die anderen drei Falten führten über den Rücken hinab, eine auf jeder Seite und eine in der Mitte. Insgesamt hatten sein Khakihemd und die -hose sechs Taschen. Zwei davon wurden benutzt. In Steckers linker Gesäßtasche war seine Brieftasche, und in seiner rechten Hemdtasche waren ein kleines dünnes Notizbuch und ein Parker-Schreibset aus Bleistift und Füller. Die anderen Taschen waren ›versiegelt‹ mit Stärke und würden geschlossen bleiben.

Neben der Erkennungsmarke trug er an einer zweiten Kette um den Hals die Schlüssel zu seinem Büro, zu seinem Quartier, zu seinem Privat-Pkw, einen 1939er Packard Phaeton, und eine Medaille des heiligen Christopherus.

Stecker war der Ansicht, daß sich die Uniform eines Master Gunnery Sergeant, USMC, nicht irgendwie aufbauschen sollte, weil die Taschen durch Dinge gewölbt wurden. Er hatte ein Taschentuch in seiner linken Socke. Manchmal, nicht oft, wenn er wußte, daß er längere Zeit von brennbarem Material fern sein würde, nahm er eine Packung Lucky Strikes und ein Zündholzbriefchen in seiner rechten Socke mit. Meistens bewahrte er jedoch sein Rauchzeug an verschiedenen bequemen Orten auf – im Handschuhfach des Kombi, in der Schreibtischschublade und bisweilen unter seinem Feldhut, wenn er wußte, daß er den Hut nicht abnehmen mußte.

Master Gunnery Sergeant Jack Stecker, USMC, bog von der asphaltierten Range Road ab und bremste den Chevrolet-Kombi ab, als er sich der Sperre näherte, ein Schlagbaum, der den Zugang zum Schießplatz blockierte.

Wie oft Ende August in Virginia war es heiß und schwül, und Jack Stecker hatte die Fensterscheibe an der Fahrerseite heruntergekurbelt. Als er sich dem Gewehrschießstand näherte und die Schüsse hörte, drehte er das Fenster wieder hoch. Das Krachen von Gewehrfeuerkaliber .30 hallte in den Ohren, und es schädigte auf Dauer das Gehör, wenn man zuviel davon mitbekam.

Eine große rote Flagge hing schlaff an einem hohen Mast und signalisierte, daß der Schießplatz benutzt wurde. Ein junger Marine-Infanterist war eingeteilt worden, um Unbefugten den Zugang zum Schießplatz zu verwehren und für Befugte den Schlagbaum zu heben, damit sie passieren konnten. Er war so um die einundzwanzig und auf seiner Nase war die Haut von der Sonne verbrannt. Er trug einen Helm im Stil des Ersten Weltkriegs, ein Stoffkoppel (an dem eine Feldflasche und ein Erste-Hilfe-Päckchen hingen) und hatte ein Gewehr Kaliber .30 am Lederriemen über der Schulter.

Als Master Gunnery Sergeant Jack Stecker den jungen Mann zum erstenmal gesehen hatte, stand dieser einen Schritt vom Flaggenmast entfernt. Und Jack Stecker hatte keinen Zweifel, daß sich der junge Mann (er sah aus wie ein Rekrut, der gerade von Parris Island kam, war jedoch in Wirklichkeit ein Offiziersanwärter, der im Begriff war, den Zugführer-Lehrgang abzuschließen und Offizier, Second Lieutenant, des Marine-Corps zu werden) wahrscheinlich an den Flaggenmast gelehnt hatte. Höchstwahrscheinlich hatte er auch sein Gewehr an den Fahnenmast gelehnt gehabt.

Stecker nahm keinen Anstoß daran. Wichtig war, daß er den Jungen nicht bei der Vernachlässigung seiner Pflichten als Posten erwischt hatte. Er hätte ihm glatt ein neues Arschloch eingebrannt, wenn er ihn bei dem erwischt hatte, was er zwar getan hatte, was er ihm jedoch nicht mehr beweisen konnte.

Als der Lehrgangsteilnehmer Master Gunnery Sergeant Steckers Chevrolet-Kombi erkannte, hob er schnell den Schlagbaum an und wurde für seine Bemühungen durch ein leichtes, aber unverkennbares Nicken von Stecker belohnt. Der Offiziersanwärter nickte zurück und lächelte scheu – und mit einiger Erleichterung. Er war gezwungen gewesen, eine Entscheidung zu treffen, und sie hatte sich als die richtige erwiesen.

Als er den Wagen als den von Master Gunnery Sergeant Stecker erkannt hatte, war er nicht sicher gewesen, ob Stecker erwartete, daß er den Schlagbaum sofort anhob, oder ob er

Steckers Wagen anhalten und korrekt nach Vorschrift feststellen sollte, ob Master Gunnery Sergeant Stecker tatsächlich berechtigt war, das Gelände des Schießplatzes zu betreten.

Er hatte es schließlich für das Sicherste gehalten, vorauszusetzen, daß Master Gunnery Sergeant Stecker im Bereich der militärischen Anlagen von Quantico ausschließlich dienstlich unterwegs war, und daß es ihm nicht zustand, das in Frage zu stellen.

Es war nicht schwierig gewesen, Master Gunnery Sergeant Steckers Kombi von den ähnlichen 1940er Chevrolet-Kombis im Standort Quantico zu unterscheiden. Steckers privater Wagen war höchstwahrscheinlich der sauberste und glänzendste im Marine-Corps, vielleicht sogar auf der Welt.

Wenn Master Gunnery Sergeant Stecker mit dem Sergeant von der Fahrbereitschaft telefonierte und ihm sagte, daß er an diesem Tag keine Fahrten mit seinem Kombi mehr vorhatte, kam ein Corporal der Fahrbereitschaft zum Hauptquartier, um den Wagen abzuholen. Er fuhr ihn zur Fahrbereitschaft, wo er den Kilometerzähler überprüfte, um festzustellen, wie viele Kilometer Stecker an diesem Tag gefahren war. Dann trug er mögliche, wenn auch völlig erfundene Ziele ein, die zu den gefahrenen Kilometern passen konnten. Es wurde allgemein anerkannt, daß der Master Gunnery Sergeant wichtigere Dinge zu tun hatte, als wie ein vedammter Beamter Formulare auszufüllen.

Dann ging das Fahrzeug durch die vorgeschriebene tägliche Wartung. Der Tank wurde gefüllt; der Reifendruck wurde überprüft und gegebenenfalls korrigiert, der Ölstand wurde überprüft und Kühlwasser aufgefüllt. Das mußte einer von den Mannschaften erledigen, der Mist gebaut hatte und nun zur Strafe zusätzlichen Dienst in der Fahrbereitschaft ableisten mußte.

Das Fahrzeug wurde mit Seife und Wasser gewaschen, jeder Zoll innen und außen – abgesehen vom Handschuhfach, das tabu war. Wenn der Wagen gewaschen und getrocknet war, wurde er ausgefegt und dafür gesorgt, daß kein Sand oder Staub zwischen den Nopppen der Gummimatten war, die den Wagenboden bedeckten. Dann wurde der Wagen vom Corporal der Fahrbereitschaft inspiziert. Wenn die Wachspolitur eine Auffrischung brauchte, wurde der Wagen gewachst. Wenn schließlich festgestellt wurde, daß der Wagen wahrscheinlich Master Gunnery Sergeant Steckers Anforderungen entsprechen würde, wurde er über Nacht in der Garage abgestellt.

Am Morgen fuhr ein Corporal der Fahrbereitschaft den Wagen zum Hauptquartier, wo er ihn auf einem Platz mit einem Schild ›Nur für offizielle Besucher‹ parkte, damit er zur Verfügung stand, wenn Master Gunnery Sergeant Stecker ihn brauchte.

Als die ersten Jeeps nach Quantico geliefert worden waren, sollte Master Gunnery Sergeant Stecker einen davon mit Fahrer zu seiner Nutzung erhalten. Stecker hatte den Sergeant der Fahrbereitschaft eisig informiert, daß er zweifellos jemanden entbehren könne, der die meiste Zeit seines Dienstes damit verbringe, auf dem faulen Arsch herumzusitzen und darauf zu warten, jemanden irgendwohin zu fahren, daß er jedoch gewiß auch richtige Arbeit für ihn finden könne, die von Wert für das Marine-Corps sein würde.

Master Gunnery Sergeant Stecker hatte andere Gründe, um sich zu weigern, daß ihm ein Jeep mit Fahrer zugeteilt wurde. Einer davon war, daß ein Fahrer wissen würde, wohin er, Stecker, fuhr und warum, und daß er des Abends in der Kaserne darüber sprechen würde. Je weniger Männer wußten, wohin er fuhr und was er tat, desto besser. Außerdem sah Master Gunnery Sergeant Stecker keinen Grund, weshalb er ein völlig zufriedenstellendes Fahrzeug mit schön gepolsterten Sitzen und hochkurbelbaren Scheiben gegen einen offenen Jeep mit Segeltuchsitzen tauschen sollte.

Stecker fand absolut nichts Falsches daran, Komfort zu nutzen, wo immer er zu finden war. In seinen fünfundzwanzig Dienstjahren hatte er sich bei unzähligen Anlässen ohne Komfort äußerst unbehaglich gefühlt. Und es war keine Frage für ihn, daß er sich bald wieder äußerst unbehaglich fühlen würde – möglicherweise schon morgen.

Es war nicht nötig, auch noch zu üben, wie man sich unbehaglich fühlt. Das Gefühl kam automatisch, als müsse man mal pinkeln.

Als Master Gunnery Sergeant Stecker beim Gewehrschießstand eintraf, steckte er sich Wachspfropfen in die Ohren, um sie vor dem Krachen des Gewehrfeuers zu schützen. Dann stieg er aus dem Wagen und näherte sich dem Turm des Schießstands. Er tat, als nehme er den Schießoffizier, einen jungen Lieutenant, der im Turm war, nicht wahr und schaute sich die Schießkladde an, überprüfte zwei Waffen, die nicht funktioniert hatten, und nahm sich das allgemeine Dienstbuch vor. Dann fragte er den Sergeant des Schießplatzes diskret, wie sich der neue Schießoffizier mache.

»Der ist in Ordnung, Gunny«, sagte der Sergeant. »Besser als die meisten Second Lieutenants, um ehrlich zu sein.«

Stecker nickte. Dann ging er mit hinter dem Rücken verschränkten Händen und gefolgt von dem Sergeant zu einem Ende der Feuerlinie. Er verharrte dann und wann, wenn die Treffer notiert wurden, oder blieb hinter einem liegenden Schützen und dessen Ausbilder stehen. Dann marschierte er zum anderen Ende der Linie. Er fand nichts, was korrigiert werden mußte. Das hatte er auch nicht erwartet. Abgesehen von der allgemeinen Weisheit, daß man ein Auge auf die Dinge halten soll, damit sie glatt laufen, hatte es wirklich keinen Grund für ihn gegeben, sich auf dem Schießplatz umzusehen.

Er kehrte zu seinem Wagen zurück und fuhr zu seinem Büro.

Ein glänzendes LaSalle-Cabrio stand auf einem der Parkplätze für ›offizielle Besucher‹. Stecker hätte fast ein LaSalle-Cabrio gekauft. Obwohl er mit seinem Packard Phaeton recht zufrieden war, wünschte er sich manchmal, er hätte den LaSalle genommen. Er hätte nicht annähernd soviel Geld gekostet, und der Wagen war unter der Karosserie ein Cadillac. Und es hätte nicht so viele erhobene Augenbrauen gegeben, wenn die Leute einen Master Gunnery Sergeant gesehen hätten, der einen LaSalle fuhr.

Die Frage war, wie konnte sich ein Unteroffizier, selbst einer mit dem höchsten Unteroffiziersrang, die monatlichen Raten für einen Packard Phaeton erlauben? Die Antwort war, daß keine monatlichen Raten zu bezahlen waren. Stecker hatte Bargeld auf den Tisch des Autohauses geblättert. Und das Bargeld hatte er gehabt, obwohl er kurz nach seiner Heirat, als er ein einundzwanzigjähriger Sergeant gewesen war, am Zahltag ausgegangen war und das meiste seines Solds bei einer Pokerpartie vertrunken und verspielt hatte.

Elly hatte ihn mit dem bedacht, was er später als ›ihren Blick‹ bezeichnete. Dann hatte sie es ihm ganz einfach verklickert: Er war nicht nur ein verdammter Idiot, sondern sie war darüber hinaus schwanger, und wenn das mit der Ehe nicht klappte, dann würden sie besser den Tatsachen ins Auge blicken und sich trennen. Entweder würde sie von jetzt an das Finanzielle erledigen, oder sie würde morgen heim nach Tatamy gehen.

Fortan gab sie ihm ein Taschengeld wie einem kleinen Jungen und hielt es auch weiterhin so, als er mehr Winkel bekommen hatte. Als die Kinder groß genug gewesen waren, hatte sie wieder als Lehrerin gearbeitet. Und sie brachte nicht nur den Büffel auf den Nickels zum Jammern, bevor sie sich von einem trennte; Elly ließ das Geld auch arbeiten.

Gleich von Anfang an hatte sie mit dem Kauf und Verkauf von Dingen begonnen. Sie las die privaten Kleinanzeigen im *Daily Bulletin* und schaute sich an, was verkauft wurde. Sie kaufte nicht nur Dinge für den Gebrauch (Kinderkleidung und von Zeit zu Zeit ein schönes Möbelstück), sondern auch Dinge zum Wiederverkauf. Und sie war gut im An- und Verkauf. Sie erklärte ihm einmal, daß sie eine Fünfundzwanzig-Prozent-Regel habe: Sie kaufte nichts, was sie nicht für fünfundzwanzig Prozent Gewinn weiterverkaufen konnte.

So wuchs die Kasse für den Collegebesuch der Jungs stetig. Elly war von Anfang an entschlossen, die Jungs studieren zu lassen. Und dann, als die Kasse immer voller wurde, war sie entschlossen, daß ihre Jungs eine *gute* Universität besuchen sollten.

1934, als die Weltwirtschaftskrise wirklich schlimm war (Jack Stecker war damals Staff Sergeant), hatte die Bank die Hypothek für das Haus von Ellys Bruder Fritz in Tatamy gekündigt. Elly ging das Risiko ein und machte ein Gebot bei der Versteigerung. Fast jeder in Tatamy war bei der Bethlehem Steel arbeitslos geworden, und ohnehin wollte kaum jemand ein altes Dreifamilienhaus. So bekam sie es fast geschenkt und ohne daß die Anzahlung ein wirklich großes Loch in die Kasse für das Studium der Jungs riß.

Fritz zog in seine bisherige Wohnung ein und sein ältester Sohn und seine Familie in die andere Wohnung – keiner von ihnen zahlte Miete, denn sie waren arbeitslos –, doch die dritte Wohnung wurde vermietet und brachte fast genug Geld für die Hypothekenzinsen ein.

Jack Stecker hatte nichts gesagt, denn er betrachtete das Studiengeld für die Jungen immer als Geld, das in Wirklichkeit Elly gehörte, und wenn sie ihrer Familie aus einer Notlage helfen wollte, dann konnte er das verstehen.

Erst später wurde ihm klar, daß Elly in Wirklichkeit das Geld hatte arbeiten lassen. Es hatte außerdem die Dinge für ihren Bruder und Neffen ein wenig erleichtert, aber das war nicht der Grund, weshalb sie das Haus gekauft hatte.

Weder Fritz noch sein Junge zahlten irgendwelche Miete, bis sie wieder von Bethlehem Steel beschäftigt wurden. Fritz ab 1937, sein Junge erst 1939. Als sich Fritz beklagte, daß eine Mietnachzahlung eine ziemlich unverschämte Forderung von der eigenen Schwester sei, erklärte Elly ihm, daß sie zwei Prozent weniger verlange, als ihm die Bank berechnet hätte, daß er verdammt genau wisse, daß die Bank keinem arbeitslosen Stahlarbeiter auch nur einen Dime geliehen hätte und daß er und seine Familie auf der Straße gelegen hätten.

Dann bot sie ihm an, ihm das Haus zu einem Preis zurückzuverkaufen, den ein Gutachter als ›fairen Marktpreis‹ bezeichnet hätte. Und sie würde die Hypothek selbst abtragen. So ließ sie das Haus schätzen und fügte hinzu, was Fritz und sein Sohn ihr als Miete schuldeten, und Fritz zahlte es mit sechs Prozent Zinsen monatlich ab. Nicht mehr an Elly. Elly hatte die Hypothek an die Easton Bank Trust Company verkauft. Und dieses Geld war in die Kasse fürs Studium der Jungen gegangen.

Und dann stellte sich heraus, daß sie die Studienkasse für die Jungen überhaupt nicht brauchten. Eines Nachmittags kam Jack Stecker nach Hause und sah Elly mit ›ihrem Blick‹. Aber Elly wartete, bis er seine Uniform ausgezogen und Freizeitkleidung angezogen hatte, sein Bier aus dem Eisschrank genommen und sich die Schlagerparade im Radio angehört hatte. Dann machte sie Platz für sich auf der Fußbank und überreichte ihm eine dicke Broschüre.

»Hast du dies schon mal gesehen?« fragte sie.

Klar hatte er das Ding schon gesehen. Es war die Broschüre der U.S. Marineakademie.

»Hast du das jemals gelesen?« fragte Elly.

»Ich hab' das Ding durchgeblättert«, sagte er ein wenig abwehrend. Es war schwierig für einen Master Gunnery Sergeant des U.S. Marine-Corps, irgend jemandem einzugestehen, einschließlich seiner Frau, daß es irgendeinen Aspekt des Marinedienstes der Vereinigten Staaten gab, mit dem er nicht gründlich vertraut war.

»Mein Gott, Jack!« sagte Elly angewidert. »Manchmal bist du ein wirklich dickköpfiger Holländer!«

Sie überreichte ihm die geöffnete Broschüre, in der eine Passage rot angestrichen war.

›*Zusätzlich sind eine unbegrenzte Anzahl von Einstellungen ohne Wettbewerb möglich für Söhne von Trägern der Tapferkeitsmedaille.*‹

Jack Stecker trug die Tapferkeitsmedaille nie, doch sie war in der Kassette, zusammen mit einer Kopie des Belobigungsschreibens und einer nicht vergilbenden Fotografie von General ›Black Jack‹ Pershing, der ihm die Medaille umgehängt hatte.

> *Im Namen des amerikanischen Volkes verleiht der Kongreß der Vereinigten Staaten Sergeant Jack Stecker, USMC, die Tapferkeitsmedaille für über seine Pflicht hinausgehende Tapferkeit im Einsatz bei Belleau Bois, in der Nähe von Château-Thierry, Frankreich, während des Zeitraums 6. – 9. Juni 1918.*
>
> *BELOBIGUNG. Sergeant (zu dieser Zeit Corporal) Stecker, der das Kommando über eine Gruppe U.S. Marineinfanteristen führte, die am 6. Juni bei einem Sturmangriff auf die deutschen Stellungen beteiligt war, wurde schwer am Bein verwundet. Als die amerikansichen Truppen den Angriff vorübergehend abbrechen und sich zu einem zweiten Angriff neu formieren mußten, lehnte Sergeant Stecker die Rückführung in ein Lazarett ab und nahm trotz seiner Verwundung eine Stellung ein, aus der er die feindlichen Linien unter Gewehrfeuer nehmen konnte.*

Während der Nächte vom 6. Juni bis 8. Juni suchte Sergeant Stecker trotz seiner Verwundung und unter Lebensgefahr durch ständiges Feindfeuer das Gelände zwischen den Linien der feindlichen Kräfte (allgemein als ›Niemandsland‹ bezeichnet) nach anderen U.S. Marines ab, die ebenfalls nicht in der Lage oder nicht bereit gewesen waren, sich in sichere Positionen zurückzuziehen.

Sergeant Stecker rettete nicht nur das Leben vieler dieser Verwundeten, indem er Erste Hilfe leistete, sondern er motivierte sie durch sein tapferes Beispiel angesichts einer überwältigenden feindlichen Übermacht, sich zu einer 24 Mann starken Kampfgruppe zu formieren und eine Gewehr- und MG-Stellung auszubauen, von der aus er bei Beginn des erfolgreichen zweiten Angriffs am 9. Juni die deutschen Stellungen mit vernichtendem Feuer bestrich und damit verhinderte, daß die angreifenden amerikanischen Kräfte aus diesen Feindstellungen unter Feuer genommen werden konnten, was große amerikanische Verluste zur Folge gehabt hätte.

Während des Kampfes beim zweiten Angriff wurde Sergeant Stecker zwei weitere Male verwundet. Er verlor viel Blut und litt unter starken Schmerzen. Trotz seiner Verwundungen und seiner Schmerzen führte Sergeant Stecker ununterbrochen das Kommando, und mit seinem beispielhaften Verhalten, seinem Mut und seiner Besonnenheit hat er seine Untergebenen angespornt, unter ständigem feindlichem Feuer auszuhalten und tapfer zu kämpfen, bis er das Bewußtsein verlor.

Sergeant Steckers Tapferkeit und Pflichterfüllung halten die höchsten Traditionen des U.S. Marine-Corps und des Marinedienstes aufrecht.

So waren die Jungen auf die Militärakademien gegangen, Jack junior auf die Marineakademie nach Annapolis, und Richard nach West Point. Jack war inzwischen Fähnrich zur See auf dem Schlachtschiff *Arizona* in der Pazifikflotte in Pearl Harbor, und Richard würde im nächsten Juni graduieren und Second Lieutenant der Marines werden.

Elly hatte gewartet, bis die Jungs so gut wie versorgt waren, und dann hatte sie etwas Geld – nicht viel – von der Kasse benutzt, die sie jetzt die ›Ruhestandskasse‹ nannte, um ihm den Packard Phaeton zu kaufen. Er hatte es verdient, sagte sie, und man lebt nur einmal.

Drei Leute warteten vor Master Gunnery Sergeant Jack Steckers Büro, als er dort eintraf: ein Staff Sergeant, ein Private First Class und ein Corporal. Stecker nickte ihnen zu, sagte »Ich bin gleich zu sprechen« und ging in sein Büro. Wenn sein Schreiber ihm Kaffee brachte, würde dieser ihm sagen, was die drei wollten.

Er kannte den wartenden Staff Sergeant; der Mann war von der Wohnungsverwaltung der Garnison, und es ging um etwas Persönliches, konnte also warten. Und er nahm an, daß der PFC als Bote irgendeine Nachricht überbringen sollte, was ebenfalls warten konnte. Aber der Corporal war Stecker völlig unbekannt, und er war ein wenig neugierig auf ihn.

Der Kaffee (sehr stark und keine zwanzig Minuten vorher aufgebrüht; Stecker konnte keinen abgestandenen Kaffee ausstehen) wurde ihm in weißer Kasinotasse binnen sechzig Sekunden gebracht, nachdem er hinter seinem Schreibtisch Platz genommen hatte.

»Sergeant Quinn ist wegen Ihres Quartiers hier«, sagte Steckers Corporal. »Der PFC wurde vom First Sergeant der ›B‹-Kompanie geschickt. Ihre Frau hat angerufen und gesagt, es wäre schön, wenn Sie früh nach Hause kommen könnten. Und der Colonel würde Sie gern sehen, wenn Sie Zeit haben, es wäre nichts Wichtiges.«

»Und der China-Marine?« fragte Stecker.

»Sie meinen den Corporal?«

Stecker nickte kaum wahrnehmbar.

»Woher wissen sie, daß es ein China-Marine ist?« fragte der Corporal.

»Was will er?« fragte Stecker und erwähnte dem jungen Corporal gegenüber nichts von den aufs Hemd aufgestickten Winkeln, eines der typischen Zeichen für einen China-Marine.

»Das wollte er nicht sagen«, sagte der Corporal. »Er wünscht mit Ihnen zu sprechen. Ich sah ihn vorfahren. Haben Sie das LaSalle-Cabrio gesehen? Damit ist er gekommen.«

»Schicken Sie den Corporal herein«, sagte Stecker.

2

Corporal Kenneth J. ›Killer‹ McCoy betrat das Büro, schaute Stecker an und sagte: »Danke, Gunny.«

Das gefiel Stecker. Der Junge hatte nicht versucht, ihm in den Arsch zu kriechen, indem er gesagt hatte: »Guten Tag, Sergeant, verzeihen Sie bitte die Störung«, oder dergleichen anbiedernde Bemerkungen. Aber er war höflich, wußte, daß Master Gunnery Sergeants vielbeschäftigte Männer waren, und wußte zu schätzen, daß dieser hier ihm ein wenig von seiner kostbaren Zeit widmete.

Stecker gefiel auch, was er sonst sah. Abgesehen von den aufgestickten Winkeln und dem schiefsitzenden Schiffchen sah dieser junge Corporal aus wie Stecker seine jungen Corporals sehen wollte. Adrett, gepflegt, militärisch, und was die China-Winkel anbetraf, so würde sie jeder tragen, wenn es nach ihm ginge.

»Wann sind Sie aus China zurückgekommen?« fragte Stecker.

»Man sieht, wo ich herkomme, nicht wahr?« sagte McCoy lächelnd.

»Ja«, sagte Stecker. »Möchten Sie Kaffee?«

»Gern.«

Stecker hob die Stimme: »Doan! Einen Kaffee!«

Dann wandte er sich wieder McCoy zu. »Sie melden sich zum Dienst, nicht wahr?« Und dann riet Stecker noch einmal: »Mit einem Problem?«

»Ich habe noch bis morgen Mitternacht Zeit, bis ich mich zum Dienst melden muß«, sagte McCoy.

»Dann besorgen Sie sich bis dahin einen Feldhut.«

McCoy lachte leise.

»Finden Sie das lustig?«

»Ich komme soeben von der Marinewerft Philly«, sagte McCoy. »Als ich dort eintraf, sagte mir der First Sergeant als erstes, ich solle den Feldhut loswerden.«

»Das war dort, und jetzt sind Sie hier«, sagte Stecker. »Was machten Sie in Philly? Haben Sie den ganzen Weg mit dem Schiff zurückgelegt?«

»Ich kam auf einem verrotteten Seelenverkäufer in Diego an«, erklärte McCoy. »Diego schickte mich über Portsmouth nach Philly.«

»Gefangenentransport?« fragte Stecker, und als McCoy nickte, fuhr er fort: »Anschließend müssen Sie den LaSalle gekauft haben.«

Er freute sich über die überraschte Miene des jungen Mannes, ließ ihn jedoch im unklaren, woher er sein Wissen hatte, bis Doan den Kaffee serviert und sich zurückgezogen hatte. »Meinem Corporal entgeht nicht viel.«

»Ja, den habe ich dann gekauft«, sagte McCoy.

»Zufrieden damit?«

»Abgesehen davon, daß er Sprit säuft, gefällt er mir prima«, sagte McCoy.

»Welche Nebeneinkünfte hatten Sie in China?« fragte Stecker unverblümt, und von neuem amüsierte er sich über die verblüffte Miene des jungen Mannes. »Wenn Sie genug Geld hatten, um einen solchen Wagen zu kaufen?«

»Ich verbrachte viel Zeit auf den Straßen und kassierte Essengeld«, sagte McCoy.

»Bei einer Transporteinheit?«

»So ungefähr«, erwiderte McCoy.

»Was meinen Sie mit ›so ungefähr‹?«

»Das ist nun mal mein Spezialgebiet«, sagte McCoy.

»Und Sie wurden in einer Verpflichtungszeit Corporal, mit dem Fahren von Trucks?«

»Ja.«

»Warum glaube ich das nicht?« fragte Stecker.

»Keine Ahnung«, erwiderte McCoy. »Es ist die Wahrheit.«

»Sie müssen ziemlich gut mit Ihrem Offizier ausgekommen

sein«, sagte Stecker. Übersetzt hieß das: ›Sie müssen ihm ziemlich in den Arsch gekrochen sein.‹

»Die meiste Zeit arbeitete ich für einen Offizier vom Regiment«, sagte McCoy.

»Ich war auch mal, von '35 bis '37, beim 4. Marine-Infanterieregiment«, sagte Stecker. »Ich nehme an, ich kenne immer noch einige der Offiziere. Für wen haben Sie gearbeitet?«

»Captain Banning«, sagte McCoy.

Stecker freute es, das zu hören. Es bestätigte seine erste Einschätzung des jungen Corporals. (Seine zweite, negativere Einschätzung war durch die Fragen ausgelöst worden, wie der junge Mann bei einer Transporteinheit in einer einzigen Verwendung Corporal geworden war.) Ed Banning war der S-2 der Marines in China. Wenn dieser Junge von Banning zum Corporal gemacht worden war, dann war der Junge alles andere als ein Arschkriecher.

»Ed Banning und ich waren '29 zusammen in Nikaragua«, sagte Stecker. »Da war er Lieutenant. Er war ein guter Offizier.«

»Er *ist* ein guter Offizier«, stimmte McCoy zu.

»Nun, was kann ich für Sie tun, Corporal?« fragte Stecker.

»Ich habe da ein Problem, Gunny«, sagte McCoy und fügte ironisch hinzu: »Und als ich ein junger Marine war, ein Rekrut in Parris Island, sagte man mir, wann immer ich ein Problem habe, mit dem ich nicht allein fertig werde, soll ich mich an den Gunny wenden.«

Stecker grinste. Der Junge hatte Sinn für Humor.

»Betrachten Sie mich einfach als Ihren Vater, Sohn, und erzählen Sie alles Daddy«, sagte Stecker.

»Ich brauche eine Parkberechtigung innerhalb des Kasernengeländes für den LaSalle«, sagte McCoy.

»Und wo ist da das Problem? Ist der Wagen nicht verkehrs- oder betriebssicher? Oder ist er unterversichert?«

»Nein, ich bin überzeugt, daß er jede Sicherheitsinspektion besteht, und ich bin haushoch versichert.«

Dies waren zwei der drei Probleme, die ein Corporal mit einem Privatwagen hatte, wenn er eine Parkberechtigung in der Kaserne haben wollte. Stecker fragte jetzt nach dem dritten Problem:

»Sie haben den Führerschein verloren? Zu schnell oder betrunken gefahren?«

»Ich bin im Zugführer-Lehrgang«, sagte McCoy. »Und ein dickhäutiger PFC drüben in der Fahrzeuganmeldung sagte mir grinsend, das bedeutet, daß ich keine Parkberechtigung kriege.«

Jetzt war Stecker überrascht. Der Zugführer-Lehrgang diente dazu, Jungs vom College zu Second Lieutenants zu machen, nicht Corporals des Marine-Corps, die in China gedient hatten. Als er jetzt darüber nachdachte, fiel ihm ein, was er gehört hatte: mit dieser Klasse wollte man einige junge Marines mit College-Jungs zusammentun. Es sollte eine Art Experiment sein, um festzustellen, ob sie es schafften.

Die Marines bei dem Lehrgang würden wie dieser Junge sein, in der ersten Verpflichtungszeit oder vielleicht zu Beginn der zweiten, Jungs ohne genug Erfahrung, um direkt zum Offizier ernannt zu werden, die man aber über dem Durchschnitt einschätzte.

»Er hat recht«, sagte Stecker. »Sie können den Wagen nicht hier anmelden. Keine Wagen, keine Zivilkleidung, weder persönliche Waffen noch obszöne Bilder oder Bücher sind hier zugelassen.«

»Und was soll ich jetzt machen?«

»Sie hätten sich die Anweisungen durchlesen sollen«, sagte Stecker. »Die Passage, in der steht: ›Nehmen Sie keine Privatfahrzeuge, keine zivilen Waffen und keine pornographischen Bilder mit‹.«

»Ich habe keine Anweisungen erhalten«, sagte McCoy. »Ich erhielt sogar überhaupt keine Befehle, jedenfalls keine schriftlichen. Ich reiste VOCO (Verbal Order Commanding Officer – auf mündlichen Befehl des befehlshabenden Offiziers).«

»Der muß ziemlich sicher gewesen sein, daß Sie ausgewählt werden«, bemerkte Stecker.

»Er gehörte zum Auswahlausschuß«, sagte McCoy. »Und so schnell das alles über die Bühne ging, hätte es mich nicht gewundert, wenn das Corps mich von China aus direkt zu diesem Offiziersscheiß heimgeschickt hätte.«

»Offiziersscheiß?« echote Stecker. »Wollen Sie kein Offizier werden?«

»Ich meinte es nicht so, wie es klang, Gunny«, sagte McCoy. »Aber ich war drüben und sah mir die Schule an, bevor ich herkam. Alles dort erinnerte mich daran, daß ich ein China-Marine bin, kein College-Absolvent.«

»Das sollten Sie besser keinem sagen, wenn Sie mit dem Lehrgang anfangen«, sagte Stecker. »Einer der Punkte, die man erwartet, ist Begeisterung. Sie sollten besser tun, als wäre es Ihr sehnlichster Wunsch auf dieser Welt, sich einen goldenen Balken auf die Schulter zu heften, oder sie fliegen so schnell mit einem Tritt, daß Ihr Hintern sechs Wochen braucht, um Sie einzuholen.«

McCoy lachte. »Das meinte ich, als ich sagte, daß ich ein Marine und kein College-Absolvent bin. Ich *kenne* Second Lieutenants. Möchten Sie ein Second Lieutenant sein, Gunny?« fragte McCoy herausfordernd.

Stecker dachte: *Nein, ich möchte kein Second Lieutenant sein. Ich möchte eigentlich überhaupt kein Offizier sein.*

»Dann hätten Sie sich nicht bewerben sollen«, sagte Stecker.

»Die Wege waren vorgeschmiert«, sagte McCoy.

»Wie meinen Sie das?«

»Ich meine, daß ein Offizier, den ich von China her kannte, mich um neun Uhr morgens fragte, ob ich jemals von einem Zugführer-Lehrgang gehört hätte. Drei Tage später war ich dann vor dem Mittagessen vom Ausschuß ausgewählt.«

»Aber wenn Sie kein Offizier sein wollen, dann haben Sie die Mühe dieses Offiziers und das Geld und die Zeit des Marine-Corps vergeudet, indem sie überhaupt hergekommen sind«, sagte Stecker.

»Verstehen Sie mich nicht falsch, Gunny«, sagte McCoy. »Ich werde diesen Lehrgang absolvieren. Wenn ich mich gemeldet habe, werde ich der Eifrigste sein, den man je erlebt hat.«

»Warum?«

»Nun, ich habe bei der Fahrt hier runter darüber nachgedacht«, erklärte McCoy. »Ich habe mich gefragt, welchen

Blödsinn ich mache, warum ich ihnen nicht in Philly gesagt habe, was sie mit dem goldenen Balken tun können. Die Antwort lautet: Warum nicht? Ich bin ein guter Marine. Ich werde vermutlich ein so guter Offizier sein wie die meisten der College-Jungs, und vielleicht sogar ein besserer als einige von ihnen. Und da man mir den Weg geebnet hat – mindestens ein paar Offiziere sind der Ansicht, daß ich ein guter Second Lieutenant sein werde –, wer bin ich dann, um ihnen zu widersprechen?«

»Sie sind anscheinend ziemlich überzeugt davon, daß Sie den Lehrgang bestehen«, sagte Stecker.

»Gunny, ich bin ein guter Marine. Ich schaffe diesen Lehrgang. Mein Problem ist, was ich mit meinem Wagen mache, wenn ich dort drüben bin und wie ein Streber lerne.«

»Woher kommen Sie?«

»Ich bin von Norristown, Pennsylvania.«

»Wenn Sie sich gleich auf den Weg machen, könnten Sie dorthin fahren, den Wagen dort lassen, sich in einen Zug setzen und bis morgen um Mitternacht wieder hier sein. Wenn Sie ein wenig später kämen, sagen wir, wenn es bis zum Wecken ist, könnte ich dafür sorgen, daß man ein Auge zudrückt.«

»Ich weiß nicht, wo ich den Wagen lassen könnte.«

»Sie sagten doch, Ihre Heimat ist Norristown.«

»Ich sagte, ›ich bin von Norristown‹«, korrigierte McCoy. »Meine Heimat ist das Marine-Corps.«

»Dann nehme ich an, Sie werden außerhalb des Tors parken müssen«, sagte Stecker.

»Ja, und mir den Wagen entweder klauen oder das Verdeck aufschlitzen lassen.«

»Hey, Sie sind Corporal des Marine-Corps, wollen Offizier des Marine-Corps werden und wissen nicht, daß Vorschriften Vorschriften sind?«

McCoy schaute ihn an, und Stecker sah Ärger, Bedauern und Resignation in seinen Augen. Aber McCoy sagte nichts, und er bettelte nicht.

»Danke für den Kaffee, Gunny«, sagte McCoy. »Und für Ihre Zeit.«

Dann stand er auf und ging zur Tür.

»McCoy!« rief Stecker. McCoy blieb stehen und wandte sich um.

»Vergessen Sie, was ich bezüglich des Feldhuts sagte. Das war, bevor ich wußte, daß Sie Lehrgangsteilnehmer sein werden. Die Teilnehmer am Zugführerlehrgang tragen Schiffchen wie das, das Sie aufhaben. So kann man sie leicht von den einfachen Marines unterscheiden.«

»Danke«, sagte McCoy.

»Doan!« rief Stecker mit erhobener Stimme. »Schicken Sie mir den Sergeant herein.«

Der Sergeant kam ins Büro und legte allen Papierkram vor, der die Rückgabe eines Regierungsquartiers und dessen Möbel und die Vergabe eines anderen Regierungsquartiers plus Möbel betraf. Stecker zog um – in ein besseres Quartier. Obwohl er über diesen ›Aufstieg‹ ähnlich dachte wie McCoy über seinen Aufstieg zum Offizier. Stecker nahm seinen Parker-Füller aus der Hemdtasche und unterzeichnete die Papiere sorgfältig, wo sie mit einem kleinen Bleistiftkreuz markiert waren.

Dann setzte er sich plötzlich kerzengerade auf seinem Stuhl auf und drehte sich zum Fenster, um hinauszublicken. Er sah, daß Corporal McCoy die Tür des schönen LaSalle-Cabrios aufschloß, das so sicher wie das Amen in der Kirche geklaut oder am Verdeck aufgeschlitzt werden würde, wenn er es außerhalb des Tors parken mußte.

Master Gunnery Sergeant Stecker lehnte sich aus dem Fenster.

»Corporal McCoy!« bellte er.

McCoy schaute sich nach ihm um.

»Bleiben Sie, wo Sie sind, Corporal McCoy!«

Dann unterschrieb er, so schnell er konnte, die übrigen Formulare. Danach stand er auf und ging ins äußere Büro.

»Ich gehe«, kündigte er an.

»Gehen Sie noch zum Colonel?« fragte Doan.

»Ich habe übermorgen um acht Uhr dreißig einen Termin beim Colonel. Was immer er von mir will, er wird bis dahin warten müssen.«

»Kommen Sie zurück?« fragte Doan.

»Nein. Lassen Sie den Wagen von der Fahrbereitschaft abholen«, sagte Stecker.

»Kann ich sonst noch etwas für Sie tun?« fragte Doan.

»Nicht das geringste, Corporal Doan«, blaffte Stecker. »Nicht das geringste.«

Er schaute ihn einen Augenblick lang finster an und fügte dann hinzu: »Aber ich will Ihnen eines verraten, Doan. Ich sagte dem Colonel, es könnte möglich sein, daß unter all Ihrem Babyspeck vielleicht ein Marine verborgen ist, und daß der Colonel vermutlich Schlimmeres tun könnte, als Sie zum Sergeant zu machen. So werden Sie mit Wirkung vom ersten September einer. Versuchen Sie wenigstens, wie ein Sergeant zu handeln, Doan.«

Warum, zum Teufel, habe ich ihm das gesagt? dachte Stecker. *Es hatte eine Überraschung werden sollen.*

»Was sage ich, wenn jemand anruft?« fragte Doan.

Der fette, kleine Scheißer ist so überrascht wegen der Beförderung, daß er aussieht, als würde er gleich losheulen. Das wäre das Letzte für einen Sergeant des Marine-Corps!

»Sagen Sie jedem, daß er mich mal im Mondschein besuchen kann.« Damit verließ Stecker das Büro.

Er ging zu Corporal McCoy, der bei seinem LaSalle wartete.

»Ich habe einen schwarzen Packard Phaeton, Corporal McCoy«, sagte Stecker und wies auf den Wagen. »Sie werden in Ihren LaSalle steigen und mir folgen.«

McCoy fuhr sechs Blocks lang hinter ihm her, bis Stecker an der Rückseite des eingeschossigen Backsteingebäudes hielt, in dem sich das Büro des Kommandeurs der Militärpolizei befand. Daneben war ein Gelände, das mit einem hohen Zaun umgeben war, der oben mit Stacheldraht gesichert war. Alle paar Meter wies ein rotes Schild darauf hin, daß es sich um ein Gelände der Militärpolizei handelte, dessen Betreten verboten war. Innerhalb der Umzäunung standen ein Dutzend Fahrzeuge, überwiegend zivile, aber auch einige Wagen, die zum Marine-Corps gehörten.

Niemand war in der Nähe des Tors zu dem eingezäunten Gelände, und so hupte Stecker laut und zehn Sekunden lang. Und dann noch einmal ebenso laut und lang. Er sah, daß er die

Aufmerksamkeit der Leute im Gebäude der Militärpolizei weckte. Sein Packard war so bekannt wie ein bunter Hund.

Er forderte McCoy mit einem Wink auf, aus dem LaSalle zu steigen und zum Packard zu kommen.

Eine Minute später kam ein Sergeant der Militärpolizei aus dem Gebäude und marschierte schnell zu Stecker.

»Was kann ich für Sie tun, Gunny?« fragte er.

»Dies ist Corporal McCoy«, sagte Stecker. »Wenn Sie seinen Wagen eingetragen und ihm einen Aufkleber dafür gegeben haben, wird er ihn auf dem Gelände mit den beschlagnahmten Fahrzeugen parken. Von Zeit zu Zeit wird er Zugang zu seinem Fahrzeug haben wollen, zum Beispiel, um den Motor laufen zu lassen. Deshalb werden Sie ihn auf die Liste der Leute setzen, die Zugang zu dem Platz haben. Noch irgendwelche Fragen?«

»Nein, nein, es wird gemacht, wie Sie's sagen, Gunny.« Der Sergeant der Militärpolizei schaute Stecker fragend an. »Kann er mit dem Wagen wegfahren, wenn er will?«

»Es ist seiner, und natürlich kann er damit wegfahren.« Stecker wandte sich an McCoy. »Ich glaube, das ist geregelt, McCoy.«

»Danke, Gunny«, sagte McCoy.

»In Zukunft seien Sie vorsichtig, McCoy, wenn Sie jemandem sagen, Sie halten nicht viel von Offizieren oder haben Zweifel, selbst einer zu werden. Sie könnten auf einen Hurensohn mit einem Balken auf der Schulter stoßen, der das als Beleidigung auffaßt.«

»Ich werde vorsichtig sein«, sagte McCoy. »Nochmals vielen Dank, Gunny.«

»Es wäre eine verdammte Schande, wenn ein gutaussehender Wagen wie Ihr LaSalle versaut würde«, sagte Stecker. Er setzte sich hinters Steuer seines Packards und fuhr nach Hause.

3

Elly war da. Ihr Ford stand auf dem Zufahrtsweg. Stecker fragte sich, warum sie ihn gebeten hatte, früh heimzukommen. Vielleicht weil sie ihn gut genug kannte, um zu befürchten, daß er sonst zum Unteroffiziersklub fahren und an der Bar Schnaps trinken würde. Sie kannte ihn ebenfalls gut genug, um nicht im Büro anzurufen und ihn nach Hause zu befehlen, oder im Büro anzurufen und zu jammern und zu betteln, daß er heimkam. Sie hatte es so formuliert: »Es wäre schön, wenn er früh heimkommen könnte.«

So war er daheim, und es war schön.

Das Schild MASTER GUNNERY SERGEANT J. STECKER, USMC, war noch auf dem Rasen, gleich weit entfernt vom Zufahrtsweg und dem Fußweg, wie es die Bestimmungen vorschrieben. Er würde dieses Schild nicht mehr brauchen, denn es würde ein neues Schild beim neuen Quartier geben. Er mußte daran denken, dieses Schild morgen als erstes fortzunehmen, oder noch an diesem Abend, damit er es nicht vergaß.

Er betrat das kleine Backsteinhaus (das neue Quartier würde ein wenig größer sein, nachdem jetzt die Jungs aus dem Haus waren und den Platz nicht mehr brauchten) durch die Küchentür, öffnete den Kühlschrank und nahm sich eine Flasche Bier.

»Ich bin daheim!« rief er.

»Ich bin im Schlafzimmer«, gab Elly zurück.

Er ging ins Wohnzimmer und schaltete das Radio ein.

O Mann, es ist lange her, daß ich heimkomme und sie so etwas ankündigt, dachte Stecker. *Aber sie meint offenbar nur, daß sie zufällig im Schlafzimmer ist. Das ist alles.*

Sie kam ins Wohnzimmer.

»Wo warst du, Jack?« fragte Elly.

»Was meinst du mit ›wo warst du‹?« fragte er.

»Doan kam vorbei«, sagte sie. »Er sagte, du hättest deine Befehle vergessen, und du würdest sie vielleicht brauchen. Er sagte, du hättest ihm erklärt, du würdest heimfahren.«

Sie hielt die Befehle in der Hand und überreichte sie ihm.

»Ich habe sie gelesen«, sagte er. »Ich weiß, wie sie lauten.«

Sie zuckte mit den Schultern.

»Ich fand es nett von Doan«, sagte Elly. »Er erzählte mir, daß du ihn zum Sergeant gemacht hast. Das war nett von dir, Jack.«

»So hast du im Unteroffiziersklub angerufen und nach mir gefragt, und ich war nicht da, wie?« fragte er unfreundlich.

»Du solltest mich besser kennen, Jack«, sagte Elly, und er wußte, daß er sie gekränkt hatte.

»Ein Junge kam zu mir ins Büro«, sagte Jack Stecker. »Ein China-Marine, ein Corporal.«

»So?«

»Er arbeitete drüben für Ed Banning«, fuhr Stecker fort. »Banning schickte ihn auf den Zugführer-Lehrgang.«

»Und er kam vorbei, um dich von Ed Banning zu grüßen?«

»Er kam vorbei, weil er ein LaSalle-Cabrio hat und die Jungs beim Zugführer-Lehrgang keine Wagen bei sich haben dürfen und die Militärpolizei ihm keinen Aufkleber für die Parkerlaubnis in der Kaserne geben wollte.«

»Oh«, sagte Elly.

»Zuerst dachte ich, er erinnert mich an Jack«, sagte Stecker. »Netter Junge. Gutaussehend. Schlau und gewitzt. Doch dann wurde mir klar, daß er mich an *mich* erinnert.«

»Gutaussehend und schlau?« neckte sie ihn.

»Wie ich war, als ich Corporal war«, sagte er.

»Ich erinnere mich an dich als Corporal«, sagte Elly.

»Er will eigentlich gar kein Offizier werden. Jedenfalls scheint er sich nicht viel daraus zu machen.«

»So war es bei dir auch«, sagte sie. »Sie hätten dich nach Annapolis geschickt, wenn du dorthin gewollt hättest.«

»Ich wollte heiraten«, sagte er.

»Du wolltest nicht Offizier werden«, sagte sie.

»Das will ich immer noch nicht, Elly.«

Sie setzte zu einer Erwiderung an, besann sich jedoch anders.

»Ich regelte die Sache mit seinem Wagen, so daß er ihn auf dem MP-Hof parken kann«, erklärte Stecker. »Dort war ich.«

»Ich wußte, daß du früh heimkommst, wenn es dir möglich ist«, sagte Elly.

fort. »Und du wärst jetzt Major oder vielleicht Lieutenant Colonel.«

»Oder ich wäre von Annapolis geflogen und hätte ein Barmädchen aus Diego geheiratet«, sagte er. »Ich bereue nichts, Elly.«

»Ich bereue auch nichts«, sagte Elly. »Aber du verdienst diesen Doppelbalken, Jack. Du hättest seit langem Offizier sein sollen.«

Er schaute wieder sein Spiegelbild an.

»Vielleicht solltest du die Uniform jetzt ausziehen, damit sie frisch ist, wenn du vereidigt wirst.«

Er schaute sie wieder an. Sie knöpfte ihr Kleid auf.

»Sieh mich nicht so überrascht an!« sagte sie weich. »Ich sollte es dir vielleicht nicht sagen, aber ich wollte schon immer mal mit einem Offizier des Marine-Corps schlafen.«

»Ich bin noch kein Offizier des Marine-Corps«, sagte er. »Das bin ich erst übermorgen um acht Uhr.«

»Dann willst du bis dahin warten?« fragte sie.

»Nein, natürlich nicht«, sagte der designierte Captain Jack Stecker, USMC, Reserve. »Nimm, was du kriegen kannst, sage ich immer.«

X

1

Quantico, Virginia

1. September 1941

Das U.S. Gewehr M1, Kaliber .30, war bekannt als Garand, nach seinem Erfinder John B. Garand, einem Zivilangestellten des Springfield-Arsenals der U.S. Army. Das Garand verschoß dieselbe Patrone wie die U.S. Rifle Modelle und die leichten

Browning-Maschinengewehre. Diese Patrone war bekannt als die .30-06.

Die Gewehre der 1903er Serie, bekannt als ›Springfields‹, waren fünfschüssig und verfügten über ein Schloß. Der Mechanismus war eine Variante desjenigen, der von den Mauserwerken in Deutschland um die Jahrhundertwende entwickelt und nach dem Spanisch-Amerikanischen Krieg von den Veeinigten Staaten übernommen worden war. Die Mausergewehre der spanischen Armee waren den amerikanischen Gewehren deutlich überlegen. Und als Theodore Roosevelt, der es in Kuba bei seinem Marsch auf die Kettle Hills und San Juan Hills mit spanischen Mauser-Gewehren zu tun bekommen hatte, Präsident wurde, war fast sein erster Befehl als Oberbefehlshaber, die Streitkräfte mit einer Waffe vom Typ Mauser auszurüsten. Der Firma Mauser wurden Lizenzgebühren bezahlt, und das Springfield-Arsenal begann eine Kopie des Mauser-Modells 1898 herzustellen, die sich nur im Kaliber und einigen unwesentlichen Einzelheiten vom Original unterschied.

Die spanischen Mauser-Gewehre hatten 7-mm-Kaliber, die deutschen 7,92. Die Springfield-Gewehre hatten das Kaliber .30-06. Sie erwiesen sich im Ersten Weltkrieg als zuverlässig, leistungsfähig und äußerst treffsicher.

Die Entwicklung des Garand-Gewehrs begann Anfang 1930, als General Douglas MacArthur Stabschef der Army war. Es wurde für den Einsatz in den Streitkräften akzeptiert, und die Produktion begann 1937.

Es hatte eine Magazinkapazität von acht Patronen, im Gegensatz zu den fünf des Springfields. Was weitaus wichtiger war – es war halbautomatisch. Wenn ein Ladestreifen mit acht Patronen geladen war, konnten diese acht Patronen so schnell gefeuert werden, wie der Schütze den Abzug betätigen konnte. Wenn der letzte Schuß gefallen war, wurde der Ladestreifen ausgestoßen, der Bolzen blieb in der rückwärtigen Stellung, und ein neuer Ladestreifen mit acht Patronen konnte schnell eingeführt werden.

Die Technische Truppe der U.S. Army (die jede Art Waffe an das U.S. Marine-Corps liefert, von der Pistole bis zur Artillerie) war überzeugt davon, daß das Garand-Gewehr das beste

Infanteriegewehr der Welt war. Nach Meinung der meisten Marines war das U.S. Garand-Gewehr ein Scheißding, mit dem man nur mit Glück ein Scheunentor aus zehn Schritten Distanz treffen konnte.

Die Erfahrung hatte das Marine-Corps gelehrt, daß sichere Gewehrschützen bei einem Gefecht oftmals der Schlüssel zum Sieg waren. Die Erfahrung hatte das Marine-Corps ebenfalls gelehrt, daß der Schlüssel zur Treffsicherheit – zusätzlich zu den technischen Voraussetzungen – das Zusammenspiel eines Marineinfanteristen und seines Gewehrs war, daß sie eins wurden. Ein Marine lernte zuerst, sein Gewehr zu reinigen und zu ölen, und erst danach konnte er daran denken, etwas zu essen und einen trockenen Platz zu bekommen, wo er trotz des Regens schlafen konnte. Darüber hinaus glaubte das Marine-Corps, daß ein Offizier seinen Männern nichts befehlen sollte, was er nicht selbst tun konnte.

Es gab zwei Theorien bezüglich der Ausgabe des Garand-Gewehrs M1 an die Schüler des Zugführer-Lehrgangs. Die offizielle Begründung war, daß das Beste gerade gut genug für die jungen Männer war, die vielleicht bald Marines in einen Krieg führen würden. Daraus folgerte, daß die jungen Gentlemen die neuesten und besten Handfeuerwaffen aus dem Arsenal des Marine-Corps erhielten. Nach Meinung der meisten Marines war der Grund für die Ausgabe dieses Gewehrs an die jungen Gentlemen des Zugführer-Lehrgangs der, daß richtige Gewehre für richtige Marines gebraucht wurden.

Es war deshalb keine Überraschung, daß Punkt 2 des Dienstplans gleich nach Punkt 1 des Zugführer-Lehrgangs 23-41 ›Begrüßung durch Major J. J. Hollenbeck, USMC‹ die Ausgabe von Gewehren – Garand-Gewehren – an die jungen Gentlemen war.

Einige der jungen Gentlemen trugen den Arbeitsanzug des Marine-Corps und Arbeitsschuhe. Sie waren während der Ausbildung im vergangenen Sommer ausgegeben worden. Es war die vorgeschriebene Uniform des Tages.

Aber einige der jungen Gentlemen, einschließlich Malcolm Pickering, hatten noch Zivilkleidung an. Nicht, daß sie keine Arbeitsanzüge hatten, aber sie hatten nicht damit gerechnet, daß

Punkt 1 des Tagesplans um 3 Uhr 45 beginnen würde und sie dann neunzig Sekunden Zeit hatten, um aus dem Bett zu springen, sich anzukleiden und vor dem Block anzutreten. Sie waren davon ausgegangen, daß sie ein paar Minuten Zeit haben würden, die Arbeitsanzüge aus dem Gepäck zu nehmen, bevor sie antreten und zum Frühstück marschieren mußten. Es gab einhundertundzwölf Teilnehmer am Zugführer-Lehrgang 23-41, und ein Dutzend davon trug Zivilkleidung. Die meisten waren in Hemd und Freizeithose, aber es gab auch zwei, einschließlich Malcolm Pickering, die sich in letzter Sekunde ihre Jacketts geschnappt und angezogen hatten. Pickering hatte es sogar geschafft, seine Krawatte mitzunehmen.

Er stand im hinteren Glied und band seine Krawatte, als der Ausbilder, ein stämmiger neunundzwanzigjähriger Corporal mit fast kahlem Kopf und einer vom ständigen Brüllen heiseren Stimme auf ihn aufmerksam wurde. Der Ausbilder hieß Pleasant (was später die jungen Gentlemen zu ironischen Bemerkungen veranlaßte, denn ›pleasant‹ war ein Synonym für ›freundlich‹, ›angenehm‹).

Corporal Pleasant sah also Bewegung im hinteren Glied und ging schnell und aufrecht zwischen den Gliedern hindurch, bis er vor Pickering stand. Dann stemmte er die Hände in die Hüften und neigte den Kopf vor, so daß die steife Krempe seines Feldhuts Pickerings Stirn berührte und Pickering Corporal Pleasants Zahnpasta riechen konnte, als er brüllte:

»Was, zum Teufel, treiben Sie Arschloch?«

»Ich band meinen Schlips, Sir«, sagte Pickering und stand still. Er war kein völliger Anfänger. Er war in zwei Sommern in Ausbildungslagern gewesen und wußte, daß ein Auszubildender stillzustehen hatte, wenn ihn ein Ausbilder ansprach, und daß er mit ›Sir‹ angeredet werden sollte, obwohl nach den Vorschriften des Marine-Corps nur Offiziere Anspruch auf eine solche Anrede hatten.

»Warum tragen Sie einen Schlips, Arschloch?« fragte Corporal Pleasant.

Pickering fand keine gute Antwort darauf.

»Ich habe eine Frage gestellt, Arschloch!« erinnerte Corporal Pleasant.

»Ich habe keine Entschuldigung, Sir«, sagte Pickering in Erinnerung an Lektionen aus den vergangenen Sommern. Man brachte keine Entschuldigungen vor. Es gab keine Entschuldigung, wenn man nicht getan hatte, was man tun sollte, oder getan hatte, was man nicht tun sollte. Die richtige Antwort in einer solchen Situation war diejenige, die er soeben gegeben hatte.

Corporal Pleasant war ziemlich enttäuscht. Er hatte gehofft, eine Gelegenheit zu bekommen, an diesem Dandy von Möchtegern-Offizier ein Exempel statuieren zu können, nicht nur weil er ihn persönlich nicht leiden konnte, sondern weil es die anderen in die richtige Stimmung bringen würde. Aber es blieb ihm nichts anderes übrig, als vor die Formation zurückzukehren, und das tat er.

Die jungen Gentlemen mußten vom Kompaniegebäude zum Hauptquartier des Bataillons marschieren, wo Major J.J. Hollenbeck, USMC, sie im Auftrag des Befehlshabenden Generals der U.S. Marineinfanterieschule in Quantico willkommen hieß und Ihnen alles Gute für den Lehrgang wünschte.

Als nächstes marschierten die jungen Gentlemen zur Waffenkammer der Kompanie. Sie erhielten ein Garand-Gewehr M1, einen Trageriemen aus Leder, einen Pflegesatz für das Gewehr und eine kleine Plastikdose mit gelbem Fett.

Die Gewehre waren in dickes Papier gewickelt, das fettig war, weil die Gewehre mit einer Schicht Cosmoline bedeckt waren, die sie bei der Lagerung vor Rost schützte.

Corporal Pleasant gab den jungen Gentlemen grundlegende Anweisungen, wie der Lederriemen am Gewehr angebracht wurde, und dann informierte er sie, daß er um 3 Uhr 45 am nächsten Morgen die Gewehre gereinigt sehen wolle und daß jeder einzelne bis 13 Uhr an selbigem Tag die Seriennummern der Waffe zu kennen habe wie die Gesichtszüge seiner geliebten Mutter.

»Wo ist die Seriennummer?« fragte ein verdutzter junger Gentleman. »Dieses verdammte Ding ist voller Fett!«

Das war die Gelegenheit, auf die Corporal Pleasant gewartet hatte.

Als erstes mußte der verdutzte junge Gentleman das Gewehr

über den Kopf halten, auf der Stelle laufen und rufen: »Dies ist kein verdammtes Ding. Mein verdammtes Ding ist zwischen meinen Beinen. Das ist mein Gewehr. Ich werde mir den Unterschied merken.« Als er das zehnmal aufgesagt hatte, erhielt er den Befehl, mit dem Gewehr schräg nach links vor dem Körper um das Gebäude herumzulaufen, begleitet von zwei anderen jungen Gentlemen, die es fälschlicherweise für lustig gehalten und gegrinst hatten, als er sein Gewehr ›das verdammte Ding‹ genannt hatte.

Die jungen Gentlemen erhielten dann den Befehl, im Laufschritt die Kantine zu erreichen, wo es Frühstück gab.

Und dort sah Lehrgangsteilnehmer Pickering in Quantico zum erstenmal Lehrgangsteilnehmer McCoy. Anfangs konnte er McCoy nicht einordnen. Das Gesicht kam ihn bekannt vor, doch er meinte, es von sommerlichen Ausbildungscamps her zu kennen. Dann fiel ihm ein, wer es war.

Seine erste Reaktion war Abscheu über die Art, wie McCoy aß. Das Frühstück bestand aus Rühreiern, Speck, Bratkartoffeln, zwei Scheiben Brot und einem Klacks Butter. Das einzige, was Pickering als essenswert betrachtete, waren die Bratkartoffeln. Die Rühreier waren kalt und klumpig, der Speck war nur halb gebraten, und das Brot war trocken. Und McCoy schlang diesen Abfall hinunter, als hätte er seit einer Woche nichts mehr zu essen bekommen!

Pickering schaute gebannt zu, als McCoy alles von seinem Teller aus rostfreiem Blech aß und sogar den Teller mit einem Stück von dem trockenen Brot sauberwischte.

Als McCoy fertig war, nahm er sein Tablett mit dem Geschirr und ging damit zum Kantinenausgang. Pickering nahm sein Tablett mit dem fast vollen Teller und folgte McCoy.

Corporal Pleasant stand vor den Abfallbehältern unter Schildern mit der Aufschrift: ›Eßbarer Abfall‹ und ›Nicht eßbarer Abfall‹.

Corporal Pleasant musterte McCoys Tablett und ließ ihn mit einem knappen Nicken passieren.

Als Pick Pickering bei Corporal Pleasant ankam, sagte der: »Da rüber, Arschloch!« und nickte zu einer Gruppe von vielleicht zehn jungen Gentlemen, die mit ihren Tabletts in der Hand und ihren Gewehren am Riemen über der Schulter vor der Wand standen.

Schießlich waren dort fast dreißig junge Gentlemen versammelt, die ihr Frühstück nicht lecker gefunden hatten und viel auf ihrem Teller gelassen hatten, in einigen Fällen das meiste.

Corporal Pleasant trat vor die Appetitlosen.

»Gentlemen«, sagte er. »Das Marine-Corps liebt Sie. Und weil das Marine-Corps Sie liebt, hat es beträchtliche Mühen und Ausgaben auf sich genommen, um Sie mit einem gesunden, nahrhaften Frühstück zu versorgen. Das Marine-Corps erwartet, daß Sie das gesunde, nahrhafte Frühstück essen, mit dem es Sie versorgt!«

Die jungen Gentlemen blickten ihn einen Augenblick lang verwirrt an. Dann versuchte einer von ihnen, während er das Tablett mit einer Hand hielt, mit der anderen Hand ein Stück Rührei auf die Gabel zu spießen, und zugleich machte er Verrenkungen, um zu verhindern, daß ihm sein Gewehr von der Schulter rutschte.

Corporal Pleasant trat sofort vor diesen jungen Gentleman, stemmte die Hände auf die Hüften und neigte den Kopf vor, so daß die steife Krempe seines Feldhuts fast die Stirn des jungen Gentleman berührte.

»Was treiben Sie da, Arschloch?« fragte Corporal Pleasant.

»Sir«, bellte der junge Gentleman, »ich esse mein Frühstück, Sir!«

»Mit einer Gabel! Habe ich irgend etwas von Essen mit einer Gabel gesagt, Arschloch?«

»Nein, Sir!«

Der junge Gentleman schaute ihn völlig verwirrt an und konnte anscheinend nicht ganz begreifen, was Corporal Pleasant offenbar wollte.

Corporal Pleasant nickte bestätigend.

»Essen, Arschloch!« sagte er. »Bis auf den letzten verdammten Krümel!«

Der junge Gentleman hob das Tablett an, neigte das Gesicht über den Teller und begann ihn abzulecken und hinunterzuwürgen, was darauf war.

Corporal Pleasant schaute die anderen an.

»Auf mein Kommando – Teller ablecken. Achtung – lecken!«

Fast dreißig junge Gentlemen hoben ihre Teller zu den Gesichtern und schlürften und leckten.

Als Pickering die Kantine verließ, wartete McCoy dort, wo die Lehrgangsteilnehmer antreten mußen. McCoy lächelte kaum wahrnehmbar. Pickering ging zu ihm und blieb neben ihm stehen.

»Jetzt weiß ich, warum du alles aufgegessen hast«, sagte er.

»Ich habe diesen Scheiß schon mitgemacht«, sagte McCoy.

»Was machst du hier?«

»Wie sieht es aus?«

»Ich dachte, du willst aus dem Marine-Corps raus.«

»Du hattest recht, die Entlassungen sind eingefroren«, sagte McCoy.

»Nun, dann können wir alte Kumpel ja gemeinsam was unternehmen«, sagte Pickering. »Das wird nett.«

»Es wäre eine schlechte Idee«, sagte McCoy.

»Warum?« Pickering fragte sich überrascht, warum McCoy ihn zurückwies. »Warum sagst du das?«

»Ich kenne Pleasant«, sagte McCoy. »Oder Typen wie ihn. Wenn er etwas mehr haßt als einen College-Jungen, der Offizier werden will, dann ist das ein anderer Corporal, der Offizier werden will. Sobald er herausfindet, daß ich ein Marine bin, wird er auf mir herumhacken.«

»Dann geht es uns gleich«, sagte Pickering. »Mich hat er schon auf dem Kieker.«

»Du kannst mir glauben, Pick«, sagte McCoy. »Es wäre noch schlimmer, wenn er wüßte, daß wir Kumpel sind. Schlimmer für uns beide.«

»Das verstehe ich nicht«, sagte Pickering.

»Das brauchst du auch nicht zu verstehen«, sagte McCoy. »Nimm mich einfach beim Wort. Halte dich fern von mir.«

»Nun, dann leck mich mal«, sagte Pickering gekränkt.

McCoy lächelte ihn an.

»So ist's recht«, sagte er. »Pick, glaube mir, ich weiß, wovon ich rede. Früher oder später werden sie uns etwas Freizeit geben müssen. Dann können wir sehen, ob es in Virginia vierzehnjährige Jungfrauen gibt. Aber bis wir von diesem Scheißkerl wegkommen, mußt du alles daran setzen, dich unsichtbar zu machen, besonders wenn du diesen Lehrgang bestehen willst.«

Pickering verstand immer noch nicht. Aber er war enorm erleichtert, weil McCoy ihm nicht die Freundschaft verweigerte. Dann fragte er sich verwundert, warum ihn das so erleichterte.

2

C-Kompanie, Schulbataillon des Marine Corps Quantico, Virginia

1. September 1941, 18 Uhr 05

Corporal Pleasant ließ den Zug rühren und kündigte an, er werde jetzt zeigen, wie die mit Cosmoline bedeckten Gewehre auseinandergenommen wurden, die sie den ganzen Tag herumgetragen hatten.

Nach dem Auseinandernehmen würden sie die Gewehre reinigen, sagte Corporal Pleasant. Er würde um 21 Uhr zurückkehren und die gereinigten Teile inspizieren, und dann würde er zeigen, wie sie zusammengesetzt wurden. Er wisse, fügte er hinzu, daß Sie wünschten, den zweiten Tag ihrer Ausbildung mit tadellos sauberen Gewehren zu beginnen. Gute Marines seien stolz auf ihre sauberen Gewehre.

Völliger Blödsinn, sagte sich Lehrgangsteilnehmer McCoy. Mit einem bißchen Blödsinn war zu rechnen, und es war vielleicht sogar ganz gut: Pleasant mußte diesen College-Jungs klarmachen, daß sie unter seiner absoluten Kontrolle waren. Die College-Jungs, die ihr Frühstück vom Teller geleckt hatten, würden niemals wieder mehr Essen an der Essenausgabe nehmen, als sie schaffen konnten. Diese Maßregelung hatte noch Sinn gehabt.

Aber dieses Gewehrreinigen hatte keinen Sinn, es verärgerte nur jeden. Pleasant wollte natürlich einen Vorwand haben, um auf jedem herumhacken zu können. Es war völlig unmöglich, alles Cosmoline mit Lappen von einem Gewehr zu entfernen. Cosmoline bewirkte das, wozu es da war, es verhinderte das Rosten, indem es jeden Winkel, jede Spalte und Pore im Mechanismus füllte. Man konnte ewig und drei Tage mit einem Lappen wischen, und irgendwo würde immer noch Cosmoline herausquellen.

Es gab zwei gute Möglichkeiten, Cosmoline von einer Waffe zu entfernen. Die beste (und gefährlichste) war die mit fünf Gallonen Benzin in einer Mülltonne. Wenn man keinen Funken schlug und sich nicht in die Luft blies, löste das Benzin das Cosmoline auf.

Die zweite Möglichkeit war die Anwendung von heißem Wasser. Man nahm einen Kochtopf der Feldküche, füllte ihn mit den Gewehrteilen und kochte sie, als wären es Hummer.

Pleasant bot keine der beiden Alternativen an. Er war einfach ein Widerling, und McCoy sagte sich, daß es eine Grenze gab, wieviel Idiotie er hinnehmen würde. Er hatte sich fest vorgenommen, sauberzubleiben, nicht aufzufallen und zu tun, was immer man von ihm verlangte. Aber das ging nicht so weit, daß er die nächsten drei Stunden vergebens versuchen würde, ein Gewehr von Cosmoline freizureiben.

Er stand ein Glied hinter und ein paar Meter links von Pick Pickering, als Corporal Pleasant seine Lektion über das Zusammenbauen des M1-Gewehrs gab. Er spielte einen Augenblick lang mit dem Gedanken, Pickering mitzunehmen, entschied sich jedoch dagegen. Zum einen war das Reinigen eines unmöglich zu reinigenden Gewehrs ein wesentlicher Teil der Ausbildung für einen College-Jungen. Zum anderen würde sich Lehrgangsteilnehmer McCoy unerlaubt entfernen (Corporal Pleasant hatte sie im Laufe des Tages belehrt, daß das streng bestraft wurde), jeder, der bei AWOL erwischt wurde (Absent Without Leave – unerlaubte Entfernung vom Dienst – auch definiert als ›nicht zum richtigen Zeitpunkt an der richtigen Stelle in der richtigen Uniform zu sein‹), würde sofort zu einer Schützenkompanie versetzt werden und konnte den goldenen Balken eines Second Lieutenant vergessen.

Als sie entlassen wurden und im Laufschritt in die Unterkunft befohlen wurden, ging McCoy schnurstracks zur Latrine und wusch seine Hände, so gut er konnte, mit GI-Seife. Dann nahm er sein Garand-Gewehr und einen Lappen und verließ den Block durch die Hintertür.

Auf dem Weg zum Hof der Militärpolizei, wo die beschlagnahmten Wagen und sein LaSalle standen, sagte er sich, daß er zwar erfolgreich jedem japanischen Posten in der Provinz Schantung ausgewichen war, daß es jedoch völlig im Bereich des Möglichen lag, von irgendeinem eifrigen College-Jungen kalt erwischt zu werden, der mit einem ungeladenen Garand-Gewehr das Gelände bewachte.

Er hatte jedoch Glück und wurde nicht von einem Posten angerufen. Er versteckte das Garand-Gewehr in einem Graben und ging ins Büro des Kommandeurs der Militärpolizei. Master Gunnery Sergeant Steckers Befehl war aktenkundig, und ein Corporal der MP ging auf den Hof und schloß das Tor für McCoy auf.

McCoy fuhr mit dem LaSalle zu dem versteckten Gewehr und nahm es an sich. Dann öffnete er den Kofferraum, nahm ein Arbeitshemd mit aufgemalten Corporalswinkeln heraus, zog es an, nahm seinen Feldhut aus der Hutpresse und setzte ihn auf kecke Weise auf.

Der MP am Tor, der den Aufkleber eines Unteroffiziers an der Windschutzscheibe und den Fahrer mit dem steifkrempigen Feldhut sah, winkte das LaSalle-Cabrio durch, doch McCoy bremste und hielt trotzdem.

Der Militärpolizist ging zu dem Wagen.

»Wo ist die nächste Tankstelle oder Werkstatt oder was auch immer, wo es einen Dampfreiniger gibt?« fragte McCoy.

Der MP dachte darüber nach.

»Da ist eine Sunoco-Tankstelle, die einen hat«, sagte er. »Wenn Sie auf der U.S. 1 sind, müssen Sie links abbiegen.«

»Vielen Dank.« McCoy drehte die Fensterscheibe hoch und fuhr an.

Der Dampfreiniger der Sunoco-Tankstelle war defekt, aber der Tankwart hatte noch etwas Besseres, eine Maschine, die McCoy noch nie gesehen hatte. Sie diente dazu, dreck- und fettbedeckte Teile zu säubern. Ein nicht brennbares Lösungsmittel strömte aus einer Düse wie Wasser aus einem Hahn über einer Art Spülbecken. Eine halbe Stunde Arbeit mit einer Bürste, und es gab keine Cosmoline mehr auf dem Garand-Gewehr.

Eine Stunde nachdem er durch das Haupttor hinausgefahren war, fuhr McCoy mit dem LaSalle wieder hinein und stoppte.

»Ich habe es gefunden!« rief er dem MP zu. »Danke.«

»Keine Ursache«, sagte der MP.

Es blieb McCoy noch Zeit für eine Dusche, bevor Corporal Pleasant wieder in der Unterkunft auftauchte. Das Wasser war kalt. McCoy sagte sich, daß die College-Jungs das Gewehrreinigen mit heißem Wasser versucht hatten. Das hatte nur zu einer Schicht Cosmoline auf dem Boden im Duschraum geführt. Alle rieben immer noch wild Gewehrteile mit Lappen ab.

McCoy band sich Lappen um die Füße, um nicht auszurutschen, duschte, entfernte die Lappen, warf sie in einen Abfalleimer und zog einen sauberen Arbeitsanzug an.

Dann nahm er das Garand-Gewehr auseinander, legte die Teile auf seine Koje, kroch unter das Bett und legte sich hin, um auf Corporal Pleasant zu warten.

Fünf Minuten später rief jemand »Achtung!« und McCoy rollte sich unter dem Bett hervor. Er war fast auf den Füßen, als Pleasant, der entschlossen über den Gang stürmte, ihn beim Aufstehen entdeckte.

Als McCoy stillstand, neigte sich Pleasant vor, bis ihn die Krempe des Feldhuts am Gesicht berührte.

»Hat jemand was von hinlegen gesagt, Arschloch?« fragte Corporal Pleasant.

»Nein, Sir!«

»Und was machten Sie dann im Bett, Arschloch?«

»Sir, ich war nicht im Bett, Sir!«

Corporal Pleasant, der das auseinandergenommene Garand auf dem Bett sah, war gezwungen, der Tatsache ins Auge zu sehen, daß auf dem Bett kein Platz für das Arschloch gewesen war.

Er neigte sich über das Bett und hob das erste Gewehrteil an, das ihm ins Auge fiel.

»Das soll sauber sein, Arschloch?« fragte er, ohne das Teil überhaupt anzuschauen.

»Jawohl, Sir‹, sagte McCoy. »Ich glaube, daß es sauber ist, Sir!«

Corporal Pleasant hielt McCoy das Teil hin – es war die Zubringerfeder des Magazins –, und während er sagte »Das nennen Sie sauber, Arschloch?« dachte er: *Da will ich doch verdammt sein, es ist sauber!*

»Jawohl, Sir!« rief McCoy.

»Wie lautet die Seriennummer des Gewehrs, Arschloch?«

»Sir, 156331, Sir!«

Corporal Pleasant stand einen Moment lang Auge in Auge mit Lehrgangsteilnehmer McCoy.

»Gewehr zusammensetzen und raus mit Ihnen, Arschloch!« befahl er. »Da ist eine Lampe vor der Schreibstube. Die Lampe bewachen, bis ich Sie ablösen lasse!«

»Jawohl, Sir!« sagte McCoy. »Lampe bewachen, bis Sie mich ablösen lassen, Sir.«

Zehn Minuten später marschierte Corporal Pleasant zu der Lampe vor der Schreibstube.

McCoy hielt das Gewehr schräg nach links vor dem Körper. »Halt! Wer da?« rief er.

»Wer schon, was denken Sie?« erwiderte Corporal Pleasant, und dann befahl er: »Folgen Sie mir!«

Er ging hinter das Gebäude und öffnete die Tür eines 1939er Ford Coupé.

»Einsteigen«, sagte er.

McCoy setzte sich auf den Beifahrersitz neben ihn. Pleasant kramte auf dem Rücksitz herum und förderte zwei Dosen Bier zutage.

»Der Dosenöffner ist im Aschenbecher«, sagte er.

»Danke«, sagte McCoy und öffnete seine Bierdose.

»Sie sind McCoy, nicht wahr? ›Killer‹ McCoy?«

»Ich bin McCoy.«

»Es sind drei Marines bei den Arschlöchern«, sagte Corporal Pleasant. »Ich war mir nicht sicher, wer was ist.«

McCoy erwiderte nichts.

»Wollen Sie mir Ärger machen, McCoy?« fragte Pleasant.

Merkwürdige Frage, dachte McCoy. *Warum denkt er, ich könnte ihm Ärger machen? Und warum das Bier? Dieser Hurensohn hat nicht den Mumm, sich bei allen unbeliebt zu machen. Das macht er nur bei denjenigen, die sich nicht wehren. Und aus irgendeinem Grund hat er ein bißchen Angst vor mir. Er nannte mich ›Killer‹. Glaubt dieser Blödmann, ich würde ihm ein Messer zwischen die Rippen schieben?*

»Nein«, sagte McCoy. »Warum sollte ich?«

»Wie haben Sie das Gewehr sauber bekommen?« fragte Pleasant.

Es gab eine Stunde der Wahrheit, aber das war sie nicht. »Feuerzeugbenzin«, log McCoy.

»Sie müssen ein paar Liter davon benutzt haben«, sagte Pleasant. »Was man wirklich braucht, ist Benzin.«

»Feuerzeugbenzin wirkt jedenfalls besser als ein Lappen«, sagte McCoy.

»Sie mußten sich irgendwohin absetzen, um das zu machen«, sagte Pleasant. »Und das ist nicht besonders schlau, mein Lieber.«

»Ich habe nicht versucht, schlau zu sein«, sagte McCoy.

Corporal Pleasant schaute ihn lange an, und dann nickte er und akzeptierte das.

»Das war nicht das erste mit Cosmoline bedeckte Gewehr, das Sie reinigen?« sagte er rhetorisch. »Ich nehme an, ich hätte das gleiche getan.«

McCoy schwieg dazu.

»Es sind zwei Geschichten über Sie im Umlauf, McCoy«, sagte Pleasant. »Erstens, daß Sie eine Reihe Chinesen in China killten. Und zweitens, daß Sie Freunde an hohen Stellen haben, Leute, die Sie in diesem Lehrgang untergebracht haben. Was ist dazu zu sagen?«

»Es gab eine Schießerei in China«, sagte McCoy. »Bei einem dienstlichen Einsatz.«

»Und Sie haben einen Rabbi?«

»Was habe ich?«

»Jemand Wichtiges, der sich für Sie einsetzt?«

»Nicht, daß ich wüßte«, sagte McCoy. »Ich habe mich für den Lehrgang beworben und wurde genommen.«

Pleasant schnaubte, als glaube er ihm nicht.

»Lassen Sie uns eines klarstellen, McCoy. Sie gehen mir aus dem Weg, und ich bleibe Ihnen aus dem Weg. Aber zweierlei sollten Sie kapieren: ich pfeife auf jeden Rabbi, den Sie haben mögen. Und es gibt Leute, die der Ansicht sind, Sie gehören nach Portsmouth ins Militärgefängnis, und nicht hierhin.«

»Ich weiß nicht, wovon Sie reden, Pleasant«, sagte McCoy.

»Und ob Sie das wissen«, zischte Pleasant.

Er setzte die Bierdose an, trank sie leer und drückte sie zusammen.

»Trinken Sie Ihr Bier aus, McCoy«, sagte er. »Und gehen Sie zurück in die Unterkunft.« Er stieg aus dem Wagen und schlenderte davon.

McCoy trank langsam sein Bier. Es betrübte ihn, überraschte ihn aber nicht, daß die Ereignisse in China anscheinend allgemein bekannt waren. Das Marine-Corps war klein, und Marines klatschten so schlimm wie Frauen, besonders wenn es etwas Interessantes war, zum Beispiel, daß ein Marine eine Horde Chinesen zusammengeschossen hatte. Er nahm an, daß irgendwelche anderen China-Marines heimgekehrt waren, Gunny Stecker besucht hatten, er ebenfalls ein alter China-Marine war, und ihm erzählt hatten, was bei der Fähre passiert war. Und Gunny Stecker hatte es mit ihm in Zusammenhang gebracht, und so hatte Pleasant davon gehört.

Aber er konnte sich nicht vorstellen, wer sein ›Rabbi‹ sein sollte oder wer die Leute waren, die der Ansicht waren, er gehöre nach Portsmouth anstatt auf den Zugführer-Lehrgang.

Zehn Minuten nach Corporal Pleasants Fortgang stieg McCoy aus dem Ford, hängte sein Gewehr am Riemen über die rechte Schulter und marschierte zur Unterkunft, zog auf seiner Stube den Arbeitsanzug aus und legte sich schlafen.

3

Schulen des Marine Corps
Quantico, Virginia

12. Oktober 1941

Die sechs Wochen vergingen schnell. Wie McCoy angenommen hatte, war die Ausbildung eine Wiederholung dessen, was die Rekruten auf Parris Island gelernt hatten. Es war nötig, die College-Jungs zu Marines zu machen, bevor sie zu Offizieren der Marines gemacht werden konnten. Das bedeutete, daß sie sofortigen, fraglosen Gehorsam lernten, und zwar so, daß er ihnen in Fleisch und Blut überging.

Folglich: Wenn ein Lehrgangsteilnehmer nicht sofort und ohne Fragen zu stellen tat, was Corporal Pleasant oder ein anderer Ausbilder befahl, gab es eine sofortige Bestrafung.

Wenn zum Beispiel die jungen Gentlemen nicht den Befehl erfüllten, mit der richtigen Schnelligkeit und Begeisterung wegzutreten, mußten sie immer wieder wegtreten, bis Corporal Pleasant zufrieden war.

Und Pleasant war ein Mann mit einiger Phantasie. Er konnte zum Beispiel auf die Idee kommen, daß die jungen Gentlemen langsam wegtraten, weil sie durch ihre Ausrüstung übermäßig belastet waren. Anstatt mit Helm, vollem Marschgepäck und Gewehr wegzutreten, konnten sie es nur in Unterwäsche und Stahlhelm versuchen. Plus Gewehr natürlich.

Das bedeutete, daß sie zuvor ihre Arbeitsanzüge ausziehen mußten. Selbige wurden dann auf richtige Art und Weise gefaltet und an die richtige Stelle im Spind gelegt.

Wenn sie dadurch schneller wegtraten, experimentierte Corporal Pleasant. Als nächstes traten sie nur in Regenmänteln, Arbeitshosen, Diensthemd und Koppel weg. Das machte erforderlich, daß sie die Gamaschen abbanden und im Spind ablegten wie vorgeschrieben, dann die Feldflasche und die Erste-Hilfe-Packung vom Koppel nahmen und diese Dinge an den vorgeschriebenen Stellen lagerten.

Als nächstes befahl Corporal Pleasant vielleicht, mit der richtigen Schnelligkeit und Begeisterung in vollem Marschgepäck wegzutreten. Das bedeutete natürlich, Feldflasche und Erste-Hilfe-Zeug wieder am Koppel zu befestigen, den Regenmantel zu falten und an der vorgeschriebenen Stelle im Spind zu verstauen und dann die Gamaschen wieder anzuziehen.

Die möglichen Variationen waren fast unbegrenzt, und Corporal Pleasant experimentierte mit so vielen, wie ihm einfielen. Dann gab es die Bestrafung für Sünden:

Die größte Sünde von allen war das Fallenlassen eines Gewehrs M1. Jeder, der diese Sünde beging, durfte im Laufschritt den Exerzierplatz umrunden, während er das Gewehr hoch über den Kopf hielt und laut rief: »Mein Gewehr ist mein bester Freund, und ich bin ein erbärmlicher Hurensohn, weil ich ihn beleidigt habe. Gott sei meiner miesen Seele gnädig.«

Eine andere Sünde war Lachen oder Kichern oder auch nur die Andeutung davon. Diese Sünder durften im Laufschritt den Exerzierplatz umrunden, das Gewehr auf Armlänge über den Kopf halten und aus Leibeskräften rufen: »Ich bin eine Hyäne. Eine Hyäne ist ein Tier, das lacht, wenn es nichts Lustiges gibt, über das man lachen könnte. Dies sind die Laute, die eine Hyäne von sich gibt: Ha-Ha-Ha-Ha-Ha-Ha.«

Ein anderes Mittel, um Disziplin beizubringen, waren Gymnastik und Formalausbildung. Dies diente ebenfalls dazu, daß die jungen Gentlemen ziviles Fett verloren und ihre Muskulatur stärkten. Es gab eine halbe Stunde Gymnastik vor dem Frühstück (später fünfundvierzig Minuten und dann eine Stunde). Und es fand jeden Tag mindestens eine Stunde Formalausbildung statt.

Einzelne junge Gentlemen, die im Laufe des Tages Corporal Pleasant auffielen (der Tag begann um 3 Uhr 45 und dauerte, bis Pleasant ihn für beendet erklärte), wurden oftmals zu zusätzlichen Freiübungen herangezogen. Normalerweise bestanden diese Übungen aus Liegestützen, doch manchmal, wenn Pleasant das Verhalten der jungen Gentlemen als linkisch bezeichnete (wenn sie zum Beispiel aus dem Schritt gerieten), fanden die Übungen in Form des ›Entenganges‹ statt.

Wenn jemand den Entengang praktizierte, hockte er sich hin, hielt das Gewehr horizontal vor den Hals und watschelte, wobei er rief: »So geht eine Ente! Quaak! Quaak! Quaak! Ich werde mich bemühen, demnächst wie ein Marine zu gehen!«

McCoy hatte all dies als Rekrut in Parris Island durchgemacht, doch das erleichterte die Dinge nicht. Er war ehrlich überrascht, als er feststellte, wie sehr außer Form er war (seine Füße wurden wund, und seine Muskeln schmerzten). Der einzige wahre Vorteil, den er (und die beiden anderen Unteroffiziere der Marines) gegenüber den College-Jungs hatten, bestand darin, daß die Reaktion auf die Befehle bereits eingedrillt und Reflexhandlungen waren. Sie hatten Erfahrung auf diesem Gebiet und reagierten schon automatisch auf den Tonfall der gebellten Befehle.

Alle drei Marineinfanteristen des Lehrgang lernten noch etwas: Wenn jemand die Männer drillte, der nicht wußte, was er tat, jemand, der nicht den richtigen Tonfall und das Timing kannte, dann konnte das Marine-Corps zu einem Mob blinder Männer werden, die über die eigenen Füße stolperten. Zusätzlich zu den Inspektionen, die Pleasant nach Lust und Laune abhielt (manchmal packte ihn die Laune vor dem offiziellen Wecken um 3 Uhr 45), gab es regelmäßig jeden Samstagmorgen einen planmäßigen Appell. Der offizielle Appell wurde vom Gunnery Sergeant der Kompanie und dem Kompaniechef abgehalten.

Damit er sich nicht mit schlampigen jungen Gentlemen oder deren Ausrüstung blamierte, führte Corporal Pleasant einen Vor-Appell und einen Vorvor-Appell durch. Letzterer wurde Freitagabend abgehalten, nachdem die Unterkunft geschrubbt und auf Hochglanz gebracht worden war. Es war notwendig, daß der Zug den Vorvor-Appell bestand, bevor er Feierabend machen durfte. Manchmal genügte der Vorvor-Appell nicht Corporal Pleasants hohen Ansprüchen, und er war erst spät in der Nacht zufrieden.

Der Vor-Appell fand dann am nächsten Morgen statt, eine halbe Stunde vor dem ersten Antreten. Dabei sollte festgestellt werden, ob die Arschlöcher etwas in den drei oder vier Stunden des Schlafens nach dem Vorvor-Appell versaut hatten. Wenn ja, dann konnte es in der Zeit korrigiert werden, die offiziell für das Frühstück eingeplant war.

Gerüchte besagten, daß der heutige Appell wirklich hart werden würde. Der Kompaniechef, schon pingelig genug, war nicht da. Folglich würde ein anderer Offizier den Appell abhalten, ein Offizier vom Bataillon. Die Gerüchte besagten, daß er ein wirklich überpingeliger Hurensohn wäre.

McCoy war nicht besonders beunruhigt. Er wußte, daß einem die Hände gebunden waren, wenn man erst einmal seine Ausrüstung in Ordnung gebracht und alles für den Appell vorbereitet hatte. Wenn ein Offizier einen fertigmachen wollte, dann fand er immer etwas zu meckern. Er würde mit Sicherheit einen Mangel finden, und wenn er auf die Spitzen der Schuhe unter dem Bett trat, damit er behaupten konnte, die Schuhe wären nicht poliert. Wenn man keinen Einfluß auf die Situation hatte, dann hatte es keinen Sinn, sich Sorgen zu machen.

Als Pleasant »Stillgestanden!« bellte, stand McCoy perfekt still.

Er starrte geradeaus und hörte das Klappern von Gewehren, als ein junger Gentleman nach dem anderen zum Waffenappell rührte. Dabei spekulierte er – ein wenig unfreundlich –, daß mit einem bißchen Glück einer der jungen Gentlemen den Daumen in den M1-Abzugsbügel verhakte. Das führte zu einem Zustand, der als ›M1-Daumen‹ bekannt war. – Wenn der junge Gentleman dann vor Schmerzen heulte, konnte das den Waffenappell zu einem schnellen Ende bringen.

Diesen glücklichen Zufall gab es heute nicht. Das Geräusch der klappernden Gewehre drang näher zu ihm. Aus dem Augenwinkel heraus sah er, daß sich der Inspektionstrupp näherte.

Er verlagerte das Garand-Gewehr diagonal vor sich, zog den Verschluß zurück und überprüfte, daß keine Patrone mehr im Rohr war. Dann schaute er vor sich hin und wartete darauf, daß ihm das Gewehr aus der Hand genommen wurde.

Er schaute in das Gesicht von First Lieutenant John R. Macklin, USMC.

Macklin lächelte nicht, und sein Gesicht zeigte nicht einmal eine Spur von Wiedererkennen.

»Dieser Mann ist unrasiert«, sagte Lieutenant Macklin.

Der Gunnery Sergeant, der ihn begleitete, schrieb das pflichtschuldig auf ein Blatt auf einem Klemmbrett.

Macklin grabschte das Garand-Gewehr aus McCoys Händen, schaute in den Verschluß und hob den Kolben an, so daß er in den Lauf schauen konnte.

»Und diese Waffe ist dreckig«, sagte Lieutenant Macklin und rammte das Gewehr so hart in McCoys Hände, daß sie schmerzten und er das Gewehr fast fallen ließ.

Der Gunnery Sergeant schrieb pflichtschuldig ›schmutzige Waffe‹.

Lieutenant Macklin ging weiter zum nächsten Mann.

Das Garand-Gewehr war schon sauber gewesen, bevor McCoy es auseinandergenommen und gereinigt hatte, und er hatte sich erst vor zwei Stunden sorgfältig rasiert.

Es gab anscheinend keine Frage mehr, wer der Meinung war, daß Killer McCoy ins U.S. Marinegefängnis Portsmouth gehörte anstatt auf den Zugführerlehrgang in Quantico.

Captain Banning hatte anscheinend Macklin fertiggemacht, weil er sich von den Japanern bei Yenchi'eng hatte schnappen lassen.

Eine halbe Stunde später wurde McCoy in die Schreibstube befohlen.

Der Gunnery Sergeant und Pleasant waren dort.

»Mister McCoy«, sagte der Gunny. »Es gibt keine Entschuldigung für eine schmutzige Waffe im Marine-Corps.«

McCoy hatte das Garand-Gewehr bei Fuß gehalten – und jetzt hielt er es blitzschnell schräg nach links vor den Körper.

Und dann warf er es wie ein Basketball dem Gunny zu.

»Was, zum Teufel, machen Sie da?« fragte der Gunny wütend. Er war so überrascht worden, daß er das Gewehr fast nicht aufgefangen hätte.

»Schauen Sie sich das an, Gunny«, sagte McCoy.

»Sie wollen mir sagen, was ich tun soll? Für wen halten Sie sich?« schnauzte der Gunnery Sergeant, doch er zog den

Verschluß zurück und schaute hinein, und dann hob er das Gewehr an und blickte in den Lauf.

»Möchten Sie mein Kinn befühlen, Gunny?« fragte McCoy.

»Diese Waffe ist dreckig, Mister McCoy«, sagte der Gunnery Sergeant und warf ihm das Garand zu. »Und Sie brauchen eine Rasur. Weil Lieutenant Macklin das sagt. Kapiert?«

»Kapiert.«

»Corporal Pleasant wird Sie jetzt zur Unterkunft begleiten, wo er Sie bei der Rasur beaufsichtigen wird. Dann wird er Sie beaufsichtigen, während Sie Ihre dreckige Waffe reinigen. Wenn Sie sich rasiert und Ihr Gewehr gereinigt haben, wird er Sie hierhin zurückbringen, und ich werde Ihre Rasur und die Sauberkeit Ihres Gewehrs überprüfen. Das bedeutet, daß ich hierbleiben muß und nicht in mein Quartier gehen kann. Das macht mich sauer, McCoy. Meine Frau hat Pläne für das Wochenende, und Sie haben diese Pläne verdorben.«

McCoy wußte, daß es besser war, den Mund zu halten.

»Und ich sage Ihnen noch was, worin ich mit Lieutenant Macklin einer Meinung bin, McCoy. Ich weiß nicht, weshalb sich ein China-Marine-Corporal von einer Transporteinheit und mit Ihrem Ruf in den Kopf gesetzt hat, Offizier zu werden. Oder wie Sie es geschafft haben, hierher zu kommen. Vermutlich haben Sie irgendeinem Offizier die Nase in den Hintern gesteckt. Ich mag keine braunen Nasen, McCoy, und besonders wenig mag ich Leute mit Rabbis. Kapiert?«

»Jawohl, Sir«, sagte McCoy.

»Und schließlich, Mister McCoy, möchte ich Ihnen klarmachen, daß die Teilnahme am Zugführerlehrgang rein freiwillig ist. Sie können jederzeit aufhören und Ihre Winkel behalten.«

»Ich werde nicht aufhören, Gunny«, sagte McCoy.

»Wenn Sie hier rausfliegen, wegen schlechtem Benehmen oder Krankspielen oder so, dann landen Sie in irgendeiner Schützenkompanie. Das sollten Sie bedenken, McCoy.«

»Jawohl, Sir«, sagte McCoy.

»Corporal Pleasant«, sagte der Gunnery Sergeant. »Ich denke, der Boden in der Unterkunft muß mal richtig geschrubbt werden. Glauben Sie, es hilft Mister McCoy, daran zu denken, daß er sich ordentlich rasiert und seine Waffe sauberhält, wenn er das Wochenende mit dem Schrubben des Bodens verbringt?«

Pleasant nickte zustimmend. Er sah ein wenig verlegen aus, wie McCoy fand, aber er machte gemeinsame Sache mit dem Gunnery Sergeant. Er hatte keine Wahl.

4

Hauptquartier 4. Marineinfanterieregiment
Schanghai, China

19. Oktober 1941

Nur wenige Leute waren mit allen Einzelheiten des tatsächlichen und geplanten Abzugs der U.S. Land- und Seestreitkräfte aus China vertraut. Zu diesen wenigen zählte Captain Edward Banning, der S-2 des 4. Marineinfanterieregiments.

Die ›Jangtze River Patrol‹, ihre Kanonenboote und das Personal, würde so bald wie möglich zur U.S. Marinebasis Cavite, an der Spitze einer schmalen, sechs Kilometer langen Halbinsel vor der Bucht von Manila verlegt. Es war geplant, daß die Jangtze River Patrol die U.S. Seestreitkräfte Philippinen verstärkte. Welchen Wert die alten, nur leicht bewaffneten Flußschiffe hatten, war die Frage. Es bestand sogar die Sorge, daß die Boote bei schlechtem Wetter auf dem Weg zur Manilabucht kenterten und sanken. Sie waren als Flußschiffe entwickelt, nicht für die Hochsee in einem Taifun. Ebenso sollten die kleinen alten U-Boote von SUBFORCHINA so bald wie möglich nach Cavite fahren, obwohl ähnliche Befürchtungen bezüglich ihrer Seetüchtigkeit bestanden, denn sie waren alt und klein und mehr für Operationen in Küstennähe als auf hoher See entwickelt. Im Gegensatz zu den Flußschiffen konnten die U-Boote jedoch, wenn es sein mußte, fünf bis sechs Stunden untertauchen und einen Sturm überstehen.

Die beiden Bataillone, die das 4. Marineinfanterieregiment

bildeten, waren etwas anderes. Sie bestanden aus Marines, was hieß, daß sie ausgebildet und ausgerüstet waren, um überall kämpfen zu können. Tatsächlich würden sie im Fall eines Krieges reine Infanteristen sein. Die offizielle Rolle der Marineinfanterie bestand darin, amphibische Landungen an feindlichen Stränden durchzuführen. Zwei Bataillone Marineinfanterie ohne Landungsboote und ohne größere Kräfte zur Verstärkung bei einer Landung waren keine große Streitmacht für eine amphibische Landung.

Die Vorhut des 4. Marineinfanterieregiments würde von Schanghai aus am 28. Oktober mit dem U.S.S. *Henderson*, einem Navy-Transportschiff, losfahren. Das United States Ship *Henderson* würde dann weiter in die Vereinigten Staaten fahren, um Verstärkungen der Army für die Philippinen an Bord zu nehmen. Das U.S.S. *Shaumont*, das andere U.S. Navy Transportschiff, das normalerweise China versorgte, würde gleichfalls benutzt werden, um Truppen der U.S. Army von der Westküste der Vereinigten Staten zur Verstärkung auf die Philippinen zu verlegen. Die Navy hatte ebenfalls zwei zivile Passagierdampfer gechartert. Am 28. November würde das Schiff namens *President Madison* das Erste Bataillon an Bord nehmen und das Schiff *President Harrison* das Zweite Bataillon. Wenn alles klappte, würde das 4. Marineinfanterieregiment in der ersten Dezemberwoche in Manila eintreffen. Dann würde entweder das U.S.S. *Henderson* oder das U.S.S. *Shaumont* nach Tientsin fahren und das Personal der Marine-Corps-Außenposten Peking und Tientsin abholen.

Die U.S. Navy-Kräfte Philippinen schickten eine Consolidated Catalina, ein weitreichendes Amphibien-Aufklärungs-Flugzeug, nach Schanghai, um ranghohe Offiziere der Jangtze River Patrol und der SUBFORCHINA abzuholen und sie nach Cavite zu bringen, wo sie die Ankunft ihrer Schiffe vorbereiten sollten.

Im letzten Moment erfuhr der Colonel davon und brachte sein Pendant bei der Marine dazu, einen Platz für einen seiner Offiziere verfügbar zu machen.

Der Colonel rechnete nicht mit irgendwelchen logistischen Problemen bei der Ankunft des Regiments auf den Philippinen. Die Cavite Navy Base war ein riesengroßer Stützpunkt, der die gesamte Fernost-Flotte versorgen und aufnehmen konnte. Dort würden zwei Bataillone Marineinfanteristen ohne Schwierigkeit untergebracht und versorgt werden können.

Der Colonel wollte jedoch wissen, wie Douglas MacArthur, ehemaliger Stabschef der U.S. Army und seit kurzem Marschall der philippinischen Armee, das 4. Marineinfanterieregiment einsetzen wollte. Der Offizier, der das herausfinden sollte, war sein S-2, und Captain Edward Banning bekam zweiundzwanzig Stunden Zeit, um zu packen, alles mit seinem persönlichen Besitz zu regeln, den er zwangsläufig zurücklassen mußte, und an Bord der Catalina zu sein, wenn sie nach Manila abflog.

Als Captain Ed Banning das hörte, stieg er als erstes in seinen Pontiac und fuhr zum Präsidium der Schanghaier Polizei. Er traf Sergeant Chatworth dort an und erklärte ihm, daß er ihn um einen großen Gefallen bitten müsse.

»Zum Beispiel?« fragte Chatworth mißtrauisch.

»Ich möchte eine staatenlose Person heiraten«, sagte Banning. »Dafür brauche ich eine Bescheinigung von der Stadtpolizei, daß keine kriminellen Aktivitäten aktenkundig sind.«

Chatworth hob die buschigen Augenbrauen.

»Und auch keine unmoralischen«, sagte er.

Banning nickte.

»Das ist noch nicht alles, was Sie brauchen«, sagte Chatworth. »Sie sollten mit mindestens zwei Wochen rechnen und alle Beziehungen zu Leuten spielen lassen, die Ihnen einen Gefallen schulden.«

Banning schaute auf seine Armbanduhr.

»Ich habe neunzehn Stunden und dreißig Minuten«, sagte er.

»Wie heißt die Dame?« fragte Chatworth.

Als er in sein Apartment zurückkehrte, erklärte Milla ihm, daß sie ihn nicht heiraten wolle. Sie wisse, was das für seine Karriere bedeuten würde, und sie habe gewußt, wie die Dinge standen, als sie das Verhältnis angefangen hatten. Sie wollte nicht, daß er sie aus Mitleid heiratete.

»Ich werde darüber hinwegkommen«, sagte sie, doch es war offenkundig, daß sie sich das nur einredete.

Zwei Stunden später hielt sie während der kurzen Zeremonie in der anglikanischen Kathedrale seine Hand fest, und als sie ihn nach der Trauung küßte, waren ihre Wangen feucht von Tränen.

»Sir, ich bitte um Erlaubnis, über eine persönliche Angelegenheit zu sprechen«, sagte Banning zu dem Colonel.

»Solange Sie pünktlich in dieses Flugzeug kommen, Ed, haben Sie meine Erlaubnis, mit mir über alles zu sprechen.«

»Sir, ich habe heute nachmittag geheiratet«, sagte Banning.

»Ich glaube nicht, daß ich das hören will, Ed«, sagte der Colonel.

»Sir, meine Frau ist eine staatenlose Person mit einem Nansen-Reisedokument.«

»Mein Gott, Ed! Sie kennen die Vorschriften!«

»Jawohl, Sir, ich kenne die Vorschriften.«

»Ich habe kein Wort gehört, was Sie gesagt haben, Captain Banning«, sagte der Colonel. »Ich möchte nicht glauben, daß ein Offizier mit Ihrem Dienstgrad und Ihrer Erfahrung absichtlich gegen die Vorschriften bezüglich einer Ehe verstoßen und ohne Erlaubnis heiraten würde.«

»Wenn ich um Erlaubnis gebeten hätte, Sir, dann hätte man sie mir verweigert.«

»Und ich kann nicht glauben, daß ein Offizier wie Sie seine Karriere wegwirft«, sagte der Colonel ärgerlich. »Allmächtiger!«

Banning schwieg.

»Ist Ihnen klar, in welche Klemme Sie mich gebracht haben, Ed?« fragte er Colonel.

»Ich bedaure, wenn ich Ihnen Unannehmlichkeiten gemacht habe, Sir«, sagte Banning. »Ich bin natürlich bereit, meinen Abschied zu nehmen.«

Der Colonel starrte ihn einen Augenblick lang kalt an.

»Verdammt gut, daß ich Sie gut genug kenne, Captain Banning, um zu wissen, daß dies ein Angebot ist, den Preis zu zahlen, anstatt ein Versuch, vor der Pflicht zu kneifen«, sagte er schließlich. »Missis Banning muß eine besondere Lady sein.«

Abermals fiel Banning keine Antwort ein.

»Sergeant-Major!« bellte der Colonel.

Der Sergeant-Major tauchte auf. Der Colonel befahl ihm, die Tür zu schließen.

»Captain Banning hat heute eine staatenlose Person geheiratet. Captain Banning hatte keine Erlaubnis, zu heiraten.«

Der Sergeant-Major schaute Banning überrascht an.

»Es wird deshalb notwendig sein, Sergeant-Major, daß Sie das Gesuch zu einer Heirat und alle anderen nötigen Dokumente vorbereiten und entsprechend zurückdatieren. Das schließt, so glaube ich, einen Brief an den Stellvertretenden Stabschef für Aufklärung, Hauptquartier USMC, ein, in dem meine Gründe erklärt werden, warum ich Captain Bannings Unbedenklichkeitsbescheinigung als Geheimnisträger nicht eingezogen habe, nachdem mir bekannt wurde, daß er Beziehungen zu einer Ausänderin hat.«

»Aye, aye, Sir«, sagte der Sergeant-Major.

»Meine Gründe sind die: Ich bin der Überzeugung, daß sich das Marine-Corps zu diesem Zeitpunkt nicht erlauben kann, auf die Dienste von Captain Banning zu verzichten, trotz seines Verhaltens in dieser Angelegenheit, ich glaube, die disziplinarischen Schritte, die ich unternommen habe, schließen den Fall ab.«

»Die disziplinarischen Schritte, Sir?« fragte der Sergeant-Major.

»Sie werden einen Verweis mit folgendem Wortlaut schreiben«, sagte der Colonel. »Zitat Anfang: Ich bin darauf aufmerksam geworden, daß Sie geheiratet haben, ohne den betreffenden Vorschriften Genüge zu tun. Betrachten Sie sich hiermit als getadelt. Zitat Ende.«

»Aye, aye, Sir«, sagte der Sergeant-Major.

»Danke, Sir«, sagte Banning.

»Wenn das alles ist, was Sie im Sinn haben, Captain Banning«, sagte der Colonel, »dann bin ich sicher, Sie haben noch eine Reihe von Dingen zu erledigen, bevor Sie an Bord des Flugzeugs gehen.«

Obwohl der Sergeant-Major damit prahlte, vom Konsulat ein Visum für Milla zu bekommen (unbegrenzt, verheiratet mit einem amerikanischen Staatsbürger), hatte Banning das sonderbare Gefühl, daß er sie nie wiedersehen würde, als er ihr die Schlüssel seines Pontiacs gab.

Sie taten jedoch beide, als wäre jetzt alles in Butter: Sie würde sofort ihr Visum bekommen.

Seine (jetzt ihre gemeinsamen) Möbel und der andere Besitz (einschließlich Pontiac) würden zu den Philippinen verschifft werden. Wenn Milla ihr Visum nicht rechtzeitig erhielt, um per Schiff mit anderen Angehörigen zu den Philippinen zu reisen, dann würde sie mit dem nächsten verfügbaren Transportmittel reisen, wenn das Visum ausgestellt sein würde.

Wahrscheinlicher war, daß sein Wagen und die Haushaltsdinge in einem Lagerhaus am Hafen gelagert und – noch wahrscheinlicher – für immer verschwinden würden. Und daß Milla, wenn die anderen Militärangehörigen zu den Philippinen reisten, ohne Visum zurückblieb.

Und er sah ihr an den Augen an, daß sie es wußte.

In der Catalina verbannte Banning die Gedanken an Milla und die Zukunft. Es hatte keinen Sinn, sich wegen etwas verrückt zu machen, das er nicht steuern konnte.

Es kam ihm in den Sinn, daß es nette Jungs im Leben immer am schwersten haben.

Macklin, dieser verabscheuungswürdige Hurensohn, hatte drei Wochen Zeit gehabt, um die Verschiffung seines Wagens und seiner Haushaltsdinge zu erledigen. Die Sachen waren mit ihm auf dem Schiff transportiert worden. Und Macklin war in den Staaten und nicht auf dem Weg zu den Philippinen.

Es wurde ihm klar, daß er bezüglich Macklin eine zwiespältige Meinung hatte. Einerseits war es verdammt unfair, daß der Bastard sicher in den Staaten war. Andererseits war es besser, daß der Kerl sonstwo war, wenn es einen Krieg geben würde.

Für Banning war es keine Frage, daß das Offizierskorps des U.S. Marine-Corps seinen Sold im Kriegsfall verdienen mußte, und dann würde ein schleimiger Dreckskerl wie Macklin mehr Schaden als Nutzen anrichten.

Und schließlich, bevor er bei dem monotonen Motorenlärm einschlief, dachte Banning an Corporal ›Killer‹ McCoy. Der arme McCoy schmierte vermutlich Lastwagen in Philadelphia, haßte jede Minute davon und versuchte, sauber zu bleiben, während er darauf wartete, daß sein Captain aus China heimkehrte und seine Versetzung betrieb. McCoy würde lange warten müssen.

XI

1

Schießplatz 2, Schulen des U.S. Marine-Corps Quantico, Virginia

19. November 1941

Weil Captain Jack Stecker, USMC, Reserve, Stellvertretender S-3 des Schulbataillons der Schulen des U.S. Marine-Corps, Quantico, 1938 am Truppentest des Garand-Gewehrs in Fort Benning teilgenommen hatte, teilte er nicht die allgemeine

Garand gut für das Marine-Corps war. Er fragte sich nur, wann Meinung, daß das Garand ein Scheißding war. Das Marine-Corps hatte einen Zug Marines zur Infanterieschule der Army geschickt, unter dem Kommando von Master Gunnery Sergeant Jack Stecker, um selbst herauszufinden, was es mit diesem neuen Gewehr auf sich hatte.

Zuerst hatte ihm das Garand nicht gefallen. Das Gewehr war unhandlich und schwer und hatte nicht die schlanke Form des Springfield-Gewehrs. Und er hatte nur schwer akzeptieren können, daß nach dem Rückstoß des Kolbens gegen die Schulter die leere Patronenhülse ausgestoßen, eine andere Patrone in die Kammer gehebelt, die Waffe gespannt wurde und sofort wieder schußbereit war.

Als junger Marineinfanterist hatte Stecker viele Stunden mit seinem Springfield-Gewehr verbracht, bis der Mechanismus butterweich funktioniert hatte. Und er hatte gelernt, zu feuern und so schnell und glatt zu repetieren, daß ihm das Springfield wie ein Maschinengewehr mit etwas verlangsamter Feuergeschwindigkeit vorgekommen war.

Er und die anderen an dem Test beteiligten Marines waren stolz auf diese Fähigkeit gewesen. Die *meisten*. Damit der Test nicht nur von vierzig erfahrenen Schützen durchgeführt wurde, hatte das Marine-Corps dem Zug ein Dutzend Jungs zugeteilt, die frisch von Parris Island gekommen waren. Das waren keine Experten. Es dauerte Jahre, bis man ein Fachmann mit einem Springfield-Gewehr wurde.

Stecker war mit dem Vorurteil zur Infanterieschule Benning gegangen, daß ihm das Garand-Gewehr mißfallen würde.

Doch das hatte sich geändert. Zum einen, wenn es auch nahe an Ketzerei herankam, gab es keine Frage, daß die Visiereinrichtung des Garands besser als die des Springfield-Gewehrs war. Zum anderen war der Abzug des neuen Garands zunächst verdammt schwer zu betätigen, aber er kriegte das hin, indem er den Abzugsstollen am Schloß ein wenig abfeilte. Auch der gesamte Mechanismus des Gewehrs war anfangs recht schwergängig, aber das gab sich nach ein paar hundert Schüssen. Und er wurde wirklich leichtgängig und funktionierte reibungslos, wenn man erst durch Versuche und nach mancherlei Irrtümern gelernt hatte, wieviel von dem gelben Schmiermittel man benutzen mußte und wo.

Und dann hatte ihm der Waffenmeister sein eigenes Garand-Gewehr geliehen. Der Waffenmeister war ein Master Sergeant im selben Rang wie Stecker, und er hatte von 1935 bis 1938 eine Verwendung in Tientsin gehabt. Stecker und der Waffenmeister hatten mehr Gemeinsamkeiten, als Stecker mit den Jungen hatte, die frisch von Parris Island kamen, um an dem Test teilzunehmen.

Die beiden hatten ein paar Biere im Unteroffiziersklub getrunken, dann hatte der Waffenmeister Stecker in sein Quartier zum Abendessen eingeladen, und am nächsten Morgen hatte er ihm ein Garand gegeben und erklärt, er hätte ein wenig daran gearbeitet. Der Abzug ließ sich ganz leicht betätigen, der Mechanismus war weich und glatt, und er hatte den Kolben und das Visier verändert.

Die Resultate beim Schießen waren ausgezeichnet gewesen.

Und so hatte sich Steckers Meinung über das Garand-Gewehr geändert. Wenn das und ähnliche Dinge richtig hergerichtet wurden, schoß es gut. Und das war das Wichtige. Und wenn man fair und objektiv war, was man beim Test sein sollte, mußte man zugeben, daß man nach dem Rückstoß schneller wieder aufs Ziel halten konnte als mit einem Springfield. Ob es einem gefiel oder nicht, das Garand stieß eine Patronenhülse aus und hebelte eine neue Patrone schneller in die Kammer als selbst ein Master Gunnery Sergeant des Marine-Corps es mit einem Springfield schaffen konnte.

Und es gab noch mehr zu bedenken. Nicht nur die Schützen des Marine-Corps kamen gut mit dem Garand zurecht – die Sergeants und Corporals, die wirklich schießen konnten –, sondern auch die Jungs von Parris Island. Sie brauchten sich nicht viel abzugewöhnen. Sie nahmen einfach das Garand und lernten damit umzugehen.

Master Gunnery Sergeant Stecker kehrte von Fort Benning als einer der wenigen Leute im Marine-Corps zurück, die das Garand für das beste Infanterie-Gewehr hielten, das es seit langem gegeben hatte. Er zweifelte nicht mehr daran, daß das dieses Gewehr in das Corps eingeführt würde – und ob überhaupt. Die Army würde sich natürlich zuerst selbst versorgen. Und das Marine-Corps würde vielleicht mit den abgenutzten Springfield-Gewehren vorliebnehmen müssen, anstatt die neuen Garand-Gewehre zu erhalten.

Captain Jack Stecker, USMCR, war deshalb erfreut, als die ersten Garand an das Marine-Corps ausgegeben wurden. Es waren natürlich noch nicht genügend für alle da, aber der Anfang war gemacht. Im Augenblick waren leider nur genug Garands für ein paar ausgewählte Einheiten und für Ausbildungszwecke da.

Captain Stecker las interessiert die Berichte über die Trefferzahlen der Lehrgangsteilnehmer mit dem neuen Gewehr. Und er war nicht glücklich mit den Ergebnissen, weder mit denen der Offiziere bei ihrem jährlichen Qualifikationsschießen in Quantico noch mit denen der Jungs vom Zugführerlehrgang. Er entschied sich, erst festzustellen, was bei der Ausbildung der Lehrgangsteilnehmer falsch gemacht wurde, und das zu korrigieren, und dann wollte er sehen, ob sich die Korrektur ebenso bei den verkürzten Ausbildungskursen der Offiziere anwenden ließ, bevor sie ihr jährliches Qualifikationsschießen durchführten.

Um 8 Uhr 05, als das Schießen auf dem Schießplatz voll im Gange war, erhob er sich von seinem Schreibtisch und verließ das Büro.

»Kommen Sie mit, Sohn«, sagte er zum S-3-Jeepfahrer, einem kleinen, adretten Private First Class, der versuchte, sich auf einem Stuhl im Vorzimmer unsichtbar zu machen. Wie immer, wenn er mit einem PFC im Jeep fuhr, dachte er daran, wie schön es war, als Master Gunnery Sergeant mit dem eigenen Wagen zu fahren, anstatt wie eine Statue in einem unbequemen Jeep zu sitzen.

Auf dem Schießplatz 2 (wo die Lehrgangsteilnehmer schossen) gab es eine kleine Ansammlung von Gebäuden um den Turm des Schießleiters. Bei den Gebäuden parkten ein paar Fahrzeuge mit den Vorderrädern gegen gelb angestrichene

Baumstämme, die halb im Sand vergraben waren. Da standen zwei Jeeps (der des Schießplatz-Unteroffiziers und der des Schießplatz-Offiziers), zwei Kombis und ein Dodge Dreivierteltonner, der die Munition aus dem Depot gebracht hatte. Zwei Ambulanzwagen (neue, die auf das Chassis des Dodge Dreivierteltonners aufgebaut waren) standen mit dem Heck gegen die Baumstämme.

Stecker befahl dem Fahrer, den Jeep neben dem Munitionstransporter zu parken. Als der Fahrer hielt, nahm Stecker seinen Feldhut ab und zog aus der Ausbeulung ein kleines Glasfläschchen, das einst Aspirin enthalten hatte. Er nahm vier Dinge, die wie Wachspfropfe an einem Stück Kordel aussahen, und gab zwei davon dem PFC.

»Hier«, sagte er zu dem Fahrer. »Stecken Sie das in Ihre Ohren.«

»Was ist das, Sir?« fragte der PFC skeptisch.

»Das sind echte Ohrstöpsel von Haiti-Marines«, sagte Stecker. »Tun Sie, was ich Ihnen sage.«

»Aye, aye, Sir.« Der PFC schaute zu, während Stecker behutsam die Wachsstöpsel in die Ohren schob, und folgte dann seinem Beispiel.

Wenn man nicht sehr genau hinschaute (was unwahrscheinlich war), würde man die Ohrenstöpsel nicht bemerken.

Am vergangenen Abend hatte Stecker in der Schachtel nachgeschaut, in der er seine Ohrenstöpsel aufbewahrte. Er hatte nur noch ein paar gefunden und sich entschlossen, ein paar mehr zu machen.

So hatte Captain Stecker eine Stunde lang am Spülbecken in der Küche gesessen und sechs Paar Ohrenstöpsel gemacht. Er würde einige Stunden auf dem Schießplatz verbringen, und er wußte seit langem, daß Gewehrfeuer das Gehör schädigen konnte. Viele taube Gunnery Sergeans im Marine-Corps waren ein Beweis dafür.

Stecker verstaute das Aspirinfläschchen wieder in der Ausbeulung seines steifkrempigen Feldhuts und setzte ihn mit einer schnellen, glatten Bewegung auf, die verhinderte, daß ihm das Fläschchen aus dem Hut purzelte.

Abgesehen von seinen Arbeitsschuhen war der Feldhut das

einzige Stück der Uniformen eines Unteroffiziers, die er als Offizier weiterbenutzen konnte. Er mußte das Abzeichen auf dem Feldhut wechseln, aber es war nicht nötig gewesen, ihn wie alles sonst im Second-hand-Shop zu verkaufen.

Als er noch zehn Schritte entfernt war, entdeckte ihn der Schießplatz-Offizier und grüßte schneidig.

»Guten Morgen, Sir!« bellte er.

»Guten Morgen«, erwiderte Stecker.

»Besuchen Sie uns aus einem besonderen Anlaß, Sir?«

»Nein, nur eine Überprüfung«, sagte Stecker. »Wie machen sich die jungen Gentlemen?«

»Nicht schlecht, Sir«, sagte der Schießplatz-Offizier. »Ich denke, wir haben zwei dabei, die Meisterschützen werden.«

»Und das untere Ende?«

»Ich glaube, alle werden sich qualifizieren, Sir.«

»Sie glauben, Lieutenant.« Aus den Augenwinkeln hatte er gerade ›Maggies Schlüpfer‹ gesehen (eine rote Flagge, die geschwenkt wurde, um einen völligen Fehlschuß anzuzeigen).

»Jawohl, Sir«, sagte der Lieutenant.

»Ich werde mich mal umsehen«, sagte Stecker. »Ich brauche keine Begleitung, und ich möchte nicht, daß der Leiter des Schießens von meiner Anwesenheit erfährt.«

»Aye, aye, Sir.«

Stecker ging aufrecht zum Ende der Schützenlinie. Es gab zwanzig Schießstellungen, jede besetzt von zwei Lehrgangsteilnehmern, von denen einer schoß und der andere als Helfer fungierte. Für je zwei Schießstellungen war ein Ausbildungs-Unteroffizier zuständig, aber es waren meistens PFCs und keine Unteroffiziere. Ein halbes Dutzend Sergeants gingen an der Linie entlang und hielten ein Auge auf die Ausbildungs-Unteroffiziere und die Schützen.

Die jungen Gentlemen mußten liegend freihändig auf fünfhundert Yards entfernte Schießscheiben feuern. Jeder Schütze hatte zwanzig Schuß, und für jeden hatte er sechzig Sekunden Zeit. Nach einer Serie von zehn Schüssen wurden die Schießscheiben eingeholt und Trefferaufnahme gemacht.

Die Schießscheibe, vor der ›Maggies Schlüpfer‹ geschwenkt

worden war, wurde gerade eingeholt. Da war eine schwarze Markierung hoch oben rechts, außerhalb der Ringe.

Der junge Gentleman hat vermutlich nie eine Waffe in der Hand gehabt, bevor er es mit dem Marine-Corps zu tun bekam, dachte Stecker ironisch. *Einige Leute lernen leicht und andere nicht.*

»Scheiße, verdammte!« sagte der Schütze, als er die Markierung sah, und es klang mehr wütend als verlegen.

»Hüten Sie Ihre Zunge, Mister!« blaffte der Ausbildungs-Unteroffizier.

Der Schütze sah ihn ärgerlich an. Und dann erkannte er Stecker als Offizier und schaute wieder zur Schießscheibe.

Er hat mich nicht wiedererkannt, dachte Stecker. *Er hat nur gesehen, daß ich Offizier bin. Aber ich erkenne ihn wieder. Das ist der China-Marine mit dem LaSalle-Cabrio. Das ist überraschend. Ein Unteroffizier des Marine-Corps sollte wenigstens innerhalb der Ringe treffen.*

Er beobachtete McCoy beim Laden.

Immerhin weiß er genug, um nicht an dem Visier herumzufummeln, dachte Stecker.

Er schaute zu, als McCoy das Gewehr anlegte und die korrekte Position einnahm. Und er glaubte zu sehen, wie McCoy die Hälfte des Atems ausstieß, bevor der Schuß krachte.

Die Schießscheibe verschwand außer Sicht. Als sie wieder auftauchte, war eine andere schwarze Markierung darauf. Diesmal tief und links – mit anderen Worten auf der entgegengesetzten Seite des letzten Einschusses.

»O Scheiße!« stieß McCoy wütend hervor.

Sein Teamkamerad stieß ihn mit dem Ellenbogen an, um ihn daran zu erinnern, daß er von einem Offizier beobachtet wurde.

Stecker gab einem Impuls nach. Er tippte gegen das Bein des zweiten Schützen. Als der Junge überrascht aufblickte, forderte Stecker ihn mit einer Geste zum Aufstehen auf.

Dann legte sich Stecker neben McCoy.

Als McCoy ihn ansah, war Erkennen in seinen Augen.

»Alle möglichen Leute werden heutzutage Offizier«, sagte Stecker leise. »Was haben Sie für ein Problem?«

»Das ist mir schleierhaft«, sagte McCoy, immer noch so

wütend – und vielleicht überrascht, Stecker zu sehen –, daß er erst verspätet »Sir« hinzufügte.

Stecker untersuchte die Visiereinrichtung. Manchmal war sie locker. Aber das war nicht der Fall. Mit dem Visier war alles in Ordnung.

»Versuchen Sie es noch mal«, befahl Stecker und streckte seine Hand aus, um vom Aufsichtsrat-Offizier eine einzelne Patrone entgegenzunehmen.

Als McCoy nach der Patrone griff, sah Stecker seine Hände. Sie waren ungesund weiß und mit offenen Blasen bedeckt.

»Was haben Sie mit Ihren Händen gemacht?«

»Ich habe vor kurzem ein paar Böden schrubben müssen, Captain«, antwortete McCoy.

Stecker fragte sich, weshalb McCoy diese Strafe bekommen hatte. Der Junge hatte vielleicht ein zu lockeres Mundwerk.

Stecker beobachtete genau, als McCoy schoß. An seiner Schießtechnik war nicht das Geringste auszusetzen. Und während sie auf die Trefferaufnahme warteten, sah Stecker, daß McCoy Pfropfe aus weich gekautem Papier in den Ohren hatte. Das war nicht so gut wie Haiti-Ohrenstöpsel, aber viel besser als gar nichts. Und es erinnerte Stecker daran, daß dieser Junge schon oft genug auf einem Schießplatz gewesen war, um zu wissen, was er tat. Es gab keine Erklärung für seine schlechten Schüsse, schon gar nicht dafür, daß er dauernd Fahrkarten schoß – es sei denn, sein Gewehr war nicht in Ordnung.

Als die Schießscheibe auftauchte, war die Markierung schwarz, knapp außerhalb des Scheibenmittelpunkts. (Kugellöcher in Zielscheiben wurden mit runden Pappscheiben markiert, mit einer weißen, wenn das Loch im schwarzen Zentrum ist, und mit einer schwarzen für Einschüsse auf der weißen Fläche.)

»Schon ein bißchen besser«, sagte Stecker.

»Das hätte ein Volltreffer sein müssen«, sagte McCoy wütend.

Entweder ist das Angeberei, oder er meint es ernst, sagte sich Stecker. *Es gibt nur eine Möglichkeit, herauszufinden, was los ist.*

»Geben Sie mir das Gewehr.«

Stecker ließ sich vom Ausbilder einen Ladestreifen geben. Dann übernahm er von McCoy das Garand und erklärte McCoy, er werde auf die Zweihundert-Yard-Zielmarkierung schießen.

McCoy schaute ihn überrascht an. Damit es keine Irrtümer über das korrekte Ziel für den einzelnen Schützen gab, waren bei allen Schußentfernungen zehn Zentimeter hohe Zahlen auf kurze, flache Holzschilder gemalt. Sie waren nicht als Ziele bestimmt.

Stecker fragte sich selbst, warum er auf die Zielnummer schießen wollte. Aber er hatte den Verdacht, daß jemand McCoys Zielscheibe manipulierte, und in diesem Fall würde er sich den Verantwortlichen kaufen.

Stecker nahm die korrekte Haltung ein, zielte und feuerte.

»Sie haben die obere rechte Ecke getroffen, Captain«, meldete McCoy.

Vor McCoys Zielscheibe flatterte ›Maggies Schlüpfer‹.

Stecker schoß von neuem.

»Sie haben die Nummer weggeblasen, Captain«, meldete McCoy.

Stecker sicherte das Gewehr und reichte es McCoy. »Die Waffe ist geladen«, sagte er. »Seien Sie vorsichtig. Schießen Sie auf die Zielmarkierung Nummer 18.«

»Aye, aye, Sir«, sagte McCoy.

Die Zielnummer verschwand bei McCoys erstem Schuß.

»Neunzehn«, befahl Stecker.

McCoy feuerte abermals. Die Hälfte der Zielnummer verschwand, als die Kugel traf.

»Glauben Sie, daß Sie den Rest auch noch treffen können?« fragte Stecker.

Er sah, daß ›Maggies Schlüpfer‹ heftig vor der Zielscheibe geschwenkt wurde.

McCoy schoß von neuem, und die schmale verbliebene Hälfte der Zielnummer verschwand.

»Schießen Sie nach Belieben auf andere Zielnummern«, befahl Stecker leise.

McCoy feuerte die verbliebenen Patronen des Ladestreifens,

der acht Patronen hatte, auf andere Zielnummern. Er traf jedesmal.

»Vergewissern Sie sich, daß Ihre Waffe leer ist, verlassen Sie die Stellung, und nehmen Sie Ihre Waffe mit«, sagte Stecker ruhig.

Als sie beide auf den Füßen waren, standen der Schießplatz-Offizier und der Schießplatz-Unteroffizier neben dem Ausbilder. Sie fühlten sich äußerst unbehaglich, weil sie Zeuge gewesen waren, daß ein Captain nicht nur die Zielnummern weggeschossen hatte, sondern offenbar auch noch einen Lehrgangsteilnehmer ermuntert hatte, es ihm gleichzutun.

»Dieser junge Mann hat eine defekte Waffe«, sagte Captain Stecker. »Ich denke, er sollte Gelegenheit erhalten, das Schießen für die Noten zu wiederholen.«

»Jawohl, Sir«, sagte der Offizier.

Der Schießplatz-Unteroffizier nahm das Garand-Gewehr von McCoy entgegen und begann es zu untersuchen.

»Meinen Sie, ich kann nicht beurteilen, ob eine Waffe defekt ist oder nicht, Gunny?« fragte Captain Stecker.

»Doch, Sir, das können Sie bestimmt, Sir, verzeihen Sie, Sir.«

»Morgen ist der erste Tag der Dienstbefreiung zum Thanksgiving Day«, sagte Captain Stecker. »Aber da wir diesem jungen Mann jede Möglichkeit bieten wollen, anständige Noten zu bekommen, sollte auch die Aufsicht bei der Trefferaufnahme hierbleiben. Wer ist der verantwortliche Offizier?«

Stecker sagte sich, daß sich der Offizier, wer immer das sein mochte, sich für immer merken würde, daß man beim Marine-Corps keinen Blödsinn mit dem Schießen trieb, wenn er den freien Tag damit verbrachte, persönlich die Schießscheiben eines Lehrgangsteilnehmers einzuholen und die Treffer zu markieren. Das hatte mehr Sinn, als ihm einen offiziellen Verweis zu schreiben oder ihn beim Bataillonskommandeur zu melden.

»Lieutenant Macklin, Sir«, sagte der Schießplatz-Offizier.

»Den kenne ich nicht.«

»Er ist der Küchenoffizier, Sir. Er bot sich freiwillig an, als

Aufsicht beim Schießen auszuhelfen«, sagte der Schießplatz-Offizier.

Und dann sah Stecker das Begreifen und die Verbitterung in McCoys Augen.

»Sie kennen Lieutenant Macklin, McCoy?« fragte Stecker.

»Jawohl, Sir, ich kenne ihn.«

Stecker forderte ihn mit einer Geste auf, weiterzusprechen.

»Wir waren zusammen beim 4. Marineinfanterieregiment, Sir«, fügte McCoy hinzu.

»Ich verstehe«, sagte Stecker, und er dachte: *Ich werde schon herausfinden, was das alles zu bedeuten hat.* »Ich denke, Sie können mit dem Schießen weitermachen, Lieutenant«, sagte Stecker.

»Aye, aye, Sir.«

Stecker ging zum Jeep und ließ sich wegfahren. Da es keinen Sinn hatte, weiter mit einer defekten Waffe zu schießen, wurde Lehrgangsteilnehmer McCoy als Gehilfe bei Lehrgangsteilnehmer Pickering eingeteilt, der für das Zeugnis schoß. Lehrgangsteilnehmer Pickering qualifizierte sich mit der Note ›sehr gut‹.

2

Captain Stecker fuhr zum Bataillonsstab und schaute sich die Dienstakte von First Lieutenant John R. Macklin an. Der Personal-Sergeant fühlte sich ein wenig unbehaglich, als er die Akte herausrückte, aber es wäre ihm nicht im Traum eingefallen, Ex-Master Gunnery Sergeant Stecker seinen Wunsch abzuschlagen, denn Gunny Stecker trug jetzt die silbernen ›Eisenbahnschienen‹ eines Captains.

Dann stieg Captain Stecker wieder in den Jeep und ließ sich zur Schreibstube des Zugführerlehrgangs fahren.

Es hatte sich bereits herumgesprochen, daß Captain Stecker auf dem Schießplatz gewesen war und befohlen hatte, daß einer der Lehrgangsteilnehmer das Schießen wiederholen sollte und daß dabei derselbe Offizier Aufsicht haben sollte wie beim ersten Schießen. Der Sergeant-Major kannte Stecker und ahnte, daß mehr dahintersteckte, als man ihm gesagt hatte.

Er stand still, als Stecker das Büro betrat.

»Guten Morgen, Sir.«

»Ebenfalls«, sagte Stecker.

»Was kann ich für Sie tun, Captain?«

»Sie haben nicht zufällig eine Tasse Kaffee, Sergeant-Major?«

»Doch, die habe ich, Sir.«

»Und wenn Sie eine Minute Zeit haben, dann möchte ich mit Ihnen über etwas Vertrauliches reden.«

»Wir können ins Büro des Inspektionschefs gehen, Sir. Er ist zum Schießplatz rausgefahren.«

Ein Corporal folgte ihnen mit zwei Tassen Kaffee ins Büro des Inspektionschefs, und ging dann hinaus und schloß die Tür hinter sich.

»Erzählen Sie mir etwas über einen Jungen Namens McCoy, Charly«, sagte Stecker.

»Ist das der China-Marine?«

Stecker nickte.

»Was wollen Sie über ihn wissen, Jack?«

»Weshalb hatte er Strafdienst und mußte Böden schrubben?«

»Keine Ahnung.« Der Sergeant-Major zuckte mit den Schultern. »Ich nehme an, er hat Mist gebaut.«

»Was wissen Sie über Lieutenant Macklin?«

»Nicht viel, Jack«, sagte der Sergeant-Major nach kurzem Überlegen. »Die Köche hassen ihn. Aber das ist immer so, wenn ein neuer Besen kehrt, und er ist ein eifriger Typ. Gerüchte besagen, daß er eine miese Beurteilung hat und versucht, das wettzumachen.«

»Er hat sich freiwillig als Schießaufsicht gemeldet?«

»Ja, und er übernimmt samstags Appelle für andere Offiziere. Versucht, sich auf diese Art Liebkind zu machen.«

»Ich möchte mir McCoys Dienstakte ansehen«, sagte Stecker.

»Suchen Sie nach irgendwas Besonderem?«

»Sagen wir, ich bin einfach neugierig.«

Der Sergeant-Major ging ins Vorzimmer und kehrte nach einer Weile mit einer Handvoll Aktenheften zurück.

»McCoy hat mehr Mist gebaut, als ich dachte«, sagte der

Sergeant-Major. »Der ist fast bei jedem Appell aufgefallen. Und er hat mehrfach Vorgesetzten widersprochen. Macklin hat ihn sogar zweimal gemeldet, weil er ihn nicht grüßte. McCoy wird während der freien Tage zum Thanksgiving Day wieder Böden schrubben. Er ist nahe dran, aus dem Lehrgang zu fliegen. Am Freitag soll er vor den Ausschließungs-Ausschuß.« (Ein Ausschuß von Offizieren, der entschied, ob jemand als untauglich und unwürdig aus der Schule ausscheiden mußte oder beim Lehrgang bleiben durfte.)

Stecker stieß einen Grunzlaut aus.

Er nahm McCoys Akte entgegen und las sie sorgfältig.

»Sehr seltsam«, sagte er. »In seiner letzten Beurteilung werden seine persönliche Führung und sein militärisches Verhalten als beispielhaft gelobt. Ich frage mich, weshalb er hier zum Taugenichts wurde.«

Der Sergeant-Major hob die Augenbrauen, sagte jedoch nichts.

»Hier steht, daß er ein Experte mit Springfield, .45er und den leichten, wassergekühlten Brownings ist. Ich war vorhin auf dem Schießplatz . . .«

»Das hörte ich«, warf der Sergeant-Major ein.

»Er konnte kaum die Scheibe treffen, geschweige denn ins Schwarze«, sagte Stecker. »Ich habe zunächst mal behauptet, seine Waffe wäre defekt. Er konnte nach Belieben mehrere Zielnummern damit wegpusten. Nur wenn er auf die Schießscheibe schoß, versagte er.«

»O Gott, hat er etwa absichtlich vorbeigeschossen?«

»Nein, Charly«, sagte Stecker.

»War Macklin die Aufsicht?« fragte der Sergeant-Major, dem plötzlich ein Licht aufging.

Stecker nickte.

»O Gott«, entfuhr es dem Sergeant-Major.

»Ich bin sicher, Sie wissen so gut wie ich, daß kein Offizier des Marine-Corps sein Amt und seine Befugnis nutzt, um persönliche Feindschaften auszutragen.«

»Ja, Sir«, sagte der Sergeant-Major.

»Und unter den gegebenen Umständen, Sergeant-Major, sehe ich keinen Grund, daß McCoy noch einmal für die

Benotung schießt. Es wäre unnütze Zeit- und Munitionsverschwendung. Wenn er ein richtig funktionierendes Gewehr gehabt hätte, nicht wahr, Charly, dann hätte er sich bei seinen bisherigen hervorragenden Leistungen beim Schießen bestimmt mit dem Garand qualifiziert.«

»Ich habe verstanden«, sagte der Sergeant-Major.

»Darüber hinaus würde es ihn an seinem freien Tag stören. McCoy wird in Kürze zum Offizier ernannt . . .«

»Er wird den Ausschuß überstehen müssen«, sagte der Sergeant-Major. »Mit dieser Akte muß er vor den Ausschuß, der über sein Bleiben entscheidet.«

»Welche Akte meinen sie, Sergeant-Major?« während er ruhig und bedächtig aus dem Aktenhefter alle offiziellen Eintragungen und Meldungen von Fehlverhalten und unbefriedigenden Leistungen von Lehrgangsteilnehmer McCoy entfernte. Er zerriß die Blätter und warf sie in den Papierkorb.

»Was sage ich dem Chef, Jack?« fragte der Sergeant-Major.

»Drei Dinge, Charly«, sagte Stecker. »Erstens – wenn McCoy aus irgendeinem Grund keine freien Tage zum Thanksgiving bekommen kann, will ich darüber informiert werden. Zweitens hat der Kommandeur zweimal abends im Kasino gegessen und das Essen mies gefunden. Und drittens schlage ich höflich und inoffiziell vor, daß der Fraß vielleicht besser sein wird, wenn der Küchenoffizier dort bleibt, wo er hingehört, nämlich in der Küche.«

Der Sergeant-Major nickte.

»Die Sache tut mir leid, Jack«, sagte er. »Ich fühle mich wie ein verdammter Narr.«

Stecker ließ nicht zu, daß er sich aus der Schlinge zog.

»Als ich der Gunny war, Charly, erwartete der Colonel von mir zu wissen, was bei den Unteroffizieren und Mannschaften los ist. Und ich stellte fest, daß man das am besten tun kann, wenn man sich vom faulen Arsch erhebt und sich die Dinge ansieht.«

Und dann verließ er das Büro.

3

Weil Zeremonien ein wesentlicher Teil des Lebens und der Pflichten junger Offiziere sind, und weil die Schulen des Marine-Corps glaubten, ›daß Taten die besten Mittel des Lernens‹ sind, standen zeremonielle Appelle der einen oder anderen Art des öfteren auf dem Ausbildungsprogramm des Zugführerlehrgangs.

Eine solche Zeremonie war für den 19. November 1941 um 17 Uhr geplant. Es war ein Zapfenstreich. Die Lehrgangsteilnehmer würden früh genug vom Schießplatz zurückkehren, um ihre Gewehre zu reinigen, sich zu rasieren und zu waschen und anzuziehen. Der Dienstplan sah dafür insgesamt fünfunddreißig Minuten vor.

Während er darauf wartete, daß Corporal Pleasant das Pfeifsignal gab, war McCoy ziemlich deprimiert. Zuerst war er fast aus dem Häuschen vor Freude darüber gewesen, daß Macklin erwischt worden war, als er ihn schikaniert und ihm geschadet hatte. McCoy hatte geglaubt, das Glück jetzt auf seiner Seite zu haben. Der gute Gunny-und-jetzt-Captain hatte nicht lange gebraucht, um herauszufinden, daß ihm jemand auf dem Schießplatz übel mitspielte, und er hatte sogar spitzgekriegt, daß es der Hurensohn Lieutenant Macklin war.

Doch das gute Gefühl war bald verschwunden. Zum einen hielten Offiziere zusammen, und der Captain würde Macklin kaum zur Schnecke machen, wenn er überhaupt etwas zu ihm sagen würde. Stecker nahm wohl an, daß Macklin nur schludrig bei der Schießaufsicht war oder sein Treiben für einen Spaß hielt. Stecker hatte keinen Grund zu der Annahme, daß Macklin aus persönlichen Motiven alles daransetzte, dafür zu sorgen, daß er, McCoy, vom Lehrgang flog.

Der ganze Zwischenfall hatte nicht mehr erbracht als eine Chance, das Schießen für die Noten zu wiederholen. Das war alles. Und Macklin erhielt durch seine Anwesenheit beim zweiten Schießen am sonst freien Thanksgiving-Morgen praktisch eine indirekte Ermahnung, keinen Blödsinn zu machen. Es war möglich, daß er die Schweinerei wiederholte. Warum nicht? Es würde keiner da sein, der ihn dabei beobachten konnte.

Und wenn er – McCoy – vom Schießplatz kam, würde er den Rest des Feiertags Böden schrubben müssen. Wegen respektlosen Verhaltens.

Und am Freitagmorgen mußte er vor den Ausschuß aus Offizieren, die entschieden, ob er auf dem Lehrgang bleiben durfte oder nicht. Pleasant hatte ihm davon erzählt. Er könne sich das sparen, hatte Pleasant gesagt, und vermutlich das ganze Wochenende zum Thanksgiving Day frei haben, wenn er sich einfach mit der Tatsache abfand, daß man ihn nicht zum Offizier ernennen und er von sich aus seine Ablösung vom Lehrgang beantragen würde.

McCoy hatte Pleasant gesagt, daß er ihn mal könne. Das war das respektlose Verhalten gewesen. Deshalb mußte McCoy Böden schrubben.

McCoy glaubte nicht mehr, daß er jemals einen goldenen Balken bekommen würde. Er glaubte nicht mehr ernsthaft daran. Aber er würde die eine Chance nutzen, die er sah: Manchmal warf der Ausschuß Leute nicht aus dem Lehrgang, sondern stufte sie zurück, was bedeutete, daß sie einen Teil des Lehrgangs wiederholen mußten mit einer Klasse, die später angefangen hatte. Das geschah, wenn jemand mit der Theorie nicht mitkam. McCoy hatte jedoch noch nie gehört, daß jemand wegen ›unmilitärischen Verhaltens‹ oder ›Untauglichkeit‹ zurückgestuft wurde, wie man es nannte, wenn Leute vor den Ausschuß kamen, weil sie Mist gebaut hatten.

Er war so weit gekommen, und jetzt wollte er nicht klein beigeben vor den Bastarden. Vielleicht erfüllte sich seine Hoffnung nicht, und er würde am nächsten Montag als Private McCoy auf dem Weg nach Camp Le Jeune sein oder vielleicht nach San Diego als MG-Schütze.

Und es schmerzte wirklich, sich zum Zapfenstreich herauszuputzen und zu wissen, daß sein Name von zwei Listen abgelesen werden würde: von der Liste für ›Zusatzausbildung‹, wie man das Bodenschrubben bezeichnete, und von der Liste, auf der die Leute standen, die vor den Ausschließungs-Ausschuß mußten. Und anschließend, wenn jeder sonst sich voll Bier laufen ließ, würde er auf Händen und Knien Böden schrubben.

»Wenn ich dir beim Schrubben helfe«, sagte Pick Pickering, als hätte er McCoys Gedanken gelesen, »dann sind wir vielleicht schneller fertig.«

»Pleasant würde dir einen eigenen Boden zuweisen«, sagte McCoy. »Aber danke, Pick.«

»Laß es uns mal versuchen«, sagte Pickering.

»Wenn sie uns antreten lassen, dann lesen sie die Namen der Leute vor, die vor den Ausschuß kommen«, sagte McCoy. »Mein Name steht darauf.«

»Das glaubst du doch nicht im Ernst«, sagte Pickering loyal.

»Ich weiß es«, sagte McCoy. »Es ist kein Gerücht.«

»Das ist nicht richtig«, sagte Pickering. »Das ist verdammt unfair.«

»Die Welt ist unfair. Dies ist das Marine-Corps.«

»Es müßte eine Möglichkeit geben, eine Beschwerde einzulegen«, meinte Pickering.

McCoy lachte ihn aus, doch dann boxte er ihm liebevoll gegen den Arm, weil es ihn rührte, daß Pickering so treu zu ihm hielt.

Pickering war ein guter Kerl. Ein bißchen doof, aber gut. Auch als McCoy ihm gesagt hatte, daß er auf jeder schwarzen Liste stand und das negativ auf ihn abfärben könne, war Pickering auf seiner Seite geblieben. Pick Pickering würde ein guter Offizier sein.

»Dreh dich um, Arschloch«, sagte McCoy. »Laß dich überprüfen.«

An Pickerings Uniform oder Ausrüstung war nichts auszusetzen. Aber eine Nadel an McCoys ›Ochse‹ hatte sich vom Kragen gelöst, und der ›Ochse‹ hing schief. Pickering befestigte ihn. Teilnehmer des Zugführerlehrgangs trugen ein Messingabzeichen mit den Buchstaben OC für Officer Candidate (Offiziersanwärter) anstatt Rangabzeichen auf Kragen und Mütze. Aus dem OC wurde ›OX‹ (Ochse) gemacht.

Was macht es schon, wenn der Ochse schiefhängt, dachte McCoy bitter. *Ich trage ihn ohnehin zum letzten Mal. Vor den Ausschließungs-Ausschuß trete ich im Arbeitsanzug.*

Corporal Pleasant blies in seine Pfeife, und all die frisch gebadeten und rasierten jungen Gentlemen eilten aus der Unterkunft auf die Straße, wo sie antraten. Dann inspizierte Corporal Pleasant ihre Rasur, die Bügelfalten der Ausgehuniform und die Sauberkeit ihrer Garand-Gewehre.

Ein paar Minuten später würden sie abermals inspiziert werden, vom Kompaniechef und Gunnery Sergeant, doch Corporal Pleasant wollte zuvor sicherstellen, daß alles tipptopp war.

Zu McCoys Überraschung fand Pleasant nichts an seiner Uniform und seiner Rasur auszusetzen, und er inspizierte nicht einmal das Gewehr, als er vor ihn trat.

Er sagt sich vermutlich, daß er sich keine Mühe mehr zu machen braucht, weil ich ohnehin erledigt bin, dachte McCoy.

McCoys Kompaniechef, ein Lieutenant, sprach mit ihm, als er das Gewehr inspizierte.

»Ich hörte, Sie hatten heute Schwierigkeiten damit, McCoy?«

»Jawohl, Sir.«

»Und ich hörte ebenfalls, daß die Ladehemmung behoben wurde?«

Wovon, zum Teufel, redet der? dachte McCoy. *Ladehemmung?*

»Jawohl, Sir.«

Der Kompaniechef ging weiter. Der Sergeant-Major schaute McCoy ins Gesicht, sagte jedoch nichts, und seine Miene war ausdruckslos.

Als die vier Züge inspiziert waren, nahmen die Offiziere ihre Positionen ein, und der Gunnery Sergeant las die Tagesbefehle vor.

Der nächste Tag wäre der Thanksgiving Day – bis Dezember 1941 wurde das (Ernte-)Dankfest am 3. Donnerstag im November gefeiert, jetzt am 4. November –, erklärte der Gunnery Sergeant, als hätte sich das niemand selbst gedacht. Jeder hatte frei, mit Ausnahme derjenigen, die zusätzliche Ausbildung brauchten, welche nach dem Wegtreten beginnen würde. Der nächste Dienstag, der Freitag, wurde zum Kauf von Uniformen freigegeben. Diejenigen, die vor dem Ausschließungs-Ausschuß erscheinen mußten, würden keine Offiziersuniformen bestellen, bis die Entscheidungen des Ausschusses bekanntgegeben würden. Die dienstfreie Zeit begann am Freitag nach Dienst und dauerte bis 3 Uhr 30 am kommenden Montag. Bis dahin würden die Teilnehmer der Zugführerlehrgangs Offiziersuniformen gekauft haben. Diejenigen, die vor den Ausschuß mußten, würden nicht freibekommen, wiederholte der Gunnery Sergeant.

Dann las er die Liste derjenigen vor, die zusätzliche Ausbildung brauchten. Anschließend die Liste derjenigen, die vor den Ausschuß mußten.

Dann machte er eine Kehrtwendung und salutierte vor dem Kompaniechef, der den Gruß erwiderte, ihm befahl, wegtreten zu lassen und davonging.

Der Gunnery Sergeant bellte: »Wegtreten!«

Pick Pickering stieß McCoy mit dem Arm an.

»Siehst du? Ich sagte doch, daß du nicht vor den Ausschuß mußt!«

Und ich bekomme auch keinen Strafdienst, dachte McCoy. *Man sagte auch nichts, daß ich das Schießen wiederholen muß. Was, zum Teufel, ist da los?*

Er sagte sich, daß der Gunnery Sergeant höchstwahrscheinlich vergessen hatte, seinen Namen vorzulesen, so daß man, wenn er nicht zum Bodenschrubben oder zum Schießen oder vor dem Ausschuß antrat, zu allem anderen auch noch AWOL, unerlaubtes Entfernen von der Truppe, hinzufügen würde.

McCoy sah Corporal Pleasant hinter dem Kasernengebäude in seinen Ford steigen. Er rannte hinter ihm her.

Pleasant kurbelte die Fensterscheibe hinunter.

»Kann ich was für Sie tun, McCoy?«

»Was ist los, Pleasant? Warum wurde mein Name nicht für zusätzliche Ausbildung und den Ausschuß genannt?«

»Weil Sie keine zusätzliche Ausbildung brauchen und nicht vor den Ausschuß müssen, Mister McCoy. Sie haben frei, Mister McCoy.«

»Sagen Sie mir, was da vorgeht?«

»Aber ja doch, Mister McCoy. Es ist sehr einfach. In zehn Tagen heftet man Ihnen einen goldenen Balken auf die Schulter. Und bis dahin werden der Gunny und ich alles tun, was wir können, um Ihnen die Dinge so angenehm wie nur möglich zu machen.«

»Ich dachte, Sie wollen, daß ich vom Lehrgang fliege.«

»Oh, das wollen wir auch«, sagte Pleasant. »Nichts wäre uns ein größeres Vergnügen. Aber wir sind nicht so dumm, uns mit einem Rabbi anzulegen.«

»Welcher Rabbi?«

»Sonst noch etwas, Mister McCoy?« sagte Pleasant. »Wenn nicht, dann möchte ich mit Ihrer Erlaubnis meinen Urlaub antreten, Sir.«

»Sie können mich mal, Pleasant«, sagte McCoy.

Pleasant kurbelte die Scheibe hoch und fuhr an.

Pick Pickering wartete auf McCoy in der Unterkunft. »Nun?«

»Ich habe frei wie alle anderen«, sagte McCoy. »Und ich muß nicht vor den Ausschuß.«

»Prima!« Pick Pickering boxte ihm gegen den Arm. »Dann suchen wir uns ein Taxi und hauen ab.«

»Wohin?«

»Den Befehlen des U.S. Marine-Corps entsprechend werde ich mir einige Offiziersuniformen kaufen.«

»Wovon, zur Hölle, redest du? Wir sollen uns erst Freitag Uniformen kaufen.«

»Stimmt«, sagte Pickering.

»Also?«

»Ich lerne«, sagte Pickering. »Du wirst dich erinnern, daß man nicht sagte, *wo* wir die Uniformen kaufen sollen. Man sagte nur, daß wir sie am Freitag kaufen sollen.«

»Und?«

»Folglich werde ich am Freitag Uniformen kaufen. Bei Brooks Brothers in New York.«

»Was ist Brooks Brothers?«

»Ein Geschäft, das Kleidung verkauft, einschließlich Uniformen.«

»O Mann!« stieß McCoy hervor.

»Und wenn wir nicht gerade unsere Uniformen kaufen, können wir unter einige Damenröcke schauen«, sagte Pickering. »Das einzige Problem ist, mit einem Taxi von hier zu verschwinden und einen Zug nach New York zu erwischen.«

»Wir brauchen kein Taxi«, sagte McCoy. »Ich habe einen Wagen.«

»Du hast einen Wagen? Hier?« Pickering sah ihn überrascht an.

McCoy nickte.

»Mister McCoy«, sagte Pickering. »Als ich zum erstenmal den Blick auf dich heftete, sagte ich mir: Das ist ein Mann mit vielen Talenten, ein Typ, der für meine militärische Karriere förderlich sein kann.«

McCoy lächelte.

»Und wird es dein Gefährt bis New York schaffen? Ohne Panne, meine ich?«

»Es ist ein LaSalle«, sagte McCoy.

»In diesem Fall werde ich für das Hotelzimmer sorgen, wenn du den Sprit bezahlst. Fair?«

»Fair«, stimmte McCoy zu.

XII

1

Foster Park Hotel
Central Park South, New York City, New York

19. November 1941, 23 Uhr 20

Pick Pickering saß hinter dem Steuer des LaSalle, als sie vor dem Foster Park Hotel ankamen. Sie hatten kurz hinter Baltimore getankt und dort die Plätze getauscht.

McCoy war mit intensiven Gedanken an Ellen Feller

eingeschlafen. Er hatte daran gedacht, daß sie vielleicht irgendwo in Baltimore war, und an das, was zwischen ihnen in China geschehen war, und es war ihm klargeworden, wie lange er sexuell enthaltsam gewesen war.

Der Portier kam zur Fahrerseite, öffnete die Wagentür und sagte: »Willkommen im Foster Park Hotel, Sir.« Erst dann sah er, daß der Fahrer irgendein Soldat war, einer vom Marine-Corps, und nicht mal ein Offizier.

»Kann ich Ihnen helfen, Sir?«

Pickering stieg aus.

»Kümmern Sie sich bitte um den Wagen«, sagte er. »Wir werden ihn Sonntagnachmittag brauchen.«

»Sie wollen im Hotel wohnen, Sir?«

»So ist es. Das Gepäck ist im Kofferraum.«

Er wandte sich zum Wagen. »Heb deinen Arsch und steig aus, McCoy«, sagte er. »Wir sind da.«

McCoy schreckte verwirrt aus dem Schlaf auf, schaute sich um, öffnete fast im Reflex die Tür und stieg aus.

»Wo sind wir?« fragte er benommen.

»Mein Großvater nennt es das Sodom am Hudson«, sagte Pick Pickering, nahm McCoy am Arm und schob ihn auf die Drehtür des Hotelportals zu.

Der Angestellte an der Rezeption war mit jemand beschäftigt, als Pickering und McCoy sich näherten. Pickering zog das Anmeldebuch heran und trug sich ein.

Als der Hotelangestellte Pickering seine Aufmerksamkeit schenkte, schob der ihm die Anmeldekarte hin.

»Wir hätten gern eine kleine Suite«, sagte er.

»Ich bin mir nicht sicher, ob noch etwas frei ist, Sir«, sagte der Angestellte.

Der Mann wußte nicht, was das ›OC‹ auf den Kragen der Uniformen bedeutete, aber er wußte, wann er einen Mannschaftsdienstgrad des Marine-Corps vor sich hatte, und daß sich Mannschaften des Marine-Corps die Preise des Foster Park Hotels nicht leisten konnten.

»Alles belegt, wie?« fragte der Marine.

»Ich möchte darauf hinweisen, Sir«, sagte der Hotelangestellte so taktvoll wie möglich, »daß unsere Preise ein wenig – äh – hoch sind.«

»Das macht nichts, ich werde sie ohnehin nicht zahlen«, sagte der Marine. »Eine Suite mit Blick auf den Park, wenn eine frei ist.«

Der Hotelangestellte schaute auf die Anmeldekarte in seiner Hand. Den Namen konnte er nicht entziffern, aber in die Spalte ›Besondere Anweisungen‹ hatte der Marine ›Andrew Foster, S/F, Zur Kenntnis: Mrs. Delahanty‹ geschrieben.

»Einen Augenblick bitte, Sir, ich werde nachschauen«, sagte der Hotelangestellte.

Er verschwand im Büro und zeigte die Karte dem Nachtmanager, der an seinem Schreibtisch saß, Kaffee trank und dazu Gebäck knabberte. Der Nachtmanager warf einen flüchtigen Blick auf die Karte, und dann sprang er auf.

Er näherte sich dem Marine mit ausgestreckten Händen.

»Willkommen im Foster Park, Mister Pickering«, sagte er überschwenglich. »Es ist ein Vergnügen, Sie im Haus zu haben.«

»Danke«, sagte Pick Pickering und schüttelte seine Hand. »Gibt es irgendein Problem?«

»Aber nicht das geringste, Mister Pickering! Wären Sie mit Penthouse C einverstanden?«

»Wenn Sie sicher sind, daß wir es nicht vermieten können«, sagte Pickering.

»Nicht zu dieser Stunde, Mister Pickering«, sagte der Manager und lachte anerkennend.

»Nun, wenn jemand die Suite will, lassen Sie uns umziehen«, sagte Pickering. »Aber sonst ist sie prima. Wir werden bis Sonntagnachmittag hier sein.«

Der Manager nahm einen Schlüssel vom Brett hinter dem marmornen Empfang.

»Wenn wir gewußt hätten, daß Sie kommen, hätten wir Vorbereitungen getroffen, Mister Pickering. Ich befürchte, wir haben nicht mal eine Schale Obst in der Penthouse-Suite.«

»Um halb fünf heute nachmittag hätte es noch gut sein können, daß wir das Wochenende mit Bödenschrubben verbringen«, sagte Pick Pickering. »Aus Obst mache ich mir nicht viel, aber ich bitte um was Gutes zu trinken, Erdnüsse und diesen Pipapo.«

»Sofort, Mister Pickering«, sagte der Manager, verneigte sich und geleitete Pickering und McCoy zu den Aufzügen.

Das Penthouse C des Foster Park Hotels bestand aus einem großen Wohnzimmer, das sich zu einer Terrasse mit Blick auf die 59th Street und Central Park öffnete. Rechts und links des Wohnzimmers waren die Schlafzimmer, und es gab eine Butlerkammer und eine Bar mit vier Hockern.

McCoy gehorchte sofort einem Drang der Natur und fand sich in dem größten Badezimmer wieder, das er je gesehen hatte.

Als er das Badezimmer verließ, waren zwei Zimmerkellner und ein Page in der Suite. Der Page stellte Blumen in Vasen. Ein Kellner bestückte das Regal hinter der Bar mit einem Flaschensortiment, das einer Kneipe zur Ehre gereicht hätte, und der andere Kellner füllte silberne Schalen mit Nüssen, Chips und Kräckern.

Pick Pickering saß auf einer Couch und telefonierte. Er sah McCoy und machte ihm mit Gesten klar, daß er durstig war. Dann hielt er die Sprechmuschel zu und rief: »Scotch!«

Als McCoy zur Bar ging, hatte der Nachtmanager, der die Arbeit der Zimmerkellner und des Pagen überprüfte, bereits zwei Scotch eingeschenkt.

»Wir freuen uns, Sie bei uns zu haben, Sir«, sagte der Manager, reichte McCoy das Glas mit Scotch und eilte mit dem zweiten Glas zu Pickering.

Als schließlich alle weg waren und Pickering sein Telefonat beendet hatte, setzte sich McCoy zu ihm auf die Couch.

»Was hat das alles zu bedeuten?« fragte er.

Pickering lehnte sich zurück und trank Scotch.

»Mann, der schmeckt gut«, sagte er. »Zufällig habe ich die Opfer geortet.«

»Welche Opfer?«

»Die Damen, deren Röcke sich anheben lassen«, erklärte Pickering. »Da ist eine Horde in einer Pinte Namens El Borracho . . . was treffend ›der Kuß‹ bedeutet, glaube ich.«

»Ich fragte dich, was das hier alles zu bedeuten hat«, sagte McCoy.

»Wir haben alle unsere dunklen Geheimnisse«, sagte Pickering. »Ich zum Beispiel weiß weit mehr über deine Lady Missionarin, als ich wirklich wissen möchte.«

»Pick, ich erwarte eine Erklärung«, sagte McCoy.

»Dies ist das Foster Park Hotel«, sagte Pickering. »Neben einundvierzig anderen Hotels gehört es einem Mann namens Andrew Foster. Andrew Foster hat ein Kind, eine Tochter. Sie heiratete einen Mann, der Schiffe besitzt. Viele Schiffe, Ken. Und die beiden haben ein Kind. Das bin ich.«

»Heiliger Vater!« stieß McCoy hervor.

»Ich möchte nicht, daß unser geliebter Pleasant oder unser Gunny das erfährt. Also halt dein verdammtes Maul, Ken.«

»Heiliger Vater!« wiederholte McCoy.

»Ja?« sagte Pick Pickering in gebührend gnädigem Tonfall des Herrn. »Was wünschst du, mein Sohn? Denkst du etwa an eine Dame für ein Nümmerchen?«

2

Aus dem Nümmerchen wurde nichts. All die Mädchen im ersten Lokal, das sie besuchten, hatten männliche Begleiter. Die Mädchen lächelten, besonders bei Pick Pickering, aber es war unmöglich, sie von den jungen Männern zu trennen. *Die Lackaffen haben Angst, ihre Mädchen mit Pickering allein zu lassen,* dachte McCoy anerkennend. Er war überzeugt, sie hatten die schmerzliche Erfahrung gemacht, daß Pickering mit ihren Mädchen verschwand, wenn sie nur mal kurz wegschauten.

Die meiste Zeit hatte McCoy keine Ahnung, worüber geredet wurde. Nur eines der Mädchen zeigte überhaupt ein wenig Interesse an ihm. Sie fragte ihn, ob er mit ›Malcolm‹ Harvard besucht hätte. Als er verneinte, fragte sie ihn, welche Schule er besucht hätte. Als er mit ›Saint Rose of Lima‹ antwortete, schenkte sie ihm ein sonderbares Lächeln und ignorierte ihn fortan.

Im zweiten Lokal, das *Club 21* hieß, dachte McCoy, daß vielleicht doch noch etwas aus dem ›Nümmerchen‹ werden würde. Es waren genug Frauen anwesend, doch der Sohn des Besitzers vermasselte alles. Er wollte alles über den Zugführerlehrgang wissen, weil er sich zum Marine-Corps gemeldet hatte und sich bald zum aktiven Dienst melden mußte.

Pick faszinierte ihn mit Geschichten über Corporal Pleasant, berichtete vom Teller ablecken und dem Entengang. Als sie gingen, bestand der Sohn des Besitzers darauf, ihre Zeche zu bezahlen, und er sagte zu McCoy, daß er jederzeit willkommen sei. Aber das führte nicht zu einem Nümmerchen.

Den Namen des dritten Lokals hatte McCoy schon gehört. Es war der *Stork Club*. Als sie dort eintrafen, bezweifelte McCoy, daß sie eingelassen wurden, denn eine lange Schlange wartete auf dem Bürgersteig vor dem Lokal. Pick Pickering ging jedoch einfach zur Spitze der Schlange, und der Rausschmeißer oder wer immer vor der Tür stand, begrüßte Pick mit »Mister Pickering« und ließ ihn und McCoy herein.

Auf einem Tisch an der Wand stand ein Schild ›reserviert‹, doch ein Oberkellner entfernte es und forderte sie auf, Platz zu nehmen. Nur ein paar Sekunden später tauchte ein Kellner mit einer Flasche Champagner auf, gefolgt von dem Besitzer des Stork Clubs. Der Besitzer fragte nach dem Befinden von ›Mr. Foster‹ und bat Pick, seine Eltern herzlich zu grüßen.

Wie der Typ im *Club 21* übernahm er die Zeche. Das bedeutete, daß sie anständig tankten, ohne einen Dime auszugeben.

»Morgen, Ken, machen wir das Nümmerchen«, sage Pick Pickering auf der Rückfahrt zum Hotel. »Betrachte den heutigen Abend als Aufklärung. Der Schlüssel zu einem erfolgreichen Sturmangriff ist gute vorherige Erkundung, wie du dich erinnern wirst.«

Als sie am nächsten Morgen frühstückten, kam Pick eine Idee.

Er rief im Harvard Club an und ließ vom Hausmeister einen Zettel ans Schwarze Brett heften. »Mister Malcolm Pickering lädt seine Freunde und Bekannten zum Thanksgiving-Cocktail ab 14 Uhr 30 ins Penthouse C des Foster Park Hotels ein. Es wird von Freunden und Bekannten erwartet, zwei weibliche Begleiterinnen mitzubringen.‹

Der Morgen war schön für McCoy. Er hatte eine Bemerkung gemacht, wie gut er das Hotel fand, und daraufhin unternahm Pickering einen Rundgang mit ihm und zeigte ihm alles. Es war eine faszinierende Besichtigung für McCoy; er sah alles, von den Küchen über die Wäscherei bis zu dem Aufzughäuschen über den Penthouses.

McCoy stellte fest, daß der Rundgang für Pickering mehr bedeutete als nur eine Besichtigung. Pick schaute in Mülleimer und betrat Zimmer, deren Türen offen waren. Er inspizierte das Hotel und vergewisserte sich, daß alles war, wie es sein sollte. Pick Pickering mochte stinkreich sein, aber er kannte sich im Hotelgeschäft aus.

McCoy fragte sich, ob Pickering das auf einer Schule gelernt hatte, und er fragte ihn. Pick lachte und erzählte, daß sein erster Job in einem Foster Hotel darin bestanden hätte, daß er als zwölfjähriger Bedienungshilfe Tische abgeräumt und saubergewischt hatte.

Gegen ein Uhr, als sie in Hemd und Hose im Wohnzimmer der Suite saßen und Feigenspann Ale aus den Flaschen tranken, begann das Hotelpersonal mit den Vorbereitungen für die Cocktailparty. Das Büffet bestand aus einem gewaltigen Truthahn, einem ganzen Schinken und einem großen Stück Roastbeef. Bei dem Gedanken an die Kosten fühlte sich McCoy unbehaglich. Ganz gleich wie nett Pick war, McCoy kam sich allmählich wie ein Schmarotzer vor.

Das Gefühl wurde noch schlimmer, als die Leute zur Party eintrafen. Die Gäste waren nicht ganz so reich wie Pick Pickering, aber allesamt gut betucht, das war leicht zu sehen. Und er, McCoy, hatte nichts mit ihnen gemeinsam. Das einzige, was er mit Pick gemein hatte, war das Marine-Corps. Und dann war da ein besonderes Mädchen. In ihrer Nähe fühlte er sich wirklich unbehaglich.

Er hatte noch nie ein so schönes Mädchen gesehen. Sie war nahezu perfekt. Sie hatte schwarzes Haar im Pagenschnitt und dunkle, glutvolle Augen, wodurch ihre Haut fast schneeweiß wirkte.

Sie war nicht so modisch wie die anderen gekleidet, sondern mit Pullover und Rock. Dazu trug sie eine Perlenkette.

McCoys erster Gedanke war, daß er mit Freuden sein linkes Ei opfern würde, wenn er mit ihr schlafen dürfte, und sein zweiter Gedanke war, daß sie nicht der Typ war, der einen ranließ, bevor sie den Trauring am Finger hatte – nicht aus Prüderie oder Vorsicht, sondern einfach, weil sie so eine Frau war. Als sie einmal seinen Blick auffing, erwiderte sie ihn, als wolle sie ihm damit sagen: ›Was glotzt du mich so an? Ich bin nicht wie diese Leute.‹

Und aus irgendeinem Grund verhinderte sie, daß er sich an eine andere heranmachte. Nicht alle von Picks ›Freunden und Bekannten‹ waren mit zwei Mädchen gekommen, doch viele davon. Und eine Reihe von Frauen waren allein gekommen. Eine davon, eine Blonde mit scharfen Gesichtszügen, hatte ihn sogar angelächelt und die Hand auf seinen Arm gelegt, als sie sich erkundigt hatte, ob er mit Pick bei den Marines wäre.

Aber er sah, daß das Mädchen mit der Pagenfrisur und den dunkelbraunen Augen zu ihnen schaute, und so unternahm er nichts bezüglich der Blonden. Nach einer Weile verlor sie das Interesse und trollte sich.

Eine Viertelstunde später hatte er genug von der verräucherten Luft (es mußten hundert Leute in der Suite sein, und offenbar alle paffen). Außerdem wurde ihm klar, daß er mehr Scotch getrunken hatte, als er hätte trinken sollen. Er wollte nicht blau werden, sich zum Narren machen und Pick vor seinen Freunden blamieren. So nahm er eine Flasche Ale aus dem Kühlschrank, ging in ›sein‹ Schlafzimmer, wo er ein Paar beim Petting störte, und ging hinaus auf die Terrasse, um kalte, frische Luft zu atmen.

Die Sonne war herausgekommen, es wehte nur ein leichter Wind, und es war nicht so kalt, wie er gedacht hatte. Es war frisch, aber das wünschte er ja. Er lehnte sich auf die Brüstung, vorsichtig, weil er sich im 22. Stock befand, und schaute hinab auf die 59th Street. Als ihm davon ein bißchen schwindelig wurde, blickte er zum Central Park.

Er war ziemlich weit fort von dem Ort, an dem er an diesem Nachmittag fast Böden hätte schrubben müssen. Dann erinnerte er sich, daß er wirklich weit weg von dem Ort war, an dem er den vergangenen Thanksgiving Day verbracht hatte, als Private First Class und MG-Schütze der D-Kompanie, 1. Bataillon, 4. Marineinfanterieregiment in Schanghai. Da hatte er in der Kantine zu Mittag gegessen. Zum Thanksgiving Day und zu Weihnachten schickten sie immer tiefgefrorene Truthähne, und das war das einzige Mal gewesen, daß er in China Truthahn gegessen hatte. Am Thanksgiving Day und zu Weihnachten legte man sogar die Vorschriften großzügig aus und erlaubte, Gäste mitzubringen, die nicht Bürger der Vereinigten Staaten waren. Er erinnerte sich, daß Zimmerman seine chinesische Frau und all die halbweißen Kinder in die Kantine mitgebracht hatte.

»Schlafen Sie nicht ein«, sagte eine weibliche Stimme. »Es würde ein langer, letzter Flug werden, wenn Sie sich zu weit vorbeugen.«

Erschrocken richtete er sich auf, und dann drehte er sich nach der Person um, die das gesagt hatte. Es war das verdammt perfekte Mädchen mit der Pagenfrisur.

»Ich habe nicht geschlafen«, sagte er.

»Nicht? So kann man sich irren. Sie wirkten auf mich, als hätten Sie sich zu Tode gelangweilt und wären dabei eingedöst.«

»Ich habe gedacht«, sagte McCoy.

Die Perlenkette hatte sich um eine ihrer Brüste geschlungen. Es sah nicht sexy aus. Es war feminin.

»Was?« fragte sie.

McCoy sah sie verständnislos an.

»*Was* haben Sie gedacht«, präzisierte sie.

Sie trat neben ihn, lehnte sich an die Brüstung und schaute zu ihm auf.

Allmächtiger! Aus der Nähe ist sie sogar noch schöner! dachte McCoy.

»Wo ich voriges Jahr an diesem Tag war«, sagte er.

»Und wo Sie im nächsten Jahr am Thanksgiving Day sein werden?«

»Nein«, widersprach er. »Daran habe ich nicht gedacht.«

»Ich dachte, das hätten Sie vielleicht gedacht.« Sie lächelte.

»Warum?«

»Nun, Sie sind beim Marine-Corps«, sagte sie. »Fragen sich die Marines nicht, wo sie beim nächsten Mal stationiert sind?«

»Ich nicht«, entgegnete McCoy, ohne zu denken. »Ich beschäftige mich nicht damit, wo ich außerhalb des Corps sein werde, meine ich. Ich weiß, daß ich beim Marine-Corps sein werde. Es ist mir gleichgültig, wo. Es wird immer im Corps sein.«

Sie sah ihn verständnislos an, aber ihre Frage war völlig normal: »Wo waren Sie am vergangenen Thanksgiving Day?«

»In Schanghai«, sagte er, und er fügte hinzu: »China.«

»Ah, Schanghai liegt in China«, sagte sie heiter. »Ich dachte mir schon, entweder dort oder in Australien.«

Ich wußte verdammt genau, daß ich mich blamiere, wenn ich mit jemand wie ihr zu reden versuche! durchfuhr es McCoy. *Wie konnte ich nur so etwas Bescheuertes sagen!*

Sie sah ihm an den Augen an, daß er gekränkt war.

»Verzeihung«, sagte sie.

»Schon gut.«

»Nein, es ist nicht gut«, wandte sie ein. »Es gibt mildernde Umstände, aber ich hätte Sie nicht so anmotzen sollen.«

»Was sind die mildernden Umstände?« fragte McCoy.

»Ich bin Werbetexterin«, sagte sie.

»Ich weiß nicht genau, was das ist«, bekannte McCoy.

»Ich schreibe Texte für Anzeigen«, erklärte sie.

»Aha.«

»Unser Motto lautet: In der Kürze liegt die Würze.«

»Aha.«

»Wir versuchen, alles Überflüssige wegzulassen«, sagte sie. »Da ist es verständlich, daß wir uns über jemanden mokieren, der längere Formulierungen von sich gibt.«

»Okay«, sagte McCoy.

»Ich hatte kein Recht, mich über Sie lustig zu machen«, sagte sie.

»Es machte mir nichts aus.«

»Doch, es machte Ihnen was aus.« Das war eine sachliche Feststellung.

Wenn sie mir in die Augen sieht, werden meine Knie weich! dachte McCoy.

»Was machten Sie voriges Jahr in China?«

»Ich war in einer Browning-Kompanie.«

»Sie meinen das Browning-Maschinengewehr?«

Es überraschte ihn, daß sie Bescheid wußte. Er nickte.

»Ich dachte mir schon irgendwie, daß Sie nicht mit unserem Gastgeber in Cambridge waren«, sagte sie.

»Ich nehme an, das ist ziemlich offenkundig, nicht wahr?«

Sie verstand, wie er das meinte.

»Anders sein, heißt ganz einfach nur anders sein«, sagte sie. »Es heißt nicht besser oder schlechter sein.«

Die Tür zum Wohnzimmer wurde geöffnet, und sechs oder sieben Personen kamen auf die Terrasse zu ihnen.

Sie kennen mich nicht, dachte McCoy. *Folglich wollen sie zu ihr. Vermutlich, um sie abzuholen. Und wenn sie geht, sehe ich sie nie wieder.*

»Beweisen Sie es«, sagte McCoy.

»Wie bitte?«

»Daß anders nur anders ist. Gehen Sie irgendwohin mit mir.«

»Wohin?« fragte sie mißtrauisch.

»Ich weiß es nicht«, sagte McCoy. »Wohin Sie möchten.«

Sie schaute ihn noch nachdenklich an, als Pickerings Freunde und Bekannte zu ihr kamen.

»Wir fragten uns, was mit dir los ist«, sagte eines der Mädchen. »Wir gehen zu Marcy's. Kommst du mit?«

»Geht nur«, sagte die schönste Frau, die McCoy je gesehen hatte. »Ich habe was anderes vor.«

Sie schaute ihm in die Augen und lächelte.

3

»Wohin bringen Sie mich?« fragte sie, als sie durch die Halle des Foster Park Hotels gingen.

»Ich weiß nicht, wohin wir gehen sollen«, sagte McCoy. »Ich war noch nie in New York.«

»Mir kommt da eine Idee«, sagte sie. »Chinesisches Essen.«

»Wie bitte?«

»Ich nehme an, Ihr Gerede von Schanghai hat das ausgelöst. Oder die Tatsache, daß ich Truthahn zum Thanksgiving Day nicht mehr ausstehen kann.«

»Sie werden mir zeigen müssen, wo wir chinesisch essen können«, sagte McCoy. »Ich kenne mich hier überhaupt nicht aus.«

»Vermutlich finden wir ein Chinarestaurant in Chinatown«, sagte sie.

»Nehmen wir uns ein Taxi«, schlug er vor.

»Nein, wir fahren mit der U-Bahn.«

»Ich kann mir ein Taxi erlauben.«

Jetzt denkt sie natürlich, du kannst das nicht, weil du es so betont hast, dachte McCoy.

»Ich schau mir gern die Leute in der U-Bahn an«, sagte sie, hakte sich bei ihm ein und führte ihn in Richtung Sixth Avenue.

»Warum?« fragte er.

»Waren Sie schon mal – nein, natürlich waren Sie da noch nicht. Sie werden es sehen.«

McCoy staunte über die Vielfalt der Spezies *homo sapiens*, die es in der U-Bahn zu sehen gab. Und sie lächelten sich an, und irgendwie wünschte sie, ihn zu berühren, und sie tat es, legte den Arm auf seinen und hielt die Hand auf dem Uniformrock.

Vielleicht liegt es an der Uniform, dachte sie. *Männer in Uniform sollen angeblich auf Mädchen wirken.*

Sie dachte weiter darüber nach. Es war nicht ihre Art, Partys mit Männern zu verlassen, die sie dort kennengelernt hatte. Besonders nicht mit Freunden von Leuten wie Malcolm Pickering. Was unterschied diesen jungen Mann von anderen?

Ein betrunkener junger Typ mit Lederjacke und Strickmütze

schob sich an ihnen vorbei und betrachtete sie anerkennend von oben bis unten.

Und irgend etwas veränderte sich am Ausdruck der Augen des jungen Mannes, dessen Arm sie hielt. Und dessen Namen sie nicht einmal kannte, o Gott! Er kniff die Augen ein wenig zusammen. Und sie glänzten und blickten wachsam. Und drohend.

Sie hatte auf einmal Angst.

Mein Gott, er ist einer der Ledernacken! dachte sie. *Es fehlt mir gerade noch eine Schlägerei mit einem Betrunkenen in der U-Bahn.*

Sie beobachtete fasziniert, wie der Betrunkene die Drohung spürte, ein Lächeln aufsetzte und weiter durch den Waggon ging. McCoy blickte ihm nach, bis er sicher war, daß die Bedrohung vorüber war. Dann sah er sie an und der Ausdruck seiner Augen veränderte sich wieder. Die Drohung verschwand, und sein Blick wurde weicher. Fast, als hätte er jetzt Angst.

Mein Gott, er hat Angst vor mir! durchfuhr es sie.

»Ich weiß nicht, wie Sie heißen«, sagte sie.

»McCoy.«

»McCoy Smith? McCoy Jones?«

»Kenneth McCoy.«

Sie zog den Arm von seinem und reichte ihm die Hand.

»Ernestine Sage«, sagte sie. »Meine Eltern hofften offenbar auf einen Jungen. Bitte nennen Sie mich weder ›Ernestine‹ noch ›Ernie‹.«

»Wie darf ich Sie nennen?« fragte Kenneth McCoy.

Nicht, wie soll ich Sie nennen, dachte sie, *sondern wie darf ich Sie nennen. Er bittet um Erlaubnis. Er möchte nicht beleidigend sein. Ich brauche keine Angst vor ihm zu haben.*

»Die meisten Leute nennen mich ›Sage‹«, erklärte sie. »Sage heißt weise.«

»Ich weiß.«

Sie schob wieder ihre Hand unter seinen Arm, und sie sah, daß sich die Haut an seinem Hals rötete.

Sie gingen die Mott Street hinunter, und Ernestine Sage spürte die Wärme seines Körpers, sogar durch den Stoff des Uniformrocks.

»Es gibt eine Geschichte, daß junge weiße Frauen nicht allein hierherkommen sollten«, sagte Sage. »Daß sie von weißen Sklavenhändlern entführt werden.«

McCoy erkannte nicht, daß sie ihn nur neckte.

»Ihnen wird nichts passieren«, sagte er.

Als sie ihn anschaute, wich er ihrem Blick aus.

»Es heißt, daß es das beste Essen in den kleinen Lokalen in Seitengassen gibt«, sagte Ernestine Sage. »Die Lokale an der Mott Street sollen mehr Nepp für die Touristen sein. Das Dumme ist nur, daß in den kleinen Gassen nur Chinesisch gesprochen wird.«

»Ich kann Chinesisch«, sagte er, und während sie sich noch fragte, ob er sie aufzog oder nicht, führte er sie in eine der Gassen. Nach vielleicht zwanzig Metern hielt er vor einem verglasten Schild und tat, als lese er, was darauf stand.

Er ist wirklich sehr clever, dachte sie. *Wenn ich es nicht besser wüßte, würde ich fast glauben, daß er versteht, was da steht.*

»Sehen Sie etwas, das mir Ihrer Meinung nach schmecken könnte?« fragte sie unschuldig.

»Nein«, sagte er. »Dies ist ein Szetschuan-Restaurant. Die meisten Szetschuaner Speisen sind höllisch scharf.«

Eine alte Chinesin trippelte auf sie zu.

McCoy sprach mit ihr. Auf Chinesisch. Ernestine Sage schaute ihn erstaunt an. Aber es gab keinen Zweifel: Er sprach tatsächlich Chinesisch, denn die Frau plapperte mit ihm, änderte die Richtung und führte sie weiter die Straße hinab.

»Ihr Neffe hat ein kantonesisches Restaurant«, erklärte McCoy. »Das wird Ihnen besser gefallen, nehme ich an.«

Das Restaurant befand sich im vierten Stock eines alten Gebäudes. Es waren keine anderen Weißen darin, und die erste Resonanz auf ihr Auftauchen war Abneigung, ja sogar Feindseligkeit, wie Ernestine Sage fand.

Doch dann sprach McCoy mit dem Mann, der zu ihnen kam, und es wurde gelächelt. Es folgten Verbeugungen, und dann wurden sie zu einem Tisch geführt, Tee wurde serviert, und einen Augenblick später wurden Teigrollen gebracht, die mit Garnelen gefüllt waren.

»Das soll den Appetit anregen«, sagte McCoy. »Hölle, da

kann ich mich verdammt dran überfressen.« Dann wurde ihm klar, was er gesagt hatte. »Verzeihung«, murmelte er. »Sie dürfen nicht vergessen, daß ich im Marine-Corps bin. Wir reden manchmal ein bißchen rauh, wenn keine Frauen anwesend sind.«

»Hölle«, sagte Sage. »Mir macht das nichts aus. Wenn Sie sich besser fühlen, können Sie so gottverdammt fluchen, wie Sie wollen.«

Er blickte sie verständnislos an, dann lächelte er. Wenn er so lächelte, sah er wie ein kleiner Junge aus.

Ihre Knie berührten sich unter dem Tisch. Er zog seines zurück, als hätte er sich bei dem Kontakt verbrannt. Sages Fuß tastete nach seinem. Als sie sich berührten, zog er seinen Fuß wieder zurück. Es gelang ihr schließlich, seinen Knöchel am Tischbein einzuklemmen.

McCoy vermied es von nun an, sie anzusehen.

Unablässig wurden neue Gänge aufgetragen. Sehr kleine Portionen.

»Ich habe ihn gebeten, uns von allem etwas zu bringen«, sagte McCoy. »Wenn Ihnen etwas nicht schmeckt, geben Sie's mir.«

»Was bedeutet das OC auf Ihrem Kragen?«

»Das nennt man Ochsen«, erklärte er. »Ich nehme an, das steht für Officer Candidate (Offiziersanwärter).«

»Sie werden Offizier?«

Er nickte und fragte sich, ob sie das überraschte, und dann hoffte er, daß sie vielleicht ein wenig beeindruckt war.

»Wann?«

»Ende des Monats.«

»Und dann?«

»Was meinen Sie mit ›und dann‹?«

»Wo werden Sie dann stationiert?«

»Das weiß ich nicht«, sagte er.

»Ich erinnere mich. Das Marine-Corps ist Ihre Heimat, und deshalb ist es Ihnen gleichgültig, wo Sie sind, stimmt's?«

»So in der Art.«

Wir verstellen uns beide, dachte Sage. *Er tut so, als flirte ich nicht mit ihm, und ich tue so, als spiele ich nicht mit seinem Knöchel herum.*

»Ich kriege keinen Bissen mehr runter«, sagte sie schließlich.
»Ich weiß gar nicht mehr, was ich alles gegessen habe«, sagte McCoy.

»Truthahn kann mir jedenfalls gestohlen bleiben«, sagte Sage. »Von jetzt an esse ich am Thanksgiving Day chinesisch.«

Als sie dann auf der Straße waren, fühlte sich Sage aus irgendeinem Grund ein wenig schwindelig.

»Diesmal nehmen wir ein Taxi«, sagte sie.

»Wohin fahren wir?«

»West Third Street«, antwortete sie.

»Was ist da?«

»Ein anderes Chinarestaurant, von dem ich gehört habe, was sonst?«

Sie winkte ihn in ihr Apartment, zog die Tür zu und schloß sie ab.

Er sah sich in der Wohnung um, und als er sich ihr wieder zuwandte, lehnte sie immer noch an der Tür.

»Ihre Wohnung gefällt mir«, sagte er.

»Das freut mich. Mein Vater nennt es eine Bruchbude.«

»Ich hatte schon Angst, du bist reich wie Pick.«

»Würde dich das stören?«

»Ja.«

Sie schauten sich lange in die Augen.

»Ich weiß verdammt nicht, was ich tun soll«, murmelte McCoy. »Ich weiß nur, daß ich keine Scheiße bauen will.«

Er ist so durcheinander und aufgeregt, daß er gar nicht merkt, was er sagt, dachte Sage. *Sonst hätte er sich für das Wort ›Scheiße‹ entschuldigt und wäre rot wie eine Tomate geworden.*

»Ich weiß es auch nicht«, sagte Sage. »Ich erwarte nicht, daß du das unter den gegebenen Umständen glaubst, aber es ist so.«

»Ich sollte vielleicht besser gehen.«

Sie löste sich von der Tür und trat so dicht an ihn heran, daß sie den Wollgeruch seines Uniformrocks riechen konnte.

»Es gibt für alles einen Zeitpunkt und Ort«, sagte sie, »und dies ist der Zeitpunkt und der Ort, an dem du mich küssen sollltest. Wenn das mit dem Küssen so abläuft, wie ich es mir vorstelle, dann solltest du mich anschließend auf die Arme nehmen und ins Schlafzimmer tragen.«

»Auf die Arme nehmen?« fragte er ungläubig.

»Ich könnte vielleicht auch kriechen«, sagte sie.

Er lachte, hob sie auf die Arme und trug sie ins Schlafzimmer. Dort legte er sie aufs Bett und richtete sich auf.

Er hat mich noch nicht geküßt, dachte Sage. *Wir haben praktisch nicht mal Händchen, sondern nur Knöchel gehalten. Und wenn er mit dieser dummen Miene da herumsteht, wird nichts passieren.*

Sehr langsam griff sie nach dem Saum ihres Pullovers und zog ihn über den Kopf. Er starrte sie staunend und bewundernd an. Sie griff nach hinten und hakte den Büstenhalter auf, damit er sie nackt bis zur Hüfte sehen konnte.

»Jetzt du«, sagte sie sehr leise.

Sie schaute ihn an, als er sich die Uniform vom Körper riß.

Er ist sehr gut darin, dachte sie. *Sehr schnell. Vermutlich hat er viel Erfahrung, sich in solchen Situationen zu beeilen.*

Und dann war er nackt.

»Du bist das Schönste, was ich je gesehen habe«, sagte er.

»Du auch«, sagte Sage.

Als McCoy sie weitaus zärtlicher in die Arme nahm und an sich drückte, als sie erwartet hatte, fragte sich Sage, ob es so weh tat, wie es hieß, ob viel Blut fließen würde und ob ihm das peinlich sein würde.

4

Pick saß in Unterwäsche im Wohnzimmer von Penthouse C und frühstückte, als McCoy zurückkehrte.

»Du warst aus und hast Blüten bestäubt, nicht wahr?« sagte Pick.

McCoy gab keine Antwort.

»Ich fragte mich, was passiert ist«, fuhr Pickering fort, »und ging das Risiko ein, Frühstück für uns beide zu bestellen.«

»Ich hab keinen Hunger«, sagte McCoy.

Doch er setzte sich hin, trank Kaffee und schlang ein Steak, zwei Eier und ein halbes Dutzend belegte Brötchen hinunter.

»Ich dachte mir, du könntest einen kleinen Bissen zur Stärkung gebrauchen, mein lieber Abgeschlaffter«, bemerkte Pickering.

»Du kannst mich mal«, bot McCoy an.

»Ah, dann hast du also keine dafür gefunden«, sagte Pickering. »Mit deinem wohlbekannten unglaublichen Glück fielst du ausgerechnet in die Klauen einer unserer berühmten Damen, die Gentlemen nur aufgeilen, sie aber nicht ranlassen.«

»Es war eine Jungfrau«, sagte McCoy.

»Wußte nicht, daß es noch welche gibt«, sagte Pickering, ohne zu denken, und erst dann wurde ihm klar, daß McCoy nicht prahlte, sondern sich ganz im Gegenteil genierte.

»Wer war sie?« fragte Pickering.

»Gestern waren zwei arme Personen hier«, sagte McCoy. »Ich fand die andere.«

»Was hat denn Armut mit Pimpern zu tun?« fragte Pickering. »Wenn ich mich so umsehe, gewinne ich den Eindruck, daß arme Leute jede Menge pimpern.«

»Sie ist ein Traum-Mädchen, Pick«, sagte McCoy. »Und ich habe ihr die Unschuld genommen.«

»Der Tod und der Verlust der Unschuld widerfahren zwangsläufig allen Menschen. Und den Jungfrauen«, sagte Pickering im sonoren Tonfall eines Nachrichtensprechers, der eine Schreckensnachricht ankündigt.

McCoy mußte lächeln.

»Welche war es?« erkundigte sich Pickering.

McCoy wollte ihm ihren Namen nicht nennen.

»Wir haben uns heute zum Mittagessen verabredet.«

»Ich werde selbstverständlich die Suite räumen«, sagte Pickering.

»Nichts wirst du, verdammt«, wandte McCoy ein. »Sie muß heute morgen arbeiten. Sie sagte, sie trifft sich mit mir auf einen Imbiß. In der Grand Central Oyster Bar. Kennst du die?«

»Sonderbarerweise ja. Die Grand Central Oyster Bar befindet sich trotz des irreführenden Namens in der Grand Central

Station.« Er verkniff sich auszusprechen, was ihm in den Sinn kam, nämlich, daß McCoys entjungferte Jungfrau offenbar von der aphrodisischen Wirkung von Austern gehört hatte.

»Die Austernpinte liegt gleich um die Ecke von Brooks Brothers.«

»Sie sagte um halb eins«, erklärte McCoy. »Schaffen wir das rechtzeitig?«

»Klar«, sagte Pickering.

Die Offiziersanwärter Pickering und McCoy waren nicht die ersten zukünftigen Offiziere des Marine-Corps, die der Verkäufer bei Brooks Brothers gesehen hatte. Darüber hinaus freute er sich, sie zu sehen. Nicht nur, daß es ein Verkauf im Warenwert von ein paar hundert Dollar war (noch mehr, wenn der Kunde seine Uniformen maßgeschneidert statt von der Stange haben wollte), sondern es war auch ein schneller Verkauf.

Der Verkäufer brauchte nichts von seiner Zeit mit anerkennendem Lächeln zu verbringen, während der Kunde ein Stück nach dem anderen anprobierte. Es war nichts auszuwählen. Der Stil und die Mode waren vorgegeben.

»Uniformen, Gentlemen?« fragte der Verkäufer.

»Erraten«, sagte einer der Marines. »Ich halte es für eine gute Idee, wenn Sie bei mir neu Maß nehmen. Ich habe gerade einen ziemlich interessanten Ausbildungskursus mit körperlichem Training hinter mir, und ich denke, daß ich ein wenig schlanker geworden bin.«

»Oh, Sie stehen als Stammmkunde in unserer Kartei, Sir?«

»So ist es«, sagte Pickering. »Aber es freut mich, daß Sie das zur Sprache gebracht haben. Dies ist Mr. McCoy. Er ist soeben aus Asien zurückgekehrt, und er hat noch kein Konto. Ich glaube, du hattest noch keine Zeit, ein Bankkonto eröffnen zu lassen, oder, Ken?«

»Ich habe ein Bankkonto«, sagte McCoy.

»Jedenfalls werden Sie ein Kundenkonto für ihn eröffnen«, sagte Pickering.

»Ich bin sicher, daß dies kein Problem sein wird, Sir«, sagte der Verkäufer. »Wie war noch Ihr Name?«

»Pickering. Malcolm Pickering.«

»Einen Augenblick, Sir, und ich hole Ihre Maße«, sagte der Verkäufer.

Pickerings Maße standen auf der Karteikarte mit seinen Kontobewegungen. Es waren kodierte Anmerkungen, daß die Rechnungen langsam, aber schließlich stets völlig bezahlt wurden. Brooks Brothers zog eine sofortige Bezahlung vor, aber man freute sich ebenso, wenn große Rechnungen bezahlt wurden, wann es den Reichen beliebte. Die letzte Bestellung vom jungen Mr. Pickering waren zwei Smokings, drei Straßenanzüge, ein Morgenmantel, ein Dutzend Hemden, ein Dutzend Garnituren Unterwäsche und zwei Paare Schuhe gewesen.

Der Schneider wurde gerufen und nahm Maß. Mr. Pickering war tatsächlich etwas schlanker, aber auch ein wenig breiter in den Schultern geworden.

»Sie wissen, was wir brauchen?« fragte Mr. Pickering.

»Jawohl, Sir.«

»Nun, dann nehmen Sie bitte bei ihm Maß, damit wir fort können. Mr. McCoy hat eine dringende gesellschaftliche Verabredung.«

Als McCoy unterzeichnete, konnte er die Summe nicht ganz glauben. Es gab ein Kleidungsgeld von einhundertfünfzig Dollar. Die Uniformen, die er soeben bestellt hatte (Brooks Brothers garantierte die Lieferng, wenn nötig durch eigenen Kurier, rechtzeitig vor der Ernennung zum Offizier) würden ihn etwas unter neunhundert Dollar kosten.

Er hatte das Geld auf dem Konto bei der Philadelphia Savings Fund Society, aber es war völlig unrealistisch, daß er für Uniformen fast doppelt soviel wie für den LaSalle zahlte.

Als sie auf der Straße waren, sagte Pickering: »Ich habe überlegt, ob du deine Uniformen dort kaufen sollst. Der Laden ist teuer, aber du brauchst gute Uniformen. Auf lange Sicht sind sie sogar billiger. Wenn du nicht das Moos hast, leihe ich es dir.«

»Ich brauche dein Geld nicht.«

»Hey, nicht so unfreundlich. Zwei Dinge wollen wir mal klarstellen. Erstens, du bist mein Kumpel. Und zweitens ist es besser, reich zu sein anstatt arm, und ich habe nicht vor, mich bei dir zu entschuldigen, weil ich schlau genug war, reich geboren zu werden.«

»Die letzten Hemden, die ich kaufte, kosteten mich fünfundsechzig Cent«, sagte McCoy. »Soeben habe ich ein Dutzend für sechs Dollar fünfundneunzig das Stück gekauft. So etwas nennt man über seine Verhältnisse leben.«

»Dann solltest du vorsichtig mit den Hemden sein, nicht wahr?« sagte Pickering. »Zum Beispiel aufpassen, dich nicht mit Senf zu bekleckern, wenn du ein Würstchen frißt.«

McCoy lächelte. Er konnte Pickering einfach nicht lange böse sein.

»Fünf Minuten nach zwölf«, sagte McCoy. »Wo ist die Grand Cental Station?«

»Da drüben«, sagte Pickering und wies die Richtung. »Werde ich deine entjungferte Jungfrau kennenlernen?«

»Das geht zu weit!« brauste McCoy auf.

Pickering sah den Zorn in McCoys Augen.

»Entschuldige«, sagte er.

Der kalte Ausdruck blieb in McCoys Augen.

»Tut mir leid, Ken«, sagte Pickering. »Du kennst mein großes Maul. War nicht so gemeint.«

»Hör mit diesem Thema auf.«

»Okay, okay«, sagte Pickering. »Ich sagte, daß es mir leid tut und daß ich es nicht so meinte. Wenn du mich suchen solltest, ich bin entweder in der Suite oder im *Club 21*. Ruf an. Wenn du nicht anderweitig beschäftigt bist.«

McCoy nickte und machte sich auf den Weg zur Grand Central Station. Pickering beobachtete ihn. Einen halben Block weiter blickte McCoy über die Schulter, wie um sich zu vergewissern, daß Pickering ihm nicht folgte.

Pickering tat, als hielte er nach einem Taxi Ausschau.

Der arme Hurensohn ist wirklich verknallt in diese Mieze, dachte er. *Möchte wissen, wer sie ist.*

Ein Taxi hielt, und Pickering stieg ein.

»Grand Central«, sagte er.

»Aber das ist doch nur die Straße runter!«

Pickering überreichte ihm fünf Dollar.

»Fahren Sie einen Umweg um den Block«, sage er. »Ich habe es nicht eilig.«

Pickering fühlte sich wie ein Privatdetektiv, der einen fremdgehenden Ehemann beschattete, als er sich in der Oyster Bar versteckte, so daß er McCoy und die deflorierte Dame sehen konnte, ohne selbst von ihnen gesehen zu werden.

Pickering war zweifach überrascht, als die entjungferte Jungfrau fünf Minuten zu früh auftauchte und nach kurzem Zögern McCoy küßte, zuerst unpersönlich und distanziert, dann auf den Mund, wobei sie ihm in die Augen sah wie eine Frau, die ihren Geliebten küßt.

Pick Pickering kannte Sage seit seiner Kindheit. Es überraschte ihn, daß sie bis vor kurzem noch Jungfrau gewesen war, und es überraschte ihn, daß McCoy sie für arm hielt. Es gab einige Leute, die der Meinung waren, daß Ernie Sage ihren Job bei der J. Walter Thompson Werbeagentur bekommen hatte, weil Sie die Doktorprüfung mit summa cum laude bestanden hatte. Und es gab Leute, die der Ansicht waren, daß sie den Job bekommen hatte, weil J. Walter Thompson die Werbung für die ›American Personal Pharmaceutical Incorporated‹ machte, die pro Jahr mit fünfzehn oder zwanzig Millionen für die breite Palette von Zahnpasten, Mundduschen und Haarpflegemitteln warb. Der Aufsichtsratsvorsitzende von American Personal Pharmaceuticals (und angeblich der größte Aktionär) war Ernest Sage.

XIII

1

Auf dem Highway 1 bei Washington, D.C.

23. November 1941, 22 Uhr 30

Sie stoppten, um zu tanken und einen Hamburger zu essen, und als sie die Fahrt fortsetzten, übernahm Pickering das Steuer.

»Wie fandest du das Met?« fragte Pickering.

»Das was?«

»Da ich dich nicht sah, seit wir uns nach dem Besuch bei Brooks Brothers bis halb sechs heute nachmittag trennten, nahm ich natürlich an, daß du deinen geistigen Horizont erweitert und die kulturellen Attraktionen von New York City besucht hast. Wie zum Beispiel das Metropolitan Museum of Art.«

McCoy schnaubte.

»Wir fuhren mit der Fähre nach Staten Island«, sagte er. »Die Lady sagte mir, es sei die längste Fahrt für einen Nickel auf der ganzen Welt.«

»Das muß aufregend gewesen sein«, sagte Pickering.

»Blödmann«, sagte McCoy heiter. »Da du so verdammt neugierig bist, verrate ich dir, daß wir die meiste Zeit in ihrem Apartment verbrachten.«

»Wir fahren im Augenblick mit achtundsechzig Stundenmeilen«, sagte Pickering.

»Na und? Du fährst. *Du* bekommst das Strafmandat, nicht ich.« Dann fügte er hinzu: »Aber vielleicht solltest du etwas langsamer fahren. Beim Marine-Corps wird man sauer, wenn Leute Strafzettel wegen zu schnellen Fahrens bekommen. Besonders in Wagen, die sie überhaupt nicht haben dürften.«

»Wenn du mir eine knallst, werde ich vermutlich die Kontrolle über den Wagen verlieren, und wir würden verunglücken und im Autowrack verbrennen«, sagte Pickering.

McCoy schaute ihn eigenartig an, etwa so, wie man jemand mustern mag, der nicht ganz zurechnungsfähig ist.

»Ich erwähne das, weil ich dir ein paar Dinge zu sagen habe«, fügte Pickering hinzu. »Ein Paar – sprich zwei, und ich will, daß du das Risiko kennst, das du eingehst, wenn du handgreiflich werden würdest.«

»Du kannst sagen, was du willst«, erwiderte McCoy. »Gott ist im Himmel, und auf der Welt ist alles in Ordnung.«

»Ernie Sage hat's dir wirklich angetan, was?«

»Woher weißt du ihren Namen?« fragte McCoy mißtrauisch.

»Ich bin euch gefolgt«, sagte Pickering. »Als ihr euch im Grand Central getroffen habt, schlich ich mich hinter eine Säule und beobachtete euch.«

»Du Hurensohn!« sagte McCoy. Aber er war nicht ärgerlich. »Ich hoffe, du Spanner bist auf deine Kosten gekommen.«

»Ja, es war sehr rührend«, sagte Pickering. »Romeo und Julia.«

»Sie ist wirklich ganz große Klasse«, sagte McCoy.

»Ich weiß, daß es mich nichts angeht . . .«

»Dann sag es nicht«, unterbrach McCoy.

». . . aber da du anscheinend soviel Wert auf solche Dinge legst, fühle ich mich verpflichtet, dir etwas über sie zu sagen.«

»Sei vorsichtig, Pick«, sagte McCoy, und es klang drohend.

»Ernie wurde nach ihrem Vater benannt«, sagte Pickering. »Nach Ernest Sage. Und Ernest Sage ist Aufsichtsratsvorsitzender von American Personal Pharmaceutical.«

»Na und?« sagte McCoy. »Nie gehört.«

Pickering zählte ein Dutzend Markenartikel des Konzerns auf.

McCoy begriff. »Mit anderen Worten, sie ist wie du: reich.«

»Die Reichen sagen nicht ›reich‹, sondern ›in angenehmen Verhältnissen‹, Ken«, erklärte Pickering.

»Es juckt mich nicht, was sie sagen!« fuhr McCoy ihn an. »Reich ist reich.« Es folgte einen Augenblick lang Schweigen, und dann sagte McCoy: »Oh, verdammt!«

Es war wie ein zorniger Aufschrei.

»Wie ich dir klarzumachen versuchte, sind Reiche nicht ganz mit Leprakranken gleichzusetzen«, sagte Pickering. »Ich bin sicher, wenn du dich bemühst, könntest du dich daran gewöhnen und sogar Gefallen daran finden.«

»Sie hat mich angelogen, verdammt! Warum hat Sie das getan?« McCoy sagte es im Selbstgespräch, und Pickering war klar, daß McCoy gar nicht zugehört hatte.

»Es besteht die entfernte Möglichkeit, daß die Lady dich attraktiv findet«, sagte Pickering. »Marines stehen bei den Damen hoch im Kurs, hörte ich.«

»Sie hielt mich zum Narren!« stieß McCoy hervor. »Gottverdammt, sie ließ mich sogar alles über Norristown erzählen!«

»Norristown?«

»Weshalb ich zum Marine-Corps ging. Alles über meinen Vater. Und sogar über meine Schlampe von Schwester.«

»Wenn sie das hören wollte, dann bedeutet das, sie ist an allem interessiert, was dich anbetrifft. Was ist daran falsch?«

»Halte dich heraus, ja?«

»Jetzt tut es mir leid, daß ich dich aufgeklärt habe«, sagte Pickering.

»Wenn du das nicht getan hättest, dann hätte ich noch einen größeren Idioten aus mir gemacht!«

»Wie ich schon sagte, es besteht die entfernte Möglichkeit, daß Ernie dich mag . . .«

»Sie kann es nicht ausstehen, Ernie genannt zu werden«, warf McCoy ein.

». . . wie du bist. Mit all deinen Fehlern und Mängeln«, fuhr Pickering fort.

»Mann, du kapierst einfach nichts! Dies ist mir nicht zum erstenmal passiert. Sie wollte nur einen steifen Pimmel, das war alles, und Marines stehen in dem Ruf, steife Pimmel zu haben.«

»Ich meine, du irrst dich«, sagte Pickering.

»Ich pfeife auf deine Meinung, ich *weiß* es«, sagte McCoy.

»Du sagtest, daß du . . .«, Pickering suchte nach einer vorsichtigen Formulierung, ». . . daß du der erste warst.«

»Na und?«

»Das bedeutet etwas für Frauen, nach allem, was ich gehört habe. Sie können es nur einmal weggeben. Ernie entschied sich, es für dich wegzugeben.«

»Sie entschied sich, es hinter sich zu bringen, und ich war gerade verfügbar.«

»Das ist Blödsinn, und das weißt du.«

»Sie hat mich belogen, du Blödmann! Sie hat mich verarscht. Es wäre ihr erster Job, sagte sie, gleich nach der Schule, und ich dachte, sie meinte nur die Oberschule. Und sie log mir vor, sie erhalte achtzehn Dollar fünfzig pro Woche, und deshalb sei ihre Wohnung so eine Bruchbude.«

»Das stimmt alles«, sagte Pickering.

»Du weißt, was ich meine«, fuhr McCoy ihn an.

»Sie mußte bei dir Idiot lügen«, sagte Pickering. »Du hast diesen stark entwickelten Minderwertigkeitskomplex, und sie hatte Angst, daß du dich in dein Loch zurückziehst.«

»Tu mir einen Gefallen, Pickering«, sagte McCoy. »Halte dein verdammtes Maul!«

»Ken, ich möchte dich davon abhalten . . .«

»Halt dein verdammtes Maul, sagte ich! Das Thema ist beendet!«

Pick Pickering sagte sich, daß es unter den gegebenen Umständen das Beste war, sein verdammtes Maul zu halten.

2

Die letzte Woche des Zugführerlehrgangs 23-41 verging so schnell, wie die vorangegangenen Wochen vergangen waren, jedoch weitaus angenehmer.

Pick Pickering formulierte es so: »Es ist, als hätte das Marine-Corps, das all die Zeit und Mühen aufgewandt hat, um uns zu Wilden zu machen, die Risiken erkannt hat, die es eingeht, wenn es uns auf die ahnungslose Zivilbevölkerung losläßt, und sich jetzt bemüht, uns wieder zu zivilisieren.«

Es gab verschiedene Lektionen über die Manieren und das Verhalten, das man von Offizieren des Marine-Corps erwartete, Unterricht über Finanz- und Versicherungsfragen, einen Vortrag, wie wichtig es war, ein Testsament zu machen, und Lektionen über die Vorschriften bezüglich Reisen und Versetzungen von Offizieren.

Die Lehrgangsteilnehmer wurden sogar in den Offiziersklub gebracht, wo ihnen an einem Beispiel die komplizierten Einzelheiten einer Mitgliedschaft im Offiziersklub erklärt wurden. Sie wurden in den Speiseraum geführt und durften bestellen, was ihre Phantasie auf der Speisekarte beflügelte (die Pickering und McCoy ein wenig enttäuschend fanden), und dann zeigte man ihnen, wie die Rechnung vom Gast abgezeichnet wurde. Offiziere und Gentlemen zahlten nicht bar in Offiziersklubs.

Nach dem Besuch des Klubs und bevor sie zum Kompaniegebäude zurückmarschierten, erlaubte ihnen ein Lance Corporal an einem Tisch außerhalb des Speiseraums, die Rechnungen mit Bargeld zu bezahlen.

Aber sie gewannen eine Vorstellung von den Dingen. Sie hatten ihre erste Mahlzeit als Gentlemen – wenn auch noch nicht ganz als Offiziere und Gentlemen – eingenommen, und es war ihnen erlaubt, das Essen stehenzulassen, wenn es ihnen nicht schmeckte, weil sie es ja selbst bezahlten. Corporal Pleasant hatte sie nicht mal zum Offiziersklub marschieren lassen (Lehrgangsteilnehmer McCoy hatte den Befehl erhalten, das zu tun), und folglich bestand kein Risiko, daß jemand den Befehl erhielt, den Teller abzulecken.

Während der letzten paar Tage hatten sie vom Dienstende bis zum Zapfenstreich Ausgang. Pickering und McCoy gingen oft zu einer Imbißstube, wo ein Krug Bier und Papierbecher einen Quarter kosteten. McCoy trank viel Bier, doch weder er noch Pickering betranken sich oder brachten das Thema Miß Ernestine Sage zur Sprache.

Am Mittwochnachmittag vor der Ernennung zum Offizier wurden die meisten der Offiziersuniformen geliefert. Die vorgeschriebene Uniform für die Zeremonie war eine Mischung aus Offiziers- und Unteroffiziers-Uniform. Sie durften natürlich keine Dienstmütze des Offiziers tragen, da sie noch keine Offiziere waren. Aber sie trugen Offiziersjacken und -hosen ohne Offiziers-Rangabzeichen, denn der Hauptzweck des Antretens bestand darin, zu sehen, ob die Uniformen am Freitag, dem Tag der Vereidigung, passen würden.

Pickering und McCoy erhielten ihre Uniformen nicht am Mittwochnachmittag. Als Corporal Pleasant das feststellte, hatte er das letzte Mal Gelegenheit, seine Meinung über die Intelligenz, das Verantwortungsgefühl und die Abstammung zweier seiner Schützlinge kundzutun. Doch selbst danach wurden sie nicht zu Stubenarrest verdonnert. Sie holten den LaSalle ein letztes Mal vom Gelände der Militärpolizei und fuhren aus der Garnison, damit ›Ochse‹ Pickering sich erkundigen konnte, warum Brooks Brothers nicht geliefert hatte.

Es war ziemlich schwierig, ein lächerliches Telefonat zu führen, denn es gab in der Garnison nur ein paar Münzfernsprecher und davor warteten für gewöhnlich lange Schlangen. Und sie mußten den Wagen vom Gelände der Militärpolizei holen, anstatt mit einem Bus zu fahren, weil die MPs in den Bussen die Passierscheine überprüften. Mit McCoys richtigem Aufkleber auf dem Wagen und dem Feldhut kamen sie ohne Überprüfung an dem MP-Posten am Tor vorbei.

Am Donnerstagmorgen, als die Lehrgangsteilnehmer die Abschlußfeier und Vereidigungszeremonie übten, fuhr ein blauer Ford-Kombi bei der Kompanie vor. Ein großer Schwarzer stieg aus dem Wagen und sprach Corporal Pleasant an.

»Hey, Mac!« rief er Pleasant zu. »Ich komme von Brooks Brothers. Ich suche Mr. Pickering und Mr. McCoy.«

Selbst Pleasant wirkte amüsiert.

»Mr. McCoy ist das Arschloch, das die Standarte hält«, sagte er, »und Mr. Pickering ist das große Arschloch im hinteren Glied. Winken Sie dem netten Mann, Mr. Pickering.«

Der Mann von Brooks Brothers winkte fröhlich zurück, als Mr. Pickering winkte, und dann begann er in Folie gehüllte Uniformen, Kartons mit Hemden und Hutschachteln aus seinem Wagen auszuladen. Er stapelte alles auf den Boden und ging dann zu Mr. Pickering und Mr. McCoy, um sich den Empfang quittieren zu lassen.

Nach der Probe, als sie die Uniformen auspackten, kam Corporal Pleasant in die Unterkunft.

»Achtung!« bellte jemand.

»Weitermachen«, sagte Corporal Pleasant. Und dann ging er von Mann zu Mann und überreichte jedem einen dicken Stapel Papier. Es waren ihre Versetzungsverfügungen.

Es gab drei verschiedene Einsatzmöglichkeiten, oder, genauer gesagt, drei verschiedene Ausfertigungen desselben Befehls. Mit der ersten wurde etwa die Hälfte der Lehrgangsklasse 23-41 nach Camp LeJeune, North Carolina, befohlen und fast alle anderen nach San Diego, California.

Auf der dritten Ausfertigung standen nur zwei Namen. Er lautete, daß die Offiziere für eine Dienstzeit von drei Jahren, es sei denn, sie werde durch zuständige Stellen verlängert, weiter dem Hauptquartier, U.S. Marine-Corps, Washington, D.C., für noch festzulegenden Verwaltungsdienst zugeteilt wurden.

»Was, zum Teufel, soll das heißen?« fragte Pickering, als Pleasant gegangen war.

McCoy hatte eine sehr gute Vorstellung, was es in seinem Fall heißen sollte, aber er hatte keine Ahnung, was das Marine-Corps für Pickering geplant hatte.

»Es heißt, während der Rest dieser Clowns durch die Wildnis läuft und robbt, werden wir beide am Schreibtisch sitzen«, erklärte er.

Am Freitag, dem 28. November 1941, traten die Teilnehmer des Lehrgangs 23-41 um 12 Uhr 45 zum letzten Mal an. Sie trugen die Uniformen von Second Lieutenants des U.S. Marine-Corps, doch Corporal Pleasant nahm seine gewohnte Position ein und ließ sie zum Paradeplatz marschieren.

Erster Punkt des Zeremoniells war es, sie förmlich zu Second Lieutenants zu ernennen. Dann folgte die Vereidigung der Offiziere. Sie hoben die rechte Hand und schworen, die Verfassung der Vereinigten Staaten gegen alle Feinde, ausländische und inländische, zu verteidigen, die Befehle vorgesetzter Offiziere zu befolgen, und nach besten Kräften die Pflichten des Dienstes zu erfüllen, in dem sie eingesetzt würden, so wahr ihnen Gott helfe.

McCoy war zu seiner Überraschung als Zugführer eingeteilt worden. Er übernahm die Abteilung von Corporal Pleasant, ließ sie an der Tribüne vorbeimarschieren, und als sie in der richtigen Position war, gab er das Kommando »Augen – rechts!« und grüßte.

In diesem Moment begann die Kapelle von Quantico, die nur den Marschrhythmus getrommelt hatte, die Hymne des Marine-Corps zu spielen.

Als Second Lieutenant Pickering, USMCR, den Befehl befolgte und den Kopf nach rechts drehte, sah er zwei bekannte Gesichter auf der Tribüne: seinen Vater und seine Mutter.

Auf der verdammten Tribüne mit den Offizieren, nicht mit den anderen Eltern und Frauen und Angehörigen, die zu der Parade gekommen waren. Auf der verdammten Besichtigungs-Tribüne!

Die Offiziere auf der Besichtigungs-Tribüne erwiderten McCoys Gruß.

»Augen geradeaus!« befahl McCoy, als er schätzte, daß die gesamte Formation an der Tribüne vorbeimarschiert war. Er führte sie zum Ausgangspunkt in der Nähe der Tribüne zurück.

Die Offiziere verließen die Tribüne in der Rangfolge. McCoy grüßte zackig, als der Leiter der Offiziersausbildung, ein Colonel, auf ihn zukam.

»Lassen Sie rühren, Lieutenant«, sagte der Colonel.

McCoy gab das Kommando »Rührt euch!«

»Herzlichen Glückwunsch«, sagte der Colonel zu McCoy. »Willkommen im Offizierskorps des U.S. Marine-Corps.«

Er schüttelte McCoy die Hand und überreichte ihm sein Diplom und seine Ernennungsurkunde in einer dekorativen Papphülse. Dann schritt der Colonel samt Gefolge an den einzelnen Gliedern entlang und wiederholte die Prozedur bei jedem der frischgebackenen Offiziere.

Schließlich kehrte das Gefolge zur Besichtigungstribüne zurück.

»Lieutenant«, kommandierte der Colonel. »Lassen Sie die Gentlemen wegtreten.«

McCoy grüßte, machte eine Kehrtwendung und gab das entsprechende Kommando.

Die Männer des Lehrgangs 23-41 standen einen Moment lang da, als könnten sie noch nicht glauben, daß es tatsächlich vorüber war und sie jetzt wirklich Offiziere und Gentlemen des U.S. Marine-Corps waren.

Und dann jubelte plötzlich einer von ihnen, vermutlich Emmett, der Armleuchter aus Texas, der immer so sonderbare Laute von sich gab. Das brach den Bann, und alle begannen, sich die Hände zu schütteln und sich gegenseitig auf die Schulter zu klopfen.

Captain Jack Stecker verließ die Tribüne und ging zu McCoy. Als er sich näherte, machte sich Pickering auf den Weg zur Tribüne. McCoy fragte sich, wohin Pickering wollte, aber er konnte ihn nicht fragen, weil Stecker auf ihn zukam.

Er grüßte Stecker, und der Captain schüttelte ihm die Hand.

»Trotz allem, was die Leute über China-Marines denken, werden dann und wann ziemlich gute Offiziere daraus,

Lieutenant«, sagte Stecker. »Ich denke, Sie werden einer dieser guten Offiziere.«

»Danke, Sir«, sagte McCoy.

»Ich dachte, Sie möchten vielleicht zum MP-Gelände mitfahren«, sagte Stecker.

»Ich holte den Wagen schon gestern abend ab, Sir«, sagte McCoy.

»In diesem Fall wünsche ich Ihnen nur viel Glück.«

Er reichte McCoy die Hand. Beide Männer grüßten, und Stecker ging davon.

McCoy sah, daß die Teilnehmer des Lehrgangs 23-41 bei der Tribüne eine Reihe gebildet hatten. Corporal Pleasant grüßte jeden von ihnen. Dann überreichten sie ihm einen Dollar. Das war Tradition.

Zur Hölle mit ihm! dachte McCoy. Pleasant war nur zu bereit gewesen, ihm einen Tritt zu versetzen, wenn er am Boden gewesen war, und er war im Grunde kein guter Corporal.

Ich werde dem Hurensohn keinen Dollar geben, damit er mich grüßen muß, dachte McCoy. *Er wird damit schnurstracks zum Unteroffiziersklub laufen und Geschichten über die unfähigen Arschlöcher erzählen, die das Marine-Corps soeben zu Offizieren gemacht hat.*

Und dann sah er, daß Pick Pickering nicht in der Reihe stand. Er war bei einem Paar, einem gutgekleideten Mann und einer Frau mit langem Pelzmantel. Offenbar waren Picks Eltern gekommen, um ihren Sohn als frisch ernannten Second Lieutenant zu sehen. McCoy machte sich auf den Rückweg zum Kompaniegebäude.

Pickering lief hinter ihm her und holte ihn ein.

»Ich möchte, daß du meine Eltern kennenlernst«, sagte Pick.

»Würde ich da nicht stören?«

»Sei kein Arschloch, Arschloch.« Pick packte McCoy am Arm und zog ihn zur Tribüne.

»Ich hab' gar nicht gesehen, daß du Pleasant seinen Dollar gegeben hast«, sagte Pickering.

»Das kommt, weil ich ihm keinen gegeben habe«, erwiderte McCoy. »Nur weil wir jetzt einen Balken tragen, hat Pleasant sich nicht geändert. Er ist immer noch ein gemeines Arschloch.«

»Wer wird denn nachtragend sein, Lieutenant?« sagte Pickering.

»Ich«, sagte McCoy.

Fleming Pickering, Picks Vater, lächelte und reichte McCoy die Hand.

»Ich wußte natürlich, wer Sie sind«, sagte er.

»Sir?« McCoy blickte ihn verwirrt an.

»Ein Corporal des Marine-Corps erkennt immer einen anderen, sogar in einer Menge von Arschlöchern«, sagte Fleming Pickering mit einem amüsierten Lächeln.

»Flem!« sagte Mrs. Pickering tadelnd. Sie lächelte McCoy an und gab ihm die Hand. »Entschuldigen Sie meinen Mann. Daß er Corporal bei den Marines war, hält er für das Ereignis seines Lebens. Es freut mich, Sie endlich kennenzulernen, Ken – ich darf Sie doch Ken nennen, ja? – Malcolm hat soviel über Sie geschrieben.«

»Jawohl, Ma'am«, sagte McCoy.

Fleming Pickering lächelte. »Ich würde nichts lieber haben, als bei einem langen Mittagessen mit Ihnen zusammenzusitzen und mir erzählen zu lassen, wie sie meinen Schneemann hier gehütet haben, aber wir müssen das Flugzeug bekommen.«

»Das hatte ich ganz vergessen‹, sagte Pick.

»Morgen um diese Zeit werden wir hoch über dem blauen Pazifik sein«, sagte Fleming Pickering. »Auf dem Weg zum sonnigen Hawaii. Ich wollte ursprünglich allein hinfliegen, aber dann erzählte irgendein Haderlump meiner Frau von den Mädchen in den Baströckchen.«

»Ich hatte keine Sorge wegen der Hula-Hula-Mädchen«, entgegnete Picks Mutter. »Meine Sorge war, wie du dich auf einem Schiff benimmst. Wenn man acht Mahlzeiten am Tag serviert – und auf den Pazifik-Routen gibt es die –, und ich nicht dabei bin, dann würdest du alle acht essen und zu einer Tonne werden.«

»Ihr kommt mit dem Schiff zurück?« fragte Pick. »Ich dachte, ihr fliegt hin und zurück.«

»Nein«, sagte Picks Vater. »Ich habe das Treffen in San

Francisco auf den Zwanzigsten verschoben. So können wir in Honolulu am Zehnten an Bord gehen und sind immer noch früh genug zurück.«

Pick nickte zustimmend.

McCoy reimte sich schließlich zusammen, wovon sie redeten. Er war ein wenig beeindruckt gewesen, weil er gedacht hatte, Picks Eltern wären den weiten Weg von Virginia gekommen, nur um Picks Vereidigung zu sehen. Doch für sie war das ungefähr so wie der Abstecher zu einem Drugstore an der Ecke, um Zigaretten zu kaufen. Sie würden mal eben nach Hawaii fliegen. Pick war nur überrascht gewesen, weil sie nicht auch zurück flogen.

Pick und seine Eltern waren Leute aus einer anderen Welt.

Aus einer Welt wie der von Ernestine Sage. Aus einer Welt, in die er – Ken McCoy – nicht gehörte, nicht einmal mit einem goldenen Balken auf der Schulter.

3

Washington, D.C.

28. November 1941, 16 Uhr

Bevor Pickerings Eltern aufgetaucht waren, hatte es für McCoy und Pickering festgestanden, daß sie sofort nach der Vereidigung nach Washington fahren würden. Der LaSalle war bereits mit ihrem Gepäck beladen.

McCoy war überzeugt gewesen, daß sich das wegen seiner Eltern ändern würde. Doch das war nicht der Fall. Pick schüttelte seinem Vater die Hand, ließ sich von seiner Mutter einen Kuß geben, und dann verabschiedete sich das Ehepaar Pickering und ging.

Pick und McCoy gingen wie ursprünglich geplant zum LaSalle, den McCoy bei der Unterkunft geparkt hatte, stiegen ein und fuhren los.

Sie verabschiedeten sich nicht von den anderen des Lehrgangs 23-41. Weil McCoy auf der schwarzen Liste von Pleasant und dem Gunnery Sergeant gestanden hatten, war er von den anderen meistens wie ein Aussätziger gemieden worden. Und sie hatten auch Pickering gemieden, weil er McCoys Kumpel war. Und dann hatte es Getuschel gegeben, weil die beiden ›Verwaltungsdienst‹ in Washington machen würden anstatt Kompaniedienst in LeJeune oder San Diego.

Pickering dachte darüber nach, als sie in den LaSalle stiegen. Wenn ihn mal irgend jemand von der Klasse 23-41 zum Klassentreffen einladen würde, dann würde er mit Bedauern absagen.

Diesmal wurden sie von dem Militärpolizisten am Tor angehalten. Zuerst winkte der MP sie durch, dann sah er die Balken und grüßte schneidig, und schließlich trat er auf die Straße vor den Wagen und hob die Hand.

Er grüßte von neuem, als McCoy die Scheibe hinunterdrehte.

»Verzeihen Sie, Sir, ist das Ihr Wagen?«

»Ja, das ist meiner«, sagte McCoy.

»Er hat den Aufkleber eines Unteroffiziers, Sir.«

»Das kommt daher, weil ich bis vor ungefähr zwanzig Minuten ein Unteroffizier war«, sagte McCoy.

Der Militärpolizist lächelte breit. »Ich dachte mir, daß Sie das waren«, sagte er bewundernd. »Sie haben sich die ganze Zeit auf dem Lehrgang hier rein und raus gemogelt, nicht wahr?«

»Wie können Sie nur so etwas argwöhnen?« fragte McCoy.

Der MP knallte die Hacken zusammen, nahm Grundstellung ein und salutierte.

»Sie können passieren, Sir«, sagte er. »Danke, Sir.« Eine Minute später, als sie die Garnison verlassen hatten, sagte McCoy: »Ich glaube, ich sollte irgendwo halten und den Aufkleber abkratzen.«

»Und dann?«

»Was – und dann?«

»Was machen wir, wenn wir in Washington sind?«

»Ich dachte, du würdest dir Urlaub nehmen«, sagte McCoy.

»Nein. Ich melde mich lieber gleich. Möchte erfahren, was man mit mir vorhat. Wie machen wir das?«

»Heute sind wir noch im Dienst«, erklärte McCoy geduldig. »Uns steht ein Reisetag bis nach Washington zu, also bis morgen Mitternacht. Wenn wir uns bis Mitternacht am Sonntag melden, wird uns das als Diensttag und nicht als Urlaubstag angerechnet. Also werden wir uns am Sonntag etwa um dreiundzwanzig Uhr so langsam umschauen, wo wir uns melden müssen.«

»Du fährst nicht nach Hause?« fragte Pickering, und als McCoy den Kopf schüttelte, fuhr er fort: »Oder nach New York?«

»Nein«, sagte McCoy steif.

»Ich dachte, daß du vielleicht wieder vernünftig werden würdest, wenn du nach New York fährst.«

»Du verstehst nicht, worum es geht«, sagte McCoy. »Ich *bin* wieder vernünftig geworden. Und damit ist dieses Thema beendet.«

»Okay, dann werden wir uns im Lafayette einquartieren«, sagte Pickering. »Es ist ein wenig spießig, aber es hat ein sehr gutes französisches Restaurant.«

»Ein weiteres deiner Hotels?«

»Eigentlich gehört es meinem Opa«, sagte Pickering. »Es ist in der Nähe vom Weißen Haus. Glaubst du, du kannst das Weiße Haus ohne Straßenkarte finden, Lieutenant?«

»Nein, ich war noch nie in Washington, und ich habe keine Straßenkarte, und ich werde nicht schon wieder deinem ›Opa‹ auf der Tasche liegen«, sagte McCoy.

»Nun gut«, sagte Pickering. »Ich werde im Lafayette wohnen, und du kannst nächtigen, in welcher Flohbude es dir auch immer beliebt, solange ich weiß, wo ich dich finden kann, wenn wir uns zum Dienst melden müssen. Ich sage es nicht gern, Lieutenant, da du ein Offizier und Gentleman und alles bist, aber du hast ein großes Talent zu einem Arschloch.«

McCoy lachte.

»Bist du sicher, daß du dich gleich zum Dienst melden willst?« fragte er. »Es könnte lange dauern, bis man dir wieder Urlaub gibt.«

»Ich muß wissen, was dieser ›Verwaltungsdienst‹ ist«, sagte Pickering. »Der Klang gefällt mir nicht.«

»Was immer es sein mag, du hast keine Wahl.«

»Sei nachsichtig mit mir. Nimm mich mit und erkläre mir, was ich wissen muß. Und hör um Himmels willen auf, 'ne blöde Schau wegen ein paar Gratisübernachtungen zu machen. Das ist ein Teil des Geschäfts. Wenn man für Foster Hotels arbeitet, hat man ein Anrecht darauf, in Foster Hotels zu wohnen, wenn man auf Reisen ist.«

»Ich arbeite nicht für Foster Hotels«, wandte McCoy ein.

»Aber du bist mit mir zusammen, und folglich geht das klar«, sagte Pickering. »Und ich bin nun mal Opas Liebling. Hörst du auf mit deinem Gelaber?«

»Es ist mir peinlich«, sagte McCoy.

»Das ist es dir auch, wenn du dir in der Nase bohrst. Aber wenn du in Opas Hotel bleibst, kannst du dir so oft in der Nase bohren, wie du willst, und ich sage kein Wort.«

Der Portier des Lafayette Hotels kannte Pickering. Er eilte herbei und öffnete die Tür mit allem Getue, das man bei einem angesehenen Gast zeigt. Doch er sagte: »Mensch, Pick, bist du das wirklich, oder kommst du von einem Kostümball?«

»Sie sprechen mit einem Offizier und Gentleman des U.S. Marine-Corps, Sir«, sagte Pickering. »Sie brauchen sich nicht vor meine Füße zu werfen, knien würde genügen.« Er wandte sich an McCoy. »Ken, begrüße Jerry Toltz. Er ist ein alter Kumpel von mir. Wir jobbten hier mal einen heißen langen Sommer zusammen.«

»Wie lange wirst du hierbleiben?« fragte der Portier.

»Ich weiß es nicht. Vielleicht einige Zeit.«

»Weiß man, daß du kommst?«

»Ich glaube nicht.«

»Ich dachte mir schon, dann hätte ich was gehört«, sagte Jerry Toltz. »Das Haus ist voll belegt, Pick.«

»Wir brauchen ein Zimmer«, sagte Pickering.

»Nun, wenn nichts mehr frei ist, kannst du mit deinem Freund bei mir übernachten. Ich habe eine ausziehbare Couch.«

»Danke«, sagte Pickering.

»Brauchst du den Wagen?«

»Ja«, sagte Pickering. »Gut, daß du fragst. Versteck diesen

Wagen nicht hinten in der Garage. Wir müssen damit herauskommen.«

»Das setzt voraus, daß ihr mal reinkommt.« Der Portier wies einen Hoteljungen an, den Wagen in der Auffahrt zu parken.

Der Mann am Empfangspult kannte Malcolm Pickering ebenfalls. »Es wird Sie beruflich freuen, zu hören, daß das Haus voll belegt ist«, sagte er. »Privat wird das keine so gute Neuigkeit für Sie sein. Wie geht es Ihnen? Schön, Sie zu sehen. Ihr Großvater erzählte mir, daß Sie bei den Marines sind.«

»Schön, Sie zu sehen«, sagte Pickering. »Dies ist mein Freund Ken McCoy.«

Sie schüttelten sich die Hände.

»Wie lange sind Sie schon Offizier?« fragte der Manager.

»Seit vier oder fünf Stunden«, antwortete Pickering.

»Und da habe ich kein Bett für Sie! Ich kann nur herumtelefonieren. Das Sheraton schuldet mir noch ein paar große Gefallen.«

»Wie ist es mit dem Dienstmädchenzimmer der Hochzeitssuite?«

»Das ist nur ein Einzelzimmer«, wandte der Manager ein.

»Dann stellen Sie ein Bett dazu«, meinte Pickering. »Darauf kann ich schlafen.«

»Ich finde vielleicht morgen was für Sie.«

»Lieutenant McCoy und ich werden einige Zeit hier sein«, sagte Pickering. »Wie wäre es, wenn wir uns ein möbliertes Zimmer mieten? Können Sie uns einen Tip geben?«

»Möblierte Zimmer sind in Washington knapp. Da gibt es volle Wartelisten. Wenn Sie nicht auf einer Parkbank schlafen wollen, dann müssen Sie hierbleiben. Ich besorge Ihnen morgen oder übermorgen bestimmt ein Doppelzimmer. Oder brauchen Sie zwei getrennte?«

»Lieutenant McCoy und ich haben uns ein Zimmer mit dreißig anderen Gentlemen geteilt. Wir sind da nicht so verwöhnt.«

Sie trafen zufällig in der Kaserne des Marine-Corps ein, als der normale, planmäßige Fahnenappell am Freitagabend begann. Es spielte die Kapelle des Marine-Corps.

Wie ein choreographisch gut eingeübtes Ballett, dachte Pickering, als er die Zeremonie beobachtete, die mit unglaublicher Präzision ablief und deren Feinheiten ihm jetzt schon vertraut waren.

Diese Jungs sind wirklich so gut, wie man es von ihnen behauptet, dachte McCoy.

McCoy sah, daß die in Abständen um den Paradeplatz aufgestellten Marines in blauen Uniformen mehr aus praktischen als aus dekorativen Zwecken dort standen. Von Zeit zu Zeit mußte einer oder mußten ein paar von ihnen Touristen davon abhalten, auf den Platz zu laufen, um einen Schnappschuß von den Soldaten zu machen oder einfach einen besseren Blick auf das Geschehen zu bekommen.

Als die Kapelle des Marine-Corps schließlich davonmarschiert war, kam ein Lance Corporal an Pickering und McCoy vorbei. Er grüßte schneidig und sagte »Guten Abend, Sir!«

»Guten Abend«, hörte McCoy sich sagen.

Etwas fiel ihm auf. Und dann erkannte er, was es war. Als der Junge ihn gegrüßt hatte, war das automatisch geschehen. Der Junge hatte zwei Offiziere gesehen und gegrüßt. Nichts in seinem Blick hatte darauf hingewiesen, daß er annahm, einen Corporal der China-Marines in der Uniform eines Lieutenants zu grüßen. *Ich bin wirklich ein Offizier*, dachte McCoy. *Bis jetzt war es eine Art Theaterspiel. Aber nun ist es Wirklichkeit. Als dieser Junge grüßte, fühlte ich mich wie ein Offizier.*

Nun, das ist die richtige Kulisse, sagte er sich. *Die Kaserne des Marine-Corps in Washington.*

4

Am Samstag fuhren Pickering und McCoy durch Washington. Pickering fand den Gedanken, Tourist zu spielen, zuerst nur lustig, doch dann wurde ihm klar, daß es gar nicht so schlecht war. Er sah mit McCoy mehr von Washington, als er während des ganzen Sommers mitbekommen hatte, in dem er im Lafayette Hotel gejobbt hatte.

Und er begriff schließlich, daß McCoy nicht nur seine Neugier befriedigte: Er erkundete das Terrain. Pickering war sich nicht sicher, ob McCoy das absichtlich machte, doch es gab keine Frage, daß er es tat. Es kam ihm wieder in den Sinn wie manchmal in Quantico, daß McCoy wirklich eine sonderbare Ente im Teich der Gesellschaft war wie zum Beispiel ein Jesuitenpater. Sie waren nicht wie die anderen Enten, die im Teich schwammen. Sie schwammen mit einem Ziel herum und folgten Kommandos, die nicht von anderen Leuten gehört wurden. Der Kurs eines Jesuiten durch den Teich des Lebens wurde von Gott gelenkt; McCoys Kurs wurde von dem bestimmt, was er – bewußt oder unbewußt – annahm, daß es das Marine-Corps von ihm erwartete.

Sie verbrachten den größten Teil des Sonntags in den Museen des Smithsonian-Institus, und abermals freute sich Pickering über die Besichtigung. Er war überrascht über seine Gefühle beim Anblick des kleinen Flugzeugs, mit dem Charles Lindbergh nach Paris geflogen war, und der verblichenen und zerfetzten Fahne, die über Fort McHenry geflattert hatte.

Um halb elf am Sonntagabend (Pickering war noch nicht gewöhnt an die Zeitrechnung auf militärische Weise; er mußte gedanklich umrechnen und kam so auf die militärisch korrekte Zeitangabe 22.30 Uhr) meldeten sich die Second Lieutenants M. Pickering und K. J. McCoy mit ihren Befehlen beim Offizier vom Dienst in der Kaserne des Marine-Corps.

»Ihr frühes Melden wird vielleicht Ärger bei der Personalabteilung machen‹, sagte der Offizier vom Dienst. »Ich werde sie informieren, daß Sie hier sind, und man wird Sie im Quartier für ledige Offiziere anrufen.«

»Wir sind in einem Hotel in der Stadt«, sagte Pickering.

»Okay. Das ist vermutlich sogar noch besser. Wie Sie fesstellen werden, ist das Marine-Corps über die ganze Stadt verstreut. Welches Hotel?«

»Das Lafayette«, sagte Pickering.

»Sehr schön. Welche Zimmernummer?«

»Das weiß ich nicht.« Pickering lächelte.

»Woher wollen Sie denn wissen, wo Sie sich schlafen legen, wenn Sie die Zimmernummer nicht kennen?« fragte der Offizier vom Dienst sarkastisch.

»Wir sind in der Hochzeitssuite«, sagte Pickering und fügte schnell hinzu: »Genauer gesagt, im Dienstmädchenzimmer der Hochzeitssuite.«

Um 9 Uhr 15 am nächsten Morgen klingelte das Telefon im Dienstmädchenzimmer der Hochzeitssuite. Der Anrufer war ein Captain von der Personalabteilung. Lieutenant Pickering erhielt den Befehl, sich so schnell wie möglich bei Brigadier General D. G. McInerney zu melden, dessen Büro im Gebäude F der Anacostia Naval Air Station war. Vor McCoys Erkundung am Wochenende hatte Pickering nur eine vage Vorstellung davon gehabt, wo die Anacostia Naval Air Station war. Jetzt wußte er es genau. Er wußte sogar, wo er das Gebäude F finden konnte. Er hatte die Nummern der Gebäude gesehen.

Lieutenant McCoy mußte sich bei einem Major Almond in Zimmer 26 von Gebäude T-2032 melden, eines der provisorischen Gebäude vor dem Smithsonian-Institut. Nach McCoys Erkunden des Terrains wußten sie ebenfalls, wo dieses Gebäude war.

»Setz mich dort ab«, sagte McCoy. »Ich kann zu Fuß hierhin zurückgehen. Anacostia ist verdammt weit weg.«

Pickering fand Gebäude F ohne Schwierigkeiten. Es war einer der Bauten gleich hinter den Reihen der Hangars. Drei Minuten später stand er zu seiner großen Überraschung in Grundstellung vor dem Schreibtisch von Brigadier General D. G. McInerney, USMC. Er konnte nicht fassen, daß ein Brigadier General des Marine-Corps eine halbe Minute für einen Second

Lieutenant erübrigen konnte. Er hatte einfach angenommen, daß er seine Befehle von einem First Lieutenant erhalten würde.

General McInerney sah genau wie ein General aus, wie Pickering fand. Er hatte drei Reihen Ordensbänder unter dem goldenen Abzeichen eines Marinefliegers. Er hatte nicht mehr viele Haare, und die wenigen waren so kurz geschnitten, daß die Sommersprossen auf seiner Kopfhaut deutlich sichtbar waren.

Während Pickering stillstand, sagte er sich, daß der General nicht sehr freundlich wirkte, während er ihn mit unverhohlenem Interesse von oben bis unten musterte.

»Sie sind also Malcolm Pickering«, sagte General McInerney schließlich. »Sie müssen auf Ihre Mutter kommen. Sie haben überhaupt keine Ähnlichkeit mit Ihrem Vater.«

Pickering war so überrascht, daß für einen Moment sein Blick von der vorgeschriebenen Richtung – sechs Zoll über dem Kopf des Generals – wegirrte.

»Sie können rühren und Platz nehmen, Mr. Pickering«, sagte General McInerney. »Möchten Sie eine Tasse Kaffee?«

»Jawohl, Sir‹, sagte Pick Pickering. »Danke, Sir.«

Ein Sergeant tauchte wie durch Zauberei auf; offenbar hatte der General auf einen unsichtbaren Knopf gedrückt und ihn dadurch gerufen.

»Dies ist Lieutenant Pickering, Sergeant Wallace«, sagte General McInerney. »Er wird vermutlich für eine Weile bei uns sein.«

Der Sergeant reichte Pickering die Hand. »Guten Tag, Sir.«

»Lieutenant Pickerings Vater und ich waren im Krieg zusammen«, sagte General McInerney.

»Tatsächlich?« fragte Sergeant Wallace.

»Und der Vater des Lieutenants rief mich an und bat mich um der alten Zeiten willen, mich um seinen Sohn zu kümmern. Das versprach ich ihm natürlich.«

»Ich verstehe, Sir.«

Pickering fühlte sich elend und zornig.

»Ich denke, wir können mit dem Kümmern anfangen, indem wir dem Lieutenant eine Tasse Kaffee servieren.«

»Aye, aye, Sir«, sagte Sergeant Wallace. »Wie möchten Sie Ihren Kaffee, Lieutenant? Mit Milch und Zucker?«

»Schwarz, bitte«, sagte Pickering.

»Aye, aye, Sir!«

»Sind Sie im Quartier für ledige Offiziere einquartiert?« fragte General McInerney. »Oder wohnen Sie vielleicht in einem Hotel? In einem Foster Hotel?«

»Im Lafayette, Sir.«

»So etwas dachte ich mir. Ich meine, wenn Ihre Familie Hotels besitzt – wie viele Hotels sind es, Lieutenant?«

»Zweiundvierzig, Sir«, sagte Pick Pickering.

»Nun, wenn Ihre Familie zweiundvierzig Hotels besitzt, warum sollen Sie dann nicht in einem wohnen? Im Quartier für ledige Offiziere gibt es keinen Zimmerservice.«

»Jawohl, Sir.«

Der Kaffee wurde serviert.

»Danke, Sergeant«, sagte Pickering.

»Nicht der Rede wert, Sir«, erwiderte Sergeant Wallace.

»Ich nehme an, Sie mußten sich in Quantico erst daran gewöhnen, daß Ihnen keiner den Kaffee holte, nicht wahr?« sagte Geneal McInerney.

»Jawohl, Sir«, erwiderte Pickering.

»Nun, hier haben Sie wenigstens Sergeant Wallace und ein paar andere Unteroffiziere und Mannschaften für diese Dinge. Es wird für Sie nicht ganz wie zu Hause sein, aber ein bißchen besser als mit einem Schützenzug durch die Wildnis zu robben.«

»Jawohl, Sir«, sagte Pckering.

»Es ist nicht ganz das, was das Marine-Corps mit Ihnen im Sinn hatte«, sagte General McInerney, »doch wir haben für Sie arrangiert, daß Sie mein Junior-Adjutant sind. Wie finden Sie das?«

»Darf ich offen sprechen, Sir?« fragte Pickering.

»Selbstverständlich.«

»Mein Vater hatte kein Recht, Sie um irgend etwas für mich zu bitten«, sagte Pickering. »Ich wußte nichts davon. Wenn ich auch nur geahnt hätte, daß er an so etwas denkt, hätte ich ihm gesagt, daß er sich nicht in meine Angelegenheiten einmischen soll.«

»So, das hätten Sie?« sagte General McInerney zweifelnd.

»Jawohl, Sir«, bekräftigte Pickering, »das hätte ich. Und mit Verlaub, Sir, ich möchte nicht Ihr Adjutant sein.«

»Ich erinnere mich nicht, Sie gefragt zu haben, ob Sie mein Adjutant sein wollen oder nicht. Ich sagte es als Tatsache. Es hat mich beträchtliche Mühe gekostet, das zu arrangieren.«

»Sir, ich habe das Gefühl, daß ich ein schlechter Adjutant für Sie sein würde.«

»Sie sind jetzt ein Offizier des Marine-Corps. Wenn ein Offizier des Marine-Corps einen Befehl erhält, erwartet man von ihm, daß er ›Aye aye, Sir‹ sagt und den Befehl nach besten Kräften ausführt.«

»Dessen bin ich mir bewußt, Sir«, sagte Pick Pickering. »Aber ich finde, das trifft nicht zu, wenn der Befehl lautet, Cocktailhappen herumzureichen.«

»Soll das heißen, Sie würden es vorziehen, im Sumpfland von Camp Le Jeune herumzurennen, anstatt Adjutant eines Generals zu sein?« fragte General McInerney am Rande der Entrüstung.

»Jawohl, Sir, das ist genau meine Meinung«, sagte Pickering. »Ich erbitte respektvoll, nicht als Ihr Adjutant eingesetzt zu werden.«

»Ich bedaure, Ihnen sagen zu müssen, daß ich nicht vorhabe, das Hauptquartier des USMC wieder zu belästigen und dort zu sagen, daß ich mir die Sache anders überlegt habe und Sie jetzt überhaupt nicht als mein Adjutant haben will. Wie ich schon sagte, war es nicht leicht, zu arrangieren, daß Sie mein Adjutant werden, Lieutenant.« General McInerney legte eine Pause ein, um seine Worte wirken zu lassen, und fuhr dann fort: »Wozu führt uns das also, Lieutenant?«

»Es könnte sein, Sir, daß der General einen sehr widerwilligen Adjutanten haben wird, bis es mir gelingt, den General zu überzeugen, daß er einen Fehler gemacht hat.«

General McInerney schnaubte. Und dann kicherte er.

»Sie sind ein frisch ernannter Lieutenant. Sind Sie bereit,

einen kleinen Rat von jemand anzunehmen, der lange Zeit im Marine-Corps ist?«

»Jawohl, Sir.«

»Springen Sie nicht, bevor Sie nicht wissen, von wo Sie springen und wo Sie landen werden«, sagte General McInerney. »Mit anderen Worten, bevor Sie alle Informationen haben, die Sie bekommen können, und Zeit haben, um sie sorgfältig auszuwerten.«

»Jawohl, Sir«, sagte Pick und ärgerte sich, weil er zu allem Überfluß auch noch abgekanzelt wurde.

»In diesem Fall wurden sie anscheinend durch die Fakten, wie ich Sie Ihnen mitteilte, irregeführt.«

»Sir?«

»Ihr Vater ist tatsächlich besorgt um Sie, und er rief mich tatsächlich an und bat darum, daß ich mich um Sie kümmere. Aber er war besorgt wegen der Möglichkeit, daß irgendein Sesselfurzer sich Ihre Dienstakte ansieht, feststellt, was Sie als Zivilist getan haben, und Sie entsprechend zuteilt. Er sagte, er will verhindern, daß Sie Ihre Dienstzeit im Marine-Corps als Küchenoffizier verbringen. Oder als Quartiermacher. Und als ich das überprüfte, stellte ich fest, daß man genau das mit Ihnen vorhatte. Wenn ich es nicht verhindert und dafür gesorgt hätte, daß Sie mir zugeteilt werden, hätten Sie sich heute morgen zum Dienst im Offiziersklub melden müssen.«

Pick starrte ihn überrascht an.

»Weil Ihr Daddy und ich alte Freunde sind, habe ich mich für Sie eingesetzt. Ich denke auch, daß Sie ein mieser Adjutant sein werden. Sie werden mein zweiter Adjutant nur sein, bis ich entscheide, was das Marine-Corps sonst mit Ihnen anfangen kann.«

»Ich habe mich anscheinend zum Narren gemacht, Sir«, sagte Pickering.

»Eigentlich erwarten wir das nicht anders von Second Lieutenants«, sagte General McInerney trocken. »Das einzige, was Sie wirklich falsch gemacht haben, war die Fehleinschätzung Ihres Vaters. Sie haben ihn unterschätzt. Dachten Sie wirklich, er würde versuchen, den Weg für Sie zu schmieren?«

»Mein Vater ist mit meiner Mutter verheiratet, Sir«, sagte Pickering.

»Ich verstehe Ihre Andeutung«, sagte General McInerney. »Ich habe die Ehre, Ihre Mutter zu kennen.«

»Darf ich eine Frage stellen, Sir?«

»Gewiß.«

»War es wirklich ein Fehler, daß ich mich im Hotel einquartiert habe?«

»Für mich nicht«, sagte General McInerney. »Ich verstehe Ihre Lage.«

»Ich dachte an – meinen besten Freund, so kann ich ihn wohl am treffendsten bezeichnen. Ich überredete ihn praktisch, mit mir ins Hotel zu ziehen.«

»Ich verstehe«, sagte McInerney. »Auch ein Hotelier? Klassenkamerad von der Schule?«

»Nein, Sir, kein Hotelier. Er war ein China-Marine, ein Corporal, bevor wir am Zugführerlehrgang teilnahmen.«

McInerney dachte einen Augenblick lang darüber nach. »Ich halte es für eine gute Idee, wenn er ins Quartier für ledige Offiziere einzieht«, sagte er dann. »Es würde gewiß Neugier erregen, wenn er in einem teuren Hotel absteigt. Es könnte sogar ein Fall für den Geheimdienst werden. Woher nimmt ein Second Lieutenant, ein Ex-Unteroffizier der China-Marines das Geld für ein Zimmer im Lafayette? Es könnte natürlich erklärt werden, aber das Letzte, was ein Second Lieutenant brauchen kann, sind neugierige Fragen des Geheimdienstes, der in seinem Privatleben herumschnüffelt.«

»Danke, Sir«, sagte Pickering. »So etwas befürchtete ich. Darf ich noch eine Frage stellen?«

»Nur zu.«

»Wie lange werde ich hierbleiben? Ich meine, Sie sagten, Sie würden entscheiden, was das Marine-Corps mit mir machen kann. Wie lange wird das dauern?«

»Das kommt darauf an, was Sie möchten und ob Sie dazu qualifiziert sind oder nicht. Vermutlich haben Sie in Quantico festgestellt, daß es nicht ganz so lustig und angenehm ist, einen Zug Schützen zu führen, wie es der Rekrutierer vielleicht dargestellt hat.«

»Jawohl, Sir.«

»Haben Sie je daran gedacht, die Fliegerschule zu besuchen?« fragte General McInerney.

»Nein, Sir«, bekannte Pickering.

General McInerney war ein wenig enttäuscht, das zu hören, doch er sagte sich, daß Fleming Pickerings Sohn einfach nur noch nicht an die Möglichkeit gedacht hatte, jedoch nichts gegen das Fliegen hatte.

»Das wäre eine Möglichkeit«, sagte General McInerney. »Aber nur, wenn Sie flugtauglich sind. Lassen Sie sich, bevor Sie gehen, von Sergeant Wallace einen Termin für die ärztliche Untersuchung geben. Und dann nehmen Sie sich den Rest des Tages frei, Sohn, und gewöhnen Sie sich ein. Das trifft natürlich auch auf Ihren Freund zu.«

»Ich werde natürlich auch aus dem Hotel ausziehen«, sagte Pickering.

»Tun Sie es nicht meinetwegen«, sagte General McInerney. »Ich wäre froh, Sie dort zu haben, wenn meine Frau und ich einen Tisch für das Abendessen reservieren wollen.«

General McInerney erhob sich und reichte Pickering die Hand.

»Willkommen, Lieutenant. Sie sind ganz der Sohn Ihres Vaters, und das soll ein Kompliment sein.«

XIV

1

Zimmer 26, Gebäude T-2032
Washington, D.C.

1. Dezember 1941, 9 Uhr 45

McCoy hatte schon ziemlich viele Bürotüren während seiner Zeit im Marine-Corps gesehen. Die meisten hatten ein Schild, das nicht nur anzeigte, welche Funktion hinter der Tür erfüllt wurde, sondern auch von wem.

Die Tür zu Zimmer 26 hatte nicht einmal eine Nummer. McCoy fand sie nur, indem er von Zimmer 2 an aufwärts zählte.

Er glaubte, sich vertan zu haben, denn das, was er für Zimmer 26 hielt, hatte zwei stabile Schlösser. Es war offenbar ein Lagerraum voller Vervielfältigungspapier und Tintenfässer. Weil ihm aber keine Wahl blieb, klopfte er an.

Sofort danach hörte er drinnen Bewegung, dann wurden Riegel betätigt, und einen Augenblick später wurde die Tür einen Spaltbreit geöffnet, und McCoy sah das grimmige Gesicht eines Mannes. Der Grimmige sagte nichts, doch seine Miene verlangte eine Erklärung von McCoy.

»Ich suche Zimmer sechsundzwanzig«, sagte McCoy.

Der Mann nickte und wartete darauf, daß McCoy weitersprach.

»Ich erhielt den Befehl, mich in Zimmer sechsundzwanzig zu melden‹, erklärte McCoy.

»Wie heißen Sie?« fragte der Mann.

»McCoy.«

»Darf ich bitte Ihren Ausweis sehen?« fragte der Mann.

McCoy überreichte ihm seinen nagelneuen Offiziersausweis. Der Mann schaute sich das Dokument genau an, musterte McCoys Gesicht und öffnete die Tür so weit, daß McCoy eintreten konnte.

Das Zimmer war klein, gerade groß genug für einen Schreibtisch. Auf der anderen Seite des kleinen Raums gab es eine weitere Tür, die ebenfalls mit zwei Schlössern und Riegeln versehen war.

Als der Mann zum Schreibtisch ging und den Telefonhörer abhob, sah McCoy eine .45er Colt-Pistole an seiner Hüfte. Genauer gesagt, an seinem Gesäß und nicht in einem GI-Holster.

Wenn er einen Uniformrock anhätte, würde man nichts von der Waffe sehen, dachte McCoy.

»Ich habe Lieutenant McCoy hier«, sagte der Mann am Telefon. »Er ist erst am fünfzehnten Dezember fällig.«

Es folge eine Pause.

»Verdammt, ich nehme an, jeder hat es gesagt bekommen außer uns. Was bekommt er?«

Es gab offenbar eine Antwort, aber McCoy konnte sie nicht hören. Der Mann legte den Hörer auf, zog eine Schreibtischlade auf und nahm ein Klemmbrett und eine kleine Plastikkarte mit einer Anstecknadel heraus.

»Unterschreiben Sie bitte hier«, sagte er. »Nur den Namen. Keinen Dienstrang.«

McCoy schrieb seinen Namen.

Der Mann überreichte ihm die Plastikkarte.

»Benutzen Sie diese, bis Sie Ihre eigene kriegen«, sagte er. »Stecken Sie das Schild an die Jacke.«

McCoy schaute es an, bevor er es anheftete. Es war ein einfaches Plastikschildchen mit der Aufschrift BESUCHER und dem Abzeichen des Marineministeriums. Purpurfarbene Streifen waren darüber gedruckt.

»Das gilt für überall im Gebäude«, sagte der Mann. »Oder *fast* überall. Aber es gilt nicht fürs ONI (Office of Naval Intelligence – Büro der Marineaufklärung). Bis Sie Ihre Papiere bekommen, gehen Sie besser nicht ins ONI rüber.«

»Okay«, sagte McCoy, und er fragte sich, was das alles zu bedeuten hatte.

Der Mann reichte ihm die Hand.

»Ich bin Sergeant Ruttman«, sagte er. »Wir haben Sie erst bis zum Fünfzehnten erwartet.«

»Ja, das sagten Sie soeben am Telefon.«

»Sie kommen gerade erst vom Lehrgang in Quantico, nicht wahr?«

»Stimmt«, sagte McCoy.

»Ging auf den Geist, was?«

»Das kann man wohl sagen.«

»Man wollte mich auch auf den Lehrgang schicken«, sagte Sergeant Ruttman. »Aber ich konnte mich drücken. Wenn man mich wirklich zum Offizier machen will, dann kann man das auch ohne Lehrgang. Diesen Scheiß, der dort stattfindet, kenne ich schon.«

McCoy fragte sich, ob Ruttman die Wahrheit sagte oder nur angab.

Ruttman legte das Klemmbrett in den Schreibtisch zurück, nahm Schlüssel aus der Tasche und schloß beide Schlösser der Tür auf.

»Folgen Sie mir.«

Jenseits der Tür war eine sonderbare Ansammlung von Maschinen. McCoy sah Schreibmaschinen und andere Bürogeräte. Aber da gab es auch Kameras, ein Apparat für Blaupausen, Geräte wie aus einem Fotolabor und Ausrüstung, die teuer und komplziert aussah, deren Zweck McCoy jedoch nicht einmal erraten konnte.

Die Ausrüstung wurde von merkwürdig aussehenden Leuten benutzt, alle in Zivilkleidung und alle bewaffnet. Die meisten hatten Standard-Stoffgurte und Standardholster für die Pistolen, aber einige trugen die Pistolen auch wie Ruttman, und andere waren mit stupsnasigen Smith-&-Wesson-Revolvern bewaffnet.

»Was ist das hier, Sergeant?« fragte McCoy.

»Sie müssen sich eines merken, Lieutenant: Hier ist es wie bei der Rekrutenausbildung von Parris Island. Wenn man meint, Sie sollten etwas wissen, dann sagt man's Ihnen. Andernfalls geht es Sie nichts an.«

Er zog eine Schreibtischlade auf, nahm ein Ringbuch und zwei Formulare heraus. Eines hatte purpurfarbene Streifen wie das Besucherschild, und das andere war irgendeine Art Ausweis.

»Bevor ich was versaue«, rief er mit erhobener Stimme, »hat jemand was ausgestellt und nicht im Buch eingetragen?«

Es gab keine Antwort auf die Frage, und er spannte beide Formulare nacheinander in eine Schreibmaschine und tippte etwas kurz und schnell.

»Ich brauche einen Offizier zum Unterzeichnen!« rief er.

Einer der Männer in Zivilkleidung, ein großer, schlanker Mann, kam zum Schreibtisch.

Trotz des stupsnasigen .38er Smith-&-Wesson-Revolvers an seiner Hüfte wirkte er wie ein Büroangestellter. Er wartete, bis Ruttman zu Ende getippt hatte, nahm die Schriftstücke entgegen und schrieb seinen Namen darauf. Dann schaute er McCoy an.

»Sie sind McCoy?«

»Jawohl, Sir.«

»Ich freue mich zwar, Sie zu sehen, aber Sie sollten sich erst bis zum Fünfzehnten melden.«

»Ich habe mich früher gemeldet, Sir.«

»Das wird Ihnen noch leid tun«, sagte der Offizier. Und dann fügte er hinzu, was anscheinend ein Zitat war: »Gebt die Hoffnung auf, alle, die ihr hier eintretet!«

Damit schlenderte er zurück zu dem Platz, an dem er gewesen war. McCoy sah, daß er etwas auf einer großen Landkarte eintrug. Neben der Landkarte lagen Luftaufnahmen und ein Stapel Fernschreiben, die geheim waren, wie an dem Stempel SECRET zu erkennen war.

»Unterzeichnen Sie bitte, Lieutenant?« fragte Sergeant Ruttman.

Auf dem Schriftstück war Platz für zwei Unterschriften: die des Inhabers und die des Offiziers, der es ausstellen ließ. Der große, hagere Zivilist hatte bereits unterzeichnet. Demnach war er Lieutenant Colonel F. L. Rickabee, USMC. Er sah bestimmt nicht wie ein Lieutenant Colonel aus. McCoy fand, daß der Mann kaum wie ein Marine wirkte.

»Wieder nur die Unterschrift«, sagte Sergeant Ruttman. »Kein Dienstrang.«

»Sie haben mir meinen Ausweis nicht zurückgegeben«, sagte McCoy.

»Den erhalten Sie auch nicht zurück«, sagte Ruttman, und dann kamen ihm offensichtlich Zweifel. Er hob die Stimme. »Bekommt er seine ID-Card zurück?«

»Nein«, sagte der große, hagere Mann, der wie ein Büroangestellter wirkte. »Nicht mehr. Das hat man geändert.«

Als ob McCoy den Wortwechsel nicht gehört hätte, sagte Ruttman: »Sie erhalten die ID-Card nicht zurück, Lieutenant.«

Der große, schlanke Bürotyp kam auf einen anderen Gedanken und blickte von seiner Landkarte und den Fernschreiben mit dem Stempel SECRET auf.

»Wie lange wird es dauern, bis er seine Papiere empfängt?«

»Ich werde ihn gleich fotografieren«, sagte Ruttman.

»Heute, meinen Sie? Er bekommt seine Papiere heute?«

»Er wird sie bis zum Mittagessen haben«, sagte Ruttman zuversichtlich.

»Okay.« Der Bürotyp wandte seine Aufmerksamkeit wieder der Landkarte zu.

Aufgrund des völligen Mangels an militärischer Höflichkeit (Ruttman hatte kein einziges Mal ›Sir‹ gesagt, geschweige denn, ›Jawohl, Sir‹, oder ›Aye, aye, Sir‹, und dem Bürotypen hatte das anscheinend nichts ausgemacht) schloß McCoy, daß der Bürotyp überhaupt nicht Lieutenant Colonel F. L. Rickabee vom USMC war. Es war gängige Praxis, daß rangniedrigere Offiziere für ranghöhere Offiziere Routineformulare unterzeichneten, manchmal mit den Initialen und manchmal nicht. McCoy ging weiter mit seiner Theorie: Der große, magere Bürotyp war vielleicht ein Warrant Officer. Warrant Officers waren altgediente Unteroffiziere, die für gewöhnlich eine besondere Fähigkeit hatten. Sie trugen Offiziersuniformen, konnten in den Offiziersklub gehen und hatten ein Anrecht darauf, gegrüßt zu werden, doch der ranghöchste Warrant Officer, der Chief Warrant Officer, stand rangmäßig unter dem rangniedrigsten Offizier, dem Second Lieutenant. Und ein Warrant Officer, besonders ein neuer, würde sich bestimmt nicht aufregen, wenn ein altgedienter Unteroffizier wie Ruttman ihn nicht wie einen Lieutenant oder Captain behandelte.

Ruttman führte McCoy vor eine helle Leinwand und stellte eine Kamera auf ihn ein.

»Ziehen Sie den Uniformrock und die Krawatte aus, und nehmen Sie die Balken ab«, befahl Ruttman. »Und ziehen Sie den an.«

Er überreichte McCoy einen schmutzigen, abgetragenen gestreiften Schlips.

McCoy schaute ihn ungläubig an.

»Ich nehme Sie so auf, daß man die Flecken nicht sieht«, erklärte Ruttman.

Er fotografierte McCoy zweimal und führte ihn dann zu einem Tisch, wo er ihm die Fingerabdrücke nahm, einen Daumenabdruck auf jedes Dokument und dann einen vollen Satz auf eine Karteikarte.

Ruttman überreichte McCoy dann ein Handtuch und eine

Flasche mit Alkohol, damit er seine Finger säubern konnte, und sagte: »Das ist hier alles, Lieutenant. Jetzt gehen Sie zu Major Almond. Er ist im letzten Büro in diesem Gang.«

An der Tür zu Major J. J. Almonds Büro hing ebenfalls kein Schild. Aber abgesehen davon war Almond das, was McCoy von einem Major des Marine-Corps erwartete. Er war klein, jedoch muskulös, und er hielt sich so gerade, daß er größer wirkte, als er war. Und er war in Uniform. Sein Schreibtisch war tipptopp aufgeräumt, und dahinter hingen zwei Flaggen, die des Marine-Corps und das Sternenbanner.

Links von Major Almonds Schreibtisch war eine Tür mit einem Schild: LT.COL. F.L. RICKABEE, USMC, COMMANDING. Jetzt war für McCoy klar, daß er soeben durch eine Art Verwaltungsbüro gegangen war, wo Ausweise und Dinge dieser Art ausgestellt wurden, und daß er jetzt gleich seinen neuen befehlshabenden Offizier sehen würde.

»Lassen Sie mich sagen, McCoy, daß ich Ihr Äußeres zu schätzen weiß«, sagte Major Almond. »Sie sehen aus und verhalten sich, wie es bei einem Offizier des Marine-Corps sein sollte. Wie Sie bemerkt haben werden, besteht hier die beklagenswerte Tendenz, die Dinge schleifen zu lassen. Wegen unserer Aufgabe hier können wir diese Abteilung nicht wie eine Frontkompanie führen. Aber wir gehen zu weit, finde ich, viel zu oft. Ich werde mich auf Sie verlassen, Lieutenant, daß Sie den Männern ein Beispiel geben und auf der Stelle jeden korrigieren, der vor Ihren Augen nicht den Maßstäben des Marine-Corps entspricht.«

»Aye, aye, Sir«, sagte McCoy.

»Sie haben sich früher als erwartet gemeldet, Lieutenant.«

»Jawohl, Sir.«

»Sie haben Anspruch auf vierzehn Tage Urlaub. Wenn Sie vorhaben, den Urlaub zu beantragen, nachdem Sie sich jetzt gemeldet haben, so möchte ich das jetzt gerne wissen.«

»Nein, Sir, ich möchte jetzt keinen Urlaub nehmen.«

»Sie sind in der Kaserne im Quartier für ledige Offiziere einquartiert, nehme ich an.«

»Nein, Sir.«

»Wo dann?«

»In einem Hotel, Sir.«

»Ich möchte Ihnen nicht weiterhin jede Einzelheit aus der Nase ziehen.«

»Ich wohne im Hotel Lafayette, Sir. Teile ein Zimmer mit einem anderen Offizier. Mit Lieutenant Malcolm Pickering, Sir.«

»Nun, das ist aber ein Zufall«, sagte Major Almond. »Es zählt zu den Gepflogenheiten dieser Abteilung, daß sowohl Offiziere als auch Unteroffiziere und Mannschaften außerhalb der Basis wohnen. Anstelle eines Quartiers erhalten Sie Wohngeld. Wird das ausreichen, um Ihr Hotelzimmer zu bezahlen?«

»Jawohl, Sir.«

»Wie ist Ihre Zimmernummer?« fragte Almond. »Und ich werde die Telefonnummer des Hotels brauchen.«

»Die Telefonnummer weiß ich nicht, Sir«, sagte McCoy. »Wir wohnen im Dienstmädchenzimmer der Hochzeitssuite, Sir.«

Major Almond lächelte und nickte anerkennend.

»Sehr einfallsreich«, sagte er. »Ich fragte mich schon, wie Sie sich das Wohnen im Lafayette erlauben können.«

Er zog eine Schreibtischlade auf und nahm einen dicken Aktenhefter heraus. McCoy sah seinen Namen und einen Stempel darauf: GEHEIM – vollständige Hintergrundinformationen.

»Dies ist der Bericht von der Ermittlung des FBI über Sie, Lieutenant«, sagte er. »Der Bericht ist Verschlußsache, und Sie haben eigentlich keinen Zugang dazu. Ich zeige Ihnen etwas davon, um Ihnen klarzumachen, wie sorgfältig man über Sie und Ihren Hintergrund ermittelt hat.«

McCoy hatte keine Ahnung, was los war.

Major Almond überreichte ihm ein gedrucktes Formular.

»Unter normalen Umständen hätten Sie dieses Formular ausfüllen müssen, bevor das FBI über Ihren Hintergrund ermittelte. Aber die Umstände waren nicht normal. Zeit war knapp. Das FBI mußte sozusagen ganz von vorn anfangen und sich auf existierende Akten stützen. Und so ließ ich von unseren Angestellten Ihren Hintergrund unter Zuhilfenahme existierender Akten und des FBI-Berichts vorbereiten. Können Sie mir folgen, Lieutenant?«

»Jawohl, Sir«, sagte McCoy. »Ich glaube es, Sir.«

»Die Vorschriften sehen vor, daß der Bericht über die vollständige Ermittlung Ihrer Vorgeschichte bei den Akten ist«, sagte Major Almond. »Ich bin jetzt zwar sicher, daß das FBI sorgfältig wie üblich gearbeitet hat, doch ich bin fast ebenso überzeugt, daß ihm etwas entgangen ist. Ich möchte jetzt, daß Sie sich dort an den Schreibtisch setzen und den Bericht mit großer Sorgfalt durchlesen. Wenn irgend etwas darin steht, das nicht absolut korrekt ist, markieren Sie es bitte. Dann werden wir darüber reden. Noch wichtiger – ich möchte, daß Sie besondere Aufmerksamkeit auf Lücken in der Darstellung richten, besonders auf solche, die für Sie nicht schmeichelhaft sind.«

»Sir?«

»Ich möchte, daß alle für Sie nachteiligen Fakten aus Ihrer Akte ebenso hervorgehen wie die vorteilhaften«, sagte Major Almond. »Der nächste Schritt bei dieser Sicherheitsüberprüfung ist die detaillierte Auswertung und die Beurteilung der Unterlagen, ob Sie als unbedenklich für TOP SECRET und andere Sicherheitsstufen erklärt werden können. Wenn später herauskommt, daß nachteilige Fakten nicht aktenkundig geworden sind, würde das Probleme geben, verstehen Sie?«

»Jawohl, Sir.«

»Der Sergeant wird Ihnen einen linierten Block und einen Bleistift geben«, sagte Major Almond. »Machen Sie Ihre Anmerkungen auf dem Block, nicht auf dem Bericht.«

»Aye, aye, Sir«, sagte McCoy.

»Arbeiten Sie zügig, aber sorgfältig«, sagte Major Almond. »Die Sache eilt«

»Aye, aye, Sir.«

McCoy fragte sich, ob man herausgefunden hatte, daß er in Schanghai wegen der italienischen Marineinfanteristen unter Anklage gestanden hatte, und ob er es auslassen sollte, wenn es nicht bekannt war. Die Anklage war fallengelassen worden. Zählten sie das nicht? War eine Mordanklage ein ›Makel‹, obwohl es keinen Prozeß gegeben hatte?

Er setzte sich an den Schreibtisch und begann zu lesen.

Sofort wurde ihm klar, daß sie mehr über ihn wußten als er

selbst. Er wußte zum Beispiel nicht das Geburtsdatum seiner Mutter und seines Vaters, doch die Daten waren in dem Bericht vermerkt. Ebenfalls die von Anne-Marie und Tommy und sogar der Geburtstag von Anne-Maries Ehemann.

2

Eine Stunde später hatte sich McCoy durch einen sechsseitigen Teil des Berichts mit der Überschrift: »Festnahmen, Haftstrafen, Disziplinarstrafen, Anklagen et cetera«, gearbeitet.

Sie wußten von der Anklage in China. (Nicht strafrechtlich verfolgt, irrtümlich beschuldigt.) Und sie wußten von der Anzeige seines Vaters (Keine Verurteilung unter der Auflage, sich zum U.S. Marine-Corps zu melden). Und sie wußten von Strafmandaten wegen zu schnellen Fahrens und anderer Verkehrsdelikte, sogar von zwei Anklagen wegen böswilliger Sachbeschädigung und Besitz einer Schreckschußpistole, die in Norristown, Pennsylvania, verboten war. (Nicht angeklagt. Schreckschußpistole beschlagnahmt. In Obhut der Eltern übergeben.)

Es war unglaublich, wieviel sie über ihn wußten. Er fragte sich, was geschehen würde, wenn jemand seine Akte las und auf die Sache mit den Marine-Infanteristen in China stieß. Würde er deshalb keine Unbedenklichkeitsbescheinigung bekommen?

Die Tür wurde geöffnet, und der große, magere Bürotyp trat ein.

Ohne anzuklopfen, wie McCoy feststellte. Im selben Augenblick erhob sich Major Almond.

Der Bürotyp ging zur Tür von Lieutenant Colonel F. L. Rickabee und legte die Hand auf den Drehgriff. Es sah aus, als wolle er dort ebenfalls eindringen, ohne anzuklopfen. Dann verharrte er jedoch, drehte sich zu McCoy um und lächelte.

»Kommen Sie mit, McCoy«, sagte er. »Was immer Sie da machen, es kann warten.« Dann sah er Major Almond an.

»Was, zum Teufel, ist das?« fragte er und nickte zu der Akte auf dem Schreibtisch hin.

»Sir, das ist der Bericht über die Sicherheitsüberprüfung von Lieutenant McCoy.«

»Ist das keine Verschwendung seiner Zeit?« fragte Rickabee scharf. »Und unserer? Als ich den FBI-Bericht las, hatte ich das Gefühl, sie wissen alles über ihn, was es zu wissen gibt.«

Major Almond hatte sichtlich Schwierigkeiten, eine Antwort zu formulieren.

»Ich weiß, Jake«, sagte Rickabee freundlicher. »Die Vorschriften.«

»Jawohl, Sir.«

»Kommen Sie mit, McCoy, und Sie auch, Jake. Das spart Zeit.«

»Aye, aye, Sir«, sagte Major Almond.

Rickabee betrat das Büro und setzte sich hinter seinen Schreibtisch.

»Zur Klarstellung, McCoy: Trotz meines unentschuldbaren Ausbruchs möchte ich betonen, daß Major Almond unseren Verein hier in Funktion hält. Ohne ihn würde hier völliges Chaos herrschen. Ich wollte Sie nicht anschnauzen, Jake. Ich hatte einen schlechten Morgen.«

»Jawohl, Sir, ich weiß, Sir«, sagte Major Almond. »Nicht nötig, daß Sie sich entschuldigen, Sir.«

Lieutenant Colonel Rickabee wandte sich an McCoy.

»Mit dem dicken FBI-Bericht über Sie in Major Almonds Safe brauchen wir nicht viel Zeit mit Fragen und Antworten bezüglich Ihrer Vorgeschichte zu verplempern. Und zusätzlich zu dem offiziellen Bericht habe ich zwei vertrauliche, inoffizielle Berichte über Sie. Sie haben gewaltigen Eindruck auf den Boß in Philadelphia gemacht.«

»Sir?« McCoy sah Rickabee verständnislos an.

»Sie hielten offenbar einen Vortrag über die hohe Disziplin in der Kaiserlich-japanischen Armee und machten klar, daß die Japaner ein nicht zu unterschätzender Feind sind. Da der Boß einen in dem Maße intelligent hält, wie er seiner Meinung zustimmt, hält er Sie, McCoy, für ein Genie.«

»Der Boß, Sir?«

»Der Chef des Geheimdienstes«, sagte Rickabee. »Sie wissen nicht, wovon ich rede, wie?«

»So ist es, Sir.«

»Dann vergessen Sie's.« Rickabee lächelte. »Frisch ernannte Second Lieutenants sollten nicht gelobt werden. Es könnte ihnen zu Kopfe steigen. Vor einer Woche erhielt ich einen anderen inoffiziellen Bericht über Sie. Ed Banning schrieb mir aus Manila. Sie wissen, daß das 4. Regiment auf die Philippinen verlegt wurde?«

»Nein, Sir, das wußte ich nicht.«

»Banning, meinte, ich sollte Sie zu diesem Verein versetzen lassen und erwägen, Sie sogar auf die Offiziersanwärterschule zu schicken.«

McCoy wußte nicht, was er darauf erwidern sollte.

Rickabee sagte auf Japanisch: »Ich hörte, daß Sie ziemlich fließend Japanisch und Chinesisch sprechen.«

»Ich würde es nicht als fließend bezeichnen, Sir . . .«

»Sagen Sie es auf Japanisch«, unterbrach Rickabee.

»Ich spreche nicht besonders gut Japanisch, Sir«, sagte McCoy auf Japanisch. »Und mein Chinesisch ist nicht viel besser.«

Rickabee winkte anerkennend. »Das ist gut genug«, fuhr er auf Japanisch fort, und dann wechselte er wieder zum Englisch. »Wir können Ihre Sprachkenntnisse brauchen. Aber es ist eine Frage der Prioritäten. Als wir wußten, daß Sie herkommen, McCoy, wollten wir Sie als Ersatz für Sergeant Ruttman haben. Ich möchte ihn auch nach Quantico schicken. Er glaubt, er hat sich erfolgreich gedrückt. Die Wahrheit ist, daß ich jemand brauchte, der ihn während seiner Abwesenheit vertritt. Sie waren anscheinend der ideale Mann dafür. Sie sind ein harter Typ, und Sie hätten die Möglichkeit gehabt, zu sehen, wie die Dinge hier gemacht werden. Aber wie das mit den Plänen so ist. Es gibt Wichtigeres. Genauer gesagt, der Boß hat drei Kurieroffiziere von uns angefordert – und ich meine den Chef persönlich, nicht einen von seinem Stab. Wir bewegen eine Menge Papier zwischen hier und Pearl und hier und Manila, besonders jetzt, seit das 4. Regiment auf den Philippinen ist. Sie sind als einer der drei Kuriere ausgewählt, McCoy.«

»Sir, ich weiß nicht genau, was ein Kurieroffizier ist.«

»Es gibt einige für geheim erklärte Dokumente und manchmal Material, das von Hand zu Hand übergeben werden muß, von einem bestimmten Offizier hier an einen bestimmten Offizier woanders – im Gegensatz zu einer Übersendung von Hauptquartier zu Hauptquartier. Dieses Material muß von einem Offizier transportiert werden.«

»Jawohl, Sir«, sagte McCoy.

»Da gibt es einen anderen Faktor in der Rechnung«, sagte Rickabee. »Der Pazifik – besonders Pearl Harbor, aber auch Cavite – hat sich zu einem schmutzigen Spielplatz entwickelt. Wir haben Kurieroffiziere dorthin geschickt und sind davon ausgegangen, daß sie nach einer Reise zu ihrem Dienstposten bei uns zurückkehren. Pearl hat jedoch zweimal und Cavite einmal unsere Kuriere behalten und die Post in die Heimat durch Offiziere überbringen lassen, die sie nicht brauchen konnten. Wir haben auf diese Weise zwei gute Schlüsseloffiziere und einen hervorragenden Auswerteoffizier verloren.«

McCoy wußte, daß ein Schlüsseloffizier mit der Verschlüsselung und dem Entschlüsseln von Geheimcodes zu tun hatte, aber er hatte keine genaue Vorstellung, was ein Auswerteoffizier war.

»Ich habe mich natürlich beschwert, und schließlich haben wir die drei Offiziere zurückbekommen, nachdem alles langsam auf dem Dienstweg abgewickelt wurde. Aber ich kann es mir nicht erlauben, Leute für sechzig oder gar neunzig Tage zu verlieren. Nicht jetzt. Es mußte also eine Lösung gefunden werden, und Major Almond fand sie.«

McCoy sagte nichts, als Rickabee ihn auffordernd ansah.

»Sind Sie gar nicht neugierig, McCoy?« fragte Rickabee.

»Doch, Sir.«

»Jeder Offizier des Marine-Corps muß die Befehle jedes Vorgesetzten befolgen, richtig?«

»Jawohl, Sir.«

»Wenn sich die Befehle widersprechen, muß er diejenigen Befehle befolgen, die ihm der ranghöhere Offizier gegeben hat, richtig?«

»Jawohl, Sir.«

»Falsch«, sagte Rickabee. »Oder es gibt jedenfalls eine interessante Variante. Es gibt eine kleine, im allgemeinen unbekannte Gruppe von Leuten im Marine-Corps, die nicht die Befehle von Vorgesetzten befolgen müssen, es sei denn, der vorgesetzte Offizier ist zufällig der Chef des Geheimdienstes. Ihre Dienstränge sind nicht einmal bekannt. Nur ihr Name, Ihr Foto und der Daumenabdruck auf ihren Ausweisen. Und der Ausweis sagt, daß der Inhaber ein Special Agent des Stellvertretenden Stabschefs für Aufklärung, USMC, ist und ausschließlich seine Befehle befolgen muß.«

»Jawohl, Sir.«

»Glückwunsch, Lieutenant McCoy. Sie sind jetzt – oder werden es sein, wenn Ruttman Ihre Papiere fertig hat – Special Agent des Stellvertretenden Stabschefs für Aufklärung. Wenn jemand in Pearl Harbor oder Cavite weiß oder herausfindet, daß Sie Japanisch sprechen, und Sie unbedingt behalten will, zeigen Sie ihm Ihren Ausweis und erklären, daß Sie leider keine Befehle von ihm entgegennehmen können.«

Rickabee sah McCoy an, daß er verwirrt war.

»Eine Frage, McCoy?«

»Komme ich nach Pearl Harbor, Sir?«

»Und nach Cavite«, sagte Rickabee. »Noch wichtiger, ich denke, Sie werden von Pearl und Cavite auch wieder *zurück*kommen.«

»Und Sie können mir einfach einen dieser Ausweise geben?«

»Vorübergehend«, sagte Rickabee. »Wenn man uns auf die Schliche kommt, wird Major Almond gewiß eine andere clevere Idee einfallen.«

»Lassen Sie mich klarmachen, Lieutenant McCoy, daß der Ausweis und die damit verbundene Befugnis völlig legitim sind«, sagte Major Almond. »Das Personal, das mit Spionageabwehr beschäftigt ist und solche Papiere erhält, untersteht diesem Büro.«

»Major Almond wies mich darauf hin, McCoy, daß es in meinem Ermessen liegt, so viele Ausweise auszustellen, wie ich für nötig halte.«

»Jawohl, Sir.«

»Wir möchten keine Aufmerksamkeit auf die Tatsache

lenken, daß Leute wie Sie diesen Ausweis haben«, sagte Rickabee. »Aus offenkundigen Gründen. Sie werden in Uniform und mit normalem Marschbefehl reisen und den Ausweis nur vorzeigen, wenn es unbedingt sein muß. Haben Sie das verstanden?«

»Jawohl, Sir.«

»Ich weiß nicht, wie lange wir das so mit Ihnen halten müssen, McCoy«, sagte Rickabee. »Wir haben eine gewisse Priorität bei Personal, aber das haben andere Leute auch. Und diese FBI-Überprüfung kostet Zeit. Und das FBI ist überlastet damit. Sie müssen mich einfach beim Wort nehmen, daß ich Sie sofort mit einer anderen für uns nützlichen Aufgabe betrauen werde, wenn ich Sie als Botenjunge entbehren kann. Darauf können Sie sich verlassen.«

»Jawohl, Sir.«

»Wie ist der Zeitplan, Jake?« fragte Rickabee.

»Nun, heute sind natürlich Verwaltungsdinge zu erledigen. Er erhält eine Waffe und seine Befehle. Das kann sich bis morgen früh hinziehen. Er wird einige Zeit brauchen, um seine persönlichen Angelegenheiten zu erledigen. Aber es spricht nichts dagegen, daß er Mittwochabend, spätestens Donnerstagmorgen von hier aufbricht. Vorausgesetzt, es sind keine fünfzig Leute vor ihm in San Francisco, die ebenfalls mit AAA-Priorität reisen, aber auch dann kann er spätestens Montag, dem achten Dezember in Pearl und am zehnten in Manila sein.«

»Ist dieser Zeitplan zu knapp für Sie, McCoy?« fragte Lieutenant Colonel Rickabee.

»Nein, Sir«, antwortete McCoy, ohne zu zögern.

Rickabee nickte.

»Gehen Sie mit ihm im Army-Club zu Mittag essen, Jake«, sagte Rickabee. »Zeichnen Sie die Rechnung mit meinem Namen ab.«

»Aye, aye, Sir«, sagte Major Almond.

»Ich würde gern selbst mit Ihnen essen gehen«, sagte Rickabee zu McCoy. »Wir haben hier keine Zeit für die üblichen Gepflogenheiten des Dienstes, aber wenn ich kann, lade ich gern einen Offizier, der sich frisch zum Dienst meldet, zum

Abendessen ein. Oder ich gehe wenigstens mit ihm zu Mittag essen. Aber heute habe ich einfach keine Zeit. Und ich werde keine vor Ihrer Abreise nach Pearl haben. Tut mir wirklich leid.«

Dann erhob er sich und gab McCoy die Hand.

»Willkommen, McCoy«, sagte er. »Ich bedaure, daß Ihre erste Mission eine so miese ist. Aber so ist das manchmal im Marine-Corps.«

Er wandte sich zum Gehen und blieb an der Tür stehen.

»Holen Sie ihn aus dem Quartier für ledige Offiziere raus, bevor er abreist«, sagte er zu Major Almond. »Wenn keine bleibt, um ihn irgendwo unterzubringen, dann lassen Sie seine Sachen hierherbringen, und wir lagern sie während seiner Abwesenheit, bis wir etwas für ihn finden.«

»Er hat ein Zimmer im Lafayette, Sir.«

»Da will ich doch verdammt sein!« Lieutenant Colonel Rickabee sah McCoy überrascht an. »Aber Ed Banning schrieb ja, ich würde Sie außergewöhnlich finden.«

Aus irgendeinem Grund konnte sich McCoy jetzt viel besser vorstellen, daß F. L. Rickabee ein Lieutenant Colonel des Marine-Corps war.

3

Second Lieutenant Malcolm Pickering, USMCR, saß im Dienstmädchenzimmer im einzigen Lehnsessel und hatte die Füße aufs Bett gelegt. Als Second Lieutenant Kenneth J. McCoy, USMCR, mit einer Aktentasche das Zimmer betrat, war Pickering damit beschäftigt, eine Flasche Bier in einen mit Eis gefüllten silbernen Weinkübel zu stellen, den er sich aus der Hochzeitssuite geliehen hatte.

»Was, zum Teufel, machst du mit einer Aktentasche?« fragte Pick.

»Das ist noch nicht alles«, sagte McCoy. »Warte, bis ich dir . . .«

Pickering hob die Hand und brachte ihn zum Verstummen.

»Moment«, sagte er. »Ich habe Neuigkeiten, die unangenehm, wenn nicht gar schlecht sind.«

»Dann versau mir schon den Tag, der sonst herrlich gewesen wäre.«

»Mein General ist der Ansicht, du solltest ins Quartier für ledige Offiziere umziehen«, sagte Pickering.

McCoy fluchte. »Was geht den das denn an?«

»Er ist ein netter Kerl«, sagte Pickering. »Er und mein Vater waren früher zusammen Corporals, und er blieb im Marine-Corps. Er will nur nett sein.«

»Klar«, sagte McCoy. »Nur ein freundlicher Rat, mein Junge. Ein Offizier wird nach dem Umgang beurteilt, den er hat. Distanzieren Sie sich von dem Ex-Unteroffizier McCoy.«

»O Mann, du hast wirklich einen großen Minderwertigkeitskomplex.«

»Ach, du kannst mich mal«, entgegnete McCoy.

»Es ist überhaupt nicht so, du verdammter sturer Blödmann. Er befürchtet, daß du Schwierigkeiten mit dem Geheimdienst bekommen könntest.«

»Was?« McCoy starrte Pickering verblüfft an.

»Ich weiß nicht, ob es dir bekannt ist oder nicht«, sagte Pickering, »aber das Marine-Corps hat einen Geheimdienst mit Agenten und eine Spionageabwehr mit Agenten. Die forschen nach Sicherheitsrisiken.«

»Tatsächlich?« fragte McCoy.

»Hör mir zu, verdammt!« sagte Pickering heftig. »Diese Typen suchen nach etwas Ungewöhnlichem. Wie zum Beispiel Second Lieutenants, die in Hotels wie dem Lafayette wohnen. In teuren Hotels. Sie würden sich fragen, woher du das Geld hast, um die Rechnung zu bezahlen.«

»Spezialagenten des Stellvertretenden Stabschefs für Aufklärung des USMC meinst du?« fragte McCoy mit einem breiten Grinsen.

»Du hast davon gehört? Verdammt, Ken, das ist nicht lustig.«

»Das ist das Lustigste, was ich den ganzen Tag gehört habe«, widersprach McCoy. Er zog seinen Uniformrock aus und öffnete die Aktentasche.

»Was soll das?« fragte Pickering.

McCoy legte ein Ding aus Leder und Gummi an, das Pickering erst auf den zweiten Blick als Schulterholster erkannte. Dann nahm er eine Colt-Pistole aus der Aktentasche und schob die Waffe ins Holster. Danach zog er den Uniformrock wieder an.

»Mensch, du hast mir überhaupt nicht richtig zugehört«, sagte Pickering.

»Nun, ich mag blöde sein«, sagte McCoy, »aber wenn du kein japanischer Spion bist, dann habe ich noch nie einen gesehen. Komm mit, junger Mann. Wenn du kooperativ bist, wird es leichter für dich.«

Es sollte offenbar irgendein Spaß sein, aber Pickering hatte keine Ahnung, worüber er lachen sollte.

McCoy nahm ein kleines Lederetui aus seiner Gesäßtasche, öffnete es und hielt es Pickering unter die Nase.

»Spezial Agent McCoy«, erklärte er triumphierend. »Du bist erledigt, du dreckiger japanischer Spion!«

»Was, zur Hölle, ist das?« Pickering riß ihm den Ausweis aus der Hand und schaute ihn genau an. »Ist das Ding echt? Was ist es?«

»Es ist echt«, sagte McCoy. »Und es ist meine Fahrkarte zum sonnigen Hawaii und anderen romantischen Flecken.«

»Ist das Ding echt?« wiederholte Pickering ungläubig.

»Nun, nicht echt echt«, sagte McCoy. »Ich meine, es ist ein echtes Dokument, aber ich arbeite nicht in der Spionageabwehr. Ich bin Kurieroffizier. Sie gaben mir den Ausweis, damit mich keiner bei meinen schnellen Rundreisen aufhalten kann.«

Pickering fragte nach Einzelheiten.

»Aber wie bist du überhaupt zum Geheimdienst gekommen?« fragte er dann.

»Das war der Job, den ich in China hatte«, erklärte McCoy.

Es war das erste Mal, daß er das jemandem anvertraute. Er erinnerte sich, daß Captain Banning ihm befohlen hatte, keinem im Marine-Corps oder außerhalb davon zu erzählen.

Doch dieser Befehl war durch den jüngsten Befehl von Major J.J. Almond aufgehoben worden.

»Sie werden Ihrem Zimmergenossen etwas erzählen müssen«, hatte Almond gesagt. »Sie können sagen, wo Sie arbeiten, sollten ihn aber darauf hinweisen, daß diese Information Verschlußsache ist. Und Sie können ihm sagen, was Sie tun, denn das an sich ist nicht als geheim erklärt.«

Und weil das 4. Marineinfanterieregiment aus Schanghai fort war, gab es keinen Grund mehr zu verheimlichen, was er dort getan hatte. Es war auch schön, ein dankbares Publikum zu haben, einen beeindruckten Zuhörer, der zuvor angenommen hatte, er wäre Lastwagenfahrer gewesen.

Als ihm schließlich klar wurde, daß er sich ein bißchen zu sehr aufspielte, sagte McCoy: »Das Wichtigste ist, daß mein Colonel nicht will, daß ich im Quartier für ledige Offiziere wohne. Was nun?«

Pickering nahm den Telefonhörer ab.

»Hier ist Malcolm Pickering«, sagte er. »Verbinden Sie mich bitte mit dem Manager.«

Als der Manager am Apparat war, erklärte Pickering ihm, daß sich die Pläne wiederum geändert hätten.

»Ich werde die Suite brauchen«, sagte er. »Lieutenant McCoy und ich werden auf unbestimmte Zeit hierbleiben.«

Dann gingen sie hinab zum Abendessen. Pickering erzählte von der Fliegerschule.

»Ich werde Donnerstagnachmittag ärztlich untersucht. »Wenn ich flugtauglich bin, werde ich wohl auf die Fliegerschule gehen.«

Und nach dem Abendessen machten sie sich auf eine lange und letzten Endes vergebliche Suche nach zwei Mädchenröcken, die angehoben werden konnten.

Das Scheitern beeinträchtigte ihre gute Laune überhaupt nicht. Es gab immer noch morgen und übermorgen und die Woche danach. Es sollte doppelt so viele Frauen wie Männer in Washington geben . . .

McCoy erklärte, er habe trotz dieser Legende vom Frauenüberschuß die Erfahrung gemacht, daß die Uniform eines

Marines ein Hemmnis war. Wenn er von Hawaii und Manila zurückkehrte, würden sie die Pussyjagd in Zivilklamotten fortsetzen.

4

Security Intelligence Section
U.S. Naval Communications
Washington, D.C.

Mittwoch, 3. Dezember 1941, 15 Uhr 40

Auf dem Schild auf der Tür stand OP-20-G, und es war ein kleines Fenster in der Tür wie bei Lokalen, in denen während der Prohibition Alkohol ausgeschenkt worden war. Als McCoy klingelte, tauchte ein Gesicht in dem Fensterchen auf.

»Lieutenant McCoy. Ich soll mich bei Commander Kramer melden«, sagte McCoy.

»Ich muß Ihren Ausweis sehen, Lieutenant«, sagte das Gesicht.

McCoy hielt das kleine Lederetui aufgeklappt vor das Fensterchen. Der Mann nahm sich Zeit, um den Ausweis zu studieren. Schließlich öffnete er die Tür.

»Der Commander erwartete Sie schon vor fünf Minuten«, sagte der Mann, der sich jetzt als der Cheffunker zu erkennen gab.

»Der Verkehr war schlimm, und ich geriet in einen Stau«, sagte McCoy.

Er folgte dem Cheffunker über einen Gang und zu einer Tür, wo der Mann anklopfte. Als er seinen Namen nannte, summte und klickte es, und die Tür wurde automatisch entriegelt.

»Lieutenant McCoy, Commander«, sagte der Cheffunker. »Sein Ausweis wurde überprüft.«

»Ich bin sicher, es macht ihm nichts aus, wenn ich ihn noch einmal überprüfe«, sagte Commander Kramer mit näselnder Stimme.

Kramer war ein großer, dünner Offizier mit bleistiftdünnem Oberlippenbart. Er schaute sich McCoys Ausweis an und reichte ihn dann zurück.

»Ich wollte schon sagen, daß wir nicht mehr viele Second Lieutenants als Kuriere haben«, sagte Kramer. »Das muß ich jetzt ändern in ›wir sehen nicht viele solcher Ausweise‹.«

»Jawohl, Sir«, sagte McCoy.

»Sind Sie bewaffnet, Lieutenant?«

»Jawohl, Sir.«

»Und wann reisen Sie ab?«

»Um sechzehn Uhr dreißig, Sir.«

»Von Anacostia aus, meinen Sie?«

»Jawohl, Sir. Eine Marinemaschine bis mindestens San Francisco.«

»Sie arbeiten normalerweise für Colonel Rickabee, nicht wahr?«

»Jawohl, Sir.«

»Ich hörte, daß man bei ihm Kurieroffiziere angefordert hat«, sagte Kramer. »Tut mir leid, daß Sie sich in dem Netz fingen. Aber es wäre nicht ausgeworfen worden, wenn es nicht nötig wäre.«

»Es macht mir nichts aus, Sir«, sagte McCoy feierlich.

Statt durch die Welt zu fliegen, würde ich es natürlich vorziehen, hier in Washington zu sitzen und Büroklammern zu zählen. Oder noch besser, in Camp LeJeune durch die Wildnis zu rennen und ›Der Infanteriezug beim Sturmangriff‹ zu üben. Bei diesem Gedanken konnte McCoy kaum ein Lachen unterdrücken.

»Ihre Aktentasche wird voll werden«, sagte Kramer. »Die Umschläge sind soeben vesiegelt worden. Ich lasse sie bringen.«

Er drückte auf den Knopf der Gegensprechanlage.

»Mrs. Feller, der Kurier ist hier. Würden Sie bitte das Material für Pearl Harbor bringen?«

Mrs. Feller?

Ellen Feller kam mit einem Stapel dicker brauner Kuverts, den sie gegen ihren Busen drückte, in das Büro.

»Mrs. Feller, dies ist Lieutenant McCoy«, sagte Commander Kramer.

»Der Lieutenant und ich sind alte Freunde«, sagte Ellen.

»Tatsächlich?«

»Wir lernten uns ziemlich gut in China kennen, nicht wahr, Ken?«

»Du wirkst nicht sehr überrascht, mich zu sehen«, sagte McCoy.

»Ich wußte, daß du hier bist«, sagte Ellen. »Ich rechnete nicht damit, dich so schnell zu sehen, aber ich hoffte, dich zu sehen.«

»Darf ich vorschlagen, daß Sie mit der Dokumentenübergabe weitermachen?« sagte Kramer mit einer Spur von Ärger. »Lieutenant McCoy muß um sechzehn Uhr dreißig das Flugzeug in Anacostia bekommen.«

Ellen Feller legte dreizehn Umschläge auf Kramers Schreibtisch. Für jeden mußte der Empfang schriftlich bestätigt werden, und McCoy mußte seinen Namen auf das Klebeband schreiben, mit dem die Klappe zugeklebt war.

Es dauerte eine Weile, bis der Papierkram erledigt war und die Kuverts in der Aktentasche verstaut waren. Genügend Zeit, in der Commander Kramer bedauern konnte, daß er die beiden gereizt angefahren hatte.

»Ellen«, sagte er. »Wenn Sie das Wiedersehen mit dem Lieutenant fortsetzen wollen, dann könnten Sie mit ihm nach Anacostia hinausfahren.«

»Oh, das würde ich gern«, sagte Ellen.

McCoy nahm die Handschellen aus seiner Tasche, schloß eine Spange um den Griff der Aktentasche und hielt dann Kramer die Hand hin, damit er die andere Handschelle um sein Handgelenk schnappen lassen konnte.

»Gute Reise, Lieutenant«, sagte Commander Kramer und verabschiedete sich mit Handschlag. Dann hielt er für Mrs. Feller und McCoy die Tür auf.

»Ich hole nur schnell meinen Mantel«, sagte Ellen.

Ein grauer Plymouth-Kombi der Navy und ein Fahrer warteten am Eingang auf sie. McCoy war auf dem Beifahrersitz neben dem Matrosen zum OP-20-G rübergefahren, doch als der Mann Ellen Feller sah, eilte er um den Wagen herum und hielt die hintere Tür für sie auf. McCoy zögerte kurz, bevor er neben

Ellen einstieg und die schwere Aktentasche auf seinen Schoß legte.

»Du hattest recht«, sagte Ellen, als sie losfuhren.

»Womit?«

»Daß ich vielleicht einen Job finde, weil ich Chinesisch kann.« Sie fuhr in Chinesisch fort. »Ich bewarb mich bei der Navy, und man nahm mich sofort. Als Übersetzerin. Aber es gibt nicht soviel zu übersetzen, und so wurde ich so was wie eine Bürovorsteherin. Ich bin eine GS-6.«

»Ich weiß nicht, was das ist«, sagte McCoy. Er war erleichtert, weil sie Chinesisch sprechen konnten und der Fahrer nichts verstand. »Wo ist dein Mann?«

»In New York und mit seiner Arbeit beschäftigt.«

»Du hast die Vasen rüberschmuggeln können?« fragte McCoy.

Ellen hob die Augenbrauen, antwortete jedoch nicht auf die Frage.

»Ich habe hier ein hübsches kleines Apartment«, sagte sie. »Du mußt es dir ansehen.«

»Als ich dich das letzte Mal sah, warst du anscheinend verdammt froh, mich loszuwerden.«

»Mein Gott, Ken, du wirst dich erinnern, was am Tag vorher passierte«, sagte Ellen. »Das war ein ziemlicher Schock für mich.«

»Ja«, sagte er sarkastisch. »Bestimmt.«

»Ich war aufgeregt, Ken. Es tut mir leid.«

»Vergiß es«, sagte er. »So was passiert eben.«

»Ich verstehe, warum du ärgerlich warst«, sagte sie.

Er erwiderte nichts.

Sie drehte sich ihm zu und nahm seine Hand in beide Hände.

»Ich sagte, es tut mir leid.«

»Dazu gibt es keinen Grund.«

»Doch, wenn du immer noch ärgerlich bist«, sagte Ellen.

»Ich bin nicht ärgerlich.«

Sie rieb seine Hand an ihrer Wange und ließ sie dann los.

»Nicht alles, was am Tag zuvor geschah, war unangenehm«, sagte sie.

Er schwieg.

»Erinnerst du dich, was am Tag zuvor geschah?«

Du hast mir einen geblasen, das geschah.

»Nein«, sagte er.

»Ich denke oft daran.«

»Ich weiß nicht, wovon du redest.«

Zum Teufel mit dir, Lady! dachte McCoy. *Du hast mit dem guten McCoy nur einmal rumgefickt. Ich fange nichts mehr mit dir an!*

»Wirklich nicht?« fragte Ellen, und dann neigte sie sich auf dem Sitz vor, um dem Fahrer Anweisungen zu geben. »Bleiben Sie auf der Pennsylvania. Da geht es zu dieser Tageszeit schneller.«

»Jawohl, Ma'am«, sagte der Fahrer.

Als Ellen sich zurücklehnte, schob sie die Hand unter den Saum von McCoys Uniformrock und umfaßte seine Erektion.

»Lügner«, sagte sie leise.

»Um Himmels willen«, sagte er und schob ihre Hand fort.

»Schade, daß wir nicht etwas mehr Zeit haben, nicht wahr? Aber du wirst nicht so lange weg sein, oder?«

Bei ihr weiß ich wenigstens, was sie will, dachte McCoy. *Das ist nicht so wie mit Picks reicher Freundin. Und eine halbe Stunde im Bett mit der alten Bläserin, und ich würde mich nicht mal mehr an Miß Ernestine Sages Namen erinnern, geschweige denn an ihr Aussehen.*

»Ja, ich werde nicht lange weg sein«, sagte er. »Nur ein paar Wochen. Nicht mehr als drei.«

»Da haben wir beide etwas, auf das wir uns freuen können, nicht wahr?« sagte Ellen Feller.

McCoy ergriff ihre Hand und schob sie wieder unter den Saum seines Uniformrocks.

XV

1

Madison Suite
Lafayette Hotel, Washington, D.C.

7. Dezember 1941, 14 Uhr 10

Bis vor einer Woche waren Flugzeuge für Second Lieutenant Malcolm Pickering, USMR, etwas wie Taxis gewesen. Sie waren einfach da. Wenn man irgendwohin wollte, stieg man ein und wurde transportiert.

Diese Ansicht änderte sich. Der Arzt der Navy (Fliegerarzt, genauer gesagt, was einen schönen aeronautischen Klang hatte, wie Pickering fand) hatte ihm gesagt, daß er die körperlichen Voraussetzungen für Marineflieger erfülle. General McInerneys Erster Adjutant, ein schneidiger Marineflieger mit goldenem Pilotenabzeichen, erklärte Pickering, daß zwar offiziell nur etwa fünfzig Möchtegernpiloten zu jedem Flugkursus der Pensacola Naval Air Station (Die Flugausbildung für Marineflieger wird von der U.S. Navy durchgeführt; Piloten des Marine-Corps tragen dasselbe goldene Pilotenabzeichen wie Marineflieger) kommandiert werden sollten, daß diese Zahl aber nur auf dem Papier stehe. Denn es wurden weit mehr als die vorgeschriebene Zahl routinemäßig zu den Stränden am Golf von Mexiko befohlen. Die Erfahrung hatte gelehrt, daß eine ganze Reihe von Flugschülern sich bald als unfähig erwies, das Fliegen zu lernen. Indem man zusätzliche Anwärter schickte, konnte das Marine-Corps schließlich nach dem Aussondern der Unfähigen die gewünschte Zahl bekommen.

General McInerney hatte es Dank seines Einflusses geschafft, Pickering als einen der überzähligen Schüler auf die Fliegerschule zu schicken. Pickering wußte, daß seine Mutter einen Anfall bekommen hätte, wenn sie erfahren hätte, daß ihr Sohn Pilot werden wollte. Dies war ein Problem, das ein bißchen schwierig zu lösen sein würde. Andererseits war etwas Verlockendes an der Aussicht, über die weißen Sandstrände von Pensacola zu fliegen, statt durch den Schneematsch auf den Straßen von Washington zu fahren.

Als Pickering am Freitagabend in McCoys LaSalle von der Anacostia Naval Air Station aus heimfuhr, stoppte er an einem Buchladen, fragte nach Büchern übers Fliegen (angefangen mit der Theorie) und kaufte ein halbes Dutzend vielversprechend aussehende.

Er las jetzt in einem davon, das viele Zeichnungen enthielt. Die anderen, die gestapelt neben seinem Sessel lagen, warteten noch auf seine Aufmerksamkeit. Auf einem kleinen Tisch neben ihm stand eine silberne Kanne mit Kaffee. Pickering war für eine primitivere Art der Fortbewegung gekleidet als diejenigen, über die er las: Er trug eine Tweedjacke mit

Lederflicken auf den Ellenbogen, ein Baumwollhemd mit offenem Kragen, eine pinkfarbene Reithose und Hailey-&-Smythe-Reitstiefel, die er auf einem Kissen (zum Schutz des Möbelstücks) auf dem Kaffeetisch abgelegt hatte.

Pickering hatte den Morgen in Virginia auf einem Pferd verbracht. Es war eine Art Fuchsjagd ohne Fuchs und ohne das Drumherum einer Jagd gewesen. Nur sechs Reiter waren querfeldein geritten und hatten Zäune übersprungen, wo sich die Gelegenheit geboten hatte.

Die anderen Reiter würden am Nachmittag beisammen sitzen und sich vollaufen lassen. Pick Pickering hatte sich – ziemlich heldenhaft, wie er fand – auf die Pflicht berufen und war ins Hotel zurückgekehrt, um die Bücher übers Fliegen zu lesen.

Das Telefon klingelte. Er schaute hin, und seine Miene spiegelte Unmut wieder, als er feststellte, daß es ein paar Meter außerhalb seiner Reichweite stand. Es hatte ihn einige Mühe gekostet, seine gegenwärtige bequeme Haltung einzunehmen, die Füße genau richtig, der Rücken ideal und ›Das Wunder des Fliegens‹ nahezu perfekt auf seinem Bauch.

Er hatte gerade begriffen, daß sich Luftfahrzeuge in die Luft erheben, weil weniger Druck auf das obere (gewölbte und somit von der Fläche her größere) Teil einer Tragfläche ausgeübt wird als auf das untere (flache und kleinere). Während sich die Tragfläche durch die Luft bewegt, folgt sie einfach dem Weg des geringsten Widerstands aufwärts und zieht das Flugzeug mit sich. Pick Pickering war sich nicht ganz sicher, ob er das völlig verstand. Er war jedoch überzeugt, daß er jetzt nicht mit jemand am Telefon quatschen wollte, wer immer es auch sein mochte, besonders nicht, weil er aufstehen mußte, um ans Telefon zu gelangen.

Widerwillig verließ er dennoch seine bequeme Position und nahm den Hörer ab.

»Ja«, blaffte er ungeduldig. »Was ist?«

Oh, Scheiße! durchfuhr es ihn dann. *Es ist vielleicht General McInerney, und ich hätte mich korrekt melden sollen ›Lieutenant Pickering am Apparat‹.*

»Pick?«

Eine Frauenstimme. Und anderthalb Sekunden später wußte er, welche.

»Hallo, Ernie«, sagte er.

»Bist du allein? Kannst du ungestört reden?« fragte Ernestine Sage.

»Du hast mich zwar bei einer herrlichen Orgie gestört, aber was soll's.«

»Ich möchte mit dir reden«, sagte Ernestine Sage.

»Dann rede. Aber bitte schnell.«

»Ich bin gleich oben«, sagte sie.

»Du bist hier?« Er war wirklich überrascht. »Im Hotel?«

»Ich war zufällig in der Nähe und dachte mir, schau mal vorbei«, sagte Ernestine, und dann war die Leitung tot.

In der Zeit zwischen dem Auflegen des Hörers und dem Klopfen an der Tür erwog Pick Pickering die Möglichkeiten. Gewiß hatte dies etwas mit Ken McCoy zu tun. Aber was würde Ernie veranlassen, den weiten Weg nach Washington zu machen, wenn nicht wahre Liebe? Und die Möglichkeit, nicht so erstaunlich, wenn man länger darüber nachdachte, daß Ernie vielleicht in anderen Umständen sein könnte. War das möglich? Schon? Wenn er sich richtig erinnerte, dauerte es ein paar Monate, bis man sich in diesem Punkt sicher sein konnte. So lange war es noch nicht her, seit er gesehen hatte, daß Julia ihren Romeo in der Grand Central Oyster Bar geküßt hatte.

»Hallo«, sagte Ernie, als er die Tür öffnete. »Richtig pferdenärrisch siehst du aus.«

Zum erstenmal nach vielen Jahren betrachtete Pickering sie als weibliche Person und nicht als Teil der Einrichtung.

Verdammt gutaussehendes Weibchen, fand er. Wunderbarer Vorbau. Sie war tatsächlich zur Frau herangewachsen – seit damals. Ja, jetzt erinnerte er sich mit erstaunlicher Klarheit. Es war in Boca Raton gewesen, sie hatte einen Badeanzug getragen, und sie mußten damals dreizehn oder vierzehn gewesen sein.

»Komm in mein Heim, wie die Spinne zur Fliege sagt.«

»Du bist schwer zu finden«, sagte Ernestine. »Ich rief deine Mutter an, versuchte es jedenfalls, und man sagte mir, sie sei in

Hawaii. Dann rief ich bei deinem Großvater an, und der sagte mir, wo du bist.«

»Wie komme ich zu der Annahme, daß du nicht plötzlich von dem unwiderstehlichen Drang hingerissen wurdest, mich zu sehen?« fragte Pickering.

Sie schaute ihm ins Gesicht.

»Wo ist er?«

»Wo ist wer?« fragte Pickering.

»Stell dich nicht dumm, Pick!« sagte sie.

»Meinst du Ken?«

»Wo ist er?«

»Der ist auch auf Hawaii, denk dir bloß.«

»O verdammt!«

»Kein Grund zur Sorge«, sagte Pick. »Er wird zurückkommen.«

Sie sah ihm in die Augen.

»Das ist wichtig für dich, nicht wahr?«

»Stell dich nicht blöde, Pick«, sagte Ernestine Sage.

»Okay«, sagte er. »Ich kann es ja versuchen.«

»Hast du etwas zu trinken da?«

Er wies zur Bar. »Bedien dich.«

Sie ging zur Bar und schenkte sich einen Scotch ein. »Willst du auch einen?«

»Das schon, aber – ah, was soll's. Ja, bitte.«

Sie schenkte Scotch ein, überreichte ihm das Glas, setzte sich auf die Couch und rührte mit dem Zeigefinger die Eiswürfel in ihrem Glas.

»Ich hätte nie geacht, daß ich so etwas tun würde«, sagte sie, ohne ihn anzusehen.

»Was?«

»Einem Jungen nachzulaufen«, sagte Ernestine, dann korrigierte sie sich. »Einem Mann.«

»Mich überrascht das nicht«, sagte Pick.

Sie schaute ihn hastig an.

»Zum einen ist McCoy ein besonderer Mann«, erklärte Pick. »Und zum anderen habe ich euch beide in der Oyster Bar gesehen.«

Ernestine wirkte überhaupt nicht verlegen, als sie das hörte. Nur neugierig.

»Was hast du da gemacht?«

»McCoy hatte mich sicher durch den Dschungel von Quantico geführt und mich vor unbekannten wilden Bestien beschützt«, sagte Pickering. »Da hielt ich es nur für fair, mich mit einem Gefallen zu revanchieren.«

»Ihn vor mir zu beschützen, meinst du. Vielen Dank.«

»Ich wußte nicht, wer die Frau war, bis ich dich sah«, erklärte Pickering.

»Wo hast du ihn kennengelernt?«

»In einem Zug von Boston aus«, sagte Pickering. »Er hatte gerade Gefangene zum Marinegefängnis in Portsmouth eskortiert. Und dann tauchte er, völlig unerwartet, in Quantico auf.«

»Warum unerwartet?«

»Weil unsereiner – nun, wir kamen vom College. McCoy war Unteroffizier beim Marine-Corps und hatte Dienst in China hinter sich.«

»Er erzählte mir von China«, sagte Ernestine. »Er nahm mich mit in ein kleines Chinarestaurant in einer Seitengasse von der Mott Street, und er sprach dort Chinesisch mit den Leuten.«

»Wie ich schon sagte, er ist etwas Besonderes.«

»Nicht wahr?« Dann schaute sie zu ihm auf: »Vier Stunden nachdem ich ihn kennenlernte, ging ich mit ihm schlafen.«

»Er sagte es mir.«

»Ich weiß nicht, was du von mir denkst, Pick, aber das ist nicht meine Art.«

»Das sagte er mir auch.«

Das überraschte Ernestine. Sie mustere ihn prüfend, bis sie sicher war, daß sie ihn nicht mißverstanden hatte.

»Ihr seid ziemliche Busenfreunde. Oder hat er sich damit gebrüstet, mal wieder ein Mädchen entjungfert zu haben?«

»Eigentlich war er ziemlich bestürzt deswegen«, sagte Pickering.

»Aber nicht zu bestürzt, um dir alles zu erzählen?«

»Wir sind ziemlich gute Kumpel«, sagte Pickering. »Ich weiß nicht, wie ich es sagen soll: Es ist, als hätte man einen Bruder, nehme ich an.«

»Hast du von seinem Bruder gehört? Den man vor die Wahl stellte, entweder zum Marine-Corps zu gehen oder ins Gefängnis zu kommen?«

»Ich weiß sogar, daß man Ken ebenfalls vor diese Wahl stellte«, sagte Pickering. »Wie ich schon sagte, wir sind gute Kumpel.«

»Okay, dann sag mir, was passiert ist. Warum will er nichts von mir wissen?«

»Er fand heraus, daß du reich bist.«

»O Gott!« stieß Ernestine hervor. Dann fügte sie vorwurfsvoll hinzu: »Du hast es ihm gesagt! Warum mußtest du ihm das verraten?«

Pickering zuckte hilflos mit den Schultern. »Jetzt tut es mir leid.«

Sie wandte sich von ihm ab. Dann sah sie ihn wieder an, und zwar finster.

»Aber ich wollte, daß er die schlimme Nachricht schonend erfährt. Und von mir«, sagte Pickering. »Ich wollte nicht, daß es ihm einen Schock versetzt.«

»Wenn du aus einem Milieu wie seinem kämst, würde es dir ebenfalls einen Schock versetzen«, sagte Ernestine Sage. »Er hat seinen Stolz, um Gottes willen! Ich weiß, daß er in diesem Punkt ein Dummkopf ist, aber . . .«

»Hat er dir von der Lady Missionarin erzählt?«

»Von welcher Lady Missionarin?«

»Da war eine Missionarin in China, die ihm offenbar übel mitspielte. Spielte nur mit ihm und kränkte ihn schlimm.«

»Ich könnte sie umbringen!« sagte Ernestine Sage.

»Du bist ziemlich verknallt in ihn, nicht wahr?«

»So unglaublich es klingt, aber ich liebe ihn. Okay? Können wir von diesem Punkt ausgehen?«

»Liebe im Sinne von ›allen anderen entsagen‹ und ›bis daß der Tod euch scheidet‹?«

»Ich war enttäuscht, als ich feststellte, daß ich nicht schwanger bin«, sagte Ernestine. »Was sagst du nun?«

»Ich hoffe, du weißt, worauf du dich einläßt«, sagte Pickering.

»Es ist mir ganz gleichgültig, Pick. Ich habe nicht die

geringste Kontrolle über meine Gefühle für ihn. Ich dachte, so etwas geschieht nur in Liebesromanen. Offenbar passiert es auch in der Wirklichkeit.«

»Ich bin eifersüchtig«, sagte Pickering.

»Weshalb solltest du eifersüchtig sein?« fragte Ernestine, und dann verstand sie. »Das solltest du auch«, sagte sie. »Aber das ist dein Problem. Was machen wir mit meinem?«

»Ich weiß es nicht«, bekannte Pickering. »Wenn du dir deiner Sache ganz sicher bist, Ernie, dann wird sich der Große Bruder etwas ausdenken.«

»Ich war mir noch nie im Leben einer Sache so sicher«, sagte Ernestine. »Entweder wird aus uns ein Paar, oder es hat alles keinen Sinn mehr.«

»Wenn du mich fragst, würde ich sagen, natürlich unter dem Vorbehalt, daß ich in diesen Dingen relativ unerfahren bin, daß die Sache nicht hoffnungslos ist.«

Ernestine Sages Miene hellte sich sichtlich auf.

»Wirklich?«

»Wirklich«, bekräftigte Pickering. »Aus Gründen, die ich mir nicht vorstellen kann, schien Lieutenant McCoy von deinen vielen Reizen mehr als nur ein bißchen angetan zu sein.«

»Gott, das hoffe ich«, sagte sie. Dann fragte sie: »Was treibt er eigentlich auf Hawaii?«

»Sie haben ihn zum Kurieroffizier gemacht«, sagte Pickering. »Er transportiert Geheimnisse in einer Aktentasche.«

»Sonderbar«, sagte Ernestine. »Wie lange wird er weg sein?«

»Er fliegt nach Hawaii. Da ist er heute eingetroffen. Oder wird noch eintreffen. In der Gegend liegt die sogenannte Datumsgrenze, wodurch man in Richtung Osten einen Tag zweimal erlebt und bei der Fahrt nach Westen einen Tag verliert, wenn man den hundertachtzigsten Längengrad überschreitet. Aber richtig kapiert habe ich das nie. Jedenfalls fliegt Ken von Hawaii aus nach Manila, dann zurück nach Hawaii und nach hier.«

»Und was machen wir, wenn er wieder hier ist?«

»Wir werden dafür sorgen, daß er dich in schwarzer Reizwäsche in seinem Bett findet«, sagte Pickering. »Als Offizier des Marine-Corps wird er gehorsam seine Pflicht erfüllen. Und von da an kannst du die Dinge allein in die Hand nehmen.«

»Wenn ich das für aussichtsreich hielte, würde ich es tun«, sagte sie.

Pick Pickering sagte ernst: »Ich glaube, Ernie, es würde völlig reichen, wenn er dich hier so sehen würde, wie du jetzt dort sitzt.«

Sie sah ihn an und lächelte. Dann erhob sie sich, ging zu ihm und küßte ihn auf die Wange.

»Und ich hatte wirklich Sorge, du würdest nicht mitmachen«, sagte sie.

»Mein Gott? Ich? Pick Pickering? Amors rechte Hand?«

Ernestine lachte und schaute auf ihre Armbanduhr.

»Ich habe mir ein Abteil im Fünfzehn-Uhr-Zug nach New York reservieren lassen. Das kann ich zeitlich gut schaffen.«

»Vielleicht solltest du dich allmählich daran gewöhnen, mit dem Bus zu fahren«, sagte Pickering.

Sie sah ihn verständnislos an, bis sie begriff, was er meinte.

»Wenn es sein muß, werde ich das tun, oder auch zu Fuß gehen. Aber beim nächstenmal. Nicht heute.«

Er lächelte sie an und begleitete sie zur Tür, wo ihn Ernestine zum Abschied noch einmal impulsiv küßte.

Pickering hatte sich gerade wieder bequem niedergelassen und ›Das Wunder des Fliegens‹ auf seinen Bauch gelegt, als es an der Tür klopfte.

Fluchend erhob er sich, ging zur Tür und öffnete.

Es war Ernestine Sage, und er sah ihr an, daß etwas Schreckliches passiert sein mußte.

»Ein Radio!« sagte Ernestine. »Hast du ein Radio?«

»Da ist eines.«

Sie eilte an ihm vorbei und schaltete das Radio ein.

». . . wiederholen wir die Kurznachrichten«, ertönte die Stimme eines Sprechers. »Das Weiße Haus hat soeben bekanntgegeben, daß der Marinestützpunkt von Pearl Harbor, Hawaii, von der japanischen Luftwaffe angegriffen wurde und daß es große Verluste an Menschen und Material gab.«

»O Gott!«, stieß Pickering hervor.

»Wenn er tot ist, bringe ich mich um«, sagte Ernestine Sage melodramatisch.

»Das ist nicht dein Ernst«, sagte Pickering.

»O Pick! Deine Eltern sind dort!«

Daran hatte er gar nicht gedacht.

Irgendwie hielt er Ernestine plötzlich in seinen Armen.

»Alles wird gut werden, Ernie.«

Und dann kam ihm in den Sinn, daß er ein Offizier des Marine-Corps war und jetzt seine Uniform anziehen und sich sofort zum Dienst melden sollte.

2

Pearl Harbor, Hawaii

7. Dezember 1941

Der japanische Flottenverband, der von der Hitokappu Bucht auf den Kurilen gekommen war, befand sich ungefähr 305 Seemeilen von Pearl Harbor entfernt. Um sechs Uhr starteten die ersten Flugzeuge von den Trägern. Pearl Harbor lag in ihrer Angriffsrichtung auf der entfernten Seite der Insel Oahu, der zweitgrößten Insel der Gruppe.

Die japanische Aufklärung war sich über die Möglichkeit im klaren, daß der Angriff nicht den ursprünglich erwarteten vollen Erfolg haben konnte. Im bestmöglichen Szenario waren fast alle großen Schiffseinheiten der amerikansichen Pazifikflotte in Pearl Harbor versammelt. Im schlechtesten Fall befanden sie sich auf hoher See. Die Wirklichkeit lag zwischen den beiden Extremen. Alle Schlachtschiffe der Pazifikflotte waren in Pearl Harbor und ebenso eine Reihe anderer Schiffe.

Doch die Hoffnung der Japaner, daß die sieben schweren Kreuzer und die beiden Flugzeugträger ebenfalls in Pearl Harbor ankerten, erfüllte sich nicht – sie waren auf See. Die

Japaner wußten, aus welchen Schiffseinheiten die ausgelaufene Flotte bestand, kannten jedoch nicht ihre Position.

Kampfverband 8 – ein Flugzeugträger, drei Kreuzer, neun Zerstörer und Minenräumboote – war ungefähr zweihundert Seemeilen von Pearl Harbor entfernt. Kampfverband 3 – ein Kreuzer, fünf Zerstörer und Minensuchboote – kreuzten vierzig Seemeilen jenseits von Johnson Island, etwa siebenhundert Seemeilen von Pearl Harbor entfernt. Kampfverband 12 – ein Flugzeugträger, drei Kreuzer und fünf Zerstörer – war etwa so weit von Pearl Harbor entfernt wie Kampfverband 3 und operierte ungefähr vierhundert Seemeilen nördlich von ihm.

Die Japaner entschieden sich, trotzdem anzugreifen. Es bestand immer die Gefahr einer frühzeitigen Entdeckung. Die Zerstörung von Hafeneinrichtungen und Flugplätzen war von großer Wichtigkeit, und die Zerstörung eines oder mehrerer Schlachtschiffe würde das Potential der amerikanischen Flotte einschneidend reduzieren.

Die Kodebezeichnung für den Angrff war: ›Ersteigen des Berges Niitaka 1208.‹

Ungefähr einhundertfünfundzwanzig Seemeilen von Pearl Harbor entfernt teilte sich die japanische Luftflotte in zwei Angriffsverbände. Fünfzig Meilen vor Oahu begann sich der linke der beiden Verbände abermals zu teilen, diesmal in drei Gruppen. Die ersten beiden drehten nach rechts ab und flogen über die Insel in Richtung auf Pearl Harbor. Der dritte Verband behielt seinen Kurs, bis er jenseits der Spitze von Oahu war, drehte dann zur Mitte der Insel hin ab und näherte sich Pearl Harbor von der See her.

Unterdessen hatte sich der rechte Verband in zwei Angriffsgruppen formiert. Eine überquerte die Küste und flog über die Insel nach Pearl Harbor, und die zweite behielt den Kurs bei, flog an der Insel vorbei und schwenkte dann ein, um Pearl Harbor von der offenen See her anzugreifen.

Die erste Welle japanischer Bomber schlug um 7 Uhr 55 zu, die zweite um 9 Uhr. Dann änderte der Kampfverband den Kurs in Richtung auf die Japansee, in der Hoffnung, eine Begegnung mit Flugzeugen von Flugzeugträgern der U.S. Kampfverbände 12 und 8 und mit Maschinen zu vermeiden, die in Oahu an Land stationiert waren. Die Aufklärung meldete, daß mindestens eine Staffel weitreichender, viermotoriger B-17 Bomber vom Festland der Vereinigten Staaten aus unterwegs war.

Trotz der Gefahr einer Entdeckung durch Funkpeilung wurde kurz nach 10 Uhr 30 ein vorrangiger Funkspruch von dem japanischen Kampfverband an das Hauptquartier der Kaiserlich-japanischen Marine in Tokio abgesetzt: »Tora, Tora, Tora.« (Tora = Tiger.) Es war das vorher vereinbarte Kodewort für die erfolgreiche Ausführung des Angriffs.

3

Second Lieutenant K. J. McCoy versuchte sich zwar lässig zu geben, doch es war sein erster Flug, und so war er auf dem Weg von Anacostia zur Westküste ziemlich aufgeregt. Als er sich ein wenig daran gewöhnt hatte, fand er das Fliegen alles in allem sehr angenehm. Das Flugzeug war eine Transportmaschine der Navy, doch soweit er das beurteilen konnte, war es identisch mit den Douglas DC-3, die von zivilen Fluggesellschaften benutzt wurden. Die Navy nannte den Typ R4-D, doch es gab sogar weiße Schonbezüge an den Kopfstützen, damit kein Haarwasser die Polster beschmutzte.

Die Maschine war wesentlich komfortabler als das Flugzeug, das ihn später von Kalifornien nach Hawaii brachte. Wie Major Almond ihn gewarnt hatte, warteten viele Leute mit AAA-Priorität in Kalifornien auf den Lufttransport nach Hawaii. Man erklärte ihm, er könne warten, bis ein Platz frei sei, aber er sollte sich im klaren darüber sein, wenn zwei Leute eine AAA-Priorität hatten, würde der Ranghöhere den Platz bekommen. Als Second Lieutenant konnte er lange warten.

Es gab eine andere Möglichkeit, nach Hawaii zu gelangen. Das Army-Air-Corps flog eine Staffel B-17-Bomber nach Hickam Field auf Hawaii. Sie hatten zusätzliche Frachtkapazität, weil sie keine Bomben transportierten, und sie nahmen Passagiere mit.

»Nun, wenn das die einzige Möglichkeit ist, dorthin zu kommen, dann werde ich wohl mitfliegen müssen«, sagte McCoy mit gespieltem Widerwillen.

In Wirklichkeit war er ein wenig aufgeregt bei der Vorstellung, mit einem Bomber zu fliegen, und der Flug begann auch noch mit einem Vorspiel, das seinem Ego guttat. Als er zum Luftwaffenstützpunkt kam und seine Befehle zeigte, mußte ein verärgerter Major des Air-Corps aus der Maschine steigen, damit Second Lieutenant McCoy von den Marines mit seiner Aktentasche und der AAA-Priorität an Bord gehen konnte.

Sie sollten um zwölf Uhr mittags auf Hickam Field landen. Eine Stunde vorher stellte der Funker den Konakt mit Hawaii her. Einen Augenblick später kam der Pilot in den Rumpf und erklärte der Crew und den vier Passagieren (zwei Lieutenant Colonels des Air-Corps, ein Master Sergeant der Army und McCoy), was auf Hawaii passiert war.

Es war alles vorüber, als die B-17 über Oahu war, doch irgendwelche blöden Bastarde hatten das noch nicht mitgekriegt und beschossen die B-17, nicht nur einmal, sondern zweimal und das zweitemal, als sie im Landeanflug auf Hickam Field war.

Der Flugplatz war zusammengeschossen. Überall waren brennende und ausgebrannte Maschinen zu sehen, und kein einziger Hangar wirkte unbeschädigt. Eine gewaltige schwarze Rauchwolke stieg von einem Treibstoffdepot auf, das von den Japanern in die Luft gejagt worden war.

Sie waren kaum gelandet, als ein Major des Air-Corps in einem Jeep auftauchte und den Piloten anwies, wieder zu starten und zu einem Landeplatz auf einer Ananasplantage auf einer der anderen Inseln zu fliegen. Der Major war äußerst sauer, als ihm der Pilot erklärte, daß er nicht genügend Treibstoff hatte, um irgendwohin zu starten.

McCoy fragte den Major sehr höflich nach einer Transportmöglichkeit zum Marinestützpunkt Pearl Harbor.

»Guter Mann!« blaffte der Major des Air-Corps. »Sind Sie blind, Lieutenant? Pearl Harbor gibt es nicht mehr!«

Es hatte keinen Sinn, mit ihm zu diskutieren, und so machte sich McCoy mit der Aktentache in einer Hand und seinem Reisekoffer in der anderen zu Fuß auf den Weg.

Auf Hickam Field liefen viele andere aufgeregte Typen wie kopflose Hühner herum und noch mehr mit sonderbar verstörtem Blick.

Keiner davon konnte ihm helfen, von Hickam Field nach Pearl Harbor zu kommen, auch nicht, nachdem er ein paar Leuten seinen Ausweis gezeigt hatte. So sagte sich McCoy, daß es unter den gegebenen Umständen in Ordnung war, sich ein Transportmittel zu leihen. Er fand einen Ford-Kombi, der verwaist war und bei dem die Schlüssel im Zündschloß steckten.

Der Militärpolizist am Tor hielt ihn mit der Waffe in Schach, bis ein Offizier auftauchte. Der Offizier warf einen Blick auf den Ausweis und ließ McCoy passieren.

Als er sich dem Marinestützpunkt näherte, sah er noch mehr Rauch als auf Hickam Field. Am Tor war der MP der Marine ebensowenig beeindruckt von seinem Ausweis wie der MP der Army auf Hickam Field, und er mußte warten, bis ein Offizier kam, der ihn hereinlassen würde.

Während des Wartens auf den Offizier fragte McCoy den MP, ob die Kaserne des Marine-Corps getroffen worden war, und wenn, wie schwer. Der MP wollte keine Auskunft geben. Das beunruhigte McCoy noch mehr. Tommy war in der Kaserne, und das bedeutete, inmitten dieser Scheiße. Es konnte sein, daß es Tommy erwischt hatte.

Der Offizier, der schließlich ans Tor kam, ließ McCoy passieren und sagte ihm, wohin er fahren sollte.

Bei der Navy war man anscheinend gelassener, als es beim Air-Corps der Fall gewesen war, allerdings nicht sehr viel. Dennoch fand McCoy einen Offizier, der befugt war, Geheimdokumente entgegenzunehmen, und dem er den Inhalt der Aktentasche übergeben konnte. Als McCoy die Handschellen und das Schulterholster mit der Waffe ablegte und in der Aktentasche verstaute, fragte er den Lieutenant Commander (Korvettenkapitän – Major bei den anderen Teilstreitkräften), der Navy, was er jetzt tun sollte.

»Schlafen Sie ein paar Stunden, Lieutenant«, sagte der Lieutenant Commander. »Und dann melden Sie sich wieder hier.«

»Aye, aye, Sir.«

Der Lieutenant Commander schaute ihn sonderbar an.

»Wenn Sie eine Frau oder so haben, Lieutenant, werden Sie vielleicht einen Brief schreiben wollen.«

McCoy hob fragend die Augenbrauen.

»Sie fliegen weiter nach Cavite«, sagte der Lieutenant Commander. »Mit etwas Glück sind Sie vielleicht vor den Japsen dort.«

»Die Japaner greifen Cavite ebenfalls an?«

»Und alles sonst auf den Philippinen«, sagte der Lieutenant Commander. »Aber ich meinte, bevor die Japaner auf den Philippinen *landen*.«

»Wird das passieren?« fragte McCoy.

Der Lieutenant Commander nickte. »Da gab es vor ein paar Stunden ein Geheimfernschreiben der höchsten Dringlichkeitsstufe. Eine japanische Invasionsflotte wurde auf dem Weg zum Lingayengolf entdeckt. Warum das Fernschreiben geheim war, weiß ich nicht. Die Japaner müssen schließlich wissen, wo sie sind und welches Ziel sie haben.«

»Und Sie glauben, daß ich von dort nicht mehr wegkomme?« fragte McCoy.

»Das habe ich nicht gesagt«, erwiderte der Lieutenant Commander. »Aber wenn ich mit einer Catalina nach Cavita fliegen müßte, würde ich vorher meiner Frau, meiner Geliebten oder wem auch immer einen Brief schreiben.«

»Danke«, sagte McCoy.

McCoy erwog nicht mal, seiner Schwester zu schreiben. Wenn ihm etwas passieren würde, dann würde sie es erfahren, wenn man ihren Kindern den Scheck der Versicherung schicken würde. Kurz kam McCoy in den Sinn, Pick Pickering zu schreiben, doch er verbannte den Gedanken. Er würde nicht wissen, was er schreiben sollte. Und dann spielte er mit dem Gedanken, Ernestine Sage zu schreiben.

Nur so zum Spaß sollst du wissen, daß ich dich liebe . . .

Dann wurde ihm klar, was das war, nämlich eine verdammt

dumme Idee, und er machte sich auf die Suche nach seinem Bruder Tommy. Das war nicht genau das, was er sich vorgestellt hatte, als er daran gedacht hatte, Tommy in Pearl Harbor wiederzusehen. Tommy wußte noch gar nicht, daß sein Bruder Ken jetzt Offizier war. Er hatte ihn damit überraschen wollen und sich auf seine Miene gefreut, wenn er den goldenen Balken des Second Lieutenants sah.

McCoy stieg wieder in den geliehenen Ford und fuhr zur Kaserne des Marine-Corps.

Eines der Kasernengebäude war in Brand geraten, doch das Feuer war gelöscht. Überall waren Geschoßeinschläge zu sehen, und mitten auf dem Exerzierplatz lag ein großes, von Rauch geschwärztes Stück Metall, das nicht zu identifizieren war.

Es waren nicht viele Leute zu sehen. Ein paar Unteroffiziere und ein paar andere Leute. Aber keine Mannschaften. Keiner lief herum und suchte irgendeine Beschäftigung.

Er fand das Hauptquartier und betrat das Gebäude. Ein Posten in Feldausrüstung und mit Stahlhelm stand an der Tür. Er grüßte.

Im Personalbüro waren ein First Lieutenant und ein Private First Class.

Der Lieutenant sah ihn vor dem PFC, der verspätet aufstand.

»Melden Sie sich zum Dienst, Lieutenant?« fragte der First Lieutenant.

»Ich bin auf der Durchreise, Sir«, sagte McCoy. Einen Augenblick lang spielte er mit dem Gedanken, den Lieutenant mit seinem Ausweis des Spezialagenten zu beeindrucken, doch dann entschied er sich dagegen.

»Was kann ich für Sie tun?«

»Mein Bruder ist beim 1. Bataillon«, sagte McCoy. »Ich mache mir Sorgen um ihn.«

»Das kann ich verstehen«, sagte der Lieutenant. Er überreichte McCoy einen gelb linierten Schreibblock.

»Das ist die erste Verlustmeldung«, sagte er. »Mein Schreiber ist im Begriff, sie zu tippen. Alle Namen darauf sind bestätigte Verluste oder Gefallene, aber das heißt nicht, daß alle Ausfälle auf der Liste stehen.«

»Danke, Sir«, sagte McCoy. Er überflog schnell die Namen. Tommys Name stand nicht auf der Liste.

»Er ist nicht dabei«, sagte McCoy. »Er ist Private. McCoy, Thomas J.«

Der Lieutenant wollte eine Liste zu Rate ziehen, und dann erinnerte er sich, daß er diesen Namen soeben gesehen hatte. Er nahm eine andere Liste, an deren Kopf er geschrieben hatte: ›Befehle für die Versetzung nach Wake Island.‹

Einer der Namen auf der Liste derjenigen, die als Verstärkung für die kleine Einheit des Marine-Corps unter Major James Devereux nach Wake Island transportiert werden sollten (sobald der Transport möglich war), war McCoy, Thomas J.

»Er ist bei der Verteidigung des Strandes eingesetzt, und ich weiß nicht, wo Sie ihn finden könnten«, sagte er.

»Ich habe ohnehin keine Zeit«, erwiderte McCoy.

»Sie sagen, Sie sind auf der Durchreise?«

»Auf dem Weg nach Manila«, erklärte McCoy.

»Zum 4. Marineinfanterieregiment?«

McCoy nickte. Es war nicht nötig, daß er sich als Kurier zu erkennen gab.

»Sie werden es verdammt schwierig haben, die Transportfrage zu lösen«, meinte der Lieutenant.

»Vielleicht habe ich Glück«, sagte McCoy.

»Ich hatte bis '39 eine Verwendung beim 2. Batailllon. Eine gute Truppe.«

»Ich war bei der D-Kompanie des 1. Bataillons. Mit einem wassergekühlten Browning .30.«

»Sie werden mindestens ein paar Tage hierbleiben müssen, bis Sie wegkommen. Könnte sein, daß Ihr Bruder wieder hierher zurückkehrt. Wenn, dann teile ich ihm mit, daß Sie hier sind, und schicke ihn zum Quartier für ledige Offiziere auf der Durchreise.«

»Danke«, sagte McCoy.

»Ein paar alte China-Marines sollten zusammenhalten, nicht wahr?«

»Klar«, sagte McCoy. »Vielen Dank.«

Als McCoy fort war, nahm der Lieutenant die Liste der Namen derjenigen, die so bald wie möglich nach Wake Island transportiert werden sollten, strich Private Thomas J. McCoy und schrieb statt dessen einen anderen Namen auf. Er hatte keinen Zweifel, daß Wake Island fallen würde. Und außerdem war es gleichgültig, wo Private McCoy war – es würde genug Krieg für ihn übrigbleiben. Und für seinen Bruder. Die Philippinen würden vermutlich ebenfalls fallen. Alles deutete nach den Ereignissen dieses Morgens darauf hin. Vielleicht fiel sogar Hawaii.

So würden die beiden eine Möglichkeit haben, sich guten Tag zu sagen. Oder auf Wiedersehen.

Als McCoy zurück zu COMPACFLEET (Hauptquartier der Pazifikflotte) fuhr, parkte er den geliehenen Ford außerhalb, wo niemand ihn beim Aussteigen beobachten konnte, und machte sich auf die Suche nach etwas zu essen.

Der Lieutenant Commander fand ihn in der Cafeteria, wo er ein Wurstbrötchen aß.

»Ich suchte im ganzen Quartier für ledige Offiziere nach Ihnen«, sagte er. »Ich sagte Ihnen doch, daß Sie dorthin gehen sollen.«

McCoy hatte den Mund voll und hielt nur das Brötchen hoch.

Der Lieutenant Commander überreichte McCoy eine Aktentasche und einen Block Empfangsscheine. Dann brachte er ihn nach Ford Island, wo eine Catalina aufgetankt wurde.

Der Luftstützpunkt sah aus wie ein Schlachtfeld, und die dichte Wolke von schwarzem Rauch, die dort aufstieg, war noch lange nach dem Start sichtbar.

Hauptquartier 4. Regiment U.S. Marine-Corps Flottenstützpunkt Cavite Bucht von Manila, Philippinen

. Dezember 1941, 13 Uhr

Das 4. Marineinfanterieregiment hatte das Kasernengelände geräumt, als McCoy es schließlich fand. Man hatte es offensichtlich in großer Eile verlassen. Vor dem Hauptquartier des Regiments lag ein großer Haufen Verpackungsmaterial auf dem sorgfältig gemähten Rasen.

Die Gebäude waren verlassen. Völlig verlassen, dachte McCoy, bis er fast von dem Colonel über den Haufen gerannt wurde, der mit dem Sergeant-Major um eine Ecke bog.

Sie trugen Khakiuniformen, Stoffkoppel mit .45ern, Stahlhelme und Springfield-Gewehre.

McCoy war in Ausgehuniform mit Schirmmütze.

Der Colonel hob die Augenbrauen, als er McCoy sah. McCoy nahm Grundstellung ein.

»Corporal McCoy, Sir!« bellte er.

»Scheiße«, sagte der Sergeant-Major und lachte laut.

»*Lieutenant* McCoy, Sir«, korrigierte sich McCoy.

»Da will ich doch verdammt sein«, sagte der Colonel. »Was hat das zu bedeuten, McCoy? *Lieutenant?*«

»Ich habe den Zugführer-Lehrgang absolviert, Sir.«

»Und man hat Sie wieder hierher versetzt?« fragte der Colonel ungläubig.

»Nein, Sir«, sagte McCoy. »Ich bin Kurieroffizier. Ich traf soeben ein. Ich wollte vorbeischauen und Captain Banning begrüßen.«

»Menschenskind!« sagte der Colonel, schüttelte den Kopf und marschierte aus dem Gebäude.

5

Bucht Santos, Lingayengolf Luzon, Philippinen

10. Dezember 1941, 5 Uhr 15

Captain Edward J. Banning lag hinter einer schnell errichtete Deckung aus Sandsäcken auf der Kuppe des Hügels über der Strand.

Der Tag würde wolkenlos werden. Wolkenlos und vermut lich heiß.

Wahrscheinlich würde er heute hier sterben, vielleicht scho an diesem Morgen. In einer Sandsackstellung an einem heißen wolkenlosen Tag.

Der Strand wurde von zwei Kompanien Marines verteidigt Sie hatten keine Zeit (und kein Material) gehabt, um di Zugänge zum Strand zu verminen. Sie hatten vier wasserge kühlte Browning-MGs Kaliber .30 und ein halbes Dutzen Mörser. Irgendwo sollten angeblich zwei 75-mm-Kanonen vo einer philippinischen Feldartilleriebatterie in Stellung sein.

Eine Seemeile vor der Küste lagen zwei Dutzend japanisch Schiffe, die eine Hälfte Handelsschiffe, die als Truppentrans porter umgebaut worden waren, die andere Hälfte Zerstörer.

Beim ersten Tageslicht hätten sie von den Bombern de Army-Air-Corps angegriffen werden sollen, doch es über raschte Banning nicht, daß dies nicht der Fall gewesen war. Di Japaner hatten das Air-Corps auf den Philippinen aufgerieben nachdem es bequem für sie auf den Flugplätzen aufgereih gewesen war. Irgendeinem General des Air-Corps war de Gedanke gekommen, daß Sabotage möglich war, wenn di Maschinen im Schutz weit verstreuter Schutzbunker standen und daß sie ›wirtschaftlicher‹ bewacht werden konnten, wen sie dicht auf in Reihen zusammengezogen wurden.

Die Flugzeuge waren alle aufgereiht gewesen, als die Japane erschienen waren. Es gab keine amerikanische Bomber meh für einen Angriff auf die japanische Invasionsflotte, und di apanischen Landungstruppen konnten nicht von zwei Kompanien Marines und einer Handvoll MGs Kaliber .30 zurückgeschlagen werden.

Diese beiden Kompanien des 4. Marineinfanterieregiments würden heute hier sterben, bei der aussichtslosen Verteidigung eines Strandes, der nicht zu verteidigen war.

Und der Rest des Regiments würde an anderen Stränden allen, die nicht zu verteidigen waren.

Er hatte sich damit abgefunden.

Dafür hatte er all diese Jahre seinen Sold bezogen, damit er in einer solchen Situation zur Verfügung sein würde.

Er hörte eine Bewegung hinter sich, wandte den Kopf und glaubte seinen Augen nicht trauen zu können.

Da war Corporal ›Killer‹ McCoy, ohne Kopfbedeckung in einem Khakihemd und grüner Hose, und er schwankte unter dem Gewicht einer BAR (Browning Automatic Rifle, Kaliber 30-06) und zwanzig oder mehr Magazinen dafür.

»Was, zum Teufel, treiben Sie hier?« fragte Banning.

McCoy mobilisierte anscheinend seine letzten Kraftreserven. Er legte die Browning Automatic Rifle vorsichtig auf die Sandsäcke und brach dann zusammen. Schwer atmend fiel er auf den Rücken, immer noch mit den Patronengurten und den Magazinen behängt.

Erst jetzt bemerkte Banning den goldenen Balken auf McCoys Kragen.

»Ich fand die BAR und die Munition an einem Kontrollpunkt«, keuchte McCoy, immer noch flach auf dem Rücken. »Wer immer am Kontrollpunkt war, er ist abgehauen.«

»Was machen Sie hier?« fragte Banning. »Und wieso tragen Sie ein Offiziershemd?«

»Ich dachte, das wüßten Sie«, erwiderte McCoy. »Ich war auf dem Zugführerlehrgang.«

»Nein, das wußte ich nicht. Aber wie kommen Sie hierher?«

»Ich kam als Kurier her«, erklärte McCoy. »Und da ich nun hier bin, nehme ich an, ich mache das gleiche wie Sie.«

Er wälzte sich auf den Bauch und hob den Kopf gerade genug, um über die Sandsäcke spähen zu können.

»O Gott! Die Jungs hocken hier ja nur herum! Gibt es kein Artillerie?«

»Es sollte welche da sein, aber es ist keine da«, sagt Banning. »Es sollten auch Bomber kommen.«

»Scheiße, die Japse werden uns fertigmachen!«

»Hat jemand Sie herbefohlen, McCoy?« fragte Banning.

»Nein«, antwortete McCoy schlicht. »Aber ich dachte mir hier gehöre ich hin.«

»Und wo sollten Sie eigentlich sein?«

»Man sagte mir, ich soll bei der Fernmeldezentrale warten falls es eine Möglichkeit gibt, mich von hier fortzubringen Aber das wird nicht geschehen.«

»Sie haben Befehle, die Philippinen zu verlassen?« fragt Banning.

McCoy nickte.

»Sie verdammter Narr! Ich würde alles für solche Befehl geben!«

McCoy schaute ihn eigenartig an.

Vielleicht sogar verächtlich, dachte Banning.

»Verschwinden Sie, McCoy«, sagte Banning.

McCoy sagte nichts. Statt dessen nahm er Bannings Feldstecher und beobachtete über die Sandsäcke hinweg den Strand.

»Zu spät«, sagte er dann. »Sie lassen Landungsboote zu Wasser.«

Er gab Banning den Feldstecher.

Banning schaute hindurch, als die Zerstörer das Sperrfeue vor dem Sturmangriff schossen. Die ersten Granaten lagen wei und schlugen fast dreihundert Meter landeinwärts ein. Di nächste Salve lag kürzer, und Wasserfontänen spritzten etw fünfzig Meter vor dem Strand auf.

Beim drittenmal werden sie ins Ziel treffen, dachte Banning und er sah, daß die Landeboote sich dem Strand näherten.

Die ersten Geschosse trafen jetzt die Verteidigungsstellunge nahe am Strand.

Die verdammten Japse wissen, was sie tun! dachte Banning.

Als die ersten Landungsboote noch etwa fünfhundert Mete vom Strand entfernt waren, etwa sechshundert Meter vo Banning und McCoy entfernt, eröffnete McCoy das Feuer.

Das Hämmern der BAR so nahe bei Banning erschreckte ihn und schmerzte in seinen Ohren. Er wandte den Kopf und blickte zu McCoy. McCoy gab kurze Feuerstöße ab, wie es sein sollte, drei, vier, fünf Schuß je Feuerstoß, und er machte kurze Pausen dazwischen, damit sich die Waffe ein wenig abkühlen konnte.

Er trifft vermutlich, dachte Banning. *Aber es ist, als versuchte er, Ameisen unschädlich zu machen. Es sind einfach zu viele. Und in den nächsten Sekunden feuert irgendein cleverer Japs ein paar Geschosse auf uns. Das wird unser Ende sein.*

Captain Edward J. Bannings Einschätzung der Lage erwies sich als korrekt und genau. Zwei Minuten später schlug das erste Geschoß so nahe bei ihm ein, daß er bei dem Schock die Kontrolle über seinen Schließmuskel verlor. Er hörte nicht mehr die Explosion der Granate, nahm nur noch das Pfeifen vor dem Einschlag wahr.

Es stimmt, dachte er überrascht, kurz bevor er das Bewußtsein verlor. *Das Ding, das einen erledigt, hört man nicht.*

Banning erwachte unter starken Schmerzen. Es war dunkel. Er konnte seinen rechten Arm nicht bewegen. Er spürte mehr, als es zu sehen, daß er nicht mehr auf der Kuppe oberhalb des Strands lag. Dann betastete er seinen Körper und stellte fest, daß er verbunden war. Er erschauerte, und Panik stieg in ihm auf, als er dachte, erblindet zu sein, doch nach einer Weile konnte er verschwommene Umrisse erkennen.

Er blieb reglos liegen und fragte sich, wo er war und was man von ihm erwartete. Und dann sah er Licht.

Einer der verschwommenen Umrisse bewegte sich auf ihn zu und legte eine Hand an seinen Hals, um seinen Puls zu fühlen.

»McCoy?«

»Jawohl, Sir.«

»Wo sind wir?«

»Im Kellergeschoß von irgendeiner Kirche«, sagte McCoy.

»Sie haben mich hierhin gebracht?«

»Die Hurensöhne haben unsere Stellung getroffen«, sagte McCoy ohne Emotion. »Ich weiß nicht, was mit der BAR passierte, aber es war an der Zeit, höllisch schnell zu verschwinden.«

»Wurden Sie getroffen?«

»Mich erwischten ein paar Splitter an der Seite«, sagte McCoy. »Man hat sie soeben rausgeholt.«

»Wo sind die Japaner?« fragte Banning.

»Das weiß der Himmel«, sagte McCoy. »Die stürmten hier vorbei.«

»Wir sind hinter ihren Linien?«

»Jawohl, Sir.«

»Es mag wie eine dumme Frage klingen, aber in welcher Verfassung bin ich?«

»Wir haben Sie ziemlich gut hingekriegt«, sagte McCoy. »Die Filipina – die Schwester, die mir die Splitter rausgeholt hat – sagt, Sie sollten ein paar Tage nicht bewegt werden.«

»Und was passiert dann?«

»Sie sagen, wir können vielleicht zurück durch die japanischen Linien. Wenn Sie sich bewegen können, bringen sie uns ins Bergland rauf und vielleicht von dieser Insel zu einer anderen. Mindo oder so.«

»Mindanao«, korrigierte Banning.

»Stimmt.«

»Was geschah mit den Marines am Strand?«

»Sie waren tot, bevor wir getroffen wurden«, sagte McCoy.

Banning dachte: *Gott verzeih mir, aber ich kann nicht bedauern, daß ich überlebt habe, obwohl die Kameraden des Regiments wohl alle gefallen sind. Ich bin verdammt froh, am Leben zu sein, und nur das zählt für mich.*

»Glauben Sie, es durch die japanischen Linien zu schaffen?« fragte Banning.

»Sie können eine Zeitlang nirgendwohin«, erwiderte McCoy.

»Das war nicht meine Frage.«

»Worauf wollen Sie hinaus?« fragte McCoy. »Ich denke, ich gehe für eine Weile ins Hügelland und sehe zu, daß ich den Japsen ordentlich zusetzen kann. Wenn ich in die Staaten zurückgehe, wird man mir nur einen Zug geben, und dann wird mir das gleiche widerfahren wie gestern den armen Kerlen am Strand.«

»Ich will darauf hinaus, Lieutenant McCoy, daß Sie ein Offizier des Marine-Corps sind und daß Offiziere des Marine-Corps ihre Befehle befolgen. Sie haben gegenwärtig zwei Befehle zu erfüllen. Der erste lautet, die Philippinen zu verlassen.«

McCoy lachte.

»Wer wird für die Einhaltung dieses Befehls sorgen? Da müßten sie schon kommen und mich holen.«

»*Ich* sorge für die Einhaltung«, sagte Banning. »Dies ist ein Befehl! Sie werden sich durch die japanischen Linien schlagen und sich bei den richtigen Stellen melden, damit Sie Ihren Befehl durchführen können, die Philippinen zu verlassen.«

»Meinen Sie das im Ernst?« McCoy war wirklich überrascht.

»Und ob ich das ernst meine, Lieutenant! Sie sollten sich merken, daß Sie in diesem Krieg zu kämpfen haben, wie das Marine-Corps es Ihnen sagt, und nicht, wie Sie es für das beste halten.«

»Und was geschieht mit Ihnen?«

»Ich erfülle meine Befehle. Ich erhielt den Befehl, Widerstand gegen die japanische Invasion zu leisten. Wenn ich körperlich dazu in der Lage bin, werde ich das weiter tun.«

»Das klingt wie eine der blöden Lektionen von Quantico«, sagte McCoy.

»Vielleicht hätten Sie sich die blöden Lektionen aufmerksamer anhören sollen«, sagte Banning.

»Scheiße«, sagte McCoy.

»Ist Ihnen jemals in den Sinn gekommen, daß Sie in diesem Krieg wesentlich mehr leisten können, wenn Sie Ihre Pflicht als Nachrichtenoffizier tun, anstatt in der Wildnis herumzulaufen und hin und wieder einen einzelnen Japaner aus dem Hinterhalt umzulegen?«

»Das trifft auch auf Sie zu, Captain.«

»Aber ich kann mich nicht bewegen, und Sie können das.«

Eine Weile später fragte McCoy: »Meinen Sie wirklich, ich sollte mich durchschlagen und versuchen, in die Staaten zurückzugelangen?«

»Ja, verdammt!«

»Aye, aye, Sir«, sagte McCoy. »Sobald es dunkel ist, gehe ich.«

6

Quartier 3201
U.S. Marine-Corps, Quantico, Virginia

14. Dezember 1941

Elly Stecker spürte, was los war, als sie Doris Means mit ihrem Mann an der Haustür sah, doch sie zeigte es nicht. Auch nicht, als sie den Stabswagen hinter Means' Lincoln auf der Straße parken sah und es keinen Zweifel mehr gab, daß der Colonel mit seiner Frau in offizieller Mission gekommen war.

»Ist Jack da, Elly?« fragte Doris Means.

»Jack!« rief Elly ins Haus. »Colonel und Mrs. Means sind hier.« Dann wandte sie sich an die Besucher und sagte: »Verzeihen Sie. Bitte treten Sie ein.«

Jack kam dann mit aufgekrempelten Hemdsärmeln ins Wohnzimmer.

Er ahnt es anscheinend ebenfalls, dachte Elly. *Aber er läßt es sich nicht anmerken.*

»Guten Abend, Sir«, sagte er.

»Wir haben ein Fernschreiben erhalten, Jack«, sagte Colonel Means.

»Ja, Sir?«

Colonel Means nahm es aus der Innentasche seiner Jacke und reichte es Stecker.

»Würden Sie es bitte vorlesen, Sir?« fragte Jack Stecker.

Means räusperte sich.

»Der Marineminister bedauert zutiefst, Sie informieren zu müssen, daß Ihr Sohn, Fähnrich Jack Stecker junior, U.S. Navy, am 7. Dezember 1941 an Bord des U.S.S. *Arizona* in Pearl

Harbor, Hawaii, gefallen ist. Frank Knox, Stellvertretender Marineminister.«

Captain Jack Stecker, USMCR, stand einen Augenblick lang starr da. Dann schien sein Körper zu erzittern, und ein Schluchzen brach aus ihm hervor. Mit einem klagenden Laut taumelte er aus dem Wohnzimmer.

»Mein Gott, Elly, es tut mir so leid«, sagte Colonel Means.

7

Hotel Lafayette, Madison Suite Washington, D.C.

17. Januar 1942, 22 Uhr 15

McCoy stieß die Tür auf und warf seine Aktentasche voraus in die Suite.

»Pick? Bist du da?«

Keine Antwort. Er eilte zu Pick Pickerings Schlafzimmer und öffnete die Tür. Das Bett war gemacht.

McCoy zuckte mit den Schultern und ging zur Bar. Dort schenkte er sich einen doppelten Scotch ein und kippte ihn runter. Dann füllte er das Glas von neuem. McCoy war so müde, daß er sich kaum auf den Beinen halten konnte, was bedeutete, daß er vermutlich nicht einschlafen würde. Er konnte sich das nicht erklären, aber so war es.

Sie hatten ihn mit einem U-Boot aus den Philippinen rausgeholt. Das U-Boot war nach Pearl Harbor gefahren. Von dort war er via San Francisco, wo die Maschine nur zum Tanken gestoppt hatte, nach Washington geflogen. Seit sechzig Stunden hatte er die Kleidung nicht mehr gewechselt, und er war so müde, daß er darauf verzichtet hatte, Ellen Feller zu besuchen, obwohl er davon überzeugt war, daß es die einzige Möglichkeit war, Ernestine Sage, Miß reiches Weib, aus seinen Gedanken zu verbannen.

»Willkommen daheim«, sagte Ernie Sage.

Sie stand auf einmal auf der Türschwelle seines Schlafzimmers. Sie trug einen Bademantel.

Allmächtiger, ist sie schön! dachte McCoy.

»Was machst du hier?«

»In Washington ist kein Hotelzimmer zu bekommen«, sagte sie. »Pick ließ mich hier wohnen.«

»Oh.«

»Wann bist du zurückgekommen?«

»Vor ungefähr einer Stunde.

»Ist es tatsächlich so schlimm, wie man es im Radio hört?«

»Es ist verdammt schlimm, Lady. Das kann ich dir sagen.«

»Ich machte mir Sorgen um dich«, sagte sie. Dann schaute sie zu ihm auf. »Verdammt, wir dachten, du wärst tot!«

»Warum dachtest du das?«

»Weil es ein Fernschreiben gab, in dem es hieß ›Vermißt und vermutlich gefallen‹, darum.«

»Ich war eine Zeitlang hinter den japanischen Linien«, sagte McCoy. »Sie hätten ein anderes Fernschreiben schicken müssen, als ich lebend in Corregidor ankam.«

»Und du denkst, dadurch wäre es in Ordnung? Zum Teufel mit dir, Ken!«

»Weshalb sollte es dir etwas ausmachen, ob ich tot bin oder nicht?«

»Weil ich dich liebe, verdammt!«

»Du weißt nicht, was du da redest.«

»Du wirst dich noch daran gewöhnen.«

»Ich sagte, du weißt nicht, was du redest.«

Sie ignorierte ihn. »Was geschieht jetzt mit dir?«

»Ich werde früher oder später wieder rausgeschickt.«

»Dann haben wir die Zeit zwischen jetzt und früher oder später«, sagte sie. »Das ist besser als gar nichts.«

»Laß doch diesen Scheiß sein!«

»Meinst du damit ›aufhören‹?«

»Erraten.«

»Du hast nichts für mich empfunden? Ich war nur ein Stück Fleisch für dich? Nur eine weitere geknackte Jungfrau in deiner Sammlung?«

»Verdammt, rede nicht so!«

»Ich möchte dich in die Arme nehmen«, sagte sie.

»Das möchtest du bestimmt nicht, denn ich stinke wie ein Pferd.«

»Solange du nicht nach Parfüm riechst, könnte ich damit fertig werden.«

»Ich habe an dich gedacht«, sagte er. »Ich konnte dich nicht vergessen.«

»Mir ging es genauso«, sagte Ernestine. »Worauf warten wir dann noch?«

»Ich weiß es nicht.« Dann sagte er: »Als ich dich eben da stehen sah, glaubte ich zu träumen!«

Sie ging zu ihm, nahm seine Hand und zog sie unter ihren Bademantel.

»Es ist kein Traum«, sagte sie. »Es ist Fleisch und Blut.«

Danach vergaß er, daß er wie ein Pferd roch. Und ihr machte es nichts aus.

ENDE